编委会

科创服务系列丛书

融合与智治

产业创新空间建设运营的浙江经验

李　飞　张福军　杨掌法◎著

ZHEJIANG UNIVERSITY PRESS
浙江大学出版社

序 言

　　2020年初有了编写这本书的念头,我先拟了一个提纲,当年5月份专门在浙江大学国家大学科技园开了一次研讨会,与会同志们对选题方向和书稿提纲比较认同,写作班子就先组建起来了。撰写工作刚启动,有个问题就一直萦绕在我脑海中,如何定义产业创新空间? 它应该具备什么功能? 如何设计体系架构? 谁来建设运营? 这一系列疑问其实也是本书想要探索和回答的问题。1980年设立的深圳、汕头、珠海、厦门等第一批经济特区,算起来应该是我国建构产业创新空间的源起,尤其是深圳产业经济的快速发展崛起,让内陆其他省市着实有点心急与眼红,也逐渐坚定了沿着这条道路谋划改革、发展产业的信心。1984年1月邓小平同志在视察深圳、珠海、厦门等经济特区后,提出可以再开放几个点、增加几个沿海港口城市,可以实行特区的某些政策。根据这一指示,1984年国务院批准了10家沿海经济技术开发区(第一批剩余4家沿海经济技术开发区分别在1985年至1988年间获批),宁波经济技术开发区就在其列,于是浙江省较早地开启了建设运营产业创新空间的历史征程。

　　著名经济学家、新制度经济学代表人物张五常教授认为,县域竞争制度是我国经济高速增长的根本原因。显然这一说法不能完全解释产业创新空间的发展逻辑,否则就不会有经济特区、经济技术开发区以及高新区等等新型经济地理空间。我们在探讨产业创新空间问题的时候,通常也不再重复包含传统意义上的行政区划,因其本身就要体现"创新"的逻辑内涵。产业创新空间,有产业、也有空间,英国 Philip Cooke 教授1992年第一次提出区域创新体系,1999年意大利博科尼大学(Bocconi University)Stefano Breschi 和 Franco Malerba 才首次提出产业创新体系的概念,产业创新空间恰恰是产业创新体系与区域创新体系的有机结合载体。如此来看,我们可以将产业创新空间定义为一个经济地理空间,为了实现产业经济发展的某些特定目标,在一定地理空间内进行政策与资源要素集成,从而推动重构产业经济发展体系。

　　"七山一水二分田"是对浙江自然风貌的高度概括,土地空间资源紧张问题一直存在,如何更高质量地建构与打造产业创新空间,是浙江产业经济发展的重要基础。在产业创新空间建设运营上,浙江同其他省市一样都遵循这样一个周期规律,大致经历三个阶段,即探索阶段、扩张阶段、优化(退出)阶段。宁波经济技术开发区是浙江最早建立的产业创新空间,经过一段时间摸索积累经验,在国家政策框架下积极扩张发展,时至今日省级及以上经济技术开发区已有 120 家之多;通过经验借鉴、考评比选,结合产业经济发展新趋势、新形势,经开区也在不断进行自身发展体系的革新,包括产业方向选择、产业培育方式、产业创新平台打造、体制机制创新等,进入了优化发展阶段。回顾过往,浙江省除了在国家统一部署下进行产业创新空间的建设运营,也开创了一些具有浙江特色的产业经济发展举措,包括特色小镇、小微企业园、科创廊道等,为浙江乃至全国发展作出了积极贡献。

单纯从地理空间范围上来看,浙江产业创新空间基本经历了"√"曲线,在曲线左侧,由最初的开发区、高新区转变至较小规模的工业园、科技园、特色小镇等形式,又下沉到小微企业园、孵化器(众创空间)等更小空间。随着产城融合发展的趋势要求,创新要素需要在更广空间范围内进行高效配置,产业创新空间的区域范围开始逐渐扩大,在"√"曲线右侧出现了科技新城、产业新城,甚至突破了县域的行政界线,进而转变为跨行政区的科创大走廊乃至更大范围的空间形态。通过这样的发展,形成大空间嵌套诸多小空间,参与主体的多样性越来越明显,尤其是充分发挥市场的决定性作用,有力促进了各类创新要素的融合。与此同时,在产业创新空间建设运营过程中,政府与市场这两只手在摸索定位、协同合力,形成了一种智治关系。

总结起来,产业创新空间建设运营总体遵循着三种逻辑。一是制度逻辑,也就是说产业创新空间本身也是一个制度创新的产物,在重构产业发展体系过程中需要进行体制机制改革,空间范围越大,制度体系性就越高,不仅仅局限于科技层面、产业层面,还包括城市规划、政府改革、公共服务等,涉及要解决的体制机制问题就越综合、越复杂。二是竞争逻辑,这与张五常教授所提看法相同,他当时提出这一发展逻辑时可能忽略了国内对新型经济地理空间塑造的这一重要现象,所以只讲了县域竞争制度。"赛马"制度是一个很好的机制,一旦制度逻辑成熟之后,我们通常会建立起对每个类型产业创新空间的考评体系,既可以激励推进更好更快发展,又可以及时进行经验借鉴分享、制度优化反馈。三是生态逻辑,就是产业创新空间无论大小,都要放在更大的产业生态环境中去统筹考虑,对其功能定位、发展模式、治理体系等做好顶层设计,否则就会"昙花一现",过早地退出历史舞台。

"科创服务系列丛书"得到了绿城科技产业服务集团的鼎力支持,这是合作出版的第三部著作,从"构建与创新""链接与赋能",再到今天这部"融合与智治",我们合作非常愉快和高效。在此,要感谢本书编委会各位成员在书稿编写过程中辛苦卓越的工作,同时感谢浙江大学控股集团邵明国副总经理、浙大网新集团黎恒副总裁、浙江省工业与信息化研究院赵立龙老师、浙大工业技术转化研究院童嘉老师对书稿编写工作的大力支持。限于编写者的水平,本书难免存在很多认识上的偏差甚至是错误,恳请各位读者包容,也请对此问题抱有同样兴趣的各位同仁能够不吝指正。

李　飞

杭州西溪

2021 年 8 月

目　录

第二篇　治理区域创新生态

序章　产业创新空间的浙江之治

一、空间嬗变

（一）与时俱进的浙江产业空间演化

1. 从"乡镇企业时代"到"区域竞争时代"浙江产业平台演变过程

浙江改革开放 40 年的产业发展过程，大体上可分成三个时代。[①] 第一个时代是"乡镇企业时代"，20 世纪 80 年代浙江镇域内掀起了兴办乡镇企业的热潮，有些是村集体企业，有些是个体户办的家庭作坊式企业，都超不出乡镇的范围，所以叫乡镇企业，历经"村村办厂、户户冒烟"的自然生长，形成了一批村级工业聚集点。到了 80 年代中后期，一些乡镇企业起步早的地方，初步完成了原始积累，开始寻求摆脱企业规模小、环境污染以及布局分散的状况，按经济规律调整不合理的乡镇企业布局，从分散走向聚合，走上可持续发展的路子。由此诞生了一批乡镇工业园，如金华东阳横店工业园、永康长城工业区等。[②]

第二个时代是"县域经济时代"，20 世纪 80 年代末期随着民营企业壮大，技术改造、设备更新以及拓展发展空间等需求日益突出，一方面企业家们带领着产业进城寻找出路，另一方面，随着国家开始在沿海地区实施大进大出的外向型经济发展战略，大量外商和海外侨胞前来浙江投资。政府顺应这股潮流创建开发区，一方面为了调整工业结构和布局，另一方面为了区县层面能更好地接纳国际资本

---

① 赵伟. 倒逼的逻辑：浙江模式再审视[J]. 治理研究，2019(6)：66-77.

② 葛坚洪. 乡镇工业园区发展战略的新选择——兼议金华乡镇工业园区建设[J]. 今日科技，2004(8)：35-36

和产业转移。例如,淳安经开区、桐庐经开区、镇海经开区、奉化经开区、余姚经开区、乐清经开区、瑞安经开区、乍浦经开区、桐乡经开区等一大批开发区都是自90年代初开始创建。①

2000年以后,浙江进入"区域竞争时代",各个地区开始抢产业,而企业也外出寻找更大的市场商机和更优惠的投资条件。各区域之间形成了激烈的竞争角逐关系,哪个区域的内部协作机制好,可以集聚人才、降低交易成本、提供优质公共服务(政务、教育、医疗、文化等),哪个区域就可能在人口规模及素质、GDP规模、综合服务能力上胜出,吸附其他区域的资源要素包括人才、资本、技术等。区域竞争引发产业链多元化竞争带来了对产业载体多样化、适配性的需求,催化产业载体加速裂变,不同产业主题、不同建设主体、不同空间大小、不同能级水平的载体竞相出现,极大地丰富了产业发展的空间选择度。以国家级开发区为代表的高能级平台大量建成,拉高了区域产业空间的能级上线;以特色小镇、小微企业园为代表的中小型园区快速涌现,为中小型企业发展创造了优异的发展环境,极大增强了大开发区的包容性和承载力;以产业创新服务综合体、众创空间为代表的服务类、双创类空间载体遍地开花,将产业空间的颗粒度进一步降低,为新产业培育奠定了基础。

浙江产业空间在不同时代的演变参见表0-1。

表0-1 浙江产业空间在不同时代的演变

区域	乡镇企业时代	县域经济时代	区域竞争时代
镇域	村级工业聚集点 乡镇工业园	乡镇工业园	小微企业园 双创基地 产业创新服务综合体
县域	县域工业园	经济技术开发区	特色小镇 "万亩千亿"新产业平台
市域	——	经济技术开发区 高新技术产业开发区	省级新区 科创廊道 科技新城 产业集聚区
省域	——	——	国家级新区 自由贸易试验区 大湾区

---

① 资料来源:浙江省商务厅,http://www.zcom.gov.cn/。

2. 县域经济向均衡发展的都市区经济转型升级,高能级产业平台加速崛起

改革开放的前 30 年,浙江主打县域经济,以"强县经济"和"省管县"模式驰名全国。通过"撤县设市""强县扩权",全省县级市的数量从 1978 年的 0 个增加到 1998 年的 23 个。全省的经济活力也向下扎根在县域和乡镇,在 2020 年中国县域经济百强榜单中,浙江包揽 18 席。然而任何发展模式都是与特定发展阶段相适应的,县域经济经过数十年发展,"天花板"效应开始显露,诸如区域格局碎片化、要素资源整合能力偏弱、中心城市财力不足和规模普遍偏小等问题逐渐突显。[①] 特别是浙江省一直以来缺少一个具有足够规模和影响力的国家中心城市,以吸引来自全国乃至全球的顶尖人才、技术以及资本。

为适应城市化发展的新阶段和新经济背景下资源要素优化配置需求,浙江实施了一系列重大决策部署,从"强镇扩权""强县扩权"逐步转向"强市扩区""强市扩权",做大中心城市,培育大都市区。2013—2017 年,先后撤杭州富阳市、临安市设富阳区、临安区,撤温州洞头县设洞头区,撤宁波奉化市设奉化区等,扩大了杭州、宁波、温州等中心城区规模,提高了城市能级和体量。2018 年起,浙江围绕大湾区大花园大通道大都市区建设战略,部署"一环、一带、一通道"大湾区建设和杭州、宁波、温州、金华—义乌四大都市区建设行动计划,一批产城融合、人与自然和谐共生的现代化新区迅速兴起,宜居宜业宜创的科创廊道、科技新城加速崛起,人口、产业、高端要素进一步向大都市区集聚。

3. 要素驱动向"技术＋资本＋人才复合型红利"的创新驱动转型升级,催生出新的产业空间

受制于资源贫乏、基础薄弱、政策体制,改革开放初期浙江经济以劳动密集型产业、个体民营经济起步,依托传统"块状经济"支撑产业和区域发展,是浙江制造业的显著特点。随着全球新一轮科技革命和产业变革,浙江"块状经济"也在向技术密集、资本密集、人才密集的高端产业升级。近年来,浙江大力发展信息、环保、健康、旅游、时尚、金融、高端装备制造、文化等八大万亿级产业,以现代服务业和先进制造业为主体的产业结构加快形成。特别是 2017 年以来,浙江省把数字经济列为"一号工程",大力发展互联网、物联网、大数据、人工智能等新技术新产业和一批重量级未来产业,致力于打造新经济大省。2017 年,浙江新产业、新业态、新模式等"三新经济"增加值达 1.25 万亿元,对经济增长贡献率达到 37.1%。

---

① 杜平,潘哲琪."浙江模式"的演进与丰富[J].治理研究,2019(5):68-77.

与产业从劳动密集型向知识技术密集型发展一致,浙江经济实现了劳动力、土地、资源等传统要素驱动向技术创新、模式创新、制度创新等创新驱动的转换,进入新的发展阶段,"劳动生产率红利"、"技术＋制度复合型创新红利"、全要素生产率(TFP)提升、资源配置效率改善,逐步成为经济增长的决定性因素。[①]"万亩千亿"新产业平台等一批环境优越、特色鲜明的高端产业平台加快构建,特色小镇、众创空间等一批机制活而新、高端要素集聚的双创空间加快创建形成,小微企业园、产业创新服务综合体等一批产业高度聚焦、服务专精的传统产业转型平台加快建设,不断成为浙江产业转型升级、创新发展的新高地。

4. 局部开放向深度融入全球供应链、产业链、价值链全方位多层次宽领域开放转型升级,催生高端开放平台

改革开放以来,浙江加快对外开放步伐,积极融入世界经济大格局。在新形势下,浙江以"一带一路"统领新一轮对外开放,以更开放的视野、更高水平统筹利用国际国内两个市场、两种资源,突出中国(浙江)自由贸易试验区和"一带一路"综合试验区等重大开放战略,谋划建设大湾区大花园大通道大都市区等重大平台,逐步把对外贸易的着力点从短期的增长快慢转移到长期的结构调整上来,加快推动成本优势、价格优势为主向以技术、标准、品牌、质量、服务为核心的综合竞争优势转变。[②] 浙江实施参与"一带一路"建设和推进国际产能合作三年行动计划,加快舟山群岛新区、宁波梅山新区、义甬舟开放大通道等港站类平台建设,依托以宁波—舟山港为核心的港口资源优势,对内辐射拓展内陆腹地,对外联通"一带一路"沿线国家。积极探索全球电子商务和数字贸易规则,加快建设中国(浙江)自由贸易试验区、义乌国际贸易综合改革试点、跨境电子商务综合试验区等,着力营造国际化、便利化、法治化的营商环境,将改革试验区打造成为浙江企业"走出去"的窗口平台,提升全球贸易影响力。同时,对标世界一流湾区,以杭州湾经济区为核心,打造绿色、智慧、和谐、美丽的世界级大湾区,力争将大湾区建设成为全球产业科技创新高地、开放高地、高端要素集聚高地,乃至新经济革命策源地。

(二)协同共生的浙江产业空间体系

1. 从国家级到市县区的产业空间高低搭配

浙江通过积极创建重大战略平台,大力扶持培育中小平台,形成了"国家战略平台—国家级开发区—省级战略平台—省级开发区—省市级平台—特色空间"等不同等级产业空间高低搭配的发展格局。国家级的产业空间为企业获取

---

① 杜平,潘哲琪."浙江模式"的演进与丰富[J].治理研究,2019(5):68-77.
② 刘淑春.高质量发展的浙江实践与启示意蕴[J].治理研究,2019(1):55-63.

更高层次的政策支持和更大力度的改革创新提供了载体平台。省市级的载体平台充分解决了县域产业集中集聚发展的普遍需求。而特色空间的出现，一方面是贴合产业发展的特殊需求，承担创新试点、示范带动的作用，另一方面则是极大地解决了传统大空间载体"不适配"科技型中小微企业的空间需求的问题，为不同类型产业、不同规模企业提供了更多的选择余地。（见图 0-1）

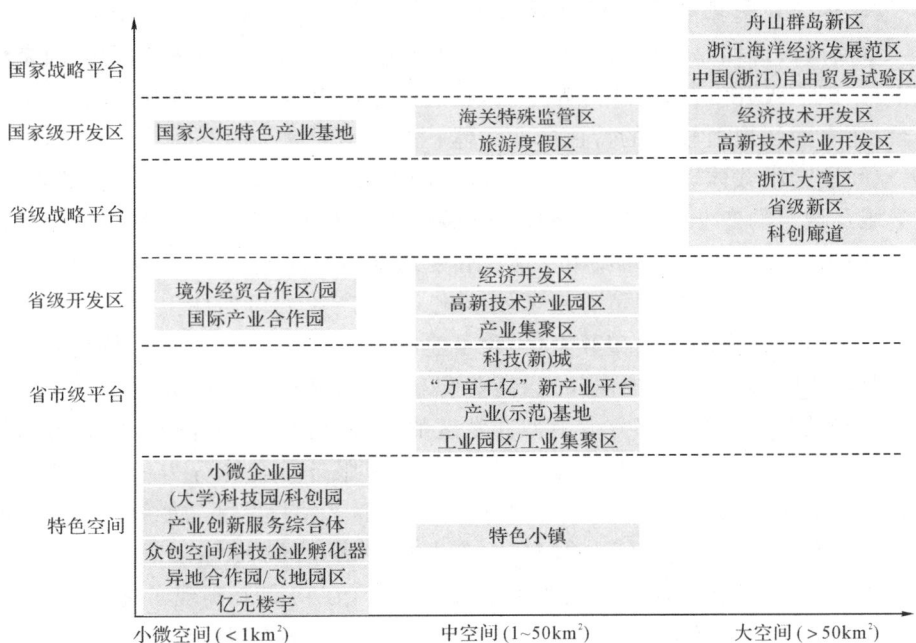

国家战略平台（大空间）：舟山群岛新区、浙江海洋经济发展范区、中国(浙江)自由贸易试验区

国家级开发区：国家火炬特色产业基地；海关特殊监管区、旅游度假区；经济技术开发区、高新技术产业开发区

省级战略平台：浙江大湾区、省级新区、科创廊道

省级开发区：境外经贸合作区/园、国际产业合作园；经济开发区、高新技术产业园区、产业集聚区

省市级平台：科技(新)城、"万亩千亿"新产业平台、产业(示范)基地、工业园区/工业集聚区

特色空间：小微企业园、(大学)科技园/科创园、产业创新服务综合体、众创空间/科技企业孵化器、异地合作园/飞地园区、亿元楼宇；特色小镇

小微空间(<1km²)　　中空间(1~50km²)　　大空间(>50km²)

图 0-1　浙江主要产业平台的空间尺度与属性①

截至目前，浙江省现有的国家级战略平台主要有浙江海洋经济发展示范区、舟山群岛新区、中国(浙江)自由贸易试验区等。国家级开发区主要包括 21 家国家级经济技术开发区、8 家国家级高新技术产业开发区、10 家海关特殊监管区、6 家国家级旅游度假区、50 余家国家火炬特色产业基地，省级开发区包括了数量众多的省级经济开发区、省级高新技术产业园区、产业集聚区等载体。国家级和省级开发区在浙江发展起步很早，并长期以来作为县域经济发展的主力平台，对浙江省改革开放前 30 年的发展起到了巨大推动作用。近些年随着浙江经济加速转型升级，一批省级战略平台和高能级的高新技术产业、先进制造业平台迅速

---

① 注：表中所列产业载体皆拥有明确四至边界的物理空间，无明确四至边界或依托已有单一载体申报及挂牌建设的产业发展平台不计入其中；各载体平台的空间大小按现实发展情况估算，并非为规划核准面积。

崛起,前者如浙江大湾区、省级新城、科创廊道等,后者如科技(新)城、"万亩千亿"新产业平台等,担负起了引领全浙江产业空间转型升级的发展重任。此外,还有一大批形态各异、功能不同的各类特色载体空间加速涌现,如特色小镇、小微企业园、产业创新服务综合体、科技园、众创空间、科技企业孵化器、异地合作园、飞地园区、亿元楼宇等。

2. 从综合型到特色化的产业空间优势互补

空间层次分明是浙江省产业平台的显著特征,既有面积规模超大的国家战略平台、国家级开发、省级战略平台,也有面积规模中等的省级开发区、省市级平台,还有面积规模较小的特色产业载体。这些不同大小的空间功能互补,通过"大空间嵌套小载体,以点带面、节点成网"的方式,构建起了以开发区为核心,覆盖县域及城市的产业空间发展格局。随着产业规模快速扩大以及城市的快速扩张,大中型开发区正加速向城市功能区转变或新城组团演化,不仅承担着集聚产业、发展经济的使命,也担负着新型城镇化、解决产业人口居住生活的功能。功能布局全面综合化的大中型开发区,除了建有大型企业生产办公区、特色园中园等产业功能区,还有大量的居住区、商业配套设施、城市公共服务配套等功能板块。产城融合成为绝大部分大中型开发区的发展方向。与此同时,一大批以科创园区、小微企业园、科技企业孵化器、产业创新服务综合体等为代表的特色化小微产业空间,在大开发区内加速发育,有效缓解了大开发区功能综合化带来的产业空间不足、承载能力不强的问题。产业标签明显的特色化产业空间与功能综合的大中型开发区,在空间上实现了大小嵌套,在功能上实现了优势互补,为开发区推进产业升级、有机更新、高效开发、市场化运营等创造了条件。浙江产业空间开发建设及运营管理的先进性,很大程度上体现在这些特色中小型空间上。浙江开发区的发展活力,也在很多程度上受益于这些数量众多、形态各异、活力十足的特色产业空间。(见图 0-2)

3. 从制造类到双创型的产业空间功能联动

长期以来,浙江是轻工制造大省,从"乡镇企业"时代开始就有一批县域、镇域的工业园区、工业集聚区崛起壮大。如今,随着浙江加速从"制造大省"迈向"制造强省",服务于制造业创新、企业研发的空间需求快速扩大,传统开发区的转型升级不仅体现在生产制造空间的有机更新,更取决于专业性研发办公类载体的建设运营。为此,浙江省不仅大力推动开发区整合升级,着力提升开发区的"大平台、大产业、大企业、大项目"承载能力,更是通过"万亩千亿"新产业平台、小微企业园等示范工程,打造一批先进制造业平台,为浙江制造业继续保持高速发展夯实基础。与此同时,随着产业发展动能的加速转换,在创新驱动和高质量发展的要求下,以数字经济为代表的新兴产业正在高速蓬勃发展,对承载广大中

综合型平台	特色化平台
□ 经济技术开发区/经济开发区	□ 境外经贸合作园
□ 高新技术产业开发区/高新技术产业园	□ 国际产业合作园
□ 省级新区	□ 小微企业园
□ 科创廊道	□ (大学)科技园/科创园
□ 产业集聚区	□ 产业创新服务综合体
□ 科技(新)城	□ 众创空间/科技企业孵化器
□ 特色小镇	□ 异地合作园/飞地园区
□ "万亩千亿"新产业平台	□ 亿元楼宇

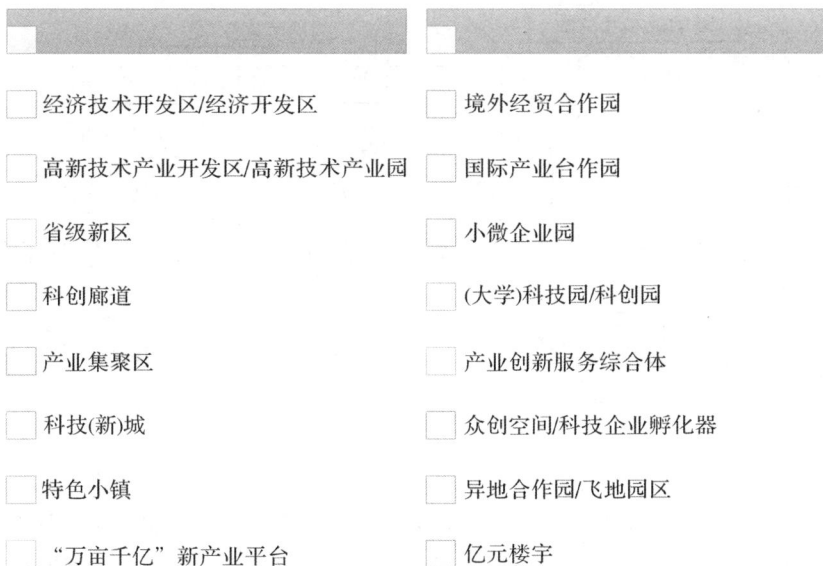

图 0-2　浙江综合型和特色化产业平台分类

小微企业的双创类空间载体产生了巨大需求。源于此,浙江近年来诞生了一批制度环境优良、配套服务完善的双创类产业空间,不仅有以科创廊道、科技新城等为代表的一批大型科创型产业载体,也有以科技园、众创空间、科技企业孵化器、产业创新服务综合体等为代表的中小微科创空间。制造业平台与双创型空间的功能联动与协同发展,有力推动了先进制造业与战略性新兴产业共同发力,为浙江经济的高质量发展提供了重要支撑。(见图 0-3)

4.从广覆盖到抓示范的产业空间格局优化

经过 40 年浙江产业园区发展,全省 37 个市辖区、19 个县级市、32 个县、1个自治县基本实现了省级以上开发区全覆盖,工业园区、集聚区在众多城镇广泛存在,近年来迅速发展起来的双创空间也遍布全省。在浙江产业转型升级、结构优化调整的大背景下,浙江省又立足自身民营经济、块状经济、集群经济的特点和新兴产业的发展趋势,强调和重视特色示范载体的创建,省级层面制定政策、出台方案,各地市及区县积极响应省政府战略号召,定制出台本地区实施方案,形成了"省市规划决策、区县申报创建"的高效执行机制,创建了一批国内知名、浙江特色的空间载体,为全省产业空间优化起到了显著的示范带动作用,充分激活了浙江产业空间的发展活力。自 2015 年,首批浙江特色小镇创建工作开展并

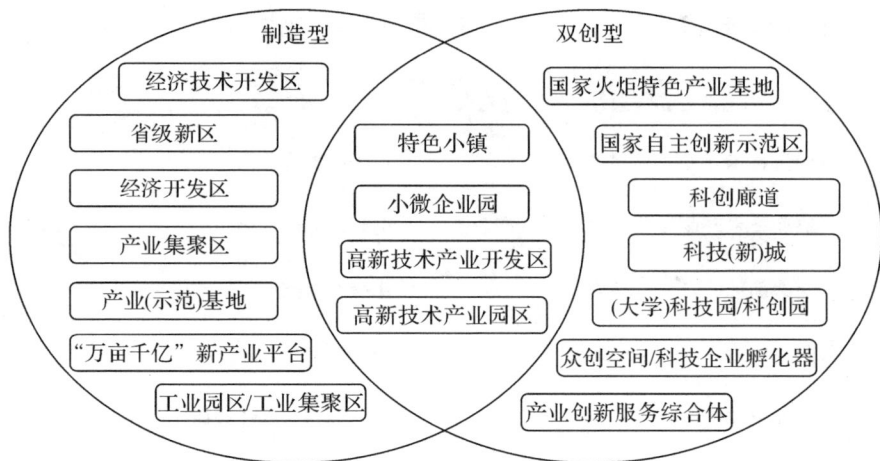

图 0-3 浙江制造型和双创型产业平台分类

顺利在全省推广以后,浙江又先后提出小微企业园、"万亩千亿"新产业平台、产业创新服务综合体等多个新平台、新载体的创建。目前,示范型载体建设都取得了不错的发展成效,其中特色小镇更是成为浙江产业空间的"靓丽名片",其建设经验更是在全国范围内得到了推广和学习。小微企业园、产业创新服务综合体等正在掀起示范效益。浙江在特色产业空间载体的先行先试上已然走在全国前列,也正在成为全国产业载体建设运营的"示范窗口"。

二、政策引领

政策治理是政府引导产业空间发展的重要手段。受到"七山一水两分田"的自然地理条件影响,浙江长期以来一直试图用最小的空间资源达到生产力的最优化布局。为此,近些年来浙江省及各市县政府围绕产业园区扶持和治理,出台了一批富有战略性、创新性、革命性的政策。例如,为引导存量园区、存量土地的整合提升,出台了一系列开发区整合提升政策;为应对新形势下传统产业转型升级和新兴产业培育发展的需求而建设新平台,出台了特色小镇、小微企业园、产业创新服务综合体等培育与创建政策;还有针对区域产业布局优化及协同发展的政策。其中以园区整合、产业链链长制、亩均论英雄、特色小镇建设等为代表的重磅政策最为瞩目,对全省产业平台的优化建设起到了重要推动作用。

(一)园区整合提升,走出"合小建大、质效同提"新路子

为了解决全省各类产业平台存在的数量多、规模小、能级弱、管理散等问题,浙江从 2008 年以来围绕拓展发展空间、创新体制机制和提升产业层次三个重

点,先后开展了三轮开发区整合提升工作。

2008 年,浙江省委省政府提出了开发区整合提升专项行动计划,提出在三年时间里完成全省省级经济开发区的整合提升工作,将它们培育成为新的区域增长极,开启了从 2008 年到 2012 年以优化空间为核心的第一轮整合提升。这一轮的整合中,全省 65 家开发区(园区)分三批,以提高规划水平、整合要素资源、优化产业结构、创新管理体制和完善配套功能为工作重心,旨在构筑以开发区为核心、以城镇为依托、以产业为支撑、以功能区为节点、以道路为网络的新的经济发展大平台,实现工业化与城镇化、园区经济与区域经济统筹发展,更好地发挥开发区在提高自主创新能力、促进经济结构调整、推动城乡协调发展等方面的辐射带动作用,打造新的区域经济增长极。

从 2013 年到 2014 年,全省开发区开展了以核心区和辐射带动区块联动发展、机制融合为核心的第二轮整合提升。2014 年,浙江省人民政府办公厅印发《关于各类开发区整合优化提升意见的通知》,要求以国家级和省级经济开发区、高新技术产业园区为主体,整合相邻的各类工业(产业)园区,对省级以下各类"低、小、散"园区,加快整合或予以退出;对四至范围交叉、一个功能区块上存在多个主体的开发区,按照"一个主体、一套班子、多块牌子"的原则进行空间整合和体制融合。

2018 年至今,在充分吸收前两轮整合提升工作经验的基础上,全省开发区开启了第三轮整合提升工作。本轮整合提升工作按照"一个突破、两个提升、四个一批"的要求,以提升产业承载能力为突破口,着力打造统一规划、产业集聚的开放发展大平台,不断放大开发区聚合效应;以优化管理机制为重点,探索充分授权、封闭管理、高效运作的开发区管理机制,探索实行市场化、企业化运营模式,进一步激发开发区发展活力。根据 2020 年发布的《关于整合提升全省各类开发区(园区)的指导意见(征求意见稿)》,目标是到 2021 年全省开发区(园区)由现在的 1010 家整合到 150 家以内(不含转型提升的特色小镇、小微企业园等),并在总量控制前提下实行动态管理;整合培育 2~3 家具有较强运营能力和资本实力并具有新型运营模式的运营平台。(见图 0-4)

开发区整合提升是浙江首创。在历经三轮开发区整合提升工作后,浙江探索出一条不改变原有"四至范围"、不突破国家核准面积的前提下,拓展开发区发展空间的道路和办法。当前,全省共整合各类功能区 200 多个,辐射带动的区域超过 6000 平方公里,达成了以全省约 7% 的土地面积,贡献了全省约四成投资、六成实际外资和三分之二规上工业增加值的经济成就。

(二)亩均论英雄,树立"高质量发展、高品质建设"新标尺

浙江作为市场先发地区,首先遇到了"成长的烦恼"和"转型的阵痛",特别是

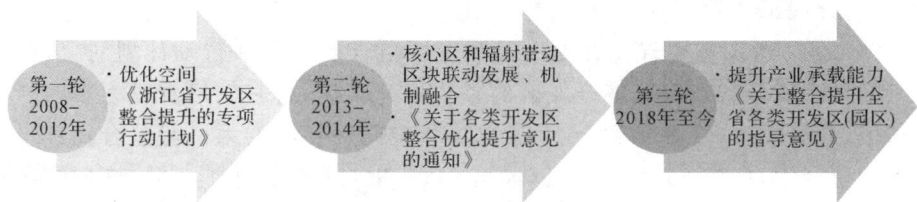

第一轮 2008—2012年
· 优化空间
· 《浙江省开发区整合提升的专项行动计划》

第二轮 2013—2014年
· 核心区和辐射带动区块联动发展、机制融合
· 《关于各类开发区整合优化提升意见的通知》

第三轮 2018年至今
· 提升产业承载能力
· 《关于整合提升全省各类开发区(园区)的指导意见》

图 0-4　浙江省开发区三轮整合提升

"七山一水两分田"的自然地理条件,使得土地和环境要素制约在 2000 年后尤为突出。因此,浙江在全国率先探索开展"亩产效益"评价和资源要素市场化配置改革,向每一分存量土地要效益。

2006 年,浙江绍兴县(现柯桥区)首次提出"亩产论英雄",并探索建立节约集约用地、节能降耗减排为重点的企业"亩产效益"导向、约束和评价机制。随后,温州、嘉兴等省内不少地市也积极探索实践。2012 年,温州开始实施工业企业综合评价工作,先后出台多个文件,从企业综合评价的指标、程序、结果应用等方面入手进行探索试验。同年,嘉兴市开展了以工业用地绩效为重点的全面调查,并依据调查结果,以县(市、区)为单位,建立企业用地、用能、用电、排污、税收等数据库,据此形成了工业企业绩效综合评价体系。

2013 年起,"亩均论英雄"在全省范围内进入试点推广阶段。浙江省政府首先在海宁开展资源要素市场化配置改革试点,把企业"亩产效益"综合评价与资源要素优化配置更加紧密结合。2015 年,全省统一部署、省市县三级联动,全面开展规上工业企业"亩产效益"综合评价,实现全省规上工业企业和规下用地 5 亩以上工业企业全覆盖。

2018 年 1 月,《关于深化"亩均论英雄"改革的指导意见》印发,浙江"亩均论英雄"改革进入全面深化的新阶段。《意见》将全省产业集聚区、经济技术开发区(经济开发区)、高新区、小微企业园、特色小镇(不含历史经典产业特色小镇)全部纳入"亩产效益"综合评价,按照利用效率高、要素供给多的原则,构建年度用地、用能、排放等资源要素分配与市、县(市、区)"亩产效益"绩效挂钩的激励约束机制。同时还联动推进"标准地"改革,建立健全"事前定标准、事后管达标、亩产论英雄"的企业投资项目"标准地"制度,提高开发区企业准入门槛。

2019 年,浙江省亩均办发布了《2019 年浙江省"亩均效益"领跑者行动工作方案》,在各县(市、区)、特色小镇、经济开发区、高新区、小微企业园和制造业、服务业等分领域、分行业开展"亩均效益"领跑者行动,发布领跑者名单。随后,经开区、特色小镇也相继制订了领跑者行动计划。入选领跑者名单的企业、平台将在要素保障、重大政策、评奖评优等方面获得倾斜,在信用评级、贷款准入、贷款授信、担保和还款方式创新、利率优惠等金融服务方面得到重点支持。差别化的资源要素配置之下,势必将倒逼产业平台聚焦聚力高质量,从原来粗放式转向集约化发展。这场"亩均论英雄"改革,也是浙江省深化资源要素配置市场化改革的一个侧影。(见图 0-5)

萌发阶段:2006—2012年
2006年绍兴县(现柯桥区)首次提出"亩产论英雄"
2012年温州开始实施工业企业综合评价工作
2012年嘉兴开展工业企业绩效综合评价

试点推广阶段:2013—2017年
2013年省政府在海宁开展资源要素市场化配置改革试点
2015年全省推广工业企业亩产效益综合评价

全面深化阶段:2018年至今
2018年《关于深化"亩均论英雄"改革的指导意见》印发
浙江加快推进"标准地"改革
《2019年浙江省"亩均效益"领跑者行动工作方案》发布、在特色小镇、经开区、高新区、小微企业园等领域开展领跑者计划

图 0-5　"亩均论英雄"发展历程

(三)产业链"链长制",构建"固本强链、产业主导"新格局

在开发区整合提升过程中,浙江运用改革思维和办法,率先在全国推出"链长制"。2019 年起,为推动区域块状特色经济做大做强,并考虑到复杂国际经贸形势对省内产业链的冲击,浙江省商务厅出台了《关于开展开发区产业链"链长制"试点进一步推进开发区创新提升工作的意见》,要求各开发区确定一条特色明显、有较强国际竞争力、配套体系较为完善的产业链作为试点,链长则建议由该开发区所在市(县、区)的主要领导担任。"链长制"应运而生,并在全国形成了引领示范效应。

浙江省推动的"链长制"要求各个开发区聚焦产业链,通过做好"九个一"机制,即一个产业链发展规划、一套产业链发展支持政策、一个产业链发展空间平台、一批产业链龙头企业培育、一个产业链共性技术支撑平台、一支产业链专业招商队伍、一名产业链发展指导专员、一个产业链发展分工责任机制和一个产业链年度工作计划,实现"巩固、增强、创新、提升"产业链。2020 年 10 月,浙江公布产业链"链长制"试点名单,杭州经济技术开发区等 27 家开发区为浙江省开发区产业链"链长制"试点示范单位、38 家开发区为浙省开发区产业链"链长制"试点单位。(见表 0-2、表 0-3)

表 0-2　浙江省开发区产业链"链长制"试点示范单位

开发区名称	产业链名称	开发区名称	产业链名称
杭州经济技术开发区	芯智造	桐乡经济开发区	前沿新材料
富阳经济技术开发区	5G 产业(光通信)	杭州湾上虞经济技术开发区	新材料

续表

开发区名称	产业链名称	开发区名称	产业链名称
余杭经济技术开发区	智能制造	绍兴柯桥经济技术开发区	时尚纺织
宁波经济技术开发区	集成电路链	嵊州经济开发区	高端智能厨电（厨具电器）
宁波杭州湾经济技术开发区	汽车	武义经济开发区	电动工具
宁波大榭开发区	化工聚氨酯	金华经济技术开发区	健康生物医药
乐清经济开发区	现代化电气	衢州经济技术开发区	化学新材料（电子化学品）
瓯海经济开发区	眼镜	江山经济开发区	木门
长兴经济技术开发区	新能源智能汽车及零部件	头门港经济开发区	医药化工
安吉经济开发区	绿色家居	黄岩经济开发区	模具
南浔经济开发区	智能制造装备	仙居经济开发区	甾体医药
海宁经济开发区	泛半导体	丽水经济技术开发区	滚动功能部件及特色工业机器人
海盐经济开发区	环保新材料	景宁经济开发区	幼教木玩
嘉兴经济技术开发区	健康食品		

表 0-3　浙江省开发区产业链"链长制"试点单位

开发区名称	产业链名称	开发区名称	产业链名称
杭州经济技术开发区	生物医药、汽车	乍浦经济开发区	化工新材料
萧山经济技术开发区	高端装备制造业	海盐经济开发区	电子信息
钱江经济开发区	新装备制造	姚庄经济开发区	精密机械
桐庐经济开发区	医疗器械	秀洲经济开发区	智能装饰
淳安经济开发区	水饮料	百步经济开发区	集成家居
建德经济开发区	航空产业	袍江经济技术开发区	集成电路
宁波石化经济技术开发区	绿色石化	诸暨经济开发区	新汽车
余姚经济开发区	新材料	新昌经济开发区	生物医药
奉化经济开发区	新能源汽车	金华经济技术开发区	新能源汽车
宁海经济开发区	汽车零部件及模具	义乌经济开发区	先进装备制造业
象山经济开发区	临港装备制造业	浦江经济开发区	绗缝时尚
前洋经济开发区	港航物流	永康经济开发区	五金智造
温州经济技术开发区	先进装备制造	温岭经济开发区	整车制造
瑞安经济开发区	汽摩配	三门经济开发区	新材料
平阳经济开发区	装备制造	天台经济开发区	大车配
湖州经济技术开发区	新能源汽车	丽水经济技术开发区	生态合成革
德清经济开发区	电子信息装备制造	青田经济开发区	时尚（鞋服）
嘉善经济技术开发区	通信电子	龙泉经济开发区	五金汽配
平湖经济技术开发区	新能源汽车	缙云经济开发区	运动休闲文化

"链长制"把焦点放在了"产业链"的"链"上,由此拓展了供应链、信息链、采购链、服务链、人才链、资金链等多链融合。由于区域行政长官具有丰富的本地资源和较强的资源配置能力,可以跨企业、跨行业、跨区域、跨行政部门地促进点状的产业分布发展成链状的产业生态。通过行政长官统筹内外部资源,可以集中力量在产业链薄弱环节进行重点突破,加速构建完整产业链条,制定针对性产业发展策略,通过精准施策促进地区产业发展。浙江"链长制"的实践也推动了以国际性视野看产业链的联动,关注国际产业链上下游的联动,充实了国际产业合作的内核。

（四）空间裂变与聚变,书写"创优争先、建标示范"新篇章

得益于超前的发展理念和领先的政策经验,浙江产业空间的创新建设一直走在全国的前列。以特色小镇建设为起始、为代表,其后又相继推出小微企业园、产业创新服务综合体、省级新区、"万亩千亿"新产业平台等一众新型平台,浙江由此步入一个新载体"百花齐放、百家争鸣"的时代,并在全国掀起了一股复制推广的建设风潮。省级层面凭借前瞻性的改革发展意识制定政策、出台方案,各地市及区县积极响应省政府号召,制定出台本地区实施方案,形成了一套富有浙江特色的新型产业载体培育、扶持模式。

2015年4月,浙江发布《关于加快特色小镇规划建设的指导意见》,提出采用"宽进严定"的创建方式,在全省范围内重点培育和规划建设100个左右特色小镇;同年10月,《浙江省特色小镇创建导则》发布,在产业定位、建设空间、投入资金、建设内涵、功能定位、运行方式、建设进度、综合效益等方面,限定了特色小镇创建申报条件,引导浙江特色小镇建设进入蓬勃发展的历史时期。其后2016年3月,浙江发布《关于高质量加快推进特色小镇建设的通知》,进一步加大工作推进力度,着力推动建设一批产业高端、特色鲜明、机制创新、具有典型示范意义的高质量特色小镇,力争每个市都有示范性小镇、每个重点行业都有标杆性小镇。2017年7月,发布《关于印发浙江省特色小镇验收命名办法（试行）的通知》,明确了评价指标的数据来源、评分标准、验收方式,规范了验收命名的相关程序。同年12月,全国首个特色小镇地方标准《特色小镇评定规范（DB33/T 2089—2017）》发布,进一步规范了特色小镇评定程序。2018年4月,在全国特色小镇建设过热走偏而陷入发展低潮后,浙江又率先通过制定《浙江省特色小镇创建规划指南（试行）》进行规范纠错,提出"产业'特而强',功能'聚而合',形态'小而美',体制'新而活'"的特色小镇2.0建设版本。自此,浙江省特色小镇建设形成了"规划有指南、创建有导则、考核有办法、验收有标准"的完善工作体系。

早在2013年,浙江省就积极谋划小微企业园建设,着力推动浙江小微企业由"低、小、散、弱"向"高、精、专、优"转型。浙江省委省政府先后出台《关于加强

小微企业园区建设管理促进经济转型升级的意见》《关于促进小微企业创新发展的若干意见》《关于加快小微企业园高质量发展的实施意见》(征求意见稿)、《浙江省推进数字化园区建设实施方案》《关于进一步加强小微企业园建设和管理的指导意见》等若干小微企业园规划建设实施意见,以及《浙江省小微企业创业创新园(基地)管理和评价办法》《浙江省小微企业园绩效评价试行办法》等管理规范和考核标准。在省政府加强顶层设计的同时,各设区市也相应出台小微企业园建设提升的整体路线图和具体时间表,如《温州市小微企业创业创新园建设新三年行动计划(2017—2019年)》《台州市小微企业工业园建设改造三年行动计划(2018—2020年)》,确保各地小微企业园建设提升各项工作有序推进。

在产业创新服务综合体创建方面,自2017年起,浙江省政府相继印发了《浙江省产业创新服务综合体建设行动计划》《浙江省产业创新服务综合体建设导则》《浙江省省级产业创新服务综合体管理考核办法(试行)》等实施方案和建设管理规范,部分设区市也相应出台了市级产业创新服务综合体的建设实施方案和工作推进计划,如《杭州市产业创新服务综合体建设实施意见》《金华市产业创新服务综合体建设行动计划(2018—2020年)》,各区县也结合本地实际出台了资金扶持、财政鼓励等相关政策。

对于近两三年刚摸索起步的"万亩千亿"新产业平台,省级层面率先制定《关于高质量建设"万亩千亿"新产业平台的指导意见》(浙政办〔2019〕10号)、《浙江省"万亩千亿"新产业平台建设导则(试行)》、《浙江省"万亩千亿"新产业平台建设评价办法(试行)》等政策规范。而省级新区则是在杭州钱塘新区的成功实践上,将其可行的政策意见——《关于加快推进杭州钱塘新区高质量发展的若干意见》相关内容作了优化完善,形成《关于加快推进省级新区高质量发展的若干意见》,进一步复制推广到其他省级新区。

表0-4为浙江省级产业空间创建政策一览。

表0-4 浙江省级产业空间创建政策一览

载体类型	文件名称
特色小镇	《关于加快特色小镇规划建设的指导意见》(浙政发〔2015〕8号)
	《浙江省特色小镇创建导则》(浙特镇办〔2015〕9号)
	《关于高质量加快推进特色小镇建设的通知》(浙政办发〔2016〕30号)
	《关于印发浙江省特色小镇验收命名办法(试行)的通知》(浙特镇办〔2017〕16号)
	《特色小镇评定规范(DB33/T 2089—2017)》
	《浙江省特色小镇创建规划指南(试行)》(浙特镇办〔2018〕7号)

续表

载体类型	文件名称
小微企业园	《关于加强小微企业园区建设管理促进经济转型升级的意见》(浙委办发〔2017〕2号)
	《关于促进小微企业创新发展的若干意见》(浙政办发〔2018〕59号)
	《关于加快小微企业园高质量发展的实施意见》(浙委办发〔2018〕59号)
	《浙江省小微企业园绩效评价试行办法》(浙中小企业办〔2018〕18号)
	《浙江省推进数字化园区建设实施方案》
	《关于进一步加强小微企业园建设和管理的指导意见》(浙小微园办〔2020〕6号)
"万亩千亿"新产业平台	《关于高质量建设"万亩千亿"新产业平台的指导意见》(浙政办〔2019〕10号)
	《浙江省"万亩千亿"新产业平台建设导则(试行)》(浙发改产业〔2019〕212号)
	《浙江省"万亩千亿"新产业平台建设评价办法(试行)》(浙发改产业〔2019〕517号)
省级新区	《关于加快推进省级新区高质量发展的若干意见》
	《关于加快推进杭州钱塘新区高质量发展的若干意见》(厅字〔2020〕6号)
产业创新服务综合体	《浙江省产业创新服务综合体建设行动计划(2017—2020年)》(浙政办发〔2017〕107号)
	《浙江省产业创新服务综合体建设导则》(浙科改办〔2017〕2号)
	《浙江省省级产业创新服务综合体管理考核办法(试行)》(浙科领办〔2020〕3号)

三、浙江成效

(一)高标建设、担当重任的大平台

2011年起,为进一步推动浙江实现跨越式大发展,国家相继批复浙江海洋经济发展示范区、义乌市国际贸易综合改革试点、舟山群岛新区、温州市金融综合改革试验区[①]、中国(浙江)自由贸易试验区等重大战略规划。由此肇始,浙江

---

① 于新东.四大国家战略举措 浙江发展的顶梁柱[J].党政视野,2016(5):9-12.

积极发挥海洋资源丰富、市场化改革先行、体制机制先发、民营经济突出、块状经济明显、专业市场发达、对外贸易活跃等优势，注重战略性、前瞻性谋划，坚持高起点、高标准、高水平建设，逐步形成了舟山群岛新区、中国（浙江）自由贸易试验区等为代表的多个国家级战略平台，以及浙江大湾区为引领的省级战略平台，有力带动了全省各地产业经济和社会发展。

1. 舟山群岛新区

舟山作为我国唯一的群岛型设区市，不但拥有漫长的海岸线和世界罕见的深水良港群，还具有长三角广阔的经济腹地。2010 年 5 月，国务院批准实施《长江三角洲地区区域规划》，对舟山的定位是"海洋综合开发试验区"。2010 年，党的十七届五中全会谋划中国海洋经济"坚持陆海统筹，制定和实施海洋发展战略，提高海洋开发、控制、综合管理能力。科学规划海洋经济发展，发展海洋油气、运输、渔业等产业，合理开发利用海洋资源，加强渔港建设，保护海岛、海岸带和海洋生态环境。保障海上通道安全，维护我国海洋权益"的百字战略。浙江省也考虑舟山能否在建设海洋综合开发试验区的基础上，对国家的海洋经济发展有更大的战略贡献。因此，到了 2011 年的《浙江海洋经济发展示范区规划》中，关于舟山的表述变成"探索设立舟山群岛新区"。2011 年 7 月，国务院正式批准设立浙江舟山群岛新区。这是继上海浦东、天津滨海和重庆两江后，中国设立的又一个国家级新区。浙江舟山群岛新区成为我国第四个国家级新区，也是国务院批准的中国首个以海洋经济为主题的国家战略层面新区。舟山群岛新区作为中国"蓝色经济"先行先试的试验区，承担着国家交付的海洋经济破题重任，虽是正厅级行政级别，但却享有正省级的经济权限。

2. 浙江自贸区

中国（浙江）自由贸易试验区于 2017 年 3 月落地舟山，初始实施范围119.95平方公里全部位于舟山市内。2020 年 9 月，《中国（浙江）自由贸易试验区扩展区域方案》获批，在全国自贸试验区中率先实现了扩区，扩展区域实施范围 119.5平方公里，涵盖三个片区：宁波片区 46 平方公里（含宁波梅山综合保税区 5.69平方公里、宁波北仑港综合保税区 2.99 平方公里、宁波保税区 2.3 平方公里），杭州片区 37.51 平方公里（含杭州综合保税区 2.01 平方公里），金义片区 35.99平方公里（含义乌综合保税区 1.34 平方公里、金义综合保税区 1.26 平方公里）。浙江自贸试验区的实验目标是，围绕国家能源保障安全，推进以油品全产业链为核心的大宗商品投资便利化和贸易自由化，提升大宗商品全球配置能力。依托自贸区，不产一滴油的浙江建设成了中国唯一一个以油气全产业链建设为中心的高能级开放平台。

3. 浙江大湾区

湾区经济是区域经济的高级形态,是当今国际经济版图的突出亮点,是世界一流滨海城市显著标志。美国的纽约湾区、旧金山湾和日本东京湾各具特征和专业,并不断推陈出新,动人澎湃,活力四射,都以开放性、创新性、宜居性和国际化为最重要特征,发挥着引领创新、聚集辐射的核心作用,已成为带动全球经济发展的重要增长极和引领技术变革的领头羊。浙江大湾区,同样也是经济活跃、开放程度高、创新能力强的一个地区。浙江大湾区面积为 6.0 万平方公里,人口为 4247 万人,宁波—舟山港货物年吞吐量超 10 亿吨。2017 年,浙江沿海沿湾的杭州、宁波、嘉兴、绍兴、温州、台州六市经济总量占全省的 80.6%,其中,湾区核心区生产总值占到全省的 57.7%。

2017 年 6 月,浙江省第十四次党代会首次提出浙江大湾区建设构想。此后在 2018 年谋划推动的"四大"建设中就包含浙江省大湾区建设战略。"大湾区"战略在宏观层面,即整个浙江大湾区总体布局是"一环、一带、一通道",即环杭州湾经济区、甬台温临港产业带和义甬舟开放大通道。在中观层面,确立环杭州湾经济区是大湾区建设的重点,将构筑"一港、两极、三廊、四新区"空间格局。在微观层面,既要发挥现有产业优势,瞄准未来产业发展方向,整合延伸产业链,打造若干世界级产业集群;又要突出产城融合发展理念,推进产业集聚区和各类开发区整合提升,打造若干集约高效、产城融合、绿色智慧的高质量发展大平台。也因此,"大湾区"战略对从省域到县域各个层面的产业平台建设,起到了极大的推动作用。

(二)改革创新、迭代升级的老园区

自 1978 年以来,在改革开放政策和新技术革命浪潮的推动下,中国陆续创建了经济特区、经济技术开发、高新技术产业开发区、边境经济合作区、保税区等不同类型和不同层次的开发区,在国内现代化建设中起到了重要的作用,也成为全国经济最为活跃的增长点。自 1984 年浙江省首个国家级经开区创建以来,浙江已经创建了省级以上高新区 48 家、省级以上经开区 81 家、省级产业集聚区 14 家。这些老牌园区不仅是浙江经济发展的核心区和主舞台,也是探索体制机制改革的前沿哨所,在一轮轮改革实践中,顺应潮流不断迭代升级,焕发出新的经济活力。

1. 经开区

经济技术开发区是因接纳国际资本和产业转移的需要而建立"特殊经济园区"之一。1984 年起,中国先后在 12 个沿海城市批准设立了首批 14 家国家级经开区,浙江宁波经济技术开发区位列其中,成为全省首个国家级经开区。此后,杭州、温州、嘉兴、湖州、绍兴、金华、衢州、丽水也相继创建国家级经开区(见

表 0-5)。而省级经开区则是从 80 年代末期开始逐渐建立,1992 年 8 月,浙江省政府正式批准设立了嘉兴、湖州、绍兴、舟山和椒江经济开发区,1993 年 2 月,省政府又批准金华、衢州、丽水和乍浦 4 家省级经济开发区,截至目前省级经济开发区已经增加到了 60 家。经开区是浙江对外开放的主要窗口,在改革开放的初期,经开区由于外向程度高,加强了浙江省经济与世界经济的联系,加快了浙江省经济的国际化进程,推动了浙江与国际接轨。

截至目前,全省已形成工业总产值超 2000 亿元的开发区 3 家,超 1000 亿元的开发区 15 家;全省开发区以约 7% 的土地面积,贡献了近 40% 的税收收入、近 50% 的进出口额、60% 多的实际外资和近 70% 的规上工业增加值。在 2019 年全国经济技术开发区综合评比中,浙江省进入全国前 20 强的经济技术开发区有 3 家,居全国第二位;进入利用外资前 10 强的经济技术开发区有 2 家,居全国第一位。[①]

表 0-5 浙江省国家级经济技术开发区[②]

序号	开发区 名称	批准 时间	核准面积 (公顷)	主导产业
1	杭州经济技术开发区	1993 年 4 月	1000	装备制造、生物医药、信息技术
2	萧山经济技术开发区	1993 年 5 月	920	通用设备、服装纺织
3	杭州余杭经济技术开发区	2012 年 7 月	2746.72	装备制造、医药健康、节能环保
4	富阳经济技术开发区	2012 年 10 月	741	有色金属采冶加工、电气机械器材、纸制品
5	宁波经济技术开发区	1984 年 10 月	2960	化工、汽车、金属冶炼加工
6	宁波大榭开发区	1993 年 3 月	1613	临港化工、大宗商品国际贸易、港口物流
7	宁波石化经济技术开发区	2010 年 3 月	770	石油加工、核燃料加工、化工
8	宁波杭州湾经济技术开发区	2014 年 2 月	1000	汽车级零部件、新材料、电气
9	温州经济技术开发区	1992 年 3 月	511	装备制造、鞋服
10	嘉兴经济技术开发区	2010 年 3 月	1100	装备制造、汽车零配件、食品
11	嘉善经济技术开发区	2011 年 6 月	1820	通用设备、电子信息、家具
12	平湖经济技术开发区	2013 年 1 月	1619	光机电、生物技术、特种纺织
13	湖州经济技术开发区	2010 年 3 月	800	物流装备、节能环保、生物医药

---

① 资料来源:浙江省商务厅. http://www.zcom.gov.cn/.
② 中国开发区审核公告目录(2018 年版).

续表

序号	开发区名称	批准时间	核准面积（公顷）	主导产业
14	长兴经济技术开发区	2010.11	1900	新能源汽车及零部件、家用电器、装备制造
15	绍兴袍江经济技术开发区	2010 年 4 月	3369.3	纺织、新材料、生物医药
16	绍兴柯桥经济技术开发区	2012 年 10 月	990	石油、印染、化纤
17	杭州湾上虞经济技术开发区	2013 年 11 月	1000	化工、新材料、汽车及零部件
18	金华经济技术开发区	2010 年 11 月	885.99	汽车、热力、运输设备
19	义乌经济技术开发区	2012 年 3 月	917.3	纺织服装、文教体娱用品
20	衢州经济技术开发区	2011 年 6 月	400	新材料、装备制造、金属制品
21	丽水经济技术开发区	2014 年 10 月	565	生态合成革、日用化工、装备制造

2. 高新区

高新技术产业开发区通过形成局部优化环境,来培育创新型企业,发展民族高新技术产业,并带动传统产业改造,以实现高新技术成果商品化、产业化和国际化,推动科技与经济的一体化发展。[①] 20 世纪 80 年代末正值改革开放初期,长期以来,科技与经济分离的旧体制阻碍了产业技术进步,而高新技术产业开发区则能较好地解决两者如何结合的问题。1988 年,全国"火炬计划"正式开始实施,高新区建设正式登上历史舞台。浙江省积极响应,于 1990 年成立杭州高新技术产业开发区。1991 年春天,建区仅一年的杭州高新区便拿到了全省第一块"国家牌"——国务院 12 号文件批准杭州高新区在内的全国 27 家开发区为第一批国家级高新区。[②] 1996 年,浙江发布《关于深入实施科教兴省战略加速科技进步的若干意见》,提出要加快形成高新技术产业带,掀起了高新区建设高潮。1997 年浙江省科委出台《浙江省高新技术产业园区管理暂行办法》等规范性文件,创建首批省级高新区。至今,浙江省已建成省级以上高新区 48 家,其中国家级高新区 8 家(见表 0-6)、省级高新区 11 家、省级创建高新区 29 家。8 家国家级高新区分属杭州、宁波、温州、嘉兴、湖州、绍兴、衢州七市。值得一提的是,位于湖州德清的湖州莫干山高新技术产业开发区是唯一一家创建于县域范围的国家级高新区。

　　① 陈益升,陈宏愚,湛学勇. 经济技术开发区与高新技术产业开发未来发展分析[J].科教兴国与可持续发展,2002(5):28-30.

　　② 全省第一个高新区,是如何从无到有的? [EB/OL] https://www.sohu.com/a/402748670_100035511? _trans_=000014_bdss_dkwhfy.

表 0-6　浙江省国家级高新技术产业开发区[①]

序号	开发区名称	批准时间	核准面积（公顷）	主导产业
1	杭州高新技术产业开发区	1991 年 3 月	1212	信息技术、生命健康、节能环保
2	萧山临江高新技术产业开发区	2015 年 2 月	355	装备制造、汽车、新能源、新材料
3	宁波高新技术产业开发区	2007 年 1 月	970.63	电子信息、新能源、节能环保、新材料
4	温州高新技术产业开发区	2012 年 8 月	442.45	激光及光电、电商、软件
5	嘉兴秀洲高新技术产业开发区	2015 年 9 月	572	智能制造、新能源、新材料
6	湖州莫干山高新技术产业开发区	2015 年 9 月	665	生物医药、装备制造、地理信息
7	绍兴高新技术产业开发区	2010 年 11 月	1044.24	新材料、电子信息、环保
8	衢州高新技术产业开发区	2013 年 12 月	353.88	氟硅钴新材料

3. 产业集聚区

在过去的 30 多年时间里，数以万计的中小企业在浙江形成了近 500 个工业产值在 5 亿元以上的"产业集群"，它们从低层次"块状经济"向高层次"产业集聚"的跨越式转型，成为浙江产业升级的关键之举，但其中多数发展受到后备土地资源不足的制约。而产业集聚区正是浙江块状经济特色与土地资源紧缺融合的产物，其规划布局与全省土地资源的自然属性和区域分布相结合，选择了沿海滩涂、低丘缓坡等土地后备资源较为丰富的可利用发展区域，形成规模大、集中连片、后续潜力较大的开发建设空间[②]，为产业集聚创造发展新空间。

2009 年，浙江省发布了《关于加快块状经济向现代产业集群转型升级的指导意见》，指定 21 个块状经济向现代产业集群转型升级的示范区。2010 年 7 月和 9 月，又先后发布了《关于加快推进产业集聚区建设的若干意见》和《浙江省产业集聚区发展总体规划（2011—2020）》，提出全省重点建设杭州大江东、杭州城西科创、宁波杭州湾、宁波梅山国际物流、温州瓯江口、湖州南太湖、嘉兴现代服务业、绍兴滨海、金华新兴、衢州绿色、舟山海洋、台州湾循环经济、丽水生态、义乌商贸服务业等 14 家省级产业集聚区。这 14 家产业集聚区（以下简称集聚区）分属全省 11 个市，规划范围涉及 37 个县（市、区），其中杭州、宁波和金华均有 2家集聚区，其余地级市各有 1 家，当地都选择了最具发展潜力的区域纳入集聚区开发。产业集聚区的建立，加速了浙江原有以及新兴产业配套和产业规模的形成，加强了浙江区域竞争企业与上下游关联企业技术创新的示范、刺激与推动。

---

① 中国开发区审核公告目录（2018 年版）.

② 潘东兴.浙江省产业集聚区高质量发展的思考[J].统计科学与实践,2013(6):9-11.

（三）应运而生、全省联动的新平台

为了应对新经济背景下资源要素优化配置需求，突破体制机制束缚，补齐浙江省长期以来在科技创新能力、重大项目支撑等方面的短板，近些年浙江省政府相继推出了省级新区、科创廊道、科技（新）城、"万亩千亿"新产业平台等一批战略性高能级新平台。它们以引领浙江新时代产业发展为己任，在集聚战略性产业、打造高端产业链、培育领军型企业中发挥了重要作用。

1. 省级新区

设立省级新区是浙江全面融入长三角区域一体化发展、"一带一路"建设等国家战略，全力落实省委、省政府"四大建设"决策部署，完善大湾区"一环一带一通道"发展格局的重要举措。2020年5月，浙江省人民政府批复同意设立金华金义新区，这是继杭州钱塘新区、宁波杭州湾新区、绍兴滨海新区、湖州南太湖新区、台州湾新区（见专栏1）后，浙江省政府设立的第六个省级新区。省级新区按照"一个平台、一个主体、一套班子、多块牌子"的体制架构设立，并要求同步撤销区域内省级以下产业平台，打破县域、市域与省域不同层面的多级行政分割，以人才、资金、产权的要素端自由流动与配置改革为纽带，推动要素充分涌流、高效配置与自由分工。

专栏1　六大省级新区

杭州钱塘新区：2019年4月2日浙江省人民政府正式批复同意设立，规划控制总面积531.7平方公里，空间范围包括现杭州大江东产业集聚区和现杭州经济技术开发区，托管范围包括江干区的下沙、白杨2个街道，萧山区的河庄、义蓬、新湾、临江、前进等5个街道，以及杭州大江东产业集聚区规划控制范围内的其他区域（不含党湾镇所辖接壤区域的行政村）。2021年4月9日杭州市钱塘区正式设立。

宁波杭州湾新区：规划控制总面积604平方公里，空间范围包括现宁波杭州湾产业集聚区（面积约353.2平方公里），以及与其接壤的余姚片区（面积约106.6平方公里）和慈溪片区（面积约144.2平方公里）。中意（宁波）生态园、慈溪高新技术产业开发区和环杭州湾创新中心等区块都包含在前湾新区中。

绍兴滨海新区：规划控制总面积430平方公里，空间范围包括现绍兴滨海新城江滨区、绍兴袍江经济技术开发区、绍兴高新技术产业开发区、镜湖新区片区，托管绍兴市越城区皋埠街道、马山街道、孙端街道、东湖街道、灵芝街道、东浦街道、斗门街道、稽山街道、迪荡街道和绍兴市上虞区沥海街道。

湖州南太湖新区：规划控制总面积 225 平方公里，空间范围包括现湖州南太湖产业集聚区核心区、湖州经济技术开发区、湖州太湖旅游度假区全部区域，湖州市吴兴区环渚街道 5 个村，以及长兴县境内的部分弁山山体。

台州湾新区：规划控制总面积约 138.46 平方公里，空间范围包括现台州湾循环经济产业集聚区东部区块、台州高新技术产业园区东扩区块和滨海工业区块、台州市椒江区委托管理区块。管理范围包括台州市椒江区三甲街道（含椒江农场），白云街道 2 个社区，海门街道 2 个社区，下陈街道 1 个社区、8 个村，以及十一塘、三山北涂、三山涂围垦区。

金华金义新区：规划控制总面积约 661.8 平方公里，空间范围包括现金华市金东区全域，以金华市金东区四至范围为界。

2. 科创廊道

浙江省科技创新水平总体虽已经进入国家第一方阵，但总的来说，浙江的创新更集中于模式创新，比较缺乏科技领域的创新。为此，2016 年以来，浙江明确提出将科技创新作为必须补齐的第一短板。而科创廊道和科技新城就是所谓"补短板"的"弯道"。浙江省大湾区战略把杭州城西科创大走廊、宁波甬江科创大走廊、嘉兴 G60 科创大走廊等"三廊"摆在建设重点，随后温州、金华都市区也相继创建环大罗山科创走廊和金义科创走廊，因此目前全省共形成 5 条科创廊道（见专栏 2）。其中杭州城西科创大走廊最具示范代表性，已经以全省"创新策源地，打造综合性国家科学中心和区域性创新高地"的新定位被写入《浙江省国民经济和社会发展第十四个五年规划和二〇三五年远景目标的建议》。科技新城则在各科创走廊上发挥着产业创新桥头堡的作用，如杭州城西科创大走廊的未来科技村、紫金港科技城、青山湖科技城，嘉兴 G60 科创大走廊的南湖科技城等等。

专栏 2　五大科创廊道

杭州城西科创大走廊：东起浙江大学紫金港校区，西至浙江农林大学，穿过西湖区、余杭区、临安区，一路串起紫金港科技城、未来科技城、青山湖科技城，规划面积约 390 平方公里。目标是通过集聚、培育各类人才和多种类型的创新主体，高起点打造面向世界、引领未来、辐射全省的创新策源地,旨在新一代信息技术、人工智能、生命科学等浙江省先发优势明显且代表未来方向的产业领域取得突破,成为带动全省创新发展的主引擎。

嘉兴 G60 科创大走廊:规划区域为 G60 高速公路嘉兴段,东起嘉善,西至海宁,全长 88 公里。一核即嘉兴科创核心区,以嘉兴科技城(南湖高新技术产业园区)、嘉兴秀洲高新技术产业开发区、嘉兴高新技术产业园区三大科创平台为依托,打造嘉兴主城区的创新引领高地。东翼依托嘉善科技新城、张江长三角科技城平湖园、海盐核电关联高新技术产业园、嘉兴港区杭州湾新经济园等科创平台,打造临沪产业创新带。西翼依托乌镇大道科创集聚区(一期)、海宁鹃湖国际科技城等重点科创平台,打造临杭产业创新带。

宁波甬江科创大走廊:走廊核心区 136 平方公里,北至镇海大道,南至甬台温高速公路复线,西至三江口余姚江河岸线、南高教园区学士路,东至 320 骆霞线北仑段。

环大罗山科创走廊:以大罗山为中心坐标,划定科创带和外围辐射产业带,其中:科创带西至白云山麓、温瑞大道、汤家桥路、吹台山麓,北至瓯江,东至东海,南至瑞枫大道、云顶山麓,总规划面积 230.5平方公里;产业带总规划面积约 210 平方公里。

金义科创廊道:以金义快速路为发展主轴,西起金华经济技术开发区,经金华高新技术产业园区、金义都市新区、义乌经济技术开发区,东至义乌信息光电高新技术产业园区,核心建设区面积约 160 平方公里,辐射带动县域科创平台发展。

3.“万亩千亿”新产业平台

“万亩千亿”新产业平台的构想,最早出现在 2017 年 11 月浙江省第十四次党代会报告中,提出要“建成若干‘万亩千亿’级新产业平台”,“超前谋划布局一批重量级未来产业,大力发展集成电路、软件等解决‘缺芯少魂’问题的产业,力争在互联网、物联网、大数据、人工智能等领域成为领跑者”。可见从一开始,“万亩千亿”新产业平台就是为这一批重量级未来产业量身定制的产业空间。2019年 2 月,浙江出台的《关于高质量建设“万亩千亿”新产业平台的指导意见》,明确定义“万亩千亿”新产业平台为具有万亩左右空间(5~10 平方公里)、产出在千亿以上、聚焦重量级未来产业发展的高能级新产业平台,基本特征是聚焦标志性项目、培育领军型企业、打造高端产业链、促进产城融合发展。截至目前,全省已经有两批 13 家单位被列入培育名单(见表 0-7)。

表 0-7 浙江省"万亩千亿"新产业平台培育名单

序号		平台名称	产业聚焦
1	第一批	杭州万向创新聚能城产业平台	新能源
2		紫金港数字信息产业平台	数字信息
3		大江东航空航天产业平台	航天航空
4		宁波杭州湾新区智能汽车产业平台	智能汽车
5		嘉兴中新嘉善智能传感产业平台	智能传感
6		绍兴集成电路产业平台	集成电路
7		台州通用航空产业平台	通用航空
8	第二批	杭州钱塘新区高端生物医药产业平台	生物医药
9		宁波北仑集成电路产业平台	集成电路
10		温州瑞安智能汽车关键零部件产业平台	汽车零部件
11		嘉兴南湖微电子产业平台	微电子
12		绍兴滨海新区高端生物医药产业平台	生物医药
13		衢州高端电子材料产业平台	电子材料

从空间分布看,这 13 家新产业平台绝大部分集中布局在"大湾区",其中,杭州 4 家,宁波、绍兴、嘉兴各 2 家,台州、温州、衢州各 1 家。这充分体现了与浙江大湾区建设的互动性和衔接性。从产业层面看,首批平台主导产业涉及集成电路、物联网、云计算等数字经济关键核心领域,智能汽车、航空制造等高端装备制造领域,与浙江战略性新兴产业重点培育方向相契合。

截至 2019 年底,首批 7 个平台规划总面积 9.3 万亩,累计完成固定资产投资超过 1000 亿元,当年新增固定资产投资 206.1 亿元;新引进产业项目 94 个,其中标志性项目 41 个,完成标志性项目投资 72.9 亿元;新开发土地 4700 多亩,累计已开发面积超 3 万亩,整体开发率超过三成,平台开发初具规模,并在浙江省各地初步构建起特色鲜明、布局合理的重量级未来产业发展格局,为全省产业高质量发展打下了坚实基础。

(四)声名远播、已成名片的新载体

近些年,为应对新形势下传统产业转型升级和新兴产业培育发展的需求,浙江省推出了一批具有创新性、战略性的产业平台,其中以特色小镇、小微企业园最声名远播,不但对浙江改革发展产生深远影响,也成为浙江走在全国前列的崭新名片,引发全国性的建设热潮。

1. 特色小镇

2014 年,浙江率先推出特色小镇建设这一供给侧结构性改革举措,在国家三部委的推动下,全国兴起了国家级特色小城镇的培育建设热潮。6 年多来,特色小镇建设既经历了在浙江的蓬勃发展时期,也经历了各地过热走偏时期,还经历了纠偏纠错的低潮期。如今特色小镇已成为浙江的一张"金名片",是全面践行新发展理念、推动供给侧结构性改革、支撑高质量发展的高端平台。截至目前,浙江已有命名特色小镇 22 个,创建类特色小镇 110 个,培育类特色小镇 62 个(见图 0-6)。2019 年,浙江省级特色小镇以全省 1.8% 的建设用地面积,贡献了全省 7.9% 的工业企业营业收入和 6.5% 的税收,平均每个小镇拥有高新技术企业 11.2 家,占全省总量的 12.7%,显示出强大的创新活力。

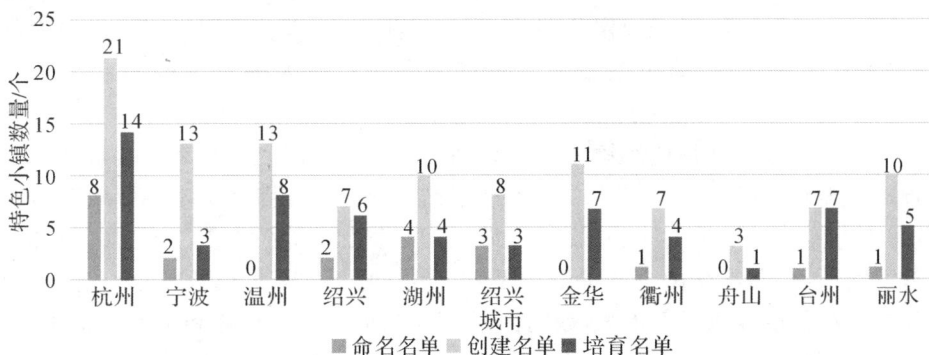

图 0-6　浙江省特色小镇产业分布

来源:浙江特色小镇官网.http://tsxz.zjol.com.cn/.

特色小镇"非镇非区",不是行政区划单元上的一个镇,也不是产业园区的一个区,而是按创新、协调、绿色、开放、共享发展理念,结合自身特质,找准产业定位,科学进行规划,挖掘产业特色、人文底蕴和生态禀赋,有明确产业定位、文化内涵、旅游特色和一定社区功能,形成"产、城、人、文"四位一体有机结合的重要功能平台。步入发展第 6 年,浙江特色小镇推出了 2.0 版本,从"产业特而强、功能聚而合、形态小而美、体制新而活"的特色小镇 1.0,到"产业更特、创新更强、功能更优、形态更美、机制更活、辐射更广"的特色小镇 2.0,更加强调产业竞争力、创新力和辐射带动力。

2. 小微企业园

小微企业,是浙江民营经济的支撑力量。据统计,浙江共有小微企业 190 万家,占全省企业总数的 97%,以小微企业为主体的民营经济贡献了全省 65% 的

GDP、54%的税收、76%的出口和80%的就业。但是，小微企业缺政策、缺空间、缺平台、缺配套、缺规范、缺资本、低散乱的短板，也严重制约了整个浙江省从小微企业"大省"向小微企业"强省"的转型。小微企业园正是帮助解决小微企业发展过程中的一些共性问题的载体平台。截至2018年6月底，浙江省已建成各类小微企业园590家，占地11.3万亩，建筑面积7162万平方米，入驻企业44025家。

2017年1月，浙江省发布《关于加强小微企业园区建设管理促进经济转型升级的意见》，2018年9月又发布《关于促进小微企业创新发展的若干意见》、《关于加快小微企业园高质量发展的实施意见》(浙委办发〔2018〕59号)，提出要在2022年之前，建设提升1200家小微企业园。2018年6月，浙江省又出台了《关于促进小微企业创新发展的若干意见》，明确将小微园定义为经统一规划建设，具有一定集聚规模，产业定位明确，配套设施齐全，运营管理规范，各类服务完善，入园成本合理，为小微企业创业创新和成长壮大提供生产经营场所的平台。

小微企业园是继特色小镇之后，浙江在产业发展上的又一个重大举措。浙江省建设提升小微企业园，一方面，有利于破解土地要素制约，提高亩均产出效率，解决发展空间不足的问题；另一方面，有利于聚焦服务供给，提升服务功能，改善发展环境，促进小微企业集聚和提升发展。另外，提升建设小微企业园也为浙江的中小县市提供了新的发展思路，即聚焦当地的特色产业和中小微企业，这也与前两年的特色小镇发展思路不谋而合，二者形成浙江省产业创新发展的载体"双子星"。

浙江省小微企业园星级名单见表0-8。

表0-8　浙江省小微企业园星级名单

序号	园区名称	园区类型	星级
1	吴兴科技创业园	生产制造类	五星
2	中国织里童装产业示范园	生产制造类	四星
3	中节能（湖州）节能环保产业园	生产制造类	四星
4	长兴国家大学科技园	生产制造类	四星
5	南太湖A区物流园	生产性服务类	四星
6	濮院毛衫创业园	生产制造类	五星
7	中节能嘉兴产业园	生产制造类	四星
8	太平塘小微企业园	生产制造类	五星
9	温岭市汇富春天小微园	生产性服务类	五星

续表

序号	园区名称	园区类型	星级
10	阁巷高新产业小微园	生产制造类	四星
11	飞跃科技园	生产制造类	四星
12	星星电子商业产业园	生产性服务类	四星
13	临海大洋小企业创业基地	生产制造类	四星
14	温岭东部中小企业孵化园	生产制造类	四星
15	空港新区永兴南园小微创业园	生产制造类	五星
16	乐清智能电气小微园	生产制造类	四星
17	乐清科技创业中心	生产制造类	四星
18	永康市中央仓储物流中心	生产性服务类	四星
19	浦江县水晶产业园区	生产制造类	四星

（五）星罗棋布、活力十足的小空间

在产业空间的建设运营上，相比于其他省市，浙江之长在于小微空间的建设运营，突出重视专业"园中园"和特色小载体的建设，将产业大空间细化为小载体。面向不同产业特征、不同企业类型、不同运营目标，浙江成功经营了众创空间、科技企业孵化器、产业创新服务综合体、科创园、异地合作园（飞地园区）、亿元楼宇等一批专业小载体，其中以众创空间和科技企业孵化器在全省分布最广泛，产业创新服务综合体最具浙江特色。

1. 产业创新服务综合体

浙江省传统块状经济面临产业层次低、技术水平低、创新能力弱、品牌影响小、布局结构散等瓶颈制约，依靠科技创新实现产业转型提升、凤凰涅槃，成为浙江经济面临的重大课题。为了推动传统产业改造提升，加快新兴产业培育，浙江省从2017年开始谋划产业创新服务综合体建设（见表0-9），并提出了2022年实现"块状经济、现代产业集群产业创新服务综合体全覆盖"的目标。

表0-9　浙江省产业创新服务综合体建设模式

序号	产业创新服务综合体名称	建设模式
1	萧山新能源汽车及零部件产业创新服务综合体	龙头企业带动
2	杭州生物医药产业创新服务综合体	全创新链推进
3	德清地理信息产业创新服务综合体	未来产业孵化
4	湖州吴兴童装产业创新综合体	政府主导推动

续表

序号	产业创新服务综合体名称	建设模式
5	海宁经编产业创新服务综合体	多元主体协同,由政府部门、经编园区管委会、行业协会以及骨干企业组成
6	三门橡胶产业创新服务综合体	关键环节突破
7	龙泉汽车空调产业创新服务综合体	公共平台提升

产业创新服务综合体是围绕产业创新发展需求,集聚高校、科研院所等各类创新资源,为广大中小企业创新发展提供全链条服务的新型载体。综合体自建设以来,已围绕块状经济和现代产业集群发展需求,省市县三级联动建设综合体257 家,其中 106 家省级综合体已覆盖全部 11 个设区市和 70%的县(市、区),初步形成了政府引导推动、龙头企业带动、多元主体协同、公共平台提升等建设模式。

2. 科技企业孵化器与众创空间

自"大众创业、万众创新"成为中国的国家战略之后,全国掀起了一股创业创新的风潮,也带动了大批众创空间的建设。众创空间属于"中国制造",其处于孵化体系的最前端,负责将创业者的创新想法变为现实。其门槛比孵化器更低,范围更广,更适合小微企业、个体创客和初创团队。2015 年 3 月,国务院出台的《国务院办公厅关于发展众创空间推进大众创新创业的指导意见》提出,顺应网络时代大众创业、万众创新的新趋势,加快发展众创空间等新型创业服务平台,营造良好的创新创业生态环境,是加快实施创新驱动发展战略,适应和引领经济发展新常态的重要举措,对于激发亿万群众创造活力,打造经济发展新引擎意义重大。浙江作为全国创新创业的排头兵,一直以来都是改革创新的主力。近年来,浙江省依托市场力量,建设了一批支持草根创业,大力推进大众创业、万众创新的创新创业服务载体,将众创空间打造成一张亮眼的名片。截至 2017 年 6 月,根据科技部火炬中心统计系统显示,浙江省共有众创空间 256 家,省级众创空间共计 129 家,国家级众创空间共计 80 家,浙江众创空间平均场地面积162.7万平方米,共提供工位数 40015 个。

浙江省的孵化器事业自 1990 年全省第一家孵化器——杭州高新区科创中心成立,迄今已有 27 年的发展历程。2003 年杭州市被国家科技部批准为"国家科技企业孵化器体系建设试点城市"。经过多年的发展,浙江省孵化器形成了自身的特色,即"双加孵化模式、双加发展模式、双加运营模式",同时杭州、宁波、嘉兴等地形成了自身的发展模式,如"政府创新,民营助推,人才支撑,资本加速"的杭州模式,突出"大赛＋投资人"的宁波特色,"合作、引进、共建"的嘉兴路径等,推动全省孵化器建设开创了新局面。截至 2017 年 6 月,全省共有各类孵化器200 余家,其中国家级 59 家,省级 111 家(含国家级),国家级数量居全国第 3位,孵化场地面积为 563 万平方米。

第一篇　建构产业创新空间

第一章　开发区的空间整合与优势再造

开发区是实施国家区域发展战略的重要载体,从最初聚焦于先进制造业到如今发力高科技产业,从最初主打生产制造到如今倾力产城融合,从最初力推大建快上到如今强调深耕细作,通过以产兴城、以城聚人、以人促产的良性循环,眼下的开发区已成长为一个地区和城市经济社会发展的强大引擎。面对"加快落实创新驱动,全面推动产业转型升级,着力构建'双循环'新格局"的新时代发展要求,开发区的有机更新、动能再造、迭代升级,对促进区域经济社会发展具有重要意义。历经 30 多年的发展,浙江省在开发区建设上取得了显著成就,21 家国家级经济技术开发区和 8 家国家级高新技术产业开发区,既是全省开发区建设的领头羊,更是开发区建设"浙江经验"的示范标杆。因此,着眼国家经开区和高新区,选取最有发展成效的开发区为典型案例,分析梳理浙江开发区建设的有益经验,可以为其他地区开发区建设提供借鉴。

一、在改革开放中崛起的浙江省开发区

(一)浙江省开发区发展历程回顾

1984 年 10 月,浙江获批成立第一个国家级开发区——宁波经济技术开发区。经过 30 多年的快速发展,浙江开发区实现了从无到有、从小到大、由弱到强的历史跨越,创造了非凡的发展绩效,在浙江改革开放、工业化和城市化进程中发挥了举足轻重的作用。截至目前,浙江省列入《中国开发区审核公告目录(2018 版)》的省级以上开发区共计 120 家,包括国家级经济技术开发区 21 家、国家级高新技术产业开发区 8 家、省级经济开发区 82 家、海关特殊监管区 8 家、其他类型开发区 1 家。

回顾浙江省级以上开发区数量和建设规模的变化趋势,可以看出其大致经历了"初创探索—快速扩张—平稳发展—整顿提升"的波

动式发展历程,更为详细地讲,是经历了一个初创探索期(1984—1991年)、一个快速扩张期(1992—1994年)、两个整顿提升期(2003—2006年、2010—2015年)和三个平稳发展期(1995—2002年、2007—2009年、2016—2018年)(见图1-1)。其中,在1992—1994年的快速扩张期,国家先后批准设立温州、宁波大榭、杭州、萧山4家经济技术开发区,浙江省政府先后批准设立了嘉兴、湖州、绍兴、舟山、椒江、金华、衢州、丽水等35家经济开发区,从而奠定了浙江开发区的基本框架。

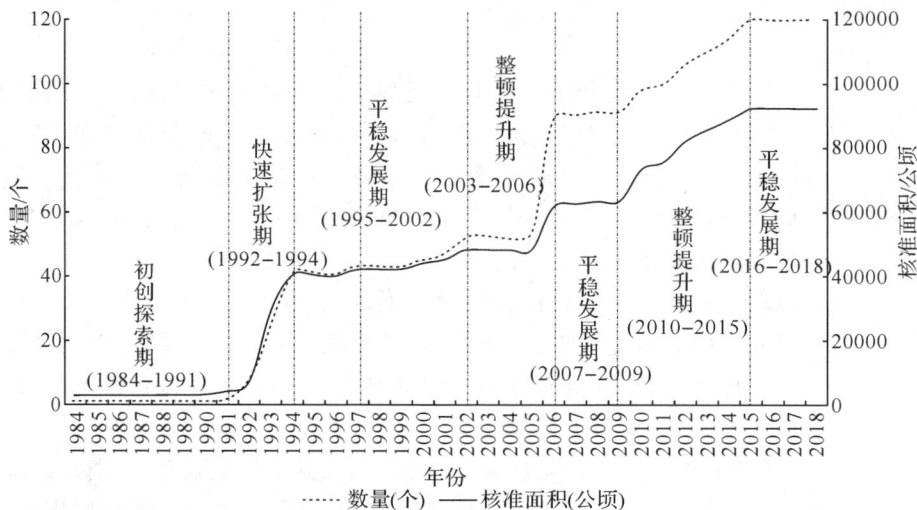

图1-1　浙江省级以上开发区发展历程(1984—2018年)

数据来源:《中国开发区审核公告目录(2018版)》.

在2003—2006年的整顿提升期,浙江响应全国开发区清理整顿要求,在对全省范围内省级以下开发区进行撤并后,新认定省级开发区37家,其中工业园区占比超过60%。而2010—2015年整顿提升期的显著特点,是大多数开发区经整合后发展空间得到有效拓展、大批省级开发区升级为国家级开发区。从2008年下半年开始,针对开发区发展空间不足、体制机制优势弱化、产业层次偏低等问题,浙江分两轮共有99家开发区进行了整合提升,共整合各类园区300余个,全省开发区辐射带动面积平均达到134平方公里。在2010—2015年间,全省新增国家级经济技术开发区16家、国家级经开区总数达21家,升级国家高新技术产业开发区6家、国家级高新区总数达8家。

当下,浙江开发区在充分吸收前两轮整合提升工作经验的基础上,正继续深入推进第三轮整合提升,进一步激发开发区发展活力。2020年6月,浙江出台《关于整合提升全省各类开发区(园区)的指导意见》,提出了到2021年,全省开发区(园区)①将由当前的 1010 个整合到 150 个以内(不含转型提升的特色小镇、小微企业园等),全面推行"扁平化""大部门制"管理机构,管理机构数量缩减 60％以上,管理人员数量缩减 30％以上等发展目标。

(二)浙江省开发区现状特征分析

对浙江而言,开发区已经成为对外开放的主要载体、经济发展的重要引擎、产业集聚的重要基地、科技创新的重要力量、产城融合的重要平台,有力推动了浙江全方位、多层次、宽领域的开放和发展,其现状表现出如下特征。

1. 从全国范围看,浙江开发区总数不多,但高质量的国家级开发区数量领先

根据《中国开发区审核公告目录(2018 版)》,全国在统开发区数量共计 2543 家。浙江省进入审核公告目录的开发区数量为 120 家,位列全国第八位,占全国总量的 4.7％,高于全国平均水平(82 家、占比 3.2％),但低于临近的江苏省(170 家、全国占比 6.7％)(见图 1-2)。按照浙江省 GDP 6.4 万亿元、排名全国第 4 的经济发展实力来看,其开发区数量相对于经济规模略显不足。

从开发区能级来看,浙江国家级开发区数量达 38 家,仅次于江苏省的 67 家,与山东省并列第二,占全省入选目录开发区总数的比重达 31.7％,仅次于江苏的 39.4％,远高于其他总量排名靠前的省份。从细分构成看,浙江省国家级经济技术开发区数量达 21 家,位列全国第二,仅次于江苏省的 26 家,占全省国家级开发区的比重超过 55％。显而易见,国家级经济技术开发区已然成为浙江省开发区的顶梁柱(见图 1-3)。

2. 从省内分布看,杭州与宁波领先,台州是唯一没有国家级开发区的地级市

目前,浙江省级以上开发区已基本实现县(市、区)全覆盖。宁波市以 18 家居于榜首,其次是杭州市与金华市,均为 14 家,三者合计超过全省省级以上开发区总量的 1/3。舟山市最少,仅有 5 家。地区经济与开发区数量呈现一定正相关,并且与国家级开发区数量相关性更高。杭州与宁波的 GDP 为浙江省前两位,国家级开发区的数量也是大幅领先于其他地市,两市拥有的国家级开发区数量约占全省总数的一半,而舟山、丽水、衢州的经济排在全省后面,国家级开发区数量也比较少(见图 1-4)②。

---

① 主要包括国家级经开区、国家级高新区、海关特殊监管区、省级大湾区新区、省级经济开发区、省级高新技术产业园区、省级工业(产业)园区、省级产业集聚区和市县自行设立的各类园区。

② 安通招商.专题研究:国家级开发区的数量与当地经济有一定的正相关[EB/OL].(2020-03-04)[2021-2-1]. https://www.sohu.com/a/377640422_818773.

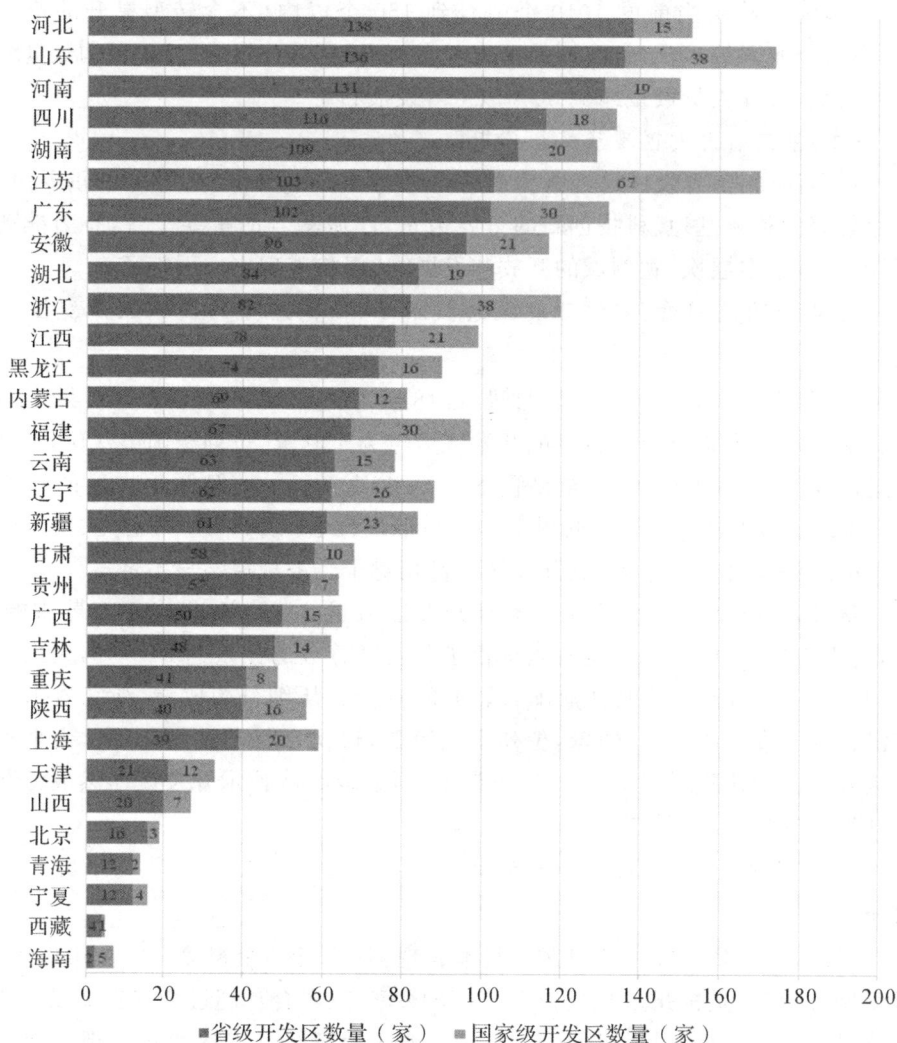

图 1-2　全国各省、自治区、直辖市开发区数量

来源:《中国开发区审核公告目录(2018 版)》.

　　特别有意思的是,台州至今仍是浙江省唯一没有国家级开发区的地级市,相对于其"GDP 超 5000 亿元、人均 GDP 超 8 万元"的城市能级显得"极不相衬"。究其原因可能与台州经济发展模式有关。台州经济的基本盘是早些年的乡镇经济和如今的县域经济,但是相比于温州等地市,台州缺乏特别拔尖的经济强镇,反映出台州的乡镇企业布局分散。同时,区(县、市)中 GDP 超千亿元的只有温岭市,其他区(县、市)经济规模差距不大。过于分散的企业布局和近乎均衡的经

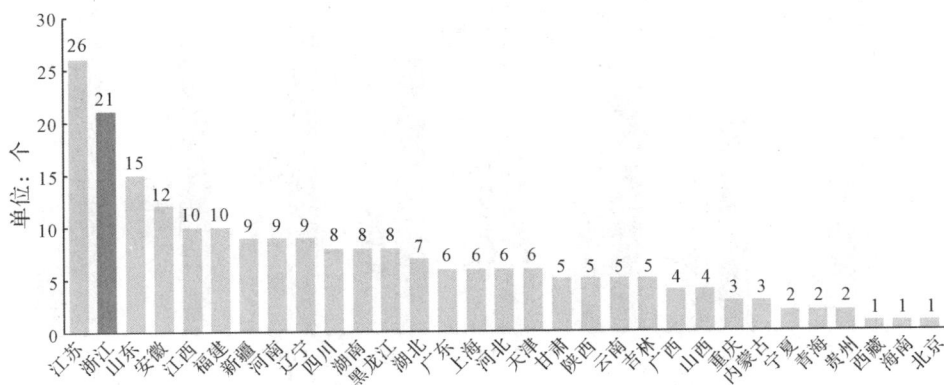

图 1-3　全国各省、自治区、直辖市国家级经济技术开发区数量
来源:《中国开发区审核公告目录(2018 版)》.

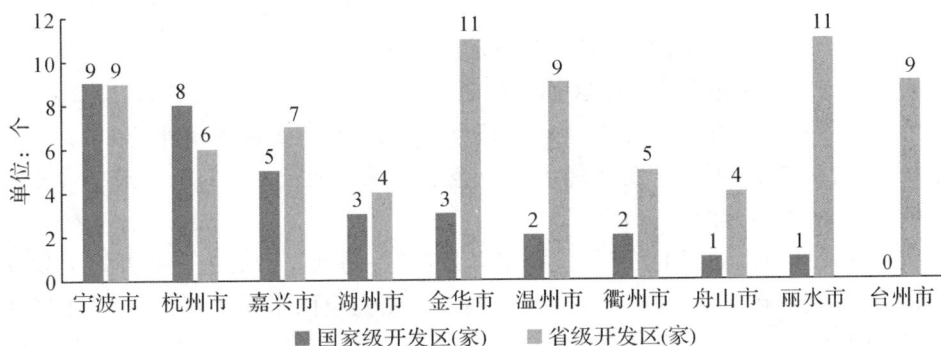

图 1-4　浙江省各地市国家级和省级开发区数量

济格局,一定程度上削弱了早些年台州在国家级开发区建设方面的积极性和基础优势。再加上近年来,国家级开发区审批趋严,国家经开区已多年未批新,而国家高新区每年新批的数量非常有限(见图 1-5),台州"强制造、弱创新"的产业发展现状也影响了国家高新区的创建。当前,打造更高能级的产业平台已成为各地区推动经济发展动能转变和产业结构转型升级的重要抓手,缺乏国家级开发区的台州已是输在了起跑线上。

3. 从发展成效看,浙江开发区质量效益持续提升,总体发展水平位居全国前列

从整体发展效果看,浙江开发区平台能级加速释放,开发区单体规模进一步扩大,利用外资水平显著提高,"亩均效益"继续领跑全省,开发区已是名副其实

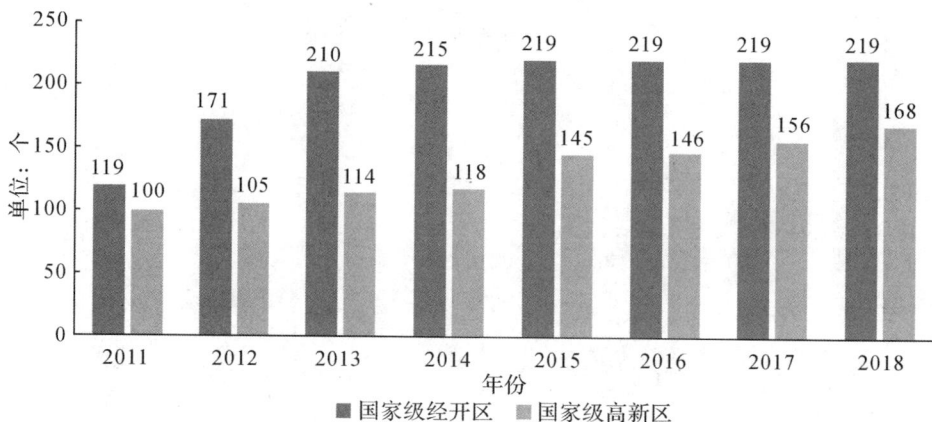

图 1-5　2011—2018 年我国国家级开发区细分数量

的浙江经济发展"核心引擎"。2019 年底,浙江省规上工业总产值超千亿元的开发区达到 18 家,其中宁波、嘉兴经济技术开发区更是突破了 3000 亿元。全省开发区以约 7% 的土地面积,贡献了浙江近 40% 的税收、近 50% 的进出口额、近60% 的实际外资和近 70% 的规上工业增加值。2019 年实现利用外资 88.6 亿美元,占全省的 65.3%。开发区规上工业企业亩均税收实现 50.0 万元/亩,较上一年提升 10.8 万元/亩。

从开发区类型看,国家级经济技术开发区"一马当先",成为全省开发区发展的领头羊,这一点与浙江外向型经济发展水平领先全国不无关系。2019 年浙江省国家级经济技术开发区全年实现税收 2898.9 亿元,占全省开发区的 61.4%。在 2019 年全国经济技术开发区综合评比中,浙江有 3 家经济技术开发区进入全国前 20 强,居全国第二位;有 2 家经济技术开发区进入全国利用外资前 10 强,居全国第一位。2021 年 1 月 27 日,商务部公布 2020 年国家级经开区综合发展水平考核评价结果,杭州、宁波经济技术开发区入选 2020 年国家级经开区综合发展水平 30 强榜单,分列第 10 位和第 21 位。与此同时,萧山经济技术开发区也成功入选实际使用外资 10 强榜单。①

(三)浙江省开发区主要经验做法

1. 空间整合提升,打造高能级新平台

浙江省分类别、多模式推进开发区整合,建立科学规范的管理架构、精简高

---

① 罗晓燕. Top30! 2020 年国家级经开区考核评价结果出炉[EB/OL]. (2021-01-28)[2021-2-6]. http://www.chinahightech.com/html/hotnews/yaowen/2021/0128/5582374.html.

效的运营模式、充满活力的人事制度,打响开发区整合提升战,通过开发区整合提升各区块的发展能级,为浙江建设"重要窗口"提供有力的平台支撑。

一是国家级开发区整合省级开发区打造更大的国家级开发区。提及"国家级经开区＋省级经开区＝更大的国家级经开区"的独特融合模式,杭州湾上虞经济技术开发区可谓开创了浙江省先河,并被列入"国家级经开区发展10个优秀案例"名单。2019年1月23日,杭州湾上虞经济技术开发区(浙江上虞经济开发区)和上虞杭州湾综合管理办公室挂牌成立,意味着"两区"整合迈出了实质性步伐。这两大开发区的整合并不是简单的叠加,而是打破原来的机构格局,重塑一个发展势头更强劲的国家级经开区。

整合后,在机构设置与职能划分上,杭州湾上虞经济技术开发区承担规划、建设、招商和科技人才项目引进、财政(融资)、国土等"头部"职责,保留国家级开发区相关职权;原两大开发区的其他职责分别由杭州湾综合管理办公室和曹娥街道属地承担,"一区两属地"各司其职,既避免了职能交叉重复,又避免了管理缺口盲点。在产业整合优化上,以原来重点发展新材料、现代医药两大产业升级为重点打造"4＋3＋1"产业发展体系,即主攻现代医药、新材料、高端装备制造、电子信息,新布局氢能、通用航空、电子化学品三大未来产业,配套产业创新发展的生产性服务业。同时,高端制造集聚区、未来小镇、主导产业区三大组团迅速集聚特色优势,快速形成了"一轴两片三组团"产城创新融合新格局。

"物理融合"叠加"化学反应","两区"整合"1＋1＞2"成效初显。整合后,杭州湾上虞经开区落户企业超过1000家,经济总量达1250亿元、规上产值1030亿元、工业税收54亿元,分别占上虞全区总量的60%、70%和80%,在绍兴市三个国家级开发区综合排名中位列第一。规划面积达175平方公里,一跃成为绍兴市第一大平台,整体平台能级进一步提升。[①]

二是多个国家级、省级开发区(产业平台)整合创建省级新区。2019年以来,全国多个经开区和高新区进行了不同程度的合并。2020年,浙江就有33家开发区向省政府报送了整合提升方案。浙江建立的六大新区(钱塘新区、南太湖新区、前湾新区、滨海新区、金义新区、台州湾新区),正是在这一背景下对环杭州湾地区开发区(产业平台)进行的一次集中整合升级。

从空间范围看,浙江六大省级新区可以说是环杭州湾地区原有多个国家级、省级开发区(产业平台)与临近片区的有机整合。如,国家级杭州经济技术开发区与省级大江东产业集聚区整合组建杭州钱塘新区;宁波杭州湾产业集聚区,以

---

① 搜狐网.杭州湾上虞经开区:"两区"整合新典范 绘就发展新蓝图[EB/OL].(2019-12-27)[2021-2-10].https://www.sohu.com/a/363126640_275039.

及与其接壤的余姚片区和慈溪片区整合创建宁波前湾新区；绍兴滨海新区则囊括了国家级绍兴袍江经济技术开发区、国家级绍兴高新技术产业开发区，以及绍兴滨海新城江滨区、镜湖新区片区等。

在产业定位上，浙江六大新区既对部分原有开发区、高新区的优势主导产业进行了继承和提升，又确保符合新区自身的差异化战略定位。如，杭州钱塘新区围绕"长三角产城融合示范区"，布局了下沙生命健康产业组团、江东未来产业组团、前进先进制造产业组团、临江优化提升产业组团四个产城融合特色组团；宁波前湾新区则锚定"世界级先进制造业基地"目标，重点在汽车制造、高端装备、生命健康、新材料、电子信息等领域招引项目。

根据批复，浙江省六大新区均采取"一个平台、一个主体、一套班子、多块牌子"的体制架构，在保留原有国家级牌子的基础上，同步撤销范围内省级以下产业平台牌子。这一做法，既能继续发挥国家级牌子的影响力，又对范围内诸多开发区（产业平台）进行了精简整合。[①]

2. 创新运营机制，持续优化营商环境

拥有先行先试的"特权"，正是开发区具备的最大优势。30多年来，浙江省开发区在行政管理简政放权、负面清单管理模式探索、贸易投资便利化、产城融合、要素资源市场化配置等领域改革率先探索、率先推进，为全面深化开发区改革提供浙江经验，打造浙江样本。

一是推动管理模式创新，大力优化开发区营商环境，坚持以"最多跑一次"改革为引领，切实做到"审批不出区、办事不出门"。2016年8月8日，温州经济技术开发区行政审批局揭牌成立，11月8日该局正式对外试运行，并启用行政审批专用章，实现"一枚印章管审批"的审批机制，打破了深层次体制障碍，解决了"多、慢、繁、累"的审批"长征"问题。坚持以需求为导向，实施"区域环评＋环境标准""并联审批＋容缺办理""承诺备案""捆绑审批"等多项改革举措，全力推动项目审批加速。改革后，开发区审批机构由原来的16个缩减至1个；许可事项由原来的304项缩减至185项。审批时限平均缩短1/3，民间投资项目全流程审批时限由62个工作日缩减至43个工作日。[②] 再有宁波杭州湾经济技术开发区上汽大众宁波基地项目656天内实现从签约到轿车正式下线，创造了德国大众在全球建厂的速度纪录。

二是支持独立的开发运营市场主体承担开发建设、产业培育、投资运营等专

---

① 陈立平.浙江四大新区"集齐"打造长三角新增长极[N].杭州日报，2019-12-02.

② 洪越风."一枚公章管审批"温州首个行政审批局落户开发区[EB/OL].（2016-08-09）[2021-2-10].http://news.66wz.com/system/2016/08/09/104902603.shtml.

业化服务职能,与开发区管委会实行政企分开、政资分开。IN PARK 园区是余杭经济技术开发区探索运营机制创新的经典之作。该园区通过引进绿城科技产业服务集团有限公司,提供发展规划、改造提升、整体招商、基础物业服务、智慧平台应用等专业化运营管理服务,推动园区实现产业升级、形象重塑、服务提升。2020 年,IN PARK 园区新引进以浙江大学高端装备研究院为代表的 12 家优质企业,较上一年年底企业数增长 30%,去化面积 13911.72 平方米,占园区总面积的 12.2%。再有杭州湾产业协同创新中心按照"政府引导、企业主体、院校合作"的模式,通过引进市场化的园区运营服务商,承担招商协同、空间规划、品牌塑造与宣传、活动组织与策划等专业化运营管理服务。截至 2020 年 4 月,创新中心已确定入驻项目及企业 19 家。

三是支持符合条件的开发区开发建设主体通过上市、发行债券等方式融资。统计显示,目前浙江省发债国家级经开区城投平台数量共计 21 家,仅次于江苏省的 35 家,位列全国第二。①

此外,浙江省还鼓励开发区建立政府主导、社会参与、责任明确、运转高效的社会管理体制,充分发挥社会组织、中介组织在参与产业平台社会治理和提供社会服务方面的积极作用;建立收益回报和风险分担机制,支持龙头企业以组建企业联盟等方式对开发区或特定区块实行整体性建设运营等。

3. 提升亩均效益,加快新旧动能转换

"亩均""亩产",本是农业领域的术语,代表农产品的产量、种植业的效益。浙江将它创造性地运用到工业领域,抓住了高质量发展的关键。"亩均效益"强调总产量,更强调单位产出,其本质是以最小的资源要素代价,获得最大的产出效益。浙江省开发区强调"亩均效益"既坚持正向激励,引导企业调结构、抓创新、降成本、增产值,又突出反向倒逼,敦促传统行业通过机器换人、空间换地、科技赋能等不同路径,按下高质量发展的"快进键"。

一是开展亩均效益综合评价和资源要素差别化配置,推动资源要素向优质高效企业集中。宁波杭州湾经济技术开发区,为了更好地引进大企业大项目,实行差别化供地政策,按照投入强度和单位产出水平,对"低产田"和"高产田"进行差别化的资源配置和政策支持,并对大项目实行"一企一策"支持。例如,上汽大众宁波基地项目,一、二期总投资 308.2 亿元,2017 年实现产值 508.7 亿元、纳税 60.63 亿元,成为宁波第三纳税大户。同时,大众供应商园区实现产值超 100 亿元,引进一个大项目,集聚了一批上下游企业、带动了一条产业链、培育了一个

① 债市研究,一文看懂国家级经开区城投(上篇)[EB/OL].(2020-05-20)[2021-2-10].https://www.sohu.com/a/396571279_611449.

千亿级产业集群。①

二是建立企业综合评价,不仅要正向激励,还得反向倒逼;实施"腾笼换鸟",腾出空间引"凤凰"。近年来,余杭经济技术开发区一直坚持通过一套不断完善的指标对工业企业进行综合评价,一方面可以对排名靠前的企业进行激励,如优先考虑供地需求、银行贷款等,促使其更好地发展;另一方面也可以帮排名靠后的企业分析问题,形成针对性的帮扶举措,推动其高质量发展。对于落后产能,则需要有引导性地淘汰。"亩均论英雄"不仅是对现有产业改造升级,还需要引进高质量的产业项目。余杭经济技术开发区重点考察区内优质存量厂房,并将优质招商引资项目与优质存量厂房进行匹配,实现精准推荐,由此成功引进阿里巴巴集团新制造示范工厂等一批优质项目。同时,针对利用率和产出率不高的土地,在维护正常土地交易市场秩序的前提下,余杭经济技术开发区通过转让盘活、回收盘活等方式实现"腾笼换鸟"②。

新旧动能转换之际,代表新一轮科技革命和产业变革方向的战略性新兴产业,在开发区的沃土中汲取到了丰富的营养,崛起的领军型企业,也在"反哺"深化着开发区内部产业链垂直整合和产业协同联动,推动开发区向着构建具有显著竞争力和区域带动力的现代特色产业集群不断迈进。

4. 加强国际合作,建国际化产业高地

作为对外开放的重要载体,开发区的转型升级不是要脱离全球分工体系,而是要改变核心竞争力的要素来源,即从以往依托低端和通用生产要素实现高速增长,转向吸引、集聚、整合全球高端创新要素推进高质量发展。近几年,浙江开发区一手抓国际产业合作园建设,一手抓海外产业创新综合体建设,内外并举推进国际产能合作,先进的生产方式、管理制度、技术和高层次海内外人才,为浙江开发区的高质量发展注入了新的动能。

国际产业合作园,立足开发区产业发展基础,瞄准合作国家优势产业和优质企业实施精准招商、精准合作,促进开发区产业快速切入国际产业链、价值链高端。开发区海外产业创新服务综合体,围绕开发区主导产业和优势产业,有目的地"走出去",到海外创新资源富集区域设点,跟踪挖掘、集聚引进海内外优质项目和创新资源,促进开发区产业转型升级。截至目前,浙江省共创建了中意宁波生态园、中荷(嘉善)产业合作园、新加坡杭州科技园等 19 家国际产业合作园,成

---

① 浙江省商务厅. 开放新格局. 释放新动能——记浙江省开发区高质量发展之路[EB/OL]. (2018-09-04)[2021-02-15]. http://zcom.zj.gov.cn/art/2018/9/4/art_1384591_20915818.html.

② 唐骏垚. 向每寸土地要效益,余杭开发区大力推进"亩均论英雄"[EB/OL]. (2019-11-07)[2021-02-15]. http://hangzhou.zjol.com.cn/jrsd/bwzg/201911/t20191107_11327483.shtml.

功引进合作国家项目880多个、投资总额超过90.8亿美元。在引进产业项目的同时,各国际产业合作园与合作国家创新能力合作也取得了积极进展。比如,新加坡杭州科技园成功引进了礼来亚洲基金创新中心、SMART中国创新中心、奥克兰大学中国创新研究院、帝国理工先进技术研究院等高新技术研发类项目。[①]此外,浙江省启动创建了杭州、余杭、嘉兴、嘉善、柯桥、浦江等6个开发区海外产业创新服务综合体试点。

越来越多的外资集聚正是瞄准了中国市场的无限潜力。新常态下,浙江省利用外资的主要依托优势也逐步转变为庞大的市场规模、完善的基础设施、高素质的人力资源,以及不断优化的产业配套和影响环境等因素,进一步彰显了浙江省经济发展的全方位转型升级。

作为经济活动的主战场,国家级开发区成为重要经济支撑和创新驱动源泉。在浙江的开发区中,无论是从功能性质还是发展成效上看,国家级经济技术开发区和国家级高新技术产业开发都是最具代表性的。杭州、宁波作为全省国家级开发区最为集中的区域,其中不乏典型案例。本章接下来将选取宁波经济技术开发区、杭州高新技术产业开发区和宁波高新技术产业开发区三个最典型的国家级开发区进行深入剖析,通过局部的聚焦进一步诠释浙江开发区建设运营的主要经验和亮点做法,以期为其他地区的开发区建设发展提供参考。

二、宁波国家经济技术开发区——不断焕发开放新活力的龙头

30多年来,宁波开发区从3.9平方公里到29.6平方公里,再到北仑区全域;从工业园区到产城融合,再到"国家级"握手;从乡镇小企业到临港大工业,再到现代产业集群。因港而生、依港而兴,宁波开发区走到今天绝非偶然。蔓延于这片土地上的敢于追求、勇于创新的改革"基因",激荡起经久不息的活力,并继续影响它的未来。

（一）因港而生,开发区蝶变的"四大步"

第一步:甬江东岸开拓创业,谋划开放。甬江东岸,曾是一片荒芜的盐碱地。时间回溯到上世纪80年代初,1984年10月18日,国务院批准在小浃江畔的小港建立宁波经济技术开发区(以下简称"宁波开发区"),面积只有3.9平方公里(见图1-6)。作为全国沿海城市首批14家开发区之一,宁波开发区和全国同行一起,肩负率先改革、为发展开路的历史使命,艰苦奋斗、锐意前行。

宁波开发区当时的条件可谓"一穷二白",能依靠的只有这块土地的天然禀

① 李佩.浙江省出台指导性文件加快推进国际产业合作园建设发展[EB/OL].(2019-01-03)[2021-02-16].http://www.investinchina.org.cn/redian/20200622/782.html.

图 1-6　1984 年谷牧同志为宁波开发区选址

来源:《宁波日报》,2014 年 10 月 10 日.

赋与干部群众满身的干劲。开发建设需要大量资金,但当时市财政紧张。针对建设资金不足的问题,开发区人充分发挥体制机制优势,先行先试,积极探索投融资新思路。1988 年,区内顺利引进中国五矿、中国机械等央企、国企,通过市场化道路开展基础设施建设,办起了三资企业,这在当时是个不小的创新,曾因被称作开发区建设的"宁波模式"而备受关注。

第二步:与北仑港工业区合并,面积扩容。"北仑要放许多大的项目,电厂、钢厂等都要与外商合资,而小港只有 3.9 平方公里,远远不够,应该把整个北仑都列为经济开发区,享受开发区的待遇。"[①]1986 年 12 月,国务院批准建立宁波市北仑港工业区,面积 70 平方公里,在区内兴办的外商投资企业享受经济技术开发区的同等优惠待遇。1992 年,邓小平南方讲话一路春风,宁波应声相和。当年 10 月,经申报,国务院批准将原宁波开发区与北仑港工业区的重点开发区域合并,统称为宁波经济技术开发区(见图 1-7),规划面积调整为 29.6 平方公里,开发区扩容近七倍。曾经的"小不点"一跃成为最大的国家级开发区之一,至此,宁波开发区迈上了全新的征程。

第三步:与北仑区"政区合一",产城融合。新千年伊始,宁波开发区一鸣惊人。2002 年 11 月,经宁波市委批准,宁波开发区与北仑区实行"一套班子、两块牌子"新的管理体制。这一步,不但让开发区开疆拓土,实际管辖面积扩大到北仑区全域,而且是开发区打破"区域概念",走向产城融合的关键一招。"以前开发区人出去招商,都说开发区政策如何好、优惠如何多,今后要讲这座城市多么美、人多么好。"融合 10 多年来,就结出了丰硕的果实。2019 年,宁波开发区(北

---

① 1985 年 5 月,浙江省、宁波市领导赴京汇报宁波经济技术开发区的工作,谷牧同志听完汇报后指示。

国务院关于宁波经济技术开发区与北仑港工业区合并的批复

(1992年10月21日国务院，国函〔1992〕161号发布)

浙江省人民政府：

你省《关于要求将宁波经济技术开发区与北仑港工业区合并的请示》（浙政发〔1992〕91号）和《关于要求将宁波经济技术开发区与北仑港工业区合并的补充请示》（浙政发〔1992〕194号）收悉。现批复如下：

一、同意将宁波经济技术开发区与北仑港工业区的重点开发区域合并，统称宁波经济技术开发区，实行经济技术开发区的政策。

二、宁波经济技术开发区规划总面积调整为二十九点六平方公里，其区域界限为：东以骆亚公路林大山至霞浦段为界；南以金鸡山千亩岙水库、凤洋村、霞浦镇为界；西以原经济技术开发区西边界为界；北以原经济技术开发区北端沿海岸线到杨公山与骆亚公路算山至林大山段相接。

三、宁波经济技术开发区的建设项目起点要高，要以兴办工业和科技型项目为主，努力发展高新技术产业，大力吸收外，积极扩大出口，发挥好窗口作用。要贯彻全面规划、分期实施，开发一片、建设一片、收效一片，稳步发展的方针。

四、北仑港工业区撤消，其未并入宁波经济技术开发区的部分，今后如有较大的技术、资金密集型外商投资项目，报经国务院主管部门批准，可享受经济技术开发区外商投资企业的政策。

图 1-7　国务院关于宁波经济技术开发区与北仑港工业区合并的批复

来源：国务院.

仑本级）实现地区生产总值 1383 亿元，财政总收入 375 亿元，规模以上工业企业实现工业总产值 3211 亿元，外贸进出口总额 1507.07 亿元，其中出口823.43亿元，实际利用外资 6.12 亿美元。[①]

第四步：与大榭开发区强强联合，共谋发展。经济进入新常态，适应和引领新常态必须依靠深化改革。2013 年，宁波开发区响应浙江省"探索区域发展新模式，进一步创新体制机制，拓展区域发展空间，提升产业发展层次"的要求，将宁波开发区与大榭开发区两个国家级开发区整合提升，共同参评全省开发区综合考评。两大国家级开发区强强联合，可以将各自优势叠加，形成更强的综合竞争力，同时有利于产城融合，让更多人享受开发开放的成果。连岛大桥建设、岛上光网工程、岛上儿童城区就读等一大批民生工程接连上马，区域一体化让大榭原先的"民生洼地"一点点填平，改革发展民生红利一拨拨释放。

（二）招商引资，从"引进来"到"走出去"

近年来，宁波开发区始终坚持实施开放带动战略，充分发挥港口、开放及临港大工业聚集优势，紧紧围绕产业转型升级，加强招商规划研究，积极创新引资方式，破解土地等资源要素制约，招商引资工作实现了新跨越，为优化区域产业结构、促进经济快速健康发展作出了积极贡献。

宁波开发区设专职招商部门，拥有逾百名招商人员，并在多个国家或地区设有招商办事处，形成了各有侧重、相互协作、优势互补的"大招商"格局，招商方式

---

① 　数据来源：宁波市北仑区人民政府、宁波经济技术开发区管理委员会官网。

已由外行招商、全员招商转变为行业专家招商。同时,开发区还建立完善了覆盖项目"产前—产中—产后"全过程的高效服务体系。对每个落户项目都明确落实联系的领导和责任部门、责任人,实行项目服务责任专人专管,对项目引进、报批、开工、投产到经营实行全程跟踪"一站式"服务,为投资商提供项目审批时的全过程代理、项目建设中的全方位跟踪、项目经营时的经常性服务。

开发区每年会根据全年招商引资工作目标任务,拟定全年重大招商活动计划,根据各部门特点量身定制产业定位和招商计划,强化对项目、客商的跟踪服务,提升招商引资的成功率。近来年,已针对性地赴美国、德国、法国、日本、韩国、新加坡和中国香港、北京、上海、南京等国家和地区开展招商推介活动,每年接待的外来客商超过 3000 批次。

如今,在深化改革这个时代课题中,宁波开发区继续发挥先行先试的作用,探索实施模拟审批、交叉审批、并联审批等模式,进一步简化外商投资审批程序。目前,全区保留的审批事项削减至 400 余项,承诺件平均办结时间仅 1.5 个工作日。开发区行政服务中心在全市考核中常年位居第一。此外,按照空间布局合理、产业集聚特色明显、生态生产生活协调的原则,宁波开发区还提出"四个紧盯",即紧盯世界 500 强企业,紧盯行业龙头企业,紧盯区域重点发展产业"补链"项目,紧盯金融等现代新兴服务业。

投资环境综合竞争力显著增强已产生吸引外商投资的"虹吸效应"。1989年,美国陶氏化学在宁波开发区投资创办了浙江太平洋化学有限公司,开创了世界 500 强企业在宁波投资的先河。随后,台塑、印尼金光、韩国三星、宝钢、吉利等世界 500 强企业相继落户。自 20 世纪 90 年代开始,开发区已吸引了近 40 个国家和地区、2000 余家外商投资企业落户,世界 500 强企业近 50 家,累计实际利用外资超百亿美元。随着国外大企业的引进,宁波开发区逐渐形成以石化、能源、钢铁、造纸、汽配、造船为重点的六大临港产业集群。

开发区不仅是外资的承接地,更是内生动力的培养器,外商的进入,带来了资本、项目、产业的融合,潜移默化中,驱动着当地民营企业不断发展壮大。作为中国最大的注塑机生产企业,创立于 1966 年的海天曾经是一个典型的小乡镇企业。1989 年,海天与香港宁兴合资成立宁波海天机械制造有限公司。1993 年底,海天花 3 亿美元引进了德国、意大利、美国、日本的数控机床,这成了海天发展的"分水岭"。到 1994 年,海天产量名列世界第一,并保持至今。如今的海天已经从"引进来"到"走出去",在越南、德国、土耳其和巴西建立了生产销售基地。进入 21 世纪,在宁波开发区,以海天为代表的装备制造业不断崛起,装备制造业已成为宁波开发区经济发展的新引擎(见图 1-8)。

图 1-8　宁波海天塑机集团有限公司发展历程

来源：《北仑影像志》.［2018-11-16］. https://www.sohu.com/a/275915470_467410.

（三）产城融合，造生态宜居"山水港城"

当很多人的观念还停留在宁波开发区是一个港口的时候，永远不满足现状的开发区人又开始了后工业时代的转变。如今走进开发区，不但听不到机器的轰鸣声，也看不到飞舞的烟尘，而是整洁有序、满眼苍翠。道路宽阔、高楼林立，而在一幢幢高楼之间，则遍地是绿树红花（见图 1-9）。

从北仑高速出口右转到泰山路上，一路前行，原本广阔的农田已经被造型各异、姿态优美的建筑所填充。贝壳建筑是北仑体艺中心，这是目前国内最大的PTFE 膜体育馆，作为中国女排的主场已经承办过众多大奖赛和总决赛。距离北仑体艺中心不到 1 公里的是凤凰山海港乐园，曾从国外引进 23 项国际上最流行的娱乐设施，有 10 多项娱乐属于"中国之最"。

除了文化娱乐方面的转变，"后工业时代"以及转变为经济贸易港的整体思路也让宁波开发区全力推动"一个总部基地、两个商业综合体、六大商务楼宇"建设，富邦世纪商业广场、银泰广场两个商业综合体，为集购物、娱乐、休闲、体验为一体的潮流地标。西门户区总部基地位于北仑核心商务区西门户区，以总部企业商务办公为主，具备文化创意、展示、商业等功能。中青文化广场总投资约 40亿元，是国内数字化产业及影视文化创意产品研发基地。

对于宁波开发区而言，依山傍海的地理环境决定了它的"躯体"永远也不能

图 1-9　宁波经济技术开发区(北仑)一隅

来源:《宁波市北仑区志》,2013 年 6 月第 1 版.

缺少"蓝色"。大手笔的滨海新城建设,给了开发区一个更加美好的梦:走出家门,就能看见碧海蓝天、阳光沙滩,既有江南水乡的浪漫,又有海边港湾的风情。在这片正在开垦的热土上,包括了梅山、春晓、白峰,拥有规划可用的岸线 56 公里,背山面海,有湾有湖,打造出滨海生态居住区、商务休闲度假区、海洋经济与贸易区、海洋文化体验区。

用全球的眼光去待人接物,已然成为开发区港口文化的一部分。在北仑玉兰社区里仁花园,住着来自美国、韩国、德国、印尼等 20 多个国家和地区的友人,他们带着自己的特色文化来到北仑,与当地居民不断碰撞出文化交融的火花。目前,在宁波开发区工作的新区人已经超过了本地居民的数量,而常住开发区的外籍居民也是数量可观。近几年,进出北仑港区的外轮海员以每年上万人次递增。大海和港口,给予了宁波开发区拥抱世界的情怀。

(四)经略海洋,立足港口再谋新发展

作为宁波打造亚太重要门户的前哨,宁波开发区处于"一带一路"交汇处,完全有基础、有优势、有条件支撑宁波成为"一带一路"建设的支点城市。地处长江经济带与大陆沿海东部海岸线交汇处的宁波开发区,紧邻亚太国际主航道要冲,背靠中西部广阔腹地,区位条件十分突出。这里有世界著名的大型深水良港,也是中国最大的矿港和大型的石化港口(见图 1-10)。

近年来,宁波开发区不断加快现代化港口城区建设,做大做强一批具有行业龙头地位、自主创新能力强的大企业。截至 2019 年底,全区产值超百亿元企业

图 1-10　北仑港区四期集装箱码头

来源:《宁波市北仑区志》,2013 年 6 月第 1 版.

8 家、超十亿元企业 42 家、超亿元企业 253 家,龙头企业产值占全区规上工业总产值的 80% 以上。伴随着一大批临港重大项目的相继引进建成,开发区临港产业进一步做大做强,成长为浙江省产业综合竞争力最强的先进制造业基地、华东地区重要能源、原材料基地、长三角南翼的经济强区和浙江海洋经济发展示范区建设的核心区域。同时,开发区争取建立国际、省、市三级海铁联运协调机制,申报和建设国家级"一带一路"海铁联运综合试验区,促进海铁联运发展、拓宽港口腹地。此外,开发区还搭建与东盟国家重点城市之间空中通道,构筑便捷、高效的航空网络,实现海陆空联动发展。未来,宁波开发区将在产业合作、金融合作、文化交流等方面搭建平台,为区域交流提供更多空间。

眼下,宁波开发区(北仑)又以打头阵、当标兵的姿态,开启了推动外贸向更高层次、更高水平、更高质量迈进的新征程。2019 年 11 月 18 日,北仑召开"225"外贸双万亿行动示范区动员大会。会议指出,北仑港口优势明显、外贸规模庞大、市场主体活跃、平台优势突出、产业基础雄厚,完全有条件实现外贸进出口翻一番,"力争到 2025 年,北仑实现外贸'642'目标,即进出口总额达到 6700 亿元,其中进口 4700 亿元,出口 2000 亿元"[①]。

为实现外贸倍增,开发区(北仑)明确提出打造特色口岸、开拓重点新兴市

①　数据来源:《北仑区"246"万千亿级产业集群示范区建设方案》。

场、培育国际品牌、集聚外贸企业总部、引育国际运营人才、提升开发开放平台六条路径。开发区将以打造一流国际化枢纽口岸为契机，发挥梅山汽车整车进口口岸优势，依托进口新鲜水果、肉类指定口岸和罗汉松特定口岸资质，将北仑口岸打造成全国种类最全的农产品进口口岸。同时，持续加大贸易便利化建设，提升口岸通关效率，力争将进出口通关时间分别压缩到 45 个小时、8 个小时以内，确保通关效率处于全国领先水平。此外，北仑将以参展拓市场、创新展销拓市场、搭建营销网络拓市场等方式，全力拓展俄罗斯、墨西哥等十大新兴市场。

"二三产联动"是开发区（北仑）外贸发展的一大特色，截至 2018 年底，该区已拥有工贸一体企业 1180 家，占进出口企业总数的三分之二，涌现出大批知名品牌。下一步，开发区（北仑）将坚持外贸转型升级与"246"万千亿级产业集群建设共谋划、共发展，依托港口和产业优势，推进外贸转型升级基地建设，鼓励和引导企业创建自主品牌，实施跨国并购，加快技术创新和贸易模式创新，进一步培育国际品牌。

三、杭州高新技术产业开发区——多维度发展空间扩张的标杆

回望过去 30 多年，作为全国首批、浙江首个国家级高新区，杭州高新区从面积只有 10 余平方公里的杭州文教区启航，到跨江扩容，再到如今发展成为杭州国家自主创新示范区核心区，在没有先例可循、没有前路可鉴的背景下，走出了一条多维度扩张、不断突破发展空间制约"天花板"的创新之路。

（一）躬耕高新，三十载炼就全省第一区

杭州高新技术产业开发区（以下简称"杭州高新区"）始建于 1990 年，2002年与滨江区实现"政区合一"，总面积为 73.3 平方公里，陆域面积排在浙江全省89 个县（市、区）倒数第三，而正是这个"小区域"，历经 30 多年的艰苦创业，近五年 GDP 年均增长率达 12.2％，亩均产出水平稳居全省第一，是全省平均水平的8 倍。人均 GDP 5.5 万美元，达到发达经济体水平。两度进入全国高新区前三甲，进入全国 10 个世界一流高科技园区建设序列（见图 1-11）。

从最开始的软件产业，到后来的通信产业，再到如今的互联网、物联网产业，以及正在集聚发展的生物医药大健康产业，杭州高新区（滨江）始终坚持"高""新"发展方向。作为全省高新技术产业发展的前沿阵地、全省改革创新的试验区，以不到浙江千分之一的土地面积，培育出全省十分之一的高新技术企业、52家上市公司，打造了网络信息技术产业的全产业链，形成了千亿级智慧经济产业，涌现出阿里巴巴、吉利、海康威视、大华、网易等一大批行业领军企业，造就浙江"资本第一区"（见图 1-12）。

2015—2019 年杭州高新区（滨江）研究与试验发展（R&D）经费累计支出达

图 1-11 杭州高新区(滨江)航拍

来源:滨江发布,2020-04-23. https://mp. weixin. qq. com/s/5w97nj9KhgO0WLECEAWinQ.

图 1-12 杭州高新区(滨江)网络信息技术全产业链

474 亿元,占 GDP 比重常年保持在 13% 左右,这一投入是浙江省平均值的 5.7 倍。截至 2019 年底,全区拥有在册国家高新技术企业 908 家,企业科研机构数量位居全省第一,省级重点企业研究院占全省总量近六分之一。2020 年 4 月,浙江首次发布《浙江省创造力十强县(市、区)榜单》和《浙江省创造力百强企业名单》,杭州高新区(滨江)万人有效发明专利拥有量、有效发明专利量、数字经济核心产业发展专利均处于领先位置,综合创造力位列全省第一①;进入创造力百强的企业多达18家,前10强占7家,数字创造力优势尽显,成为浙江"创造力第一区"。

除了工作和创业之外,还有生活。杭州高新区(滨江)致力于提升城市能级,打造宜居宜业宜游的"三宜一体"的现代化科技新城。城市能级,简单来说就是一个城市的现代化程度和对周边地域的影响力。2020年5月,人民日报社《国家治理》周刊基于区域影响力、竞争力、支撑力、吸引力和创造力等维度,对浙江56个市(区)进行城市能级排名,杭州高新区(滨江)名列榜首,成为浙江"城市能级第一区"。

(二)跨江发展,自主建设空间升级扩容

说起30年前的杭州高新区,人们不禁会想起文三路199号,如今,这里依然有着"杭州国家高新技术产业开发区"的牌子,依然是高新技术的创新源,依然保留着"小政府、大服务"的格局——杭州高新区行政服务中心、人才开发中心和科技创业中心。每天,入驻杭州高新区江北区块的企业,从这里进出,办证、注册、咨询,寻找适合企业发展的各类信息。从小到大、由弱到强,杭州高新区历经了拓荒、孵化和集聚三个重要节点,每一个都与高新区不断扩容的发展空间、迅猛发展的高新产业息息相关:

第一个重要节点是1990年,杭州高新区从钱塘江北岸的文教区起步,面积仅11.4平方公里,主要依托浙江大学等一流高校的科研基础,充分发挥高新区体制机制的先发优势,释放浙江作为民营经济大省的市场活力,走出了一条产学研协同的科技创新之路,培育出东方通信、浙大中控、恒生电子、信雅达等一批知名的信息技术企业,成为中国通信设备制造和信息软件业的开拓者。

第二个重要节点是1996年,国务院批准设立滨江区,将原属于萧山的三个乡镇——西兴、长河、浦沿单独设区,行政区划73.3平方公里。随着大量高新企业入驻,杭州高新区江北区块的发展空间逐渐受限。1997年,高新区正式行使滨江区10平方公里土地的规划开发和管理,迈开了高新区"江北孵化、江南产业化"发展的步伐,在江南建立了现代化的产业发展基地,为高新企业提供更多更大的发展空间。这一时期,"孵化器+风险投资"模式成为科技孵化体系的雏形,培育出阿里巴巴、海康威视、大华技术、UT斯达康等一批世界知名的数字企业,成为中国信息产业"互联网+""物联网+"新时代的奠基者。

第三个重要节点是2002年,杭州高新区和滨江区管理体制调整,实行"两块

---

① 2019年,杭州高新区(滨江)全区万人发明专利拥有量达357.57件,是杭州市(59.72件)的5.9倍、浙江(28件)的12.7倍,成为名副其实的浙江"创造力第一区"。

牌子、一套班子、全交叉兼职"管理新模式,之后便开始了产城融合的大建设、大发展时期。这一时期,"产业业态、城市形态、人才生态"融合发展态势逐步形成,市场活力空前激发,发展潜能快速释放,发展壮大了一批世界级领军企业,网易、吉利、新华三、华为杭研所等一批创新能力强、体量较大的高新技术领军企业和创新平台在杭州高新区(滨江)落地生根。

现在看来,两区管理体制调整可谓杭州高新区(滨江)体制上最大的创新,实现了两区优势的叠加,既按开发区模式运行,又行使地方党委、政府职能。[①] 杭州高新区作为国家级高新技术产业开发区,保持高效的办事服务机制;滨江区作为行政区,发挥一级政府的各项服务管理职能,并享受杭州市委、市政府赋予的"办事不过江、收入归滨江"特殊政策。高新区实现跨江发展,拥有了更大的自主发展空间,而滨江区也迎来了一座现代化科技新城的崛起(见图1-13)。

图1-13　杭州高新区自主建设空间升级扩容

(三)提质增效,内部空间节约集约利用

近年来,杭州高新区(滨江)把深化"亩均论英雄"改革作为转变发展方式、优化经济结构、转化增长动力的有力抓手,着力破解用地瓶颈,以"小空间"产出"大

---

① 余小平等.一座年轻活力之城——回眸杭州高新区20年发展之路[N].杭州日报.2012-07-05.第A10版.

效益",走出了一条具有高新区特色的土地节约集约利用之路。

一是坚持产城融合,创新城市扩容途径。滨江辖区面积仅73平方公里,其中约23%是水域和林地,典型的人多地少。近两年,该区针对性开展多项规划底图叠合、指标统合、政策整合工作,通过"多规合一"调整用地空间,适度提高高新产业用地规模,后备产业用地调整到5500余亩,形成空间配置相互协调、时序安排科学有序的"产、城、人"深度融合发展的土地利用结构。

杭州高新区(滨江)加大"城中村"改造力度,2018年通过"三改一拆"和"城中村"改造实现交地4305亩,腾挪出大量用地空间。老旧厂区"零地技改",实现园区功能、产业、效率、空间环境、基础设施"五提升"。同时,强化产业集聚,重点布局以会展业为主的奥体博览城、以物联网产业为主的物联网产业园、以互联网产业为主的互联网产业园和以文创业为主的白马湖生态创意城四大产业发展平台,推动大平台、大产业、大企业、大项目集约发展。

向上增地提高土地承载力,向下挖潜提升土地利用率。在符合规划和区域城市形态前提下,该区明确工业用地的容积率"能高则高",将城市工业项目容积率提高到3.0,同期其他主城区产业用地平均容积率为1.52,节地率达到1/3。据统计,2015—2018年,杭州高新区(滨江)产业用地平均容积率均在3.0以上。该区鼓励地下空间开发利用,投资项目原则规定建设地下两层,对建设地下3层及以下的部分建筑按1000元/平方米给予奖励。

二是坚持优地优用,创新产业供地模式。"每供一块产业用地努力成就一家上市公司",这是杭州高新区(滨江)响亮的供地目标,反映了该区严把产业供地标准,把有限的土地资源用于战略性新兴产业、优质产业项目的决心。该区坚持走低能耗、高产出、以研发为主导的产业高端化发展道路,2018年,结合"标准地"工作要求,提出升级版供地标准,新增单位排放、单位能耗等控制性指标。

分规模供地是杭州高新区(滨江)的一种创新。对于达不到供地标准但发展潜力大的企业,先以租赁方式供地,培育至符合供地标准后再供应单宗土地。该区力争到2025年,孵化器、众创空间的数量达到150家,孵化面积达超300万平方米。分阶段供地则是杭州高新区(滨江)的另一种创新。该区一般确保企业首期项目用地15~20亩,再根据发展需求分期供地,阿里巴巴、网易、海康威视等领军企业均以这样的供地模式在该区发展壮大。

杭州高新区(滨江)还开拓性推出"工业综合体"开发新模式,其核心内容是由单纯供地逐步提升为"供地"与"供楼"双轨并行。通过区属国有企业开发建设,由政府"统一规划、统一设计、统一运营",实现城市工业项目集群建设和资源高效配置。在滨江智造供给小镇区域,首个工业综合体试点项目正在如火如荼地建设,该项目总用地面积约75亩,总建筑面积约20.6万平方米,预计2023年投入使用(见图 1-14)。相比传统的供地方式,工业综合体更像是一个产业生态的集成,除了将为企业建造智能制造生产研发用房之外,更注重产业链的协同和各种生产要素的集聚,并统一集中配建食堂、展厅、咖啡厅、图书室、健身房、停车库等服务设施。

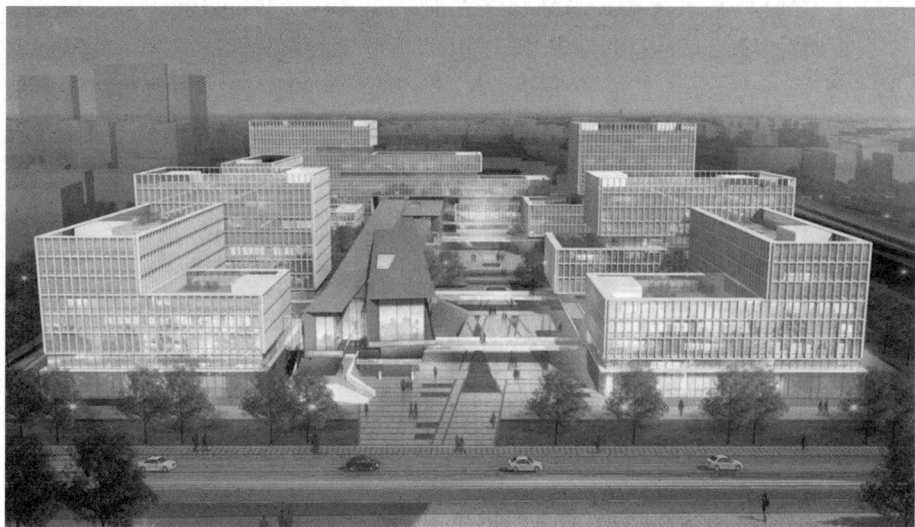

图 1-14　滨江首个工业综合体项目效果图

来源:滨江发布,2019-11-24. https://hz.focus.cn/zixun/205a72144e28706d.html.

三是坚持亩产评价,创新用地管理思路。在杭州高新区(滨江),以亩均投资强度、产值、税收、能耗水平等亩产效益评价标准作为企业优先拿地的主要指标,一直倒逼着企业由高速度向高质量转型发展。作为"亩均英雄"典范,该区全球安防产业龙头海康威视 2017 年实现营业总收入 419 亿元,亩均工业增加值达1.32 亿元,亩均税收 1522.15 万元。该公司在区内已投产 98 亩 3 宗土地的基础上,取得第 4 宗工业用地,形成城市工业智慧用地示范效应。[1]

建立健全土地分阶段权证管理制度,实现了用地的全程服务、管理:在项目落点环节,完成地价集体会审、战略性产业认定;在供地环节,抓好履约监管、协议并联审批;在开工环节,落实开工提示、企业约谈工作,促使项目早开工;在竣工环节,抓好土地复核验收、履约监管协议验收,促使企业早竣工早投产;在项目投产环节,落实亩产效益考核,规范工业用地用途管理。

---

[1]　朱松涛,袁惠田."小空间"产出"大效益"——杭州市滨江区深化"亩均论英雄"改革纪略[N].中国自然资源报,2019-02-18(13).

加大盘活存量用地力度,实现建设用地从"增量规划"到"存量规划"转变。2016—2018年,杭州高新区(滨江)取消"批而未供"用地2641亩、"供而未用"土地7663亩,完成低效用地再开发5810亩。例如,收购原UT斯达康公司24万平方米建筑,进行再开发再利用,设立国家级"海外高层次人才创新创业基地",进行孵化器建设,有效缓解了高新技术产业用地紧缺局面(见图1-15)。

图 1-15　UT斯达康公司旧址改建的海外高层次人才创新创业基地

来源:浙江之声,2018-08-22. https://www.sohu.com/a/249295508_349109.

(四)开放合作,区域发展空间协同联动

原有发展空间受限,就跳出"一亩三分地",探索区域协同发展,用开放合作,换取更广阔的空间,去突破更高的"天花板"。

2019年8月,杭州高新区(滨江)富阳特别合作区管理委员会挂牌成立。该特别合作区位于杭州富春湾新城的灵桥镇内,距离杭州高新区(滨江)只有约20分钟车程,总面积约5.8平方公里,东、南起杭新景高速,西至小源溪和杨元坎村,北至富春江(见图1-16)。

杭州高新区(滨江)和富阳,是两个互相独立、经济发展存在差异的行政区,两地设立特别合作区,形式有点像"飞地",又决不是"飞地"那么简单(见表1-1)。挂牌之初,在杭州市"更高格局、更大视野、更实行动"期望下,两地确定了"滨江做产业、富阳交净地"的运营模式,共同打造"合作发展示范区、自主创新拓展区、新制造业先行区"。职能分工上,高新区(滨江)偏重招商引资,富阳偏重要素保障。仅202个日夜,前者引进开工3个重大产业项目,签约4个项目,还有50个项目在深入洽谈;富阳完成3000多亩净地交割。两地用实打实的项目合作,证明特别合作区可以破解跨区域协同中的种种难题。

图 1-16　杭州高新区(滨江)富阳特别合作区位置
来源:浙江新闻,2019-12-02. https://zj.zjol.com.cn/news/1339063.html.

表 1-1　杭州高新区(滨江)富阳特别合作区的体制机制创新

主题	内容
运营主体	杭州高新区(滨江)富阳特别合作区管理委员会为杭州高新区(滨江)的派出机构,负责合作区的产业政策制订和落实,统筹产业项目招商、建设、管理、运营,协调行政审批服务。管委会下设若干内设机构,人员由高新区(滨江)主导、商富阳区共同组建,按高新区模式管理。
运营模式	杭州高新区(滨江)将重点负责产业招引、产业培育、项目落地,富阳区则负责征地拆迁、基础配套、社会治理等事项。以"富阳区交净地、高新区(滨江)做产业"为原则,由合作区管委会实行"独立管理、单独核算、封闭运行"的开发模式。
审批服务	特别合作区将实现"行政审批不出区",凡涉及合作区内的企业或产业项目的行政审批事项,由两区充分授权给合作区管委会,由管委会直接负责。
产业导向	将积极落地引进符合高新产业导向的项目,培育信息技术、生命健康、高端装备制造、人工智能、新能源、新材料等产业。
协调机制	高新区(滨江)、富阳区建立联席会议制度,定期会商"两区"合作事宜。
合作期限	暂定 20 年,也可根据发展情况适时延长合作期。

来源:《杭州高新区(滨江)管委会、政府 杭州市富阳区人民政府合作框架协议》。

对杭州高新区（滨江）而言，借高新产业拓空间，能有效解决世界一流高科技园区建设过程中"有产少地"的难题。特别合作区成立后，高新区强化精准招商，首先瞄准高新区内有拓展生产基地需求的项目，作为特别合作区首要招商洽谈项目。宏华数码喷印装备和耗材生产基地项目就是其中之一（见图 1-17）。宏华数码是杭州高新区（滨江）"土生土长"的企业。原本，这家企业喷印装备和耗材生产等环节，全部散落在全国各地。通过在特别合作区建生产基地，将其散落在各地的设备和耗材生产线及代工业务，全部引入整合到特别合作区，不仅满足了该公司业务急速扩张和筹备上市的迫切需求，还一举解决了高新区空间有限的问题，为建设世界一流高科技园区留住了好企业、引回了产业链。

图 1-17　宏华数码喷印装备和耗材生产基地项目

来源：杭州都市圈，2020-03-18. https://www.163.com/dy/article/F813B63605500EJB. html.

其实早在 2015 年，国务院就批复同意杭州滨江和萧山临江两个国家级高新区建设国家自主创新示范区，这意味着杭州将在推进自主创新和高新技术产业发展方面先行先试、探索经验、做出示范。这是继北京中关村、上海张江等之后，国务院批复的第 10 个国家自主创新示范区。相比北京中关村、上海张江等"老前辈"，杭州这个"后起之秀"定位的不同之处，在于"互联网＋"的特色以及"两区"带来的叠加效应。

此次批复，国务院同意杭州国家级高新区享受国家自主创新示范区相关政策，并结合自身发展特点，积极在跨境电子商务、科技金融结合、知识产权运用和保护、人才集聚、信息化与工业化结合、互联网创新创业等方面先行先试。这六大范围,几乎都与"互联网＋"有关。同时,杭州高新区(滨江)和萧山临江高新区是建设杭州国家自主创新示范区的核心区块和主阵地,杭州滨江高新区主导"互联网＋"信息化的虚拟经济,萧山临江高新区则主导高端智能制造的实体经济,两区差异化发展,如鸟之两翼,形成"两区"建设的叠加效应。

在顶层设计层面,杭州市委、市政府决策层多次表示:努力实现"两区"有机融合、政策相互叠加、效应乘数显现。杭州建设国家自主创新示范区的战略定位,也印证了上述理念:以建成具有全球影响力的"互联网＋"创新创业中心为战略目标,打造创新驱动转型升级示范区、互联网创新创业示范区、科技体制改革先行区、全球电子商务引领区和信息经济国际竞争先导区。

在空间布局层面,获批国家自主创新示范区后,杭州曾多次赴北京中关村、上海张江、深圳、成都等地考察学习,这些"前辈们"都采取了"一区多园"的布局。杭州结合自身的实际制订了《杭州国家自主创新示范区空间布局规划》,明确以杭州高新区与萧山临江高新区为主体,按照"一区十片、多园多点"①的总体空间布局模式(见图 1-18),开展杭州自主创新示范区"空间整合",联动其他创新区块协同发展,将示范区的溢出效应尽量延伸到全市。

获批之后,杭州高新区(滨江)还先后推出浙江省商事登记改革、科技体制改革试点、"黄金十二条"、新一轮 1＋X 产业政策、"亩均论英雄"改革、实行企业开办"一日办结"、智慧审批全天候"分钟办"试点、在全国高新区中率先启动"企业创新积分"等。在区域联动方面,该区更是创新了城市工业发展模式,大胆推行"研发总部＋生产外移＋结算回城"新思路,确保企业研发总部不外迁的前提下,为企业牵线搭桥实行生产基地外移。海康威视、大华股份、英飞特、聚光科技、施强药业等一批企业生产基地在周边地区落户,实现区县产业协作大联动、大发展,带动了大杭州的产业合理布局。

四、宁波高新技术产业开发区——开发区发展能级跃升的典范

从 1999 年甬江南岸的宁波市科技园区,到 2007 年成功摘下新世纪首块"国家级高新区"招牌,再到 2018 年创建全国第 18 个国家自主创新示范区,宁波高新区能级不断跃升,两次实现从"不可能"到"可能",走出了一条具有宁波特色的高新区发展之路。

(一)创新驱动,宁波发展"高新"引擎

宁波高新技术产业开发区(以下简称"宁波高新区")始建于 1999 年,是宁波

---

①　其中,"多园"即各分片区内的若干个子园;"多点"指示范区范围外的散点分布的创新要素,包括科研院所、创新综合体等。

西湖片
面积:43.74平方千米。其中,杭州高新区江北区块约12平方千米。
产业发展重点:互联网金融、智慧应用、创业孵化和文化创业四大产业

城北片
面积:45.46平方千米
产业发展重点:物联网、节能产业、生物医药、文化创业、跨境电商、信息经济等产业

城中片
面积:38.61平方千米
产业发展重点:创业孵化和高技术服务两大产业

下沙片
面积:45.77平方千米
产业发展重点:跨境电商、生物医药、创业孵化三大产业

城西片
面积:45.87平方千米。其中,未来科技城自主创新示范区约21.72平方千米
产业发展重点:互联网产业、第一代信息技术、高端装备制造、电子商务和医疗健康产业五大产业

江东片
面积:31.49平方千米
产业发展重点:新能源、新能源汽车、智慧制造等三大产业

富桐片
面积:41.40平方千米
产业发展重点:物联网、生物医药和先进制造三大产业

之江片
面积:8.2平方千米
产业发展重点:云计算、云计算创业和文化创意三大产业

滨江片
面积:63平方千米
产业发展重点:网络基础产业、物联网、互联网和智慧应用四大产业

萧山片
面积:32.98平方千米
产业发展重点:智慧制造、智慧物流、机器人产业、电子信息、跨境电商等产业

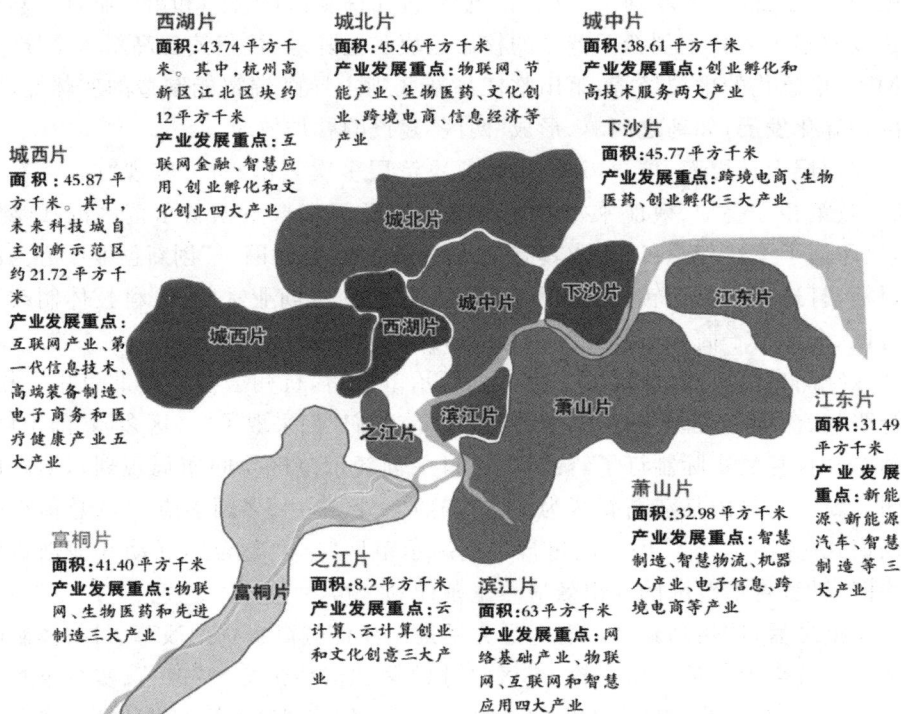

图 1-18　杭州"一区十片、多园多点"的空间布局

来源:《杭州日报》,2015 年 9 月 9 日,A2 版。https://hzdaily.hangzhou.com.cn/hzrb/page/1/2015-09/09/A02/20150909A02_pdf.pdf.

市实施科教兴市"一号工程"和建设创新型城市的核心载体,2007 年经国务院批准升级为国家级高新区。在宁波 9816 平方公里的陆地面积上,宁波高新区仅仅占地 55 平方公里,却辐射带动了整个宁波的创新驱动和产业发展。

全球第一条无人智能化电池生产线,代表中国第一次主导发布的显微镜国际标准,全球领先的智能驾驶控制系统、新能源汽车动力管理系统以及汽车安全系统,中国第一张自主研发的光学扩散膜,国内首条克拉级金刚石生产线……众多国内外"第一"在这里诞生,宁波高新区已然成为宁波市乃至浙东南名副其实的创新高地,稳居高新区"国家队"第一方阵,是"新生代"国家级高新区的排头兵(见图 1-19)。

经过 20 多年的发展,宁波高新区现已建成研发园、软件园、创业园、文创园、检测园等创新创业载体(见图 1-20),并正在加快建设宁波新材料联合研究院、宁波新材料国际创新中心、宁波智慧园、智造社区等一批重大创新平台。与此同

图 1-19　宁波国家高新区一隅

来源:《宁波日报》,2020 年 3 月 25 日第 4 版.

图 1-20　宁波高新区创新创业载体建设现状

来源:林倩、张凌、郑铄.科研创新用地在实际操作中的困境与对策——以宁波高新区为例
[R].宁波:宁波市城乡规划研究中心,2016.

步,宁波高新区大力集聚创新资源,引进了北方材料科学与工程研究院、中科院宁波材料所、中石化宁波工程研究院、诺丁汉大学宁波新材料研究院、中科院宁波信息技术研究院等一批重点研发机构,集聚了300多家各类研发机构和科技服务机构,囊括了宁波全市三分之一的重点研发机构、三分之二的检测认证机构和二分之一的公共技术服务平台,涵盖新材料、智能制造、信息技术等重点领域,为宁波产业转型升级提供了重要的研发和科技支撑。

创新资源的集聚,带来了科技产业的蓬勃发展。如今,宁波高新区高新技术产业、战略性新兴产业增加值分别占规上工业增加值的91.4%和75.9%。科技服务业发展势头迅猛,其增加值占规上服务业增加值的半壁江山。目前,宁波高新区全社会研发投入(R&D)占GDP比重达7.1%,万人发明专利拥有量突破200件,规上工业研发投入占比排名全市第一。①

以打造全市的大孵化器为目标,宁波高新区根据产业链布局创新链,创新孵化模式,为全市高新技术产业发展育苗。一是全力构筑创业孵化平台。目前,宁波高新区拥有各类孵化机构35家,其中国家级10家,孵化总面积超过130万平方米。二是大力引进高端人才团队。大力实施"高新精英计划"和"资本引才计划",全区集聚市3315人才(团队)146名(个);加快建设院士创新中心,先后引进20余名国内外院士来区创办企业或建立科研团队。三是营造良好的创新创业环境。充分发挥宁波民营资本充裕的优势,成立宁波首家"天使投资人俱乐部",设立创业风险投资引导基金和政府性天使引导基金。连续多年举办全球新材料行业大赛等赛事活动,双创氛围日益浓郁。

依托大量的孵化平台和一系列的孵化举措,一条完整的"苗圃—孵化—加速—产业化"创新创业链条正在日益完善。截至目前,宁波高新区已培育上市公司5家,在"新三板"挂牌29家,五年来培育创新型初创企业累计达727家,高新技术企业130余家,创新创业硕果累累。②

(二)高新起步,创建宁波市科技园区

时间回溯到1995年,全国科技大会在北京召开,提出实施科教兴国战略。在这一背景下,宁波启动了"科教兴市"一号工程,并于1999年联合中国科学院,在原先甬江新区和科技工业园区合并的基础上成立了宁波市科技园区,面积约10平方公里(见图1-21)。

---

① 孙佳丽.瞄准专精特新优 打造经济增长新引擎:为宁波高质量发展提供"高新"动能[N].宁波日报.2020-03-25.第A4版.

② 孙佳丽等.宁波高新区(新材料科技城):高举自主创新大旗,踏上发展新征程[N].宁波日报2018-11-30.

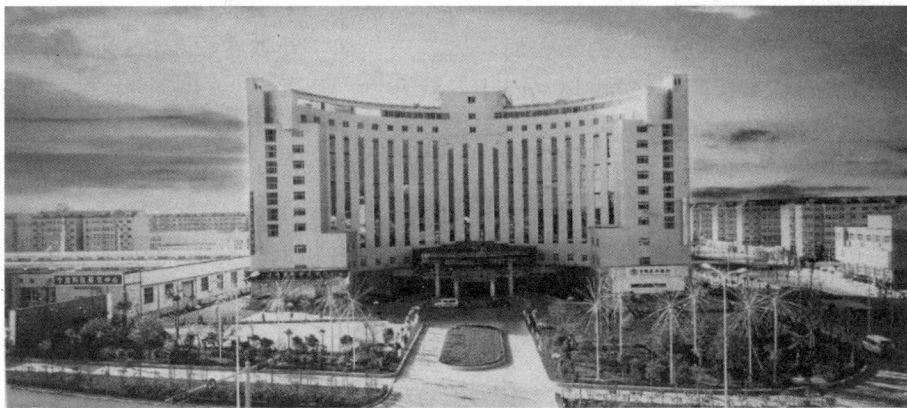

图 1-21　宁波市科技园区管委会

来源：网络公开资料，https://www.997788.com/pr/detail_736_53107349.html.

当时的科技园区正处于"一次创业"的要素集聚阶段，在市委市政府的高度重视下，宁波市科技园区提出"三高二优创一流"发展战略，集聚高层次人才、高新技术产业和高水平研发机构，在服务优质、环境优美这"二优"基础上，建设全国一流的科技园区。[①] 为此，宁波市科技园区重点推进以下工作：

一是明确园区定位，完善园区规划。宁波市科技园区发展与推进宁波城市化相结合，打造集研究开发、创业孵化、高新技术产业发展、科技商贸、居住生活、文教娱乐等多种功能于一体的科技园区。在规划布局上，必须具备研究开发区、创业孵化区、高新技术产业示范区、科技商贸区、科技住宅区等功能区块。

二是理顺内外关系，创新园区体制。一是坚持体制创新，市委市政府进一步加强对科技园区的领导，成立了由市委市政府主要领导担任组长的科技园区开发建设领导小组；二是改革管理体制，实行封闭式管理，落实一级财权、建设管理权、土地管理权、社会事务和城市管理权，明确园区区域内的行政隶属关系；三是探索园区内部运作新机制，理顺园区直属企事业单位管理体制。

三是围绕"三高"重点，实施集中突破。一是加快科技人才载体建设，集聚高素质人才。通过加快浙大国家大学科技园宁波分园等载体建设，加速了高素质人才向园区集聚；二是加强科技合作，集聚高水平研发机构。在引进"两院一校"等大院大所基础上，加快建设兵科院宁波分园等高水平研究机构，同时积极做好与大学、大院、大所等国家级研发中心的沟通衔接工作；三是加强招商引资，集聚高新技术产业。坚持以电子信息等都市型高新技术产业为特色，突出微电子、软

---

① 王永康.按"三高二优创一流"要求建设宁波市科技园区[J].宁波党校学报，2002(3)：52-55.

件和通讯产业三大重点领域,以及港台、日韩、欧美三个招商地区。

四是注重"二优"特色,创建一流园区。一是加快开发建设步伐,建设环境优美的科技园区。按照"一次规划、分步实施、开发一片、绿化一片、美化一片"的原则,不断完善配套功能,实现"园在绿中,城在林中"建设目标。同时,构建数字化、网络化、智能化的示范科技园区。二是创新服务机制,建设服务优质的科技园区。确立"鼓励创业、宽容失败、机制灵活、追求成功"的园区文化理念,建立"快速反应、马上就办、跟踪服务、责任到底"的服务机制。同时加快建立风险投资机制,使园区成为海内外科技人员、创业者和投资者向往的热土。

在此期间,多个"重量级"荣誉也纷至沓来:2001 年 4 月,园区被浙江省政府批准为浙江首家省级高新区;2002 年 5 月,园区被科技部批准为国家火炬计划宁波电子信息产业化基地,同年 12 月,被科技部认定为国家级创业中心。到 2003 年,园区综合实力明显增强,已位居全省 12 个省级科技园区之首,当年度园区技工贸总收入达 85 亿元,同比增长 53%;国内生产总值达 18.5 亿元,同比增长 44%,高新技术产品产值达 17.2 亿元,同比增长 151.9%,占园区全部工业总产值的 33%[1]。

(三)首次跃升,升格为国家级高新区

1988 年,中国第一个国家级高新区——中关村高新技术产业开发试验区在北京成立。到 1997 年,国家级高新区达到 53 家。然而,在接下来的 10 年间,这支"国家队"一直没有扩容。

2004 年,在全国"两会"上,全国人大浙江代表团提交了一份议案,呼吁国家级高新区打破终身制,实行优胜劣汰的动态管理,将宁波高新区升级为国家级高新区。当时的国家高新区发展良莠不齐,而经过多年发展,当时的宁波高新区无论是技术创新体系搭建、高新技术产业发展,还是创业环境建设和高素质人才集聚等方面,均已达到国家级高新区的水平。只要"国家队"的"围墙"开一个口子,宁波高新区就有可能率先进入。

基于对宁波高新区发展实力的自信,更是对宁波提升自主创新能力、转变经济增长方式的责任,宁波市委、市政府高度重视宁波高新区的升级事宜。2005年正式启动申报程序并积极推进升级工作;2005 年 10 月,浙江省人民政府向国务院上报了《关于要求宁波省级高新技术产业开发区升级为国家高新技术产业开发区的请示》。2007 年 1 月 8 日,随着国务院批复文件下发,宁波高新区成功摘下新世纪首块"国家级高新区"招牌,成为"国家队"的第 54 名成员(见图 1-22)。

---

① 宁波晚报.200 多张照片见证高新区区域定位变迁"三部曲"[EB/OL]. (2014-07-28)[2020-10-26]. http://news.cnnb.com.cn/system/2014/07/28/008122671.shtml.

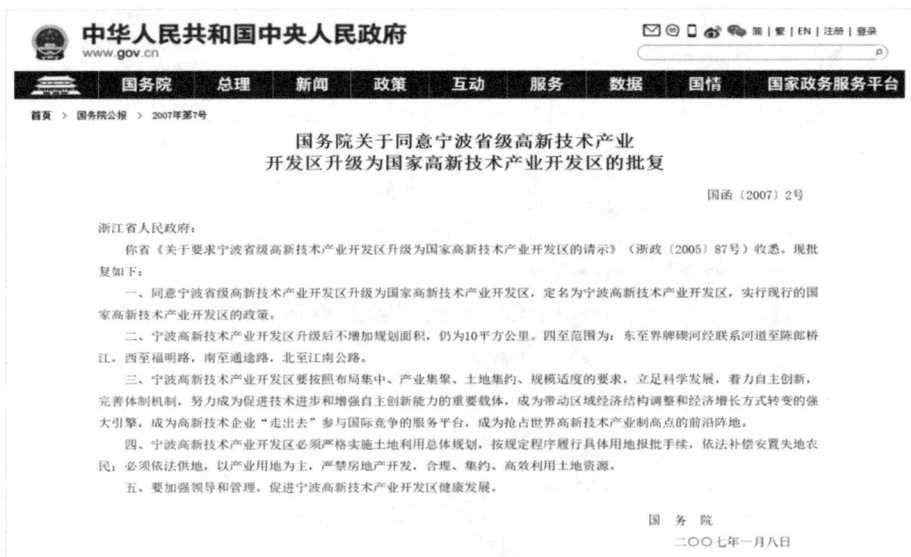

图 1-22　国务院批复宁波省级高新区升级为国家级高新区

来源:国务院官网,http://www.gov.cn/gongbao/content/2007/content_534217.htm.

　　为什么是宁波？一方面,在经历了多年的高速发展后,技术创新能力不足已经成为浙江省和宁波市可持续发展的"瓶颈"。由于土地、能源等资源紧缺,以及商务成本的上升,发展空间受限,经济发展的结构性、素质性矛盾显现,转变经济增长方式迫切需要有更多的"知识特区"来驱动。另一方面,浙江的民营企业在依托传统产业完成了原始积累后,对发展高新技术产业、运用高新技术改造传统产业也有强烈的需求。作为浙江最具实力和潜力的省级高新区,宁波高新区的顺利升级将对浙江省、宁波市的经济和社会发展产生巨大的影响。

　　宁波在新材料行业领域具有一定的竞争优势:千亿级产值规模,居全国七大新材料产业基地首位,培育了一批具有全球影响的新材料优势细分领域,聚集了一大批高校和科研机构。依托新材料产业的优势,2013 年,浙江省和宁波市决定在宁波建设新材料科技城。科技城按照"一城多园"模式优化空间布局,形成"核心区＋延伸区＋联动区"的区域协调发展格局。其中,核心区由宁波国家高新区、宁波高教园区北集聚区、镇海新城北区 3 个区块构成,规划总面积约 55 平方公里(见图 1-23)。在管理机制上,科技城与高新区实行"两块牌子、一套班子"合署办公。同时,核心区还试行独立的财政管理体制,20 年内财政收入地方所得部分和土地出让净收益的 100% 返留科技城。此外,科技城还设立了新材料产业发展专项基金,用于支持新材料领域高端科研机构建设、研发项目资助等。

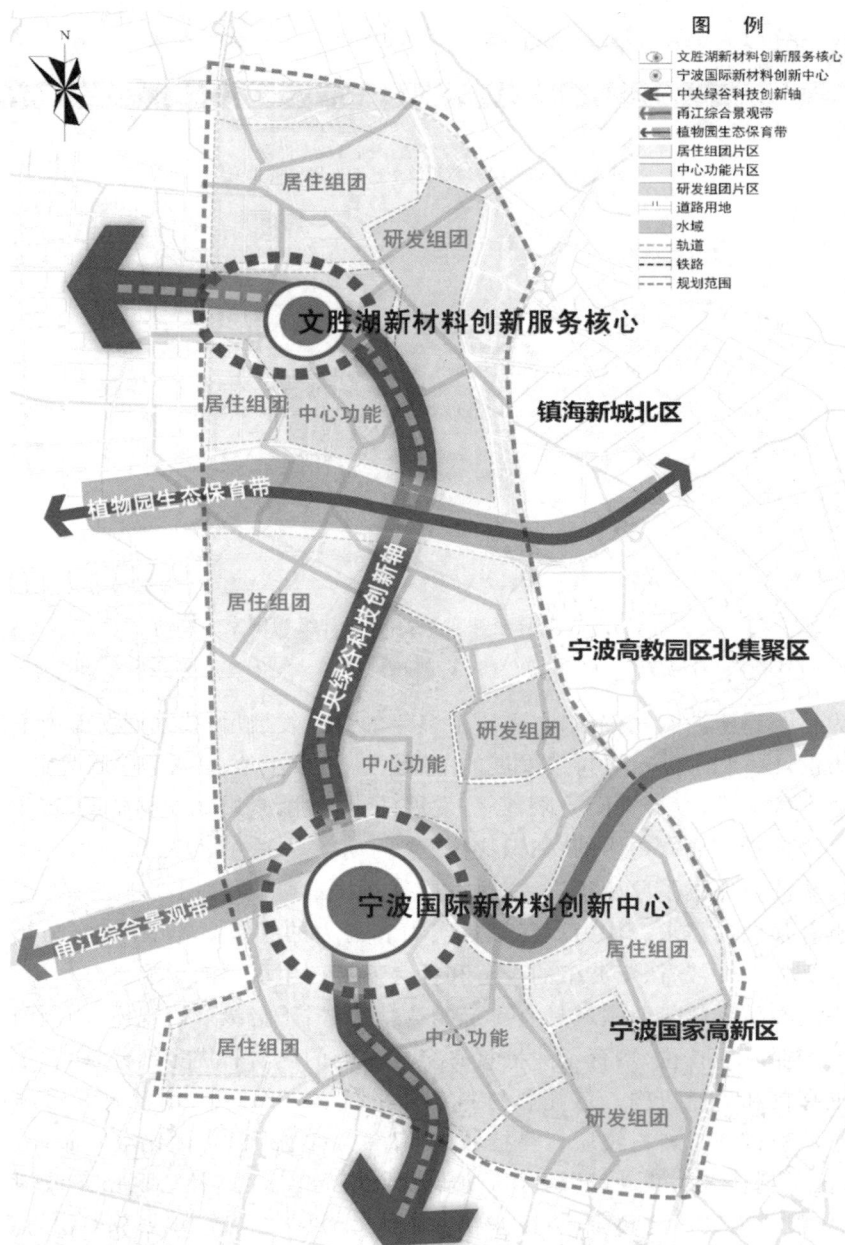

图 1-23　宁波新材料科技城核心区规划

来源：宁波新材料科技城核心区总体规划（批后公布），http://zgj. ningbo. gov. cn/art/2019/7/16/art_1229045915_45405879. html。

（四）再次跃升，摘牌国家自创示范区

国家自主创新示范区是党中央、国务院实施创新驱动战略的重要抓手，是展现国家创新版图的重要载体，是国家级高新区的"升级版"。2018年2月1日，国务院正式批复同意宁波、温州国家高新技术产业开发区建设国家自主创新示范区。宁波国家高新区由此从"高新区时代"迈入"自创区时代"（见图1-24）。

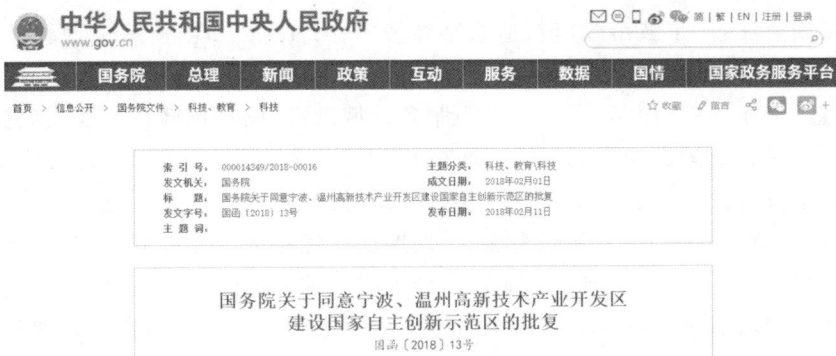

图 1-24 国务院批复宁波高新区建设国家自主创新示范区

来源：国务院官网，http://www. gov. cn/zhengce/content/2018 - 02/11/content_
5265936. htm.

先行先试激发创新活力。国家自主创新示范区最大的红利是享受国家级示范区相关政策，最重要的工作抓手就是开展科技政策的先行先试。国内先进城市建设国家自主创新示范区的经验表明，先行先试政策能极大地解放和发展科技生产力，使区域创新资源明显集聚，创新成果大量涌现，创新创业空间空前活跃，新兴产业加速培育，辐射带动作用日益凸显。

获批之后，宁波高新区不断为创新创业政策支持力度加码，新推出国家自主创新示范区"黄金八条"，政策涵盖了高层次人才创新创业、高端研发机构引进、重大科技专项、科技成果转化、国际科技合作、科技型初创企业发展、自主创新产品首购首用、创新创业投融资八个方面。其中，包括四个"1000万"支持高层次人才创业，三个"5000万"支持高端研发机构引进，最高1000万元的区级重大科技专项，50亿元的科技成果转化引导基金。同时，为大力引进集聚高层次人才，宁波国家高新区推出"高新精英计划"，出台"3个1000万"引才政策，以及高新精英资本引才计划，对入选人才团队给予最高1000万元补助。依托这些人才政策，宁波高新区吸引了全球1000余个高端创新创业人才项目，百余个项目最终胜出，其中入选国家、省"千人计划"，市"3315计划"的有10余个，落户项目累计实际投资超过 3 亿元。[①]

高标准推进平台建设。宁波国家高新区把大平台建设摆在更加突出的位置,做到高标准建设、高质量提升,切实提升区域创新发展层级。围绕新材料、智能制造、生命健康三大主导产业,加快谋划部署特色鲜明、支撑作用强的产业服务平台、公共技术服务平台,通过平台建设全面提升创新能力,切实增强基础创新能力和产业发展新动能。

根据浙江省、宁波市政府打造数字经济"一号工程"和创建特色型软件名城的要求,宁波国家高新区再度挑起大梁:专门划出 3.1 平方公里作为软件园核心区,打造"工业软件+新兴领域软件+服务领域软件"的特色软件产业发展体系,瞄准建成具有全国影响力的"甬江软件谷、智慧互联湾"这一目标,高站位布局,高标准建设,高水平运营。到 2030 年,宁波软件园将建成产业特色明显、业务形态丰富、创新资源集聚、创新能力显著、发展环境优越的产业新城,成为宁波软件产业核心区,有力支撑宁波市建成特色型中国软件名城。

辐射带动引领区域发展。国家自主创新示范区要在推进自主创新和高技术产业发展方面大胆探索、积累经验,为区域产业转型升级发挥引领辐射带动作用。宁波国家高新区全面加快国家自主创新示范区和新材料科技城建设,深入推进科产城融合发展。宁波国家高新区坚持把招商作为"一把手"工程,推进大招商体制改革,树立"亩均论英雄"导向,聚焦新材料、智能制造、生命健康主导产业,项目引进质量有效提升。目前,宁波国家高新区已引进新材料与智能制造产业创新示范基地、和利时工业云平台、华为云"沃土工场"、均普智能制造产业基地等一批优质项目,区域发展后劲进一步增强。

为进一步统筹全市优势资源,充分发挥国家高新区在培育发展战略性新兴产业和高新技术产业中的核心载体作用,宁波市实施"一区多园"发展战略,促进全市战略性新兴产业和高新技术产业集群化、规模化、高端化发展(见图 1-25)。目前,全市范围内已设立 10 个分园,并设立了 1 亿元的分园发展扶持基金,用于分园科技型产业的发展。同时,高新区还建立了 3000 万元的科技信贷"风险池"资金,引导区内 300 多家投融资机构在全市范围内开展创业投资、股权投资、风险投资,并通过宁波研发园、新材料联合研究院等高端创新资源,实现对分园的服务扩散,提升了分园科技创新水平,加快了分园新兴产业发展。

截至目前,宁波国家高新区"一区十园"拥有高新企业近千家,集聚了科研院所 30 家,建成国家级企业技术中心 21 个、国家地方联合工程技术中心/实验室

[①] 宁波国家高新区管委会.宁波高新区踏上自主创新示范发展新征程[J].宁波通讯,2019(1):35-37.

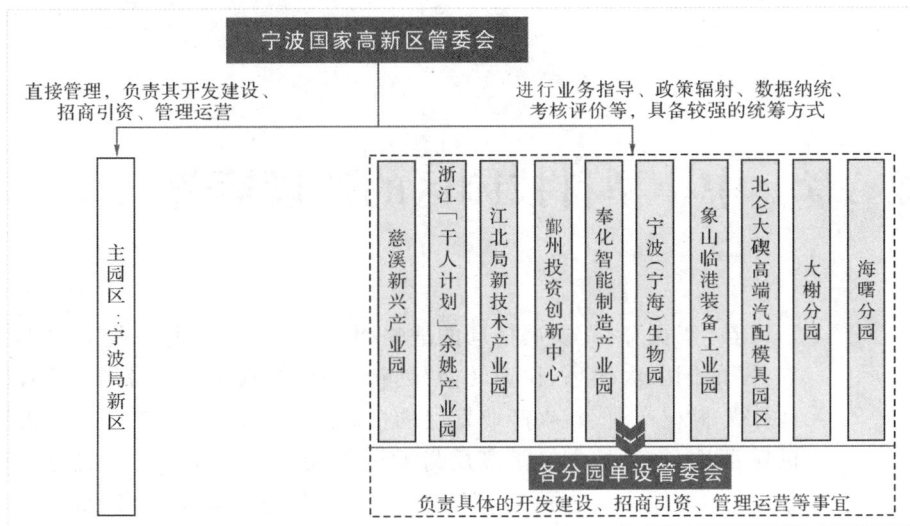

图 1-25　宁波高新区"一区多园"管理模式

来源：长城战略咨询，https：//mp.weixin.qq.com/s/5gDThjsuWLdpfuyVi0bIXA.

5 家，并涌现出了均胜电子、奥克斯集团等一批行业龙头企业。从高新区转移到分园和周边的优质企业达 300 余家，包括长阳科技、激智科技、奇亿金属等，总投资超过 200 亿元。①

---

① 洪恒飞，秦羽.产业纽带串起"一区十园"宁波高新区提升发展能级有高招［N］.科技日报，2020-05-12(7).

第二章　中小型科技园区的建设运营

在"双循环"新发展格局的战略引领下,国内产业正从过去"两头在外"的国际大循环,快速转向"创新引领"的双循环新格局。科技园区作为科技产业、新兴产业发展的核心载体,既是区域产业创新发展的策源地,也是地方经济高质量发展的动力源。高水平建设运营科技园区,是地方政府落实"双循环"战略,培育更高水平产业链、供应链、价值链体系的重要抓手。近年来,浙江省大力推进科技创新,以数字经济为引领的新经济、新产业高速发展,不仅涌现出了一大批的科技龙头企业和数量众多的优秀科技型中小企业,也形成了众多产业高端、创新活跃的科技园区。本文通过选取三个典型的科技园区案例,从选址规划、运作机制、开发建设等方面系统阐述了浙江省在科技园区建设上的探索与实践,为其他地区,特别是欠发达地区建设科技园区提供了参考借鉴。

一、科技园区成为浙江产业高质量发展的"重要引擎"

（一）科技园区成为大型开发区最耀眼的"园中园"

1. 不同国家地区对科技园区的界定不尽相同

目前国内外关于科技园区的界定尚未统一,其叫法也有很多种。美国最早称之为"研究园"（Research Park）,英国、德国称之为"科学园"（Science Park）或"技术园"（Technology Park）,日本、意大利、法国、西班牙称之为"科学城"（Science City）,新加坡称之为"高技术密集区"（High Technology Cluster）,韩国称之为"高技术工业园区"（High-Tech Industrial Park）等,国内则倾向于称之为"高新技术产业开发区""科技园"等。

国际科学园协会（IASP）认为,科学园、科技园（Technology Park）、研究园（Research Park）具有相同含义,是指由专业人士管理的组织,主要目的是通过促进创新,以及有关的商家和研究所的竞争来使当地的财富得以增长。到目前,国内各地政府部门尚未对科技园区有过官方定义,部分学者则对科技园有过一些学术上的界定,譬如,刘敏和刘荣认为科技园是以发展高科技产业为目的,在科研力量较为集中的区域开辟出一处环境优越的地方,集中风险资本、技术人才和高科技企业,经过规划建设的科学和工业综合体,其任务是研究、发展和生产高技术产品,促进科研成果的商品化。①

尽管科技园区在不同国家和地区有着不同的叫法,但从本质功能上来说,科技园区一定是服务于科技型企业的产业空间载体。从产业发展视角来看,其集聚的产业一定是高新产业,汇聚的企业大都是科技型企业,发展动力一定是科技创新、科技成果产业化。从空间形态看,广义的科技园有大到数十平方公里的高新区、科技城,也有小到几百亩的大学科技园以及形态各异的科创园。从建筑形态来说,大都是商务办公、研发办公为主的楼宇,也有研发型为主的多层厂房,还有与之配套的各类商业空间。有别于一般的生产制造型园区,科技园区内科技企业和科研机构聚集,高端人才密集,产业创新活跃,创业氛围浓厚,商业配套及休闲服务设施完善,办公及营商环境优良,是科技成果转化和高科技企业快速发展的核心区。

纵览国内科技园区的发展现状,以高新区为代表的大型科技园区长期以来备受各地政府重视,而以大学科技园、科创园为代表的企业化建设运营的中小型科技园区,则成为近年来快速成长起来的、备受广大中小科技企业欢迎的新载体。尤其是在浙江这样民营经济发达的沿海省份,越来越多的社会力量开始关注并参与中小型科技园的开发建设及运营管理,涌现出了一大批活力十足、市场化运作的科技园。它们不仅成为了所在城市科技产业发展的重要支点,也成为了大型开发区建设的重要抓手和示范标杆,对周边科技产业集聚和产城融合发展起到了重要推动作用。本文我们将聚焦这类中小型科技园区,以重点案例剖析的方式,分析总结其在开发建设及运营管理过程中积累下来的可供借鉴的有益经验。

2. 科技园区强化开发区对科技企业的承载力

随着科技型中小企业成为最具活力的创新主体,成为区域构建创新群落的重要组成部分,以及实现可持续高质量发展的战略支撑,培育和集聚更多的科技型中小企业,成为各地政府和开发区的重要工作。构建完善的开发区创新孵化体系,是培育科技型中小企业的基础,从早期的"孵化器+加速器"二级孵化体系,到如今的"众创空间(苗圃)+孵化器+加速器+科技园"四级孵化体系,科技园区有效衔接起加速器和开发区之间的空间断层,弥补了大部分科技企业无法

---

① 刘敏,刘荣.科技工业园的新发展——软件园及其规划建设[M].北京:中国建筑工业出版社,2003:47.

独立建设办公用房的不足,进一步提升了开发区对科技企业的吸引力和承载力。

(1)创新孵化 1.0:"孵化器+加速器"的二级孵化体系

科技企业孵化器是较早出现的服务于初创型科技企业的空间载体,也是大学科技园等早期科技园区的"胚胎",如今业已成为众多科技园区的重要组成部分。孵化器早在 1963 年初于美国创立,1987 年引入中国,最初被称为"新技术创业中心",其核心业务是帮助高新技术的中小企业在最脆弱的初创时期能够生存和成长[1],但我国早期科技企业孵化器的整体效率偏低。[2] 如今,孵化器的概念早已泛在化,各种不同类型、不同主体建设的孵化器遍布全国各地。随着孵化器毕业企业数量的增多,接力孵化的需求日益增长,科技企业加速器应运而生。

加速器主要面向孵化之后的高成长性中小企业,提供比孵化器更大的研究和生产空间、更丰富的投融资资源、更专业的导师服务,以及其他的个性化支持,从而有效解决高成长企业"青春期"遇到的困难。[3] 从功能设置和空间布局上看,企业加速器包含了孵化器的多种功能,并增加了小规模的标准化厂房以供生产。[4] 结合多年的探索与实践,加速器常常结合孵化器设置,形成孵化加速综合体,孵化完的企业直接进入加速器培育,等到企业具有一定生产规模后再进入开发区(如图 2-1 所示),也由此形成了"孵化器+加速器"的科技企业二级孵化体

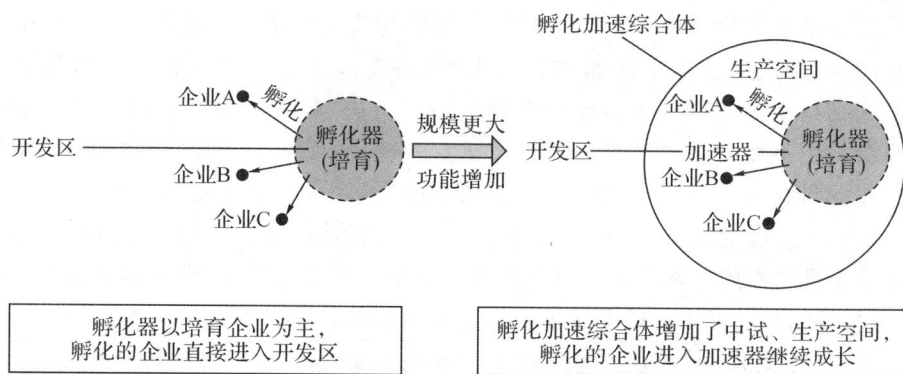

图 2-1 开发区内部企业"孵化器""加速器"的演变关系

来源:梁印龙,孙中亚,许景.开发区转型创新的"区中园"模式实践:来自江苏省科技产业园的调查[J].现代城市研究,2019(12):40-46.

---

① 殷群.企业孵化器研究热点综述[J].科研管理,2008,29(1):157-163.

② 蔺全录,朱建雄.我国科技企业孵化器发展现状及对策研究[J].科技管理研究,2019(14):32-41.

③ 程郁,王胜光.从"孵化器"到"加速器":培育成长型企业的创新服务体系[J].中国科技论坛,2009(3):76-81.

④ 徐靓.企业加速器的功能设置与空间布局研究[A]//2014 中国城市规划年会[C].2014.

系。总体来看,孵化器和加速器对开发区转型创新的带动作用仍只停留在企业层面,但实际上,孵化加速单个企业,无法形成规模、集群效应,难以带动开发区整体的转型创新。

(2)创新孵化2.0:科技园区催生的四级孵化体系

随着科技型中小企业数量和类型的快速增多,孵化器和加速器自身也在不断演进,面向的产业领域从综合型向专业型发展,提供的服务从空间物业型向专业服务型提升,同时,数量、规模、分布也有了显著变化。此外,孵化器和加速器也在不断强化协同关系,针对同一产业领域的企业接力孵化进而产生规模效应。① 饶是如此,从加速器毕业的企业大部分很难直接到开发区拿地落户,继续接力孵化、为这些科技企业提供进一步过渡的发展空间显得尤为必要,建立科技园区便成为解决这一难题的"妙招"。科技园区可以为这些企业提供更加弹性、相对充足的用地空间和政策保障,能够促进研发紧密结合生产,通过集聚形成了具有竞争力的科技产业集群,不仅让入园企业大幅受益,也带动了开发区的整体转型。②

从培育科技企业的视角来看,科技园区与孵化器、加速器紧密协同,向后端延伸了科技企业的孵化体系,而创业苗圃、众创空间等新载体的建设,让科技企业孵化体系向前端迈进了一步,由此构建起"创业苗圃/众创空间—孵化器—加速器—科技园区"四级全链条科技企业孵化育成体系(如图2-2所示)。通过"园中园"模式兴建科技园区,一定程度上扭转了大型开发区"重生产制造、重大企业集聚、重一级土地开发"的传统发展路径,为开发区集聚发展高科技产业、提升科技企业营商环境、实现新型产城融合发展开辟了新道路。

(二)遍地开花、欣欣向荣的浙江省科技园区

地处沿海的浙江,很早就开始了开发区转型升级的探索。从早期注重招商引资,通过大力招引外资外企外技,构建国际大循环为主的产业格局,到如今注重创新孵化,通过大力培育科技型中小企业,逐步构建"双循环"相互促进的新格局,科技园区在其中扮演了重要角色。从外部招引到内部培育的产业动能转换过程中,全省各地的大型开发区,涌现出了大量以"园中园"形式存在的中小型科技园区。它们不仅成为了所在开发区实现产业转型升级的重要抓手,也成为浙江省经济高质量发展的重要引擎。

1. 区域分布由北向南、从沿海到内陆依次递减

由于政府层面尚未有针对中小型科技园区的统计数据,在此借助前瞻产业

---

① 李伟杰,刘婷,王继明.地方政府促进科技企业孵化器发展路径研究[J].经济问题,2014(10):62-66.
② 王缉慈.创新的空间:企业集群与区域发展[M].1版.北京:北京大学出版社,2001.

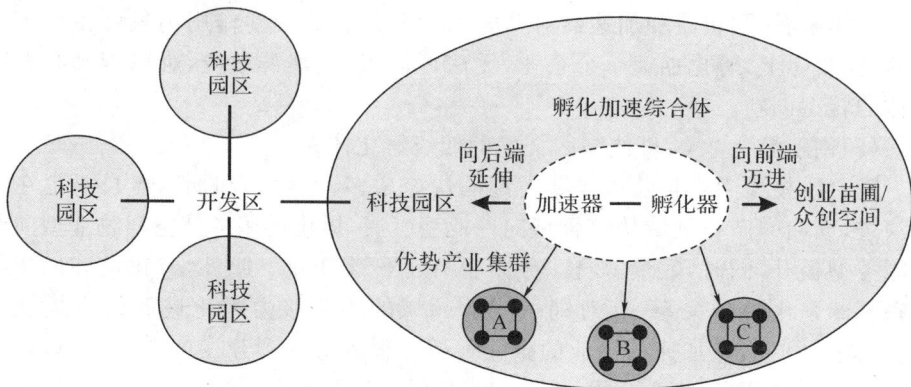

图 2-2　开发区四级全链条科技企业孵化育成体系

来源:梁印龙,孙中亚,许景.开发区转型创新的"区中园"模式实践:来自江苏省科技产业园的调查[J].现代城市研究,2019(12):40-46.作者略有修改.

园区库收录的部分数据[①],并结合实际的走访调研,我们发现,从区域分布上来看,浙北的科技园区分布密度远高于浙东、浙西和浙南地区。[②] 浙北三市(杭、嘉、湖)拥有的科技园区数量占全省总数超过一半。各地市科技园区情况,杭州市、宁波市、金华市高居全省科技园区数量前三名;温州市则是浙南地区科技园区集聚较为明显的城市(如表 2-1 所示)。

表 2-1　浙江省科技园区分布情况

区域	城市	数量(个)
浙北地区	杭州	243
	嘉兴	46
	湖州	26
浙东地区	宁波	69
	绍兴	39
	舟山	5
浙西地区	金华	48
	衢州	6

① 来源:前瞻产业研究院 https://f.qianzhan.com/yuanqu/diqu/33/.

② 注:浙北,即杭州、嘉兴、湖州;浙东,即绍兴、宁波、舟山;浙西,即金华、衢州;浙南,即温州、台州、丽水。

续表

区域	城市	数量（个）
浙南地区	温州	36
	台州	13
	丽水	4

来源：前瞻产业园区库.https://y.qianzhan.com/.

不难理解，杭州、宁波、金华—义乌、温州并列为浙江省四大都市圈中心城市，依托长三角一体化发展国家战略，集聚了一大批科技创新资源。相较于浙南、浙东和浙西，浙北地区位于或靠近长三角核心城市，集中了一批优质科研平台，拥有高新技术产业发展的良好支撑；人才的集聚让这些地区孵化了大批新经济相关企业，加上政策加持，浙北形成了高质量要素的虹吸效应，从而推动了高新技术产业更快速的发展。由此也能看出，高新技术产业发展基础较好的地区科技园区数量也相对越多，两者之间呈现出较强的相关性。

2. 国家级大学科技园成为最具科研实力的代表

大学科技园肇始于20世纪50年代美国的斯坦福大学研究园，即后来举世闻名的"硅谷"，它是一种全新的社会组织和地域形态，依托具有科研优势特色的大学，将高校科教智力资源与市场优势创新资源紧密结合，从而使科研成果迅速产业化。大学科技园这种高科技产业集聚形态，对于当地高科技产业的发展产生了积极影响。浙江省除了1所国家重点高校浙江大学以外，还有23所省属本科院校，其中56.5%集中在杭州。这支庞大的科技力量已经以各种方式融入到浙江经济的发展大潮之中，与浙江量大面广的中小企业建立了千丝万缕的联系。

据不完全统计，截至目前，浙江省以"一校一园"和"多校一园"两种建园模式为主，累计建成大学科技园20余家，其中纳入官方统计的国家级大学科技园达6家，分别是浙江大学国家大学科技园、浙江省国家大学科技园、宁波市国家大学科技园、中国美术学院国家大学科技园、温州市大学科技园和中国计量学院科技园，占全国总量（115家）的5.22%。而无论是从建设模式还是发展成效来看，浙江大学国家大学科技园都是最为典型的。

3. 市场化的民营科技园区数量最多、分布最广

民营科技园区是由市场化的民营高新企业主导开发建设，是促进产学研结合，推动科技、经济和社会协调发展的科技产业化新基地。民营企业主导的科技园区开发模式对作为开发主体企业的资金和运营能力要求较高，因而大型园区以此模式进行开发建设的相对较少。结合前瞻产业园区库收录的数据和实地调研考察，我们发现，在浙江的科技园区群体中，市场化开发建设的民营科技园区

数量最多、分布最广。浙江省市场经济活跃、民间资本充裕、创新氛围浓厚,都为这些市场化开发建设的民营科技园区的蓬勃发展提供了有力支撑。

总的来看,浙江省市场化的民营科技园区发展良莠不齐,存在大量名不副实的科技园区。社会力量的广泛参与很大程度上带火了科技园区,推动了浙江科技园区群体的快速壮大。但不容忽视的是,一大批企业园区被冠名为"某某科技园""某某科创园"等,间接导致了科技园区概念的泛在化,也在一定程度上削弱了园区的科技产业属性。由于不直接依托高校或科研院所这些"锚点",也较难直接享受与政府主导型科技园区同等的优惠政策,这些市场化的民营科技园区更加重视园区硬环境和服务软环境的打造,以此增加对企业的吸引力。

4. 飞地型科创园是后进地区科技发展的助推器

"飞地经济"模式从本质上说是两地之间的产业合作,其表现形式是产业导入。传统的产业导入模式是产业转移,即产业从先发地区向后进地区转移。但近年来的经济形式延缓了先发地区的产业溢出,从而出现了一种新的"反向飞地"模式,也可称之为"飞地型科创园"模式,其主要形式是"飞出地"引导本地企业在"飞入地"建立创新中心或研发中心,开展创新创业孵化项目,最终将新孵化项目的制造部分导流回"飞出地"。可以说,飞地型科创园为后进地区建设高质量的科技园区提供了一种可行的路径。

与传统先发地区到后进地区建"飞地"产业园区不同,飞地型科创园区主要实现了从先发地区信息资源导入、招商引资前沿阵地和科技研发项目前期培育等功能。在浙江省内,拥有众多一流高校和前沿技术储备的杭州,无疑是众多后进县市建设飞地型科创园区的首选。截至目前,衢州、长兴、慈溪、诸暨、上虞、新昌、丽水等十余个地市已经在杭州设立了数十个飞地型科创园区(见表2-2),通过孵化科研成果,将其有效转化为各地的经济效益,助力区域经济转型,加速各地融杭节奏。其中,又以全省首个跨行政区域建立的飞地型科创园区——衢州海创园为典型代表。

表 2-2　浙江省主要飞地型科技园区项目一览

名称	飞出地	设立时间	项目简介
衢州海创园	衢州市	2016 年	位于杭州未来科技城,拿地自建园区,其中一期占地约 26 亩,共 4 幢楼宇,总建筑面积约 6.8 万平方米,二期占地约 49 亩,由 7 幢楼宇组成,总建面约 13 万平方米

续表

名称	飞出地	设立时间	项目简介
Uni·科创森林	湖州市长兴县	2016 年	位于杭州市西湖区西湖科技园,政府承租物业,使用面积合计约 1.4 万平方米
慈溪市创新创意(杭州)飞地	宁波市慈溪市	2017 年	位于杭州市滨江区星光时代大厦,政府承租物业,四层合计 6000 平方米
诸暨岛	绍兴市诸暨市	2017 年	位于杭州滨江华城和瑞科技园
上虞号·创立方	绍兴市上虞区	2017 年	位于杭州市滨江区,政府承租物业,重点吸引战略性新兴产业及各类科创、文创类企业入驻
新昌杭州紫金科创港	绍兴市新昌县	2019 年	位于杭州紫金众创小镇浙大森林,政府承租物业,使用面积约 1570 平方米
杭州丽水数字大厦	丽水市	2019 年	位于杭州未来科技城,拿地自建园区,总建筑面积约 7 万平方米,聚焦新一代新科技、互联网、云计算等产业
浙江人才大厦	面向浙江全省除杭州、衢州(已在杭州支持下设立飞地)外的 9 个设区市和杭州市下辖的桐庐、淳安、建德三县市开放	2019 年	位于杭州未来科技城,占地 70 亩,规划面积 17.5 万平方米,先导区 1.1 万平方米,用于省内各市引进建设企业研发总部、创新中心等
嵊州创新中心(驻杭研发"飞地")	绍兴市嵊州市	2020 年	位于杭州未来科技城,总投资 1.3 亿元,面积 5000 平方米
温州海洋科技创新园科创飞地	温州市	2020 年	位于杭州西湖区网新大厦,政府承租物业

二、浙江大学国家大学科技园——"浙大特色"高质量的科技成果转化基地

浙江大学国家大学科技园(以下简称"浙大科技园")于 1999 年底开始筹备,2001 年 5 月被科技部、教育部认定为全国首批 22 个国家级大学科技园之一,是国家级科技企业孵化器、国家级大学生科技创业实习基地。浙大科技园是以浙江大学为依托,充分利用浙江大学在科技、人才、实验设备和文化氛围等方面的综合资源优势建立的从事科学技术创新、科技成果转化与产业化、高新技术企业孵化、创新创业人才培育集聚、高技术产业发展辐射的基地(如图 2-3)。

图 2-3 浙江大学国家大学科技园
来源:浙大科技园官网. http://zjusp. zju. edu. cn/.

浙大科技园以转化浙江大学的高新技术成果为主,入园企业 70% 的科技项目来源于浙江大学。从发展成效来看,园区曾在 2007 年培育了中国第一家在泛欧交易所上市的企业——莱昂国际。2010 年 12 月,斯凯网络成为浙大科技园孵化的第一家在美国纳斯达克上市的企业,也是中国第一只上市的移动互联网概念股。截至目前,浙大科技园已累计创办孵化企业 1700 余家,其中科技企业 1100 多家、大学生创业企业 600 多家,培育上市(含新三板挂牌)企业 17 家,入园企业累计转化科技成果 840 多项,累计园区就业人数 28000 余人,其中浙江大学等高校学生在科技园内创业实习见习人数 3300 多人。[①] 与西湖区人民政府合力打造杭州市国际人才创业创新园(西湖园区),打造"四中心一基地一社区"

---

① 浙江新闻. 孵化科技企业 1100 多家,浙大科技园又有新动作. [EB/OL]. (2019-08-19)[2020-09-11]. https://zj. zjol. com. cn/news. html? id=1269698.

服务国际创业人才;与江山、德清等地共建政府飞地,异地研发孵化,驻地招商引智,协作区域经济。

(一)打造"人与自然共存"的科技创业者乐园

2004年4月,坐落于杭州市老和山麓,占地52亩、建筑面积6.8万平方米的浙大科技园创业孵化楼群建成并投入使用。园区北沿西溪路,南依老和山,东邻浙江大学玉泉校区北门。科技园孵化大楼建筑简洁硬朗,首层架空、U型的建筑设计风格,黑色的主色调配以大方的落地玻璃;楼前有水池使得大楼被碧水环绕,楼后有老和山绿树成荫,四周风景秀丽、环境清幽,更像一个自然的、充满浪漫色彩的休闲场所。浙大科技园充分吸取了美国硅谷、台湾新竹科技工业园等世界著名科技园区的建设经验,并结合老和山地块的实际,在开发建设过程中做了一些有益的探索。

1. 因地制宜的建筑设计

浙大科技园位于杭州市西溪路东南侧,老和山西北坡沿西溪路长约300米,最宽处不足100米,占地面积仅约52亩,并以西溪路为起点,依次向山体形成三级台阶状分布,南北高差约9米,园区的建筑设计十分具有挑战性。因而在建筑方案设计过程中,浙大科技园邀请了曾设计过德国国家大学科技园的HLD建筑设计事务所参与。在对地块进行考察之后,HLD的建筑设计方案充分尊重地基原有的地形地貌。总体布局上,将6层高、约300米长的孵化大楼,沿西溪路轴向平行布置在用地的第2层平台之上,最大限度地利用和发挥用地条件的优势。在300米长的主体建筑面向山体一侧的3层平台上,设置了3个U型的建筑体,其基本形态为正方形的四面围合体。整个园区充分利用原有地形的两个台阶,阶梯状分布,形成了园区相对独立的围合空间,又融合了自然山景,形成极具现代感和生态性的建筑景观(见图2-4)。

2. 契合定位的功能布局

鉴于占地面积有限且开发成本较高的自身条件,浙大科技园采用与硅谷成长机制相似的产业簇群机理,重点引培以电子信息产业为主,包括软件业、微电子技术、网络及计算机产品、高技术电子产品、信息服务业及电子商务、生物医药、新材料和环保设备等的研发和营销企业,打造面向国内外高科技企业和相关服务机构、由市场自由选择自由发展、不过分倚重大学和政府作用的开放型科技园区。立足园区准确的产业定位,在空间功能布局上,浙大科技园不仅设计了多处室内外交流场所,还充分考虑到园区创业者的社区性需求,致力于把整个园区打造成集办公、研发、居住、会议、展示、培训、娱乐、购物等为一体的综合性高科技生态园区,提供工作、生活、交流、休闲等各种服务设施张弛有序的多层次空间,以满足科技企业和创业者的需求。

图 2-4　浙大科技园西溪园区实景照

来源:浙大科技园官网. http://zjusp. zju. edu. cn/index. php? a=flist&catid=432.

3. 超前谋划的公共配套

围绕"自给自足、方便使用、超前配套"的目标,浙大科技园采用了完备的配套设施。一方面,采用先进的智能化系统、信息通信系统、公共安防系统和物业管理系统;另一方面,充分体现"以人为本"的建设理念,为创新创业人员提供完善的生活办公配套,比如设有 1700 平方米员工餐厅、咖啡吧、72 套酒店式公寓和健身房等,满足创新创业人员的各种生活需要,详见表 2-3。

表 2-3　浙大科技园主要配套设施

配套模块	主要内容
会议中心	由一个可容纳 200 多人的主会场及六个可容纳 40 人的会议室组成的大型会议中心,为园内企业提供临时租用服务,满足企业会务及培训的需求
智能化系统	包括计算机网络系统、闭路电视系统、安全防范系统、电子巡更系统、地下停车库管理系统等,确保现代办公的高效与便利
酒店式公寓	近 5000 平方米的酒店式公寓,为园内企业昼夜工作的技术精英及外聘专家提供最佳的休息、生活场所
停车无忧	总数达 364 个车位分布在三个地下停车库,极其超前的停车位设计能充分满足现代园区的泊车需求
电梯	知名品牌电梯,客货分离,部分观景电梯,亦景亦行
空调	知名品牌的环保型中央空调,清新怡人
商务配套	健身房、便利店、咖啡厅、商务吧、员工餐厅等

（二）依托浙大的大学生创新创业"天堂硅谷"

1. 组织架构：高校科研与科技园区的联动发展

浙大科技园的管理机制采用了事业单位企业化运营模式，管理机构的设置上"两块牌子、一套班子"，浙江大学国家大学科技园管理委员会（以下简称"浙大科技园管委会"）和浙江大学科技园发展有限公司同时成立、同时运作。其中浙大科技园管委会是浙江大学行政直属单位，对科技园建设运营进行领导与管理；浙江大学科技园发展有限公司是由浙江大学单独出资，按照现代企业制度设立，以市场化运作方式对浙大科技园进行投资开发、经营管理和资产的保值增值，并由浙江大学控股集团有限公司进行管理，代表浙江大学对学校在科技园的有形和无形资产进行运作（见图 2-5）。

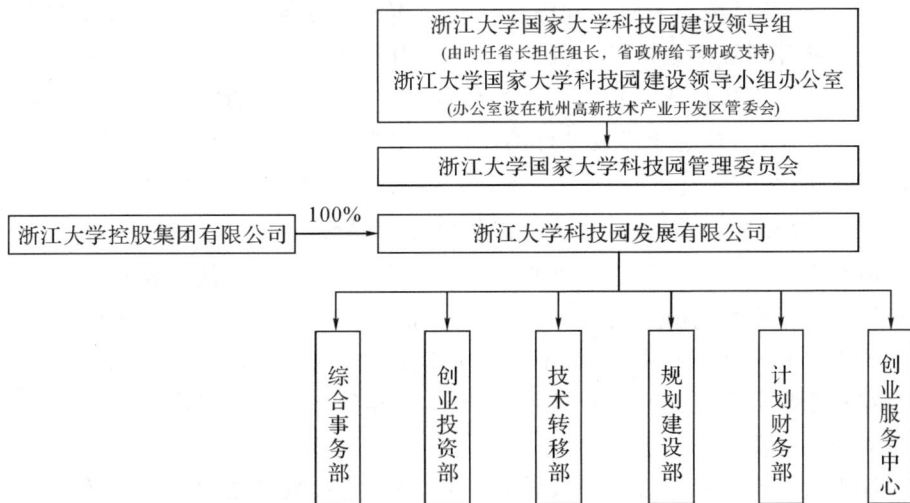

图 2-5　浙江大学国家大学科技园管理机构简图

浙江大学与浙大科技园保持着密切联系，为园区的建设提供智力和政策支持。为了促进成果转化和企业孵化，浙江大学制定了一系列政策，如《浙江大学教职工和学生在大学科技园创办科技孵化企业的若干规定》《关于学科性公司的改制意见》《浙江大学研究生停学创业意见》等，激发浙大师生创新创业的积极性。同时，浙大科技园还与浙江大学管理学院、经济学院等合作，通过举办培训课程、讲座、沙龙、紫金创新论坛等活动，增加创业者的创业热情。浙大科技园也十分重视创业教育，与研究生院合办了"未来企业家俱乐部"，充分发挥科技园企业家资源及创新基地的优势，为优秀研究生提供系统的创业教育和实践的机会，挖掘创业创新人才。此外，浙大科技园还充分利用浙江大学科教优势，为企业提供一系列独特性服务,学校科研基地、图书馆、信息网络资源等都向科技园企业开放,并与园区企业联合成立了研发中心、技术测试中心等,而其他园区鲜有高校做依托,这也是浙大科技园最大的特点。

2. 运作模式:招商引资、投资孵化、要素协同

浙大科技园的孵化并不是无中生有,而是循序渐进的过程。浙大科技园入驻企业里,为数众多的一批是浙大科技园成立之前就已经存在的浙江大学附属学科性公司,如20世纪90年代由浙江大学自动控制研究所创建的浙大中控(原)、浙大网新旗下的网新图灵(原)等;浙大师生建立的高科技公司,如由五名原杭州大学生物系毕业的学生共同创建的迪恩生物;还有企业是属于当地高新区,后来迁入科技园或者在科技园重新注册,如浙大恩特等。这些企业不需要孵化,只需要享受科技园的政策和服务以实现更好的发展。而目前租用面积最大的中程科技和浙江用友软件有限公司(北京用友软件股分有限公司杭州分公司)也不是浙江大学科技成果转化而来的高新技术企业。浙大科技园先行引进成熟的高科技企业,引导企业形成良好的产业氛围与产业生态,创业环境形成后,再寻求孵化培育。

3. 核心优势:依托浙大,推动自创项目的转化

浙江大学拥有多个与战略性新兴产业匹配的学科,如环保与资源学院、计算机科学和技术学院、光电信息工程系、信息和电子工程系、生命科学学院,以及许多相关学科的交叉研究中心,如纳米技术学院等。近年来,浙江大学下属科研机构也在积极研究开发新兴产业技术及产品,每年都有大量技术成果产出,研发水平位居全国一流。

浙大科技园还专门设立科技转移中心,负责学校的科技成果转移、转化和产业化;建立科技转移服务团队,加强与院系和研究所之间的信息交流和工作链接;建立数据库、科技成果项目库和行业技术专家库等技术研发所需的项目库、信息服务网络平台,为科技成果转化提供平台支撑:

(1)浙大科技园成立之初便设立技术转移部,并于2009年与浙江大学技术转移中心联手成立了"浙江大学技术转移中心科技园分中心",专门负责将学校的科技成果在科技园内进行成果转移和产业化。

(2)建立科技项目信息员体系,在浙江大学计算机学院、电力系、能源系、材料系、电气系等相关院系中聘请了一批"科技信息联络员",重点挖掘战略新兴产业中拥有广阔发展前景的成熟科技项目。

4. 资源整合:构建"一站式"创新创业服务平台

服务是大学科技园和孵化器的内涵。根据战略性新兴产业的先导、倍增、辐

射性和可持续性特点,战略性新兴产业初创阶段企业有较长的研发周期、市场引入时间较长、发展速度较快、人力资源需求较高、资金投入较大的特点,需要孵化器对其提供针对性服务和支持。为此,浙大科技园为入园的初创企业提供包括资金、技术、人才等一系列的针对性服务,助推企业成长。

(1)资金支持。①开展各类科技申报辅导服务,帮助入园企业投入科技研发。战略新兴产业初创期的企业资金紧张,向银行借钱、吸引创业投资都很困难,为此,浙大科技园每年为这些企业申请科技部创新基金、浙江省科技项目、杭州市科技创业种子资金、大学生创业资金等各项政府补助金;②针对战略新兴产业初期研发投入大、时间长的特点,浙大科技园与银行、创业投资服务中心、高科技担保公司等金融机构合作,建立了"联合担保系统",开展了"银企合作",合作开展了"企业信用卡""订单质押""知识产权质押"等创新融资服务,大大缓解了企业的融资难问题;③与国内外各种风投机构和民营企业进行广泛合作,成立两个联合机构"创业投资联盟"和"产业投资联盟",每年多次组织创业项目参与资本市场对接会,帮助初创企业对接科技创业投资和民间创业资本,加快投资孵化进程;④创建成立浙江大学萧山科技园高新创业投资管理有限公司,掌握1亿元的科技创业投资扶持资金,重点支持投资具有战略发展新兴产业的中高科技产业和民营企业;⑤不定期举办"科技项目与资本对接会",积极推进科技成果与民间资本的对接,加快科技成果转化与企业孵化进程。

(2)技术支持。浙大科技园以战略新兴产业领域引领,建立公共科技服务平台,开展科研、试验、测试服务。2005年起,浙大科技园先后成立了"光与电技术开放实验室"、"生物医药分析测试中心"、"新材料技术实验室"和"动漫研发服务平台"四个公共技术服务平台,为电子信息、光机电一体化、新材料新能源、动漫文创和生物医药等技术领域的科技企业提供产品研发测试、试验服务。每年向180多个科技公司提供服务,进行测试和试验超过4000次,有效推动了入园企业的产品开发进程和孵化过程。

(3)人才支持。①针对战略新兴产业需要大量的高端技术和管理人员的特点,浙大科技园积极推广人力资源服务。除了对企业提供常规的人力资源服务和顾问外,每年还组织企业举行"浙大科技园入园企业专场招聘会",组织企业在浙江大学等高校招聘,帮助企业招引高端人才;②依托浙江大学丰富的师资力量,浙大科技园适时成立了"浙大科技园培训中心",通过论坛、讲座、培训等多种形式,为入园企业提供创业培训服务。开展"创业导师行动计划",提供创业多层面的辅导服务;③聘请社会成功的企业家、创业专家、园区负责人等为创业指导员,为入园企业提供"一对一"或"一对多"的创业指导服务,授课内容涵盖企业的经营管理、对外市场的拓展、如何吸引投融资等,效果明显,受到企业广泛欢迎;

④开展创业教育活动,园区与浙江高校合作,在浙江大学研究生院举办"未来企业家俱乐部"活动、在浙江理工大学举办"蒲公英浙江理工大学硕士学位论文创业计划大赛"、与浙江大学合办"创业精英管理培训班"。对大学生创业产生广泛影响;⑤浙大科技园为有创业意向的高校师生提供了创业实践机会,在园区设立创业基地,吸纳高校学子体验创业历程,增强对创业的感性认识,培养企业经营管理的技能。

(4)服务支持。浙大科技园十分重视科技创业服务体系的建设,科技园的各部门以成果转化、企业孵化为工作重心,为入园企业提供优质服务。提供的服务包括:高技术人力资源的引入和人事代理咨询服务、工商注册及税务登记、投融资服务、成果转移和产业化咨询、科技计划申报和高技术项目及企业认定咨询等。园区还引入了20多家中介服务机构,涉及法律、财会、税务、技术交易等各方面。另外,杭州国家高新区和西湖区的部分职能也延伸入浙大科技园,浙大科技园已经建成由政府、科技园管委会和中介服务机构三方组成的综合创新创业服务体系。

(5)政策支持。2000年底,浙江大学正式颁发了《浙江大学教职工和学生在大学科技园创办科技孵化企业的若干规定》,明确规定支持在校教师和广大学生在学校科技园内联合开展大学科技革新创业,转化科技成果。2010年又重新制定教师队伍分类管理政策,专门设立技术推广岗位,鼓励一批教师创办孵化企业,从事转移、转化科技成果工作,为地方经济社会发展服务。

(三)推动浙大的科技成果及其产业向外赋能

1. 实施"一园多点"战略,打造高新产业的辐射源

为加快高新技术产业辐射,浙大科技园从2002年起根据"一园多点"的战略构想,采取开放合作的建设原则,在确保杭州核心区建设高水平的同时,在有条件的地方建设分园,将浙江大学的科技成果及其产业向外围辐射,推动地方科技进步及高新技术产业化,为地方经济发展贡献力量。

目前,浙大科技园分别在浙江宁波、长兴、温州和江西南昌等地建立了分园,并取得了显著成绩。宁波分园已经成为国家高新技术创业服务中心和国家大学生科技创业见习基地,江西分园已经成为江西省国家软件外包服务示范基地。各分园新创办科技孵化企业数量众多,并转化了大量浙江大学科技成果,为浙江大学技术转移和高新技术产业向外辐射创造了良好平台,对促进地方经济社会发展、培育战略性新兴产业也作出了积极贡献。

自2002年开设以来,宁波分园边建设边孵化,效果显著。截至目前,在孵科技企业100家,已毕业企业30家,国家级高新技术企业8家,市级、区级企业工程技术中心4家,协助企业成功申报市级以上科技项目105项、申请专利86项,

软件著作权 24 项,累计为企业争取科研经费 1200 余万元,在孵企业及毕业企业总收入近 5 亿元[1](如图 2-6 所示)。

图 2-6 浙大科技园宁波分园实景

来源：浙大科技园官网. http://zjusp. zju. edu. cn/index. php? a＝yqjs.

江西分园位于南昌高新区内,占地面积约 600 亩,包括浙江大学产品创新设计工程江西分中心、浙江大学南昌技术转移中心、金庐软件园浙大科技园(江西)分园,以及江西凯源科技、江中安可等一批高新技术产业化项目。根据规划,江西分园的总投资将达 16 亿元,其中投资 7 亿元用于基础设施和创业环境的建设,总建筑面积达 40 余万平方米。整体建设分三期滚动开发,一期建设项目 4 万多平方米已于 2006 年完成并投入使用(如图 2-7)。

在未来的发展蓝图中,浙大科技园不但会在分园的建设上开疆辟土,而且也将加快启动杭州核心区的强园扩园工程。通过扩充功能、扩大空间,整合各类资源,为入驻园区的科技企业提供全方位的服务,让更多高新企业孵化成功。

2. 创建新型研发机构,完善全链条成果转化体系

浙江大学工业技术研究院(以下简称"工研院")成立于 2009 年 4 月,是浙江大学为了更好地发挥研究型大学交叉集成创新优势、服务创新型国家建设、加快传统产业转型升级、培育战略新兴产业的重大战略举措。工研院围绕国家和区域工业的重大共性关键技术、先进集成技术需求,致力于创新发展新型政产学研合作机制与模式,集聚国内外创新资源,建设符合综合性、研究型、创新型大学特点的工业技术创新服务体系,主动对接国家战略部署和地方工业发展目标,推进

---

[1] 数据来源:浙江大学国家大学科技园宁波分园官网. http://www. zjuspnb. com/.

图 2-7　浙大科技园江西分园实景

来源 ：浙大科技园官网．http：//zjusp．zju．edu．cn/index．php？a＝yqjs．

工业技术开发与创业孵化的紧密结合，实现工业技术转移与风险投资的紧密结合，加快国内外工业科技成果的集约化、产业化和国际化步伐。

2013 年 6 月，工研院列入浙江大学直属单位序列。2015 年 10 月，工研院更名为浙江大学工业技术转化研究院，与浙江大学国家大学科技园管委会合署办公，完善了学校"原始创新、技术研发和成果产业化及科技型创业公司孵化"一体化、全链条、网格化的成果转化体系。2017 年 9 月，浙江大学科技成果重要转化基地——紫金众创小镇核心启动区块正式开工建设。目前，浙江大学工业技术转化研究院（浙江大学国家大学科技园管委会）紧密围绕推动科技成果转化和创新创业生态社区建设两大工作任务要求，管理全国 10 个工研院地方平台、4 个科技园区、100 家技术转移分中心，并统筹推进学校科技成果转化基地——紫金众创小镇建设，初步构建了高效的浙江大学科技成果转移转化体系（如图 2-8），服务国家和区域发展战略。

三、杭州恒生科技园——民营企业投资开发、市场化运作的科技园区典范

由民营企业为投资开发主体，以市场化方式运作的民营科技园区，在政策扶持力度上远不及政府主导的科技园区。为增加对科技企业的吸引力，这些市场化的民营科技园区更加注重从科技企业的实际需求出发，致力于办公硬环境和服务软环境的打造，因而建筑产品的适应性、办公环境的优美性、服务体系的完

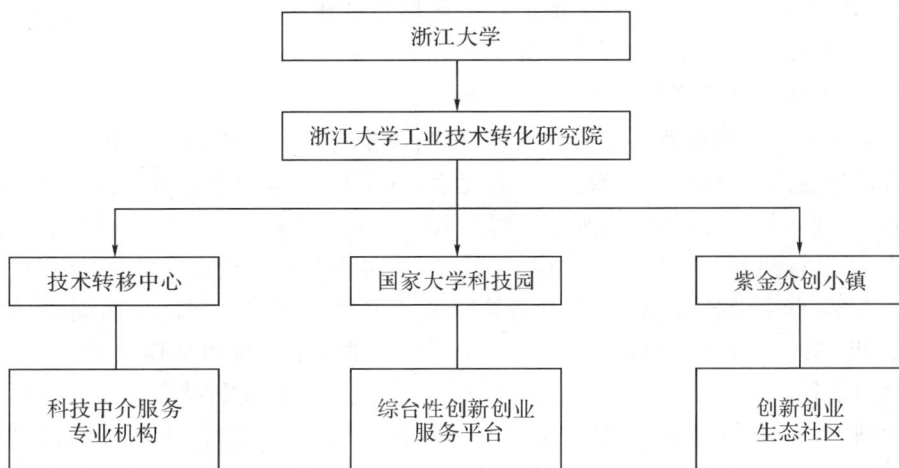

图 2-8　浙江大学科技成果转移转化体系

备性等成为其区别于其他类型科技园区的亮点。而该类科技园区产业集聚发展的水平则取决于项目选址、运营团队水平和建设运营主体的资源整合能力。纵观浙江省数量众多的市场化民营科技园区,杭州恒生科技园是其中的典型。

杭州恒生科技园 2011 年正式开园,由恒生电子投资开发,也是浙江杭州未来科技城(海创园)最先启动的标杆项目(如图 2-9)。多年来,杭州恒生科技园始终专注于互联网产业,重点面向软件开发、电子商务、金融科技、工业设计和文化创意四大细分产业方向。截至目前,杭州恒生科技园共入驻各类创业创新企业 700 余家,企业年产值超 50 亿元,年税收近 4 亿元,亩产税收超百万元。园区目前共吸引到十余家上市公司的项目投资;园区企业人数增长迅速,其中本科及以上学历者占总人数的 80% 以上。2019 年,杭州恒生科技园新增入驻企业 90

图 2-9　杭州恒生科技园现状实景鸟瞰

家,培育国高优企 8 家,培育上市企业 1 家①,经济和科技融合发展成效显著。

（一）开启"西溪独栋办公"全新高效商务世界

1. 科学审慎的项目选址

基于对整个城市地段审慎的考察,杭州恒生科技园最终选址杭州未来科技城,位于"新四军"（阿里系、海归系、浙大系、浙商系）群雄逐鹿的城西科创大走廊核心区,创新创业氛围浓厚;毗邻西溪国家湿地公园,阿里巴巴、海康威视等科技龙头,以及杭州师范大学、浙江省委党校、之江实验室等高校院所环立四周;距离浙江大学（紫金港校区）和小和山高教园区 7 公里,距杭州文教区、西湖景区仅10 公里,距杭州萧山国际机场 50 分钟车程,距建设中的杭州高铁西站 3 公里,与杭州地铁 5 号线创景路站直线距离仅 500 米。杭州恒生科技园地处杭州城西产业轴、生态轴、交通轴"三轴交汇"之处,区位交通、生态资源、人居环境优势突出,并能够优享产业龙头和高等学府的智力外溢（如图 2-10）。

图 2-10　杭州恒生科技园地理位置图

2. 循序渐进的开发建设

杭州恒生科技园总占地面积 127 亩,总投资约 15 亿元,总建筑面积近 20 万平方米,共计 39 幢楼宇。园区建设实行"统一规划、分期实施、滚动开发"的原则,分三期建设。2009 年 12 月,杭州恒生科技园一期工程开工,2016 年 9 月三期工程竣工,历时近 7 年。一期用地 42 亩,建筑面积 5.7 万平方米,容积率约 2.0;二

---

① 数据来源:恒生科技园官网. http://www.hspark.com/.

期用地 42 亩,建筑面积 4.0 万平方米,容积率约 1.4;一期、二期以花园独栋办公为特色。三期占地面积 43 亩,建筑面积 10 万平方米,容积率约 3.5,以花园独栋、双拼和开敞平层相结合,包括 1 万平方米左右的配套商业(见表 2-4)。

表 2-4 杭州恒生科技园分期建设内容

分期	用地面积 (m²)	建筑面积 (m²)	物业类型	单体面积(m²)	开工时间	竣工时间
一期	27,530	5.7 万	独栋	1100(独栋)/2600(U 型)/3600(品字型)	2009.12	2011.10
二期	28,527	4.0 万	独栋	1100(独栋)/2600(U 型)/3600(品字型)	2012.3	2012.9
三期	28,608	10.0 万	独栋/双拼/写字楼/配套	1700(独栋)/2800(双拼)/1601(开敞平层)	2013.11	2016.9
汇总	84,666	19.7 万	/	/	/	/

来源:恒生科技园官网.http://www.hspark.com/.

3. 匹配需求的产品设计

杭州恒生科技园为高科技企业定制空间,产品覆盖企业种子期的孵化器、成长期的办公楼、成熟期的花园式独栋,三种形态的企业定制空间构成了一个完整的产品链,适应整合互联网企业发展全生命周期的办公需求(如图 2-11)。

杭州恒生科技园重点招引的是软件研发、电子商务、互联网金融、工业设计和文化创意领域的创新型和实力型企业,而这类企业倾向于租赁或购买独栋建筑作为企业总部。鉴于此,园区主流的建筑产品为 1100～3600 平方米"花园式、低密度"独栋办公,产品体量小、购置总价低,花园独栋办公的氛围,为互联网金融、创意设计等智力密集型领域的企业提供了非常理想的办公环境(如图 2-12)。

独栋办公产品的人性化和生态化设计,更利于智力密集型企业提升自身的生产效率,也更贴近企业的个性化需求。企业拥有一栋属于自己的建筑,不仅可以享受独立冠名权,还可以展示企业的识别系统,私属花园庭院、独立出入口、独立电梯,每一个细节都能提升企业的品牌形象和价值。企业还可以根据自身需求进行空间布局和设计,以展现成熟的企业文化和品牌性格。

(二)民营资本加持下科技园区建设的新范式

1. 合作架构:科技企业与金融资本的携手共建

恒生电子成立于 1995 年,2003 年在上海证券交易所主板上市。经过 20 多

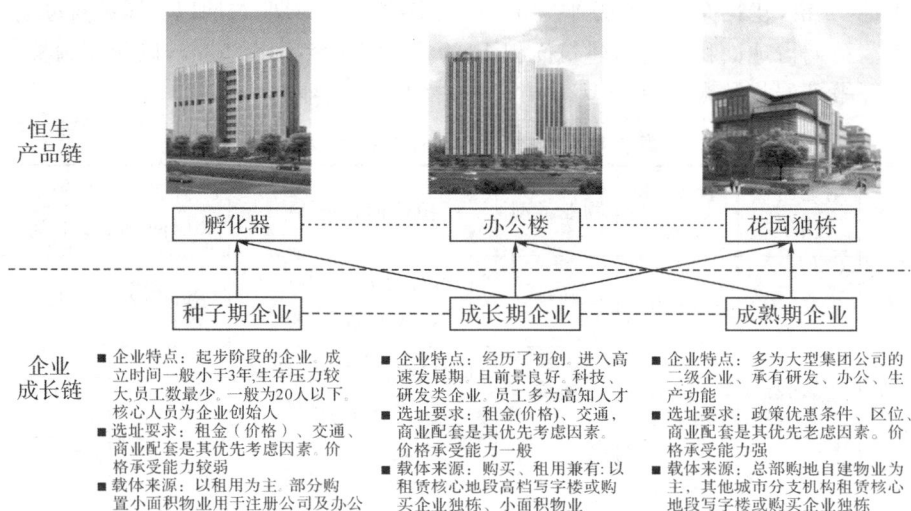

恒生
产品链

孵化器 ┈┈┈┈ 办公楼 ┈┈┈┈ 花园独栋

种子期企业 ┈┈┈┈ 成长期企业 ┈┈┈┈ 成熟期企业

企业
成长链

■ 企业特点：起步阶段的企业,成立时间一般小于3年,生存压力较大,员工数最少,一般为20人以下,核心人员为企业创始人

■ 选址要求：租金（价格）、交通、商业配套是其优先考虑因素,价格承受能力较弱

■ 载体来源：以租用为主,部分购置小面积物业用于注册公司及办公

■ 企业特点：经历了初创,进入高速发展期,目前景良好,科技、研发类企业,员工多为高知人才

■ 选址要求：租金(价格)、交通、商业配套是其优先考虑因素,价格承受能力一般

■ 载体来源：购买、租用兼有;以租赁核心地段高档写字楼或购买企业独栋、小面积物业

■ 企业特点：多为大型集团公司的二级企业、承有研发、办公、生产功能

■ 选址要求：政策优惠条件、区位、商业配套是其优先考虑因素。价格承受能力强

■ 载体来源：总部购地自建物业为主,其他城市分支机构租赁核心地段写字楼或购买企业独栋

图 2-11　杭州恒生科技园匹配企业需求的产品链

图 2-12　杭州恒生科技园主流产品为独栋

来源：中国联合工程公司. https://www.renrendoc.com/paper/126368538.html.

年的发展,恒生电子如今已是国内领先的"全牌照"金融 IT 服务提供商、全球金融软件百强企业。自 2004 年,恒生电子开始涉足科技园区开发。相比传统产业地产商打造科技园区,托生于 IT 企业恒生电子的恒生科技园,更了解科技企业的需求,在科技园的运营和企业孵化方面有着先天优良基因。

鼎晖投资成立于 2002 年,是中国最大的另类资产管理机构之一,目前管理资金规模超过 70 亿美元,其投资眼光也很独到,投资成功退出率超过 60%,其投资的蒙牛乳业、分众传媒、奇虎 360 等均成功上市,鼎晖做产业地产也有其"天生丽质"的品牌、产业和平台优势。

杭州恒生科技园的投资正是鼎晖在产业地产领域的开山试水之作,也是恒生电子引入社会资本共同打造的首个科技园区项目。鼎晖的加入,不仅为恒生电子开发科技园区带来了快速发展所需的资金补充,更为恒生科技园的企业孵化加入了金融的基因(如图 2-13)。

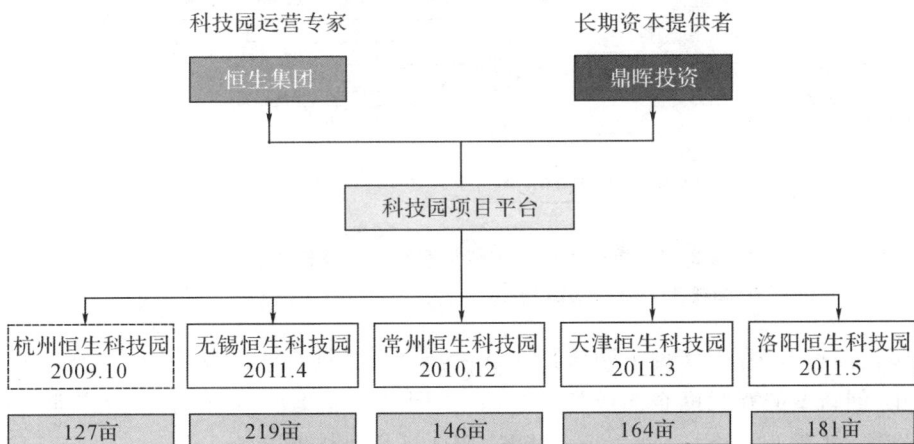

图 2-13　恒生科技园项目的合作构架

2. 运作模式:专业公司负责开发、招商及运营

2009 年 6 月,恒生电子与鼎晖共同出资组建杭州恒生百川科技有限公司,专门负责恒生科技园的开发建设、产业招商及运营管理(如图 2-14)。杭州恒生科技园按照"自筹资金、自愿组合、自主经营、自负盈亏、自我发展、自我约束"的"六自"民营机制运作与管理。从建设资金来源看,杭州恒生科技园首期资金由恒生电子与鼎晖投资共同出资,二期、三期实行滚动式开发,即前一期的物业销售/租赁收入投入下一期的开发建设。

(三)"三生态主题"民营科技园服务创新之路

杭州恒生科技园创新提出"三生态主题"的科技园区开发理念,探索形成以"自然生态、产业生态、资源生态"为核心构建产业园区发展基石的市场化科技园区创新发展之路。同时,秉承"以投资的心态做招商,以股东的心态做运营"的科图示内容：

	杭州恒生云投资控股有限公司	杭州恒生鼎汇科技有限公司	现状股权结构
股权(股本)退出	5347.84万元，51.09%	5120万元，48.91%	2019.09
杭州启迪协信实业有限公司 2332.16万元，18.22%			2017.10
天津鼎晖恒瑞股权投资基金(有限合伙) 2332.16万元，18.22%	杭州恒生云投资控股有限公司 5347.84万元，41.78%	杭州恒生鼎汇科技有限公司 5120万元，40%	2015.01
	杭州恒生云投资控股有限公司 4480万元，35%		2012.08
	杭州恒生科技园有限公司 4480万元，35%	杭州恒生鼎汇科技有限公司 5120万元，40%	2010.10
天津鼎晖恒瑞股权投资基金(有限合伙) 3200万元，25%	杭州恒生科技园有限公司 9600万元，750%		原始股权结构

2009.10
杭州恒生百川科技有限公司

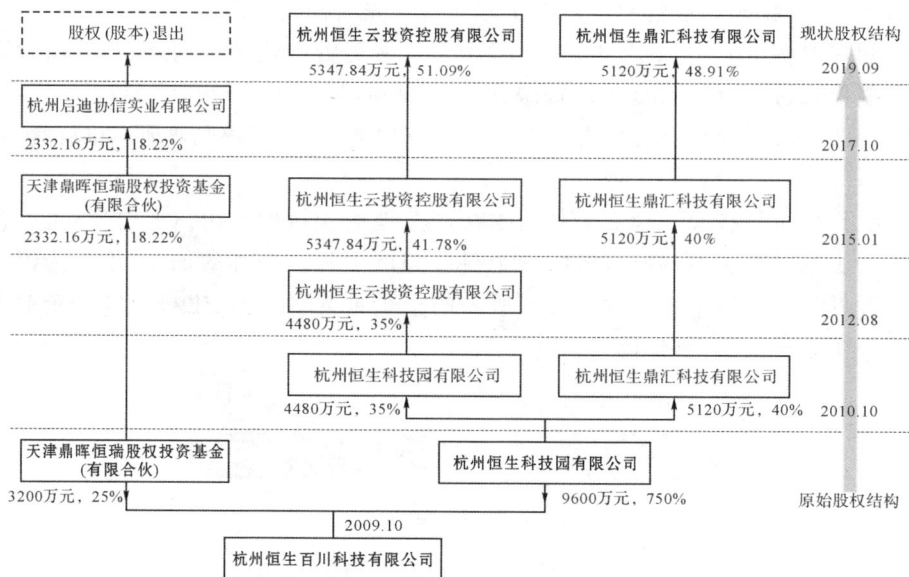

图 2-14 杭州恒生百川科技有限公司股权变更路径

来源：天眼查，绿城科技产业整理绘制.

技园招商运营理念，实现了园区产业从松耦合向紧耦合业态发展，致力于搭建国际化、创新型的互联网企业成长平台，打造园区产业集群，进行上下游产业链协同发展，共赴蓝海市场，助力企业成长，服务区域经济和社会发展。

1. 自然生态：花园独栋融合绿色低碳的办公环境

杭州恒生科技园对"自然生态"有两个维度的要求，一是要具有普适的自然生态之美；二是符合产业氛围培育的需要，为产业发展营造氛围。园区位于西溪国家湿地公园外围，生态景观资源得天独厚。进入园区的都是高端科技产业人才，对办公环境的要求高。因此，杭州恒生科技园以"独栋办公、花园办公、绿色办公、低碳办公"理念来营造园区内部景观：园内水系环绕、绿树成荫，中心湖区、亲水平台、私家绿化、小桥流水……人与人、人与自然和谐交流。同时，园区引入地源热泵、太阳能等节能措施，节约大量碳排放（见图2-15）。

2. 产业生态：市场化招商聚集产业链上下游企业

构建产业生态，吸引优质企业入驻。在主导产业选择上，杭州恒生科技园立足园区开发主体恒生电子的主业优势，依托杭州数字经济沃土，并结合阿里巴巴和浙江大学的产业及人才外溢效应，始终聚焦于互联网领域；其次，基于产业链的分析解构，以龙头企业带动的模式进行产业链招商，并在此过程中，科学制定、

绿色建筑方面 风景露台、亲水平台、无线网络	人性化空间 适度规模、步行尺度、亲地建筑	自然环境景观 水岸巷陌，繁花柳影"小江南"
开启"西溪独栋办公"全新商务世界，绿色建筑采用环保材抖，设计上融合精装庭院、风景露台等户外、半户外空间，将自然情趣巧妙融入办公生活。	园区规模适度，公共活动与交往自由舒适；四层亲地建筑和空中连廊等让人们在绿意盎然的美景中愉悦交流，碰撞出智慧的火花。	引湿地河道水入园，点染出各式水景的江南水乡园林内景。人性通道穿梭于独栋建筑的内巷式步行空间里，营造出自然清新的"外湿地、内园林"的办公环境。

图 2-15　杭州恒生科技园致力于园区硬环境打造

来源：杭州恒生科技园，绿城科技产业整理绘制.

合理优化销售人员的佣金体系，把控主导产业的招商执行；再次，引育结合，内生孵化一批互联网中小微企业；最后，产业链上下游企业不断集聚，园区形成"大企业顶天立地、小企业铺天盖地"的互联网产业生态，入园企业之间自然而然地发生物理或化学反应（见图 2-16）。

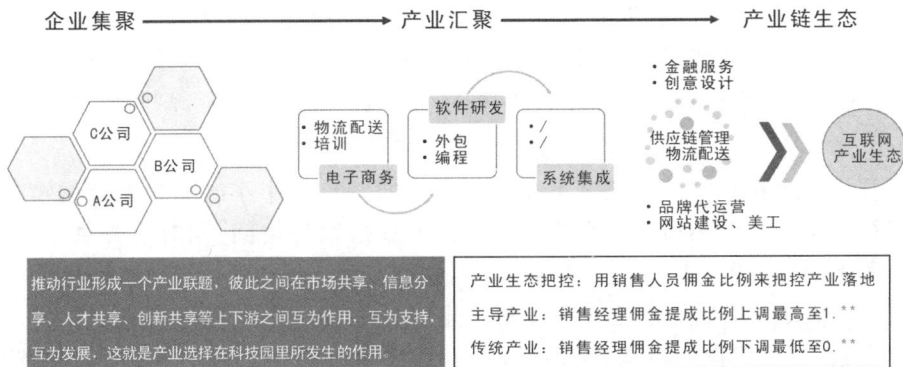

图 2-16　恒生科技园产业生态打造

目前，杭州恒生科技园已全部招商完成。其中包括，2 大服务平台（浙江省创投服务中心、恒生和中欧商学院合作的企业家会所）；2 家大型央企（世界 500 强中国建材南方总部、国内最大的招标采购咨询服务企业国信集团）；5 家上市公司（宁波理工监测旗下子公司雷鸟计算机、生物科技领域的龙头企业浙江绿蔻、全国排名第三的软件企业杭州西软信息技术有限公司、制冷设备领域龙头企业雪人股份），以及恒生电子旗下的一批优秀企业（见图 2-17）。

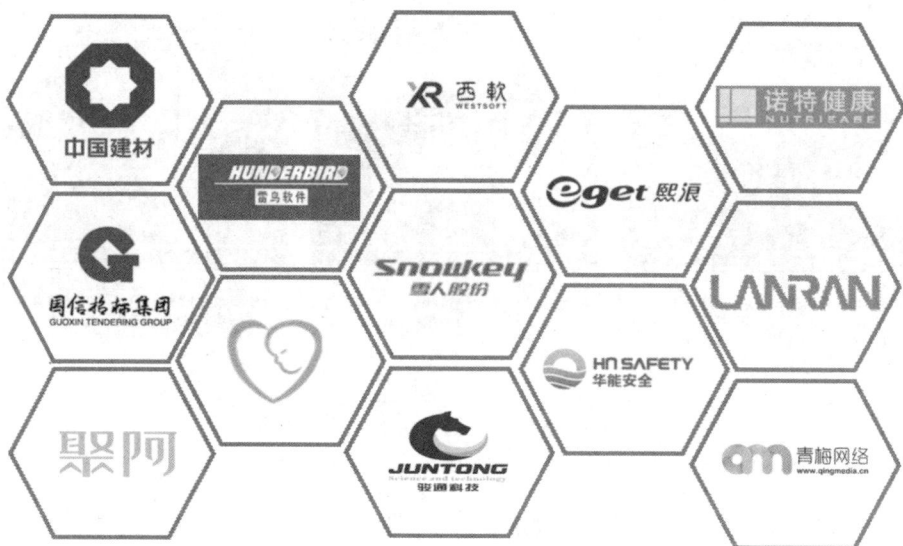

图 2-17　杭州恒生科技园部分主要入驻企业

除了多个重量级企业入驻园区,杭州恒生科技园孵化器则是园区内集苗圃、孵化、加速为一体的创新创业载体,目前已投入使用约 2.3 万平方米的孵化空间,独栋办公区、开放式创客工位、创业咖啡馆、共享会议室、图书馆、餐厅等一应俱全,为创业者提供良好的工作空间、网络空间、社交空间和资源共享空间。

3. 资源生态:专业化运营构建全方位的服务体系

杭州恒生科技园准确把握了互联网产业的特点和中小型科技企业的需求,不仅打造了适合中小型科技企业各个阶段发展的物理空间,同时还提供了企业成长所需的各种服务。首先,杭州恒生科技园积极寻求与阿里巴巴、浙江大学、杭州师范大学、国泰君安、君联资本等产业龙头、高校院所、顾问咨询机构,以及一大批银行、股权投资机构、担保公司、财务法律顾问等合作,通过八大服务平台,为入驻园区的企业提供全方位的产业服务和企业服务,创造互利、共赢、活跃的产业环境(见图 2-18)。

除此之外,杭州恒生科技园还致力于引进优质联盟商家、战略合作伙伴,为园区企业及其员工提供"阳光雨露"式的配套贴心服务,解决企业的后顾之忧,助力企业"茁壮成长"(如图 2-19)。

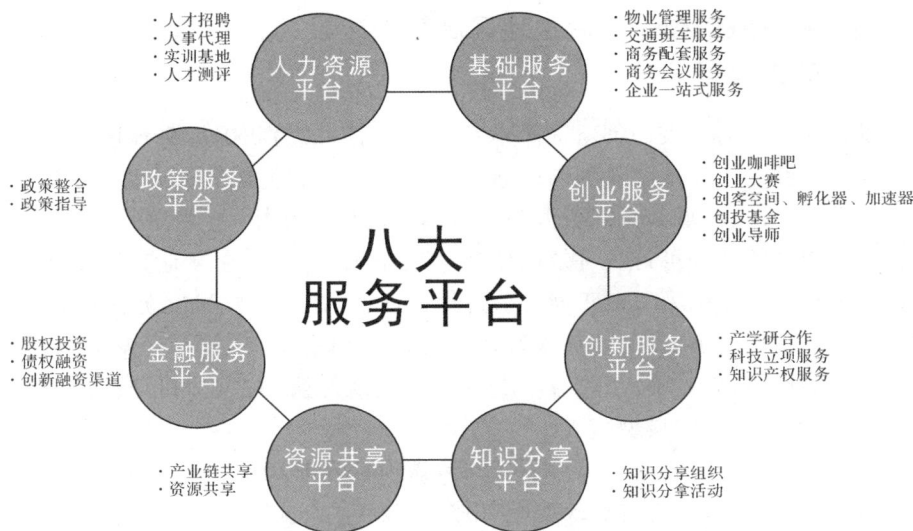

图 2-18 杭州恒生科技园八大服务平台

会议室服务
为园区企业提供优质的会务场地,提供视频通信设备、投影设备、音响等

吃几顿食堂
园区互联网私厨平台公司。一二期板块配套入住食堂。主管各类快餐与线上团餐供应商

微公交
微公交模式是一种全新的城市公共交通运营模式。为园区人员提供更多的出行选择

洗车服务
驿公里24小时智能洗车,洗车只需3分钟,10元/次,节能环保,是园区智能化建设后期,从传统系统服务升级

特色餐饮
园区内现有餐饮商业17家,主要经营各色地方性小吃及连锁企业,为园区内企业员工提供优秀的餐饮服务

便利超市
除了一般便利店提供的饮料、烟酒和报红杂志,全家自主生产的主要产品集中在意大利面、快餐、甜点等

广告图文
专业图文处理,印刷打印、制作、满足园区内企业文印方面的需求

健康理疗
提供身体理疗服务,除足浴外另有减肥、SPA、美容等业务开展。让园区消费资源更加丰富

幼儿教育
"启昆教育"拥有20余所专业的教学点进行幼儿教育、幼儿培训,为园区在职员工提供幼儿托管、教育等服务

银行
园区引进"浙商银行",为园区入住企业在经融方面提供更多的支持和服务

班车服务
园区内提供4条通勤线路。为园区员工提供上班的便利,让企业扎根园区更无后顾之忧

乐刻健身
中国互联网智能健身平台、依托"教练传媒"和"场地共享"的核心理念。为消费者提供便捷、高性价比的建设服务

图 2-19 杭州恒生科技园完善的配套服务

四、衢州海创园——后进地区高标准建设、高水平运营科技园区的先行者

以人才匮乏为代表的创新资源不足问题,已经成为我国后进地区高质量发展最大的拦路虎。飞地型科创园区通过在发达地区设立人才创新创业高地和产业孵化平台,实现区域间创新资源与产业结构的优势互补,是欠发达地区建设高质量科技园区的一种可行且有效的做法。近年来,浙江省在飞地型科创园区的建设上走在了全国前列。对于浙江后进地区而言,在省会杭州设立一个几千、上万平米的飞地型科创园区,能够很好地发挥对外招商窗口、技术研发平台、人才集聚基地等作用,投入不大、收益不小。欠发达地区衢州在杭州打造的"衢州海创园"项目就是其中的典型代表。

衢州海创园于 2016 年 4 月正式开园,该项目是浙江省首个跨行政区域建设的飞地型科创园区,也是杭衢政府间"山海协作工程"的样板。更为特殊的是,该项目是衢州反向进入杭州未来科技城,通过在杭州打造"飞地型科创园区",实现异地借力,培育新的经济增长点,谋求跨越式发展,是按照全新机制运行的人才改革发展试验区、集聚海内外高层次人才的创新创业高地(见图 2-20)。

图 2-20　衢州海创园(一期)实景
来源:衢州发布. https://zj. zjol. com. cn/red_boat. html? id=100650035.

统计显示,开园仅两年多,截至 2018 年 5 月底,衢州海创园招商引资项目已累计达 164 个,入驻企业 80 余家。其中产业项目 75 个,总注册资本 5.462 亿

元,注册衢州项目 9 个,总投资额 18 亿元;基金项目 89 个,总注册资本 56.05 亿元,基金管理规模 54.29 亿元,注册衢州基金项目 61 个,管理规模 44.28 亿元。到 2020 年底,园区为衢州创造税收 3000 万元以上,培育主板、创业板、新三板挂牌企业 5 家以上。[①]

（一）浙江首个跨行政区建设的飞地型科创园

1. 用地指标配置破解落地难题

衢州海创园选址于杭州文一西路,地处杭州未来科技城板块的核心位置,依托杭州城西科创大走廊,毗邻西溪国家湿地公园,浙江省委党校、阿里巴巴、中电海康等科技龙头环绕四周,500 米即达阿里巴巴集团总部,5 分钟通往杭州梦想小镇、浙江海外高层次人才创新园,与浙江大学、杭州师范大学等高等学府只有咫尺之遥,地铁 3 号线、5 号线与杭州全市无缝对接,生态景观、智力支撑、区位交通突出优势不言而喻(见图 2-21)。

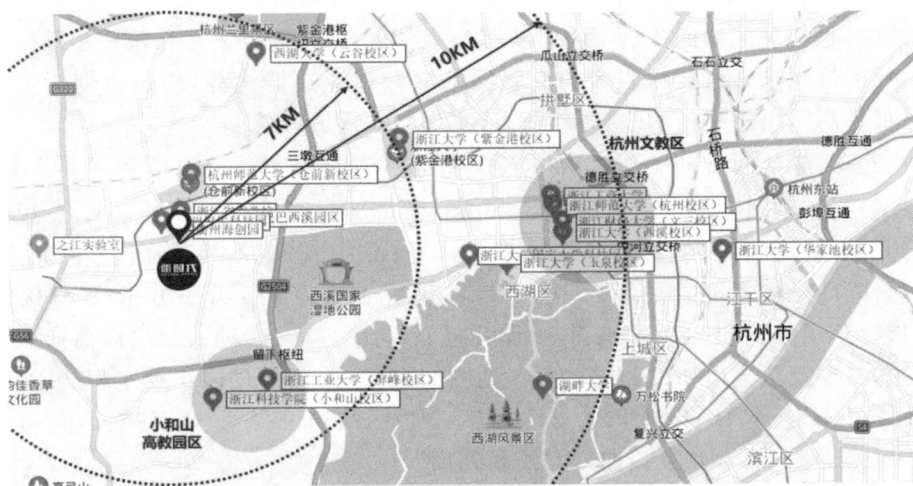

图 2-21 衢州海创园位置

衢州是浙江发展的后进地区,对衢州而言,走出困境、谋求发展、促进转型,最紧缺的是人才、资金和技术。作为山区和后进地区,单靠内力发展很困难,怎样借助外力、让先进生产要素向衢州流动很关键。2001 年 10 月,浙江全省扶贫暨欠发达地区工作会议上最早提出"山海协作工程",次年 4 月正式实施。山海协作工程从省内区域发展不平衡的实际出发,旨在通过浙江沿海发达地区的帮

---

① 文燕.衢州海创园:打造"科创飞地"实现异地借力[J].今日科技,2018(7):28-30.

扶,加快欠发达地区缩小发展差距,协调区域发展,实现共同繁荣。2002 年杭衢结对合作以来,合作程度不断加深、合作效益不断提升,实现了山海协作、共进共赢的初衷,这也为衢州海创园的诞生奠定了历史基础。

衢州海创园项目最终之所以能够在杭州城西科创大走廊落地,是杭州市政府与衢州市政府之间关于用地指标的协商。[①] 杭州区位条件好、资源丰富,是经济发展的带动点,但建设用地指标相对其发展速度和扩展需求来说极为短缺;衢州区位相对差一些,多丘陵山地,但挖山填沟后土地资源丰富。2012 年 8 月,衢州市政府与杭州未来科技城管委会签订投资合作协议。根据协议,衢州市将水田指标置换给杭州市余杭区,余杭区从未来科技城拿出 26.7 亩土地,供衢州市建立海创园,园区内所有行政管理权限、日常事务等都由衢州市政府统一管理,并且入驻园区的企业与个人缴纳的税收余杭地方留存部分全额返还衢州市财政。

对于衢州而言,衢州海创园不仅仅是 26.7 亩地,更是衢州对接杭州城西科创大走廊的一个重要窗口和平台,具有海创基地、招商窗口、形象载体、融资平台等功能,是引进人才的关键"跳板"。因为高端人才、创新型人才很难一步跳到衢州,凭借杭州未来科技城强大的互联网基因和产业集群优势,衢州海创园可以"借梯登高",引进新技术、培育新业态,实现产业导流回衢。

2. 山海协作升级启动二期建设

衢州海创园一期总占地面积 26.7 亩,总建筑面积约 6.8 万平方米,总投资额约 3.5 亿元,容积率 2.5,建筑密度 37.5%,绿地率 20%,共 4 幢楼宇。其中,A 号楼、D 号楼建筑层数为 10 层,每幢楼建筑面积约 1.5 万平方米;B 号楼、C 号楼建筑层数为 6 层,每幢楼建筑面积约 7200 平方米。一层、二层以商业服务为主,三层及以上以研发、办公为主(见图 2-22)。衢州海创园一期工程 2012 年 5 月提出设想,2013 年 1 月 24 日举行开工典礼,2015 年 7 月 31 日竣工,2016 年 4 月 19 日举行开园仪式,被誉为"衢州速度"。

结合杭衢两地的产业基础和发展特点,在产业发展方向上,衢州海创园一期重点招引以下企业:一是大健康,包括生物医药、医疗器械;二是新材料、装备制造;三是电子信息,未来还将重点关注数字经济、智慧产业。在空间功能布局上,园区 ABC 号楼以科技孵化器为主,负责创新产业研发和孵化;D 号楼是"产业+资本"多业态融合平台,负责创业投资和吸引金融资本。

2018 年 1 月,浙江省委省政府出台《关于深入实施山海协作工程 促进区域协调发展的若干意见》,特别提出要支持发展飞地经济,"加快推进衢州(杭州)海创园建设"。2018 年 10 月 26 日,衢州海创园二期项目举行开工仪式,标志着衢

---

① 范琦娟."反向飞地"新模式调查[J].决策,2018(7):20-22.

图 2-22　衢州海创园(一期)四幢建筑分布

来源:银江集团.https://m.sohu.com/a/134676827_711819.

州融入杭州都市圈、创新生态圈又迈出了坚实一步。

衢州海创园二期位于一期南侧,总占地面积 48.96 亩,总规划建筑面积约 13 万平方米,由 7 幢楼宇组成,容积率 2.5,建筑密度 34.97％,绿地率 25.02％,机动车泊位 998 个、非机动车位 1600 余个。此外还将配备超过 3000 平方米的多功能展示厅、近 5000 平方米的员工食堂及近 1000 平方米的员工健身房,于 2020 年底建成。二期定位为"平台＋中心＋基金＋园区",主要包括研发办公、产业孵化、服务配套等功能,建成后将巩固衢州在杭州城西科创大走廊的飞地型科技园区和人才基地,进一步扩大衢州海创园建设运营成果,打造衢州新业态培育的新基地、产业转型的新引擎、高端人才的新特区,以及财政税收的新增长点(见图 2-23)。

(二)市场化运营打造科技创新企业明星载体

1.组织架构:政府主导、市场化企业主体运营

目前,衢州海创园的日常行政事务由杭州衢海投资管理有限公司负责,主要包括为园区制定战略规划、发展方向、运营指标等,并贯彻执行衢州市政府和衢州市国资委的意见、接受其领导和监督。园区投入使用后,商业运作则由两家市场化运营商具体负责。总体看来,衢州海创园的管理以衢州方为主,未来科技城予以支持、配合、协助(见图 2-24)。

2.运作模式:孵化与产业化相结合、要素培育

运营管理上,衢州海创园一期 ABC 号楼是科技企业孵化器,由银江孵化器负责运作,通过打造全链条孵化平台,构建完善的服务体系,满足入驻企业不同

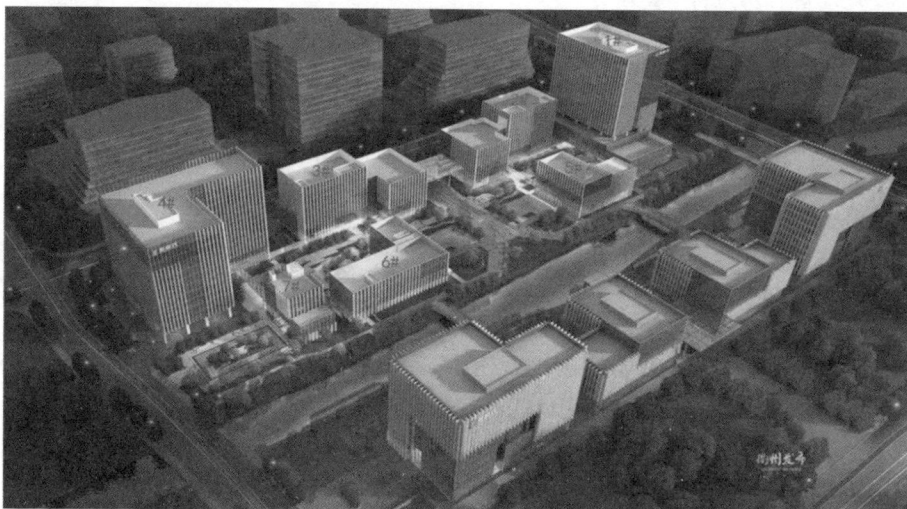

图 2-23　衢州海创园二期项目规划效果

来源：衢州发布. https://www.sohu.com/a/271701586_99977225.

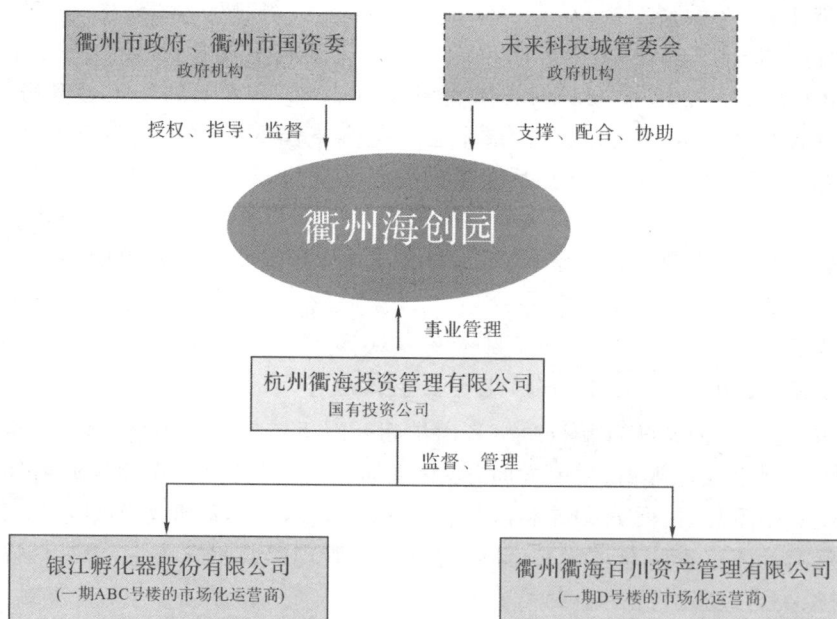

图 2-24　衢州海创园组织架构简图

成长阶段的需求,企业孵化毕业、初现雏形进入商品化、产业化阶段后再将生产基地引入衢州。对衢州海创园导流回衢的产业化项目,衢州优先保障项目用地和实施场地,并在政策和服务上给予优先保障,如成立领导专班、组织社保局和市场监督管理局等进行对接落实。积极引导本地企业以直接投资、股权投资、固定资产投资等多种方式,为孵化项目注入动力,通过产业纽带及资本纽带实现二者间的无缝对接和优势互补。

衢海百川负责运作D号楼,采用"产业＋资本"模式,规划建成科创产业办公和基金集聚的一体化多业态融合平台,实现科创产业和金融资本的集聚化发展。一方面,积极引进科技型企业总部和海外科技人才;另一方面,规范化基金管理流程和提供全方位配套服务,搭建创投交流平台、基金管理人沟通平台等,加强楼内各企业的互动合作,形成在创业投资领域的全产业链合作体系。

衢州海创园立足杭州借势、借智,帮助衢州补齐科技创新的短板,摆脱以化工产业、传统制造业为主,产能过剩、市场需求不足的困境,并与衢州当地产业基础和规划方向相结合,助力衢州打造电子化学品、新材料、光伏、生物医药等4大500亿级产业,形成产业集群效应。另外,衢州海创园还助力衢州企业"走出去",鼓励衢州本土企业赴海创园建立研发中心,力促企业突破科技创新瓶颈,加快企业新旧动能转换的步伐。园区通过项目、技术、资金等全方位、各领域合作,推动衢州走上一条科技创新带动转型升级的跨域式发展之路。

3. 核心优势:同时享受杭衢两地双重优惠政策

衢州海创园最大的特点,是园区的注册企业在利用杭州市公共资源时,可以同时享受杭州市、衢州市两地的双重优惠政策。

2017年3月,杭衢山海协作进一步升级,协作领域由"1＋4"扩充为"1＋33",涵盖人才、旅游、体育、科技、卫生、农业、经信、招商等33个领域,推进杭衢一体化发展。其中,首次提出"飞地"待遇均等化,放大衢州海创园研发、孵化功能,杭州未来科技城管委会与衢州市政府积极谋划共建平台,通过实行税收分成,加快实现同城同待遇。

2018年5月,衢州市本级出台《关于促进衢州市创新创业平台发展的若干政策意见》,明确了针对市外飞地园区入驻企业的一系列奖励扶持政策。随着入驻企业、创业团队的不断扩大,衢州海创园的管理体制也进行了升级。2018年6月,衢州市国资委与杭州未来科技城管委会签订合作协议,双方共同成立衢州海创园联合管委会,入驻衢州海创园的企业可享受杭州市余杭区人才、项目、金融等政策;并为园区入驻的高层次人才提供子女入学、医疗服务等便利;杭州未来科技城管委会将衢州海创园纳入统一的招商推介平台……而这已成为入驻企业越来越看重的内容之一,对于创新型企业来说,无疑是重大利好。

（三）后进地区高质量开发科技园区路径探索

1. 取道"反向飞地"，建立科创园区

传统的"飞地经济"以产业转移为主要模式，由经济发达地区作为"飞出地"，在欠发达的"飞入地"投资建设飞地产业园，但衢州海创园却是飞入飞出地的位置互换，由衢州作为"飞出地"，在杭州城西科创大走廊内建设飞地型科创园区，从而掌握在产业转移中的主动性和创造性（见图2-25）。

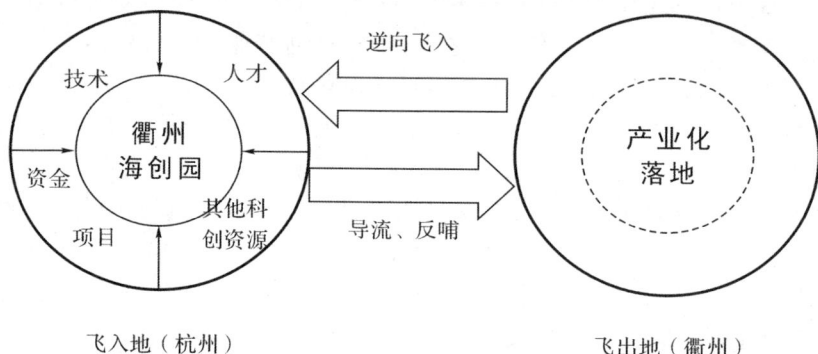

图 2-25　衢州海创园飞地型科创园区新路径

毫无疑问，杭州城西科创大走廊是一个重要的增长极，它在不断积聚资源的同时，也辐射带动周边地区的创新发展。但由于空间和时间的限制，其辐射带动作用存在一定的局限和时滞。而外地县市在大走廊直接建设飞地型科创园区，就可以主动参与这一创新体系，而不是被动等待被辐射带动，能够大幅提升集聚—扩散的效率。不论是人才、资金还是政策，经济发达地区优势明显，就衢州海创园所在的杭州城西科创大走廊而言——

（1）人才方面。外地县市由于地理位置偏远、经济发展落后等原因难以吸引高层次人才。衢州海创园致力于实现高端人才"生活在杭州，贡献在衢州；研发在杭州，制造在衢州；孵化在杭州，投产在衢州"，打造"域外—杭州—衢州"的直通型"引才链"。飞地型科创园区的建立能充分利用大走廊的人才资源，实现异地聚才，同时也为衢州引进了大量人才带来的高端项目。

（2）资金方面。杭州是整个浙江的资本中心，这里拥有庞大的投资人团体和丰富的创业赛事活动，相比而言，杭州城西科创大走廊内的项目比区域外的更容易获得资本的青睐。区域外县市在大走廊建立飞地型科创园区，有助于入驻企业更易更多地获得资本支持。衢州海创园在吸引外部资本支持的同时，衢州市也积极设立政府引导基金，引导社会资金投资优质创业企业，推进战略性新兴产业发展和传统产业转型升级。

（3）政策方面。飞地型科创园区的建设丰富了杭州城西科创大走廊政策的多样性，也让区域外县市明确认识到自身的政策短板，从而能够扬长补短，更好地发挥政府服务与提供公共产品的功能。

2．多地实践验证创新路径的普适性

水积而鱼聚，木茂而鸟集。就自身而言，衢州也在不断优化复制飞地型科创园区的建设经验。作为浙江的生态屏障，衢州经济总量小，产业结构偏重，高校及科研院所，特别是高端人才匮乏，进而选择尝试在各个经济增长极打造飞地型科创园区吸引海内外高层次人才和项目。2013 年，衢州就在上海张江谋划了"衢州生物医药孵化基地"，探索"上海孵化—衢州生产"的产业培育新模式。2017 年，衢州在北京、深圳等地加快构建飞地科创园，通过站在创新前沿的实验室，研发新能源新材料、电子化学、集成电路和生物医药等新产品。同时，引导项目在衢州落户中试和产业化基地，形成完整的科技创新链条。

自 2016 年衢州海创园开园以来，淳安、诸暨、上虞、长兴、新昌、丽水等地也纷纷在杭州设立飞地型科创园区，通过跨区域的行政管理和经济开发，实现资源互补、经济协调发展。在长三角一体化上升为国家战略的大背景下，作为创新资源集聚地，杭州吸引各地争相设立离岸科创平台，凸显了各地对优质科创资源的强烈渴望，折射出区域竞争在人才、科技、产业等方面日趋激烈。

实际上，在衢州海创园探索出一条"飞地型科创园区"的后进地区科技园区建设路径之后，很多地方政府都前来取经。对欠发达地区而言，在中心城市建设一个飞地型科创园区，资金投入不是很大，但能带来大量的优质项目储备、高端人才储备，犹如"四两拨千斤"。但这一路径是否能直接复制，是一个需要深入思考的问题。飞地型科创园区虽然是后进地区高质量建设科技园区的一种有效途径，但饶是如此，其在税收、户口、人事等方面，依然存在诸多亟待解决的难题。此外，对后进地区而言，飞地型科创园区瞄准的是中心城市的人才、技术、项目、资金等资源，是"引凤入巢"前的"暖巢"阶段，与直接带来税收的产业园区有方向性的不同，因此后进地区政府在战略布局上一定要长远。

五、科技园区建设"浙江经验"的借鉴与启示

（一）科学的规划布局与开发建设

1．审慎的空间选址：临近智力密集区①

选址邻近或交通便捷能够快速达到智力密集区是科技园区成功发展的首要

---

① 智力密集区是指高等教育及科研院所高度集聚、密集分布的地区，也是创新人才最为密集、创新思维与知识最为活跃的地区。

条件。高校和科研院所是开展科学研究的重镇,是科技人才培养的摇篮,更是高新技术企业发展的最大依托。毕博咨询公司一份关于境外科技园区的报告中提到,科技园区与周边大学有着非常紧密的联系,接近 90% 的科技园区位于大学 20 公里范围内[①]。浙大科技园、杭州恒生科技园、衢州海创园等浙江典型的科技园区均设立在全国知名学府浙江大学附近,距杭州市小和山高教园区、杭州文教区等主要智力集聚区均在 10 公里范围内(见图 2-26)。可见,高新企业与大学、科研机构的密切合作是建设科技园区、发展高新技术产业的有效途径。

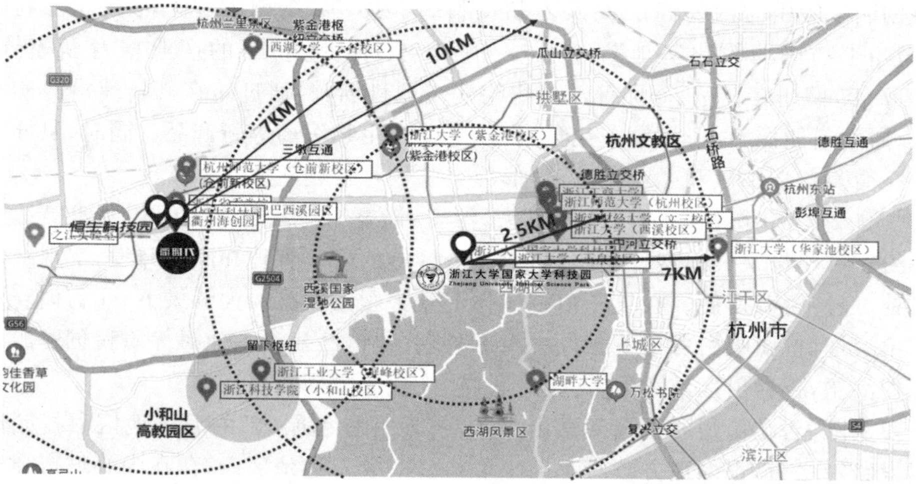

图 2-26　浙江省三个典型科技园区选址示意

2. 循序渐进式建设:"大规划、小开发"模式

"大规划"是指应站在区域层面高起点、全局性对科技园区及其周边区域进行统筹规划,充分利用周边科研、公共服务资源,避免重复开发浪费。"小开发"指科技园区起步区的面积不宜过大,应循序渐进扩大规模,提高土地利用效益。用地规模一直是科技园区建设的核心问题。科技园区规模太大容易带来前期开发压力大、后期运营成本高等问题,并且高新科技产业本身也不需要太大的用地规模。浙江省通过采用"园中园"模式控制科技园区的建设规模,并遵循"统一规划、分布实施"的开发节奏,这样一方面可以在相当大的程度上共享片区已有的基础设施,降低前期开发的资金压力;另一方面,在开发建设过程中灵活性更强,可以结合市场需求变化做出及时的调整。

---

① 毕博管理咨询.世界知名科技产业园研究[R].上海,2013.

3．创新空间营造：活力社群、组团集聚

科技园区是一个高级脑力劳动者汇聚的地方。围绕创新人群在工作、居住、消费、娱乐等方面的需求，通过"活力社群、组团集聚"的空间规划引导策略，打造集"工作、学习、生活、社交、休闲于一体"的活力社群。在空间形态上，提倡低层、族群式的建筑群落，增加建筑与建筑之间的连廊联系，营造小尺度、适宜步行的空间环境。注重人与人之间的交往，提供公共广场、中心绿地、咖啡馆、共享办公场所等有利于创新人群信息交流、思维碰撞的公共交流空间。先发地区科技园区空间营造可以参考借鉴浙大科技园、杭州恒生科技园等的做法，后进地区科技园区近期可从绿化环境营造、道路慢性化改造、消费型小微设施布局等方面着手重点提升。在园区内营造良好的创业文化氛围，逐渐形成以"鼓励创新、容忍失败、不断探索、追求卓越"为核心的创业文化（见图 2-27）。

图 2-27　杭州恒生科技园创新空间营造

（二）合理的产业选择与招商实施

1．产业发展指引：重视与上位空间的产业互动

科技园区应该根据所在区域及城市的主导产业，规划自身的科研方向，培育和集聚一批高新技术企业和优秀的创新创业人才，形成具有一定区域竞争力和技术主导权的产业集群，充分发挥溢出效应。先发地区科技园区建设可采用"一区多园、一园一业"（见图 2-28 左），即开发区内可设置多个科技园区，每个科技园区集中培育一个创新型产业集群。后进地区因受限于科研能力、建设水平，可实行"一区一园、一园多业"（见图 2-28 右）方式，将开发区内部优势产业统筹在一个科技园内集中培育。值得注意的是，一个科技园区培育的产业集群数量不

先发地区"一区多园,一园一业"　　　后进地区"一区一园,一园多业"

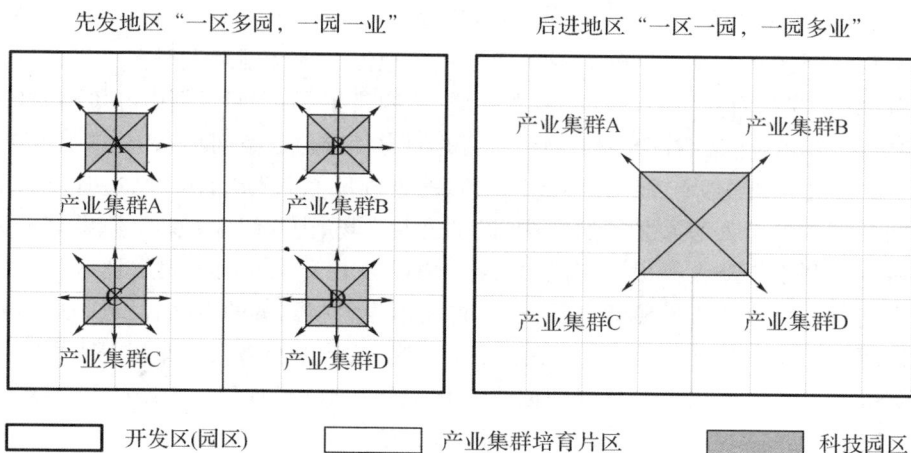

| 开发区(园区) | 产业集群培育片区 | 科技园区 |

图 2-28　先发、后进地区科技园区与开发区产业互动模式

来源:梁印龙,孙中亚,许景.开发区转型创新的"区中园"模式实践:来自江苏省科技产业园的调查[J].现代城市研究,2019(12):40-46.

宜过多,防止相互干扰,导致运转效率下降。

2. 招商策略更新:政企协同的一二级联动招商

在科技园区的发展历程中,过去主要是政府投资建园,再想办法招商引企,招商效率较低,且入园企业之间的产业关联度不高。而以"园中园"模式打造的科技园区,一般都有专业运营商具体负责招商引资和日常管理工作,这种模式也改变了传统的"一对一"招商,形成特有的政企协同的一二级联动招商。首先,政府致力于"一级土地招商"和招"大商",即依托高校科研机构或引进产业龙头企业在开发区内建设专业园中园,将土地快速开发为以中试研发楼、商务办公楼为核心的空间载体;其次,由高校科研机构、龙头企业,以及园区专业运营商开展"二级招商"和招"小商",即根据产业需要,择企入园。如此,入园企业更容易形成产业上下游关系,促进产业抱团发展,达成"招一个、引一串、带一片"的实效,提升了招商效率,同时使产业集聚发展。

(三)政府与市场结合发展新经济

1. 打造"有为"政府:探索科技园区建设的制度政策创新

所谓政府"有为",是指政府致力于搭平台、创环境、优服务、提效率,打造一流的营商环境,提供企业茁壮成长的"阳光雨露"。具体到科技园区建设领域,一是探索科技园区多元化管理模式。充分发挥市场作用,允许高校科研机构、龙头企业单独或参与科技园区的开发建设与运营管理,探索政府管理、企业管理、大学管理等多种科技园区管理模式。二是提升科技园区优惠政策广度和深度。对后进地区而言，当前阶段重点以拓宽政策广度为主，有梯度地形成包括税收、融资、人才引进等多方面的"组合拳"优惠政策，先发地区则重点探索政策先行先试的深度。三是构建飞地型科创园区利益共享机制。实践证明，飞地型科创园区为后进地区招商引资、推动其经济"跳跃式"发展提供了巨大推动力。然而作为打破行政区划壁垒的一种制度创新，飞地型科创园区还需进一步探索构建利益共享机制，突破现有利益掣肘，建立统一联通的"大市场"。

2. 构建"有效"市场：促进科技园区发展要素的自由流动

所谓市场"有效"，是指充分尊重市场规律，发挥市场作用，靠市场推动创新创业。充分发挥市场在资源配置中的决定性作用，瞄准科技园区建设过程中各类要素市场实际存在的突出矛盾和薄弱环节，结合当地实际，有针对性地提出土地、劳动力、资本、技术、数据等要素领域的改革思路和具体举措，全面构建更加"有效"的市场。例如，土地要素部分，着力增强科技园区用地管理的灵活性；劳动力要素部分，着力引导科技人才的合理畅通有序流动；资本要素部分，着力完善多层次的资本市场制度；技术要素部分，着力激发技术供给活力，促进科技成果转化；数据要素部分，加强数字化园区运营管理手段的应用，加快培育数据要素市场。在内容类别上，既要涵盖土地等传统要素，也要囊括数据这个新要素。

第三章　源起浙江的特色小镇

一、浙江省特色小镇发展整体概况

（一）发展现状

1. 特色小镇 2.0，让浙江小镇建设迈入深化创新、提质升级的新征程

从 2014 年发端于浙江开始，特色小镇已经走过了 6 个年头，从概念到落地、从理论到实践、从炙手可热的经济名词到远近闻名的品牌符号，浙江省特色小镇引领了全国特色小镇的发展，成为促进产业升级的强大引擎。

浙江省的特色小镇从建设之初起，就强调"非镇非区"，是聚焦特色产业，融合文化、旅游、社区功能的创新创业发展平台；产业要"特而强"，功能要"聚而合"，形式要"小而美"，机制要"新而活"。在实际建设中又有四个基本要求，一是规划面积 3 平方公里左右；二是要有明确的产业定位；三是建设成为 3A 级以上的景区；四是集聚各类高端要素。在特色小镇的建设上，浙江几乎完全跳出了过去的发展模式，从建制镇、开发区等模式中独立出来，将特色产业的发展摆在了核心位置。

2020 年 4 月 24 日，浙江省召开了特色小镇 2.0 工作推进会，正式提出要聚焦产业基础高级化、产业链现代化的总方向，打造"产业更特、创新更强、功能更优、形态更美、机制更活、辐射更广"的特色小镇 2.0 版，这标志着步入第六年的浙江省特色小镇全面进入了一个迭代升级的 2.0 阶段（见图 3-1）。

2. 遍布全省的梯队式建设，让小镇建设成效显著、硕果累累

截至 2020 年 8 月，浙江共有各类特色小镇 194 个，其中省级命名特色小镇 22 个、省级创建类特色小镇 110 个、省级培育类特色小

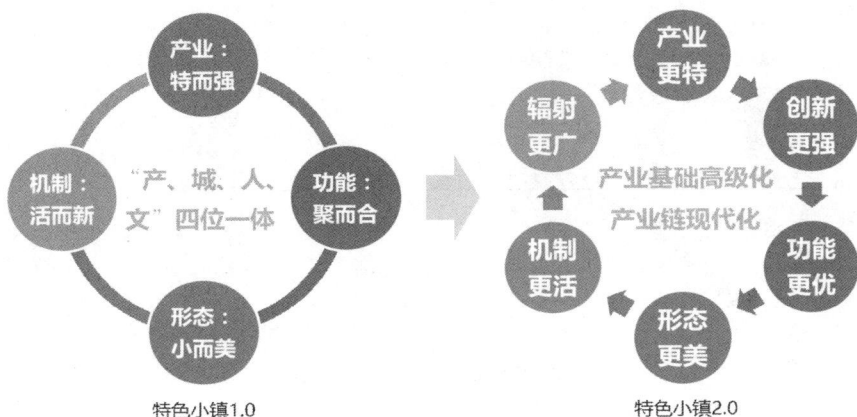

图 3-1　从特色小镇 1.0 到特色小镇 2.0

镇 62 个。从地域上来看,浙江省特色小镇以杭州市数量最多,排名第二的温州市特色小镇数量不到杭州的 1/2;舟山市数量最少,其他城市的特色小镇数量差别不大,集中在 12 至 21 个之间(见图 3-2)。从产业类别来看,以数字经济和高端装备制造为主要产业定位的小镇数量最多,各有 41 个,其次是旅游类小镇(40个)(见图 3-3)。

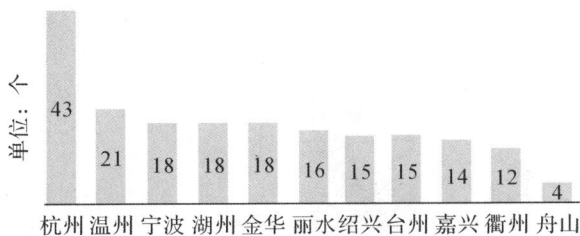

图 3-2　浙江省各市特色小镇数量(2020)

入驻企业方面,2019 年浙江 110 个省级创建类小镇新入驻企业 12071 家,入驻企业总数达 52582 家。其中,规模以上工业企业和服务业企业分别达到1330 家、642 家,国家级高新技术企业 1207 家。创建小镇规模以上工业、建筑业和重点服务业企业全年科技相关投入镇均 4.7 亿元,比上年增长 6.8%。

经济效益方面,2019 年浙江省特色小镇总产出 1.16 万亿元,其中 110 个创建小镇总产出 9231 亿元,同比增长 20.5%;税收 580 亿元,同比增长 15.2%。其中,创建小镇的特色产业总产出达到 7892 亿元,占全部总产出的 85.5%;数

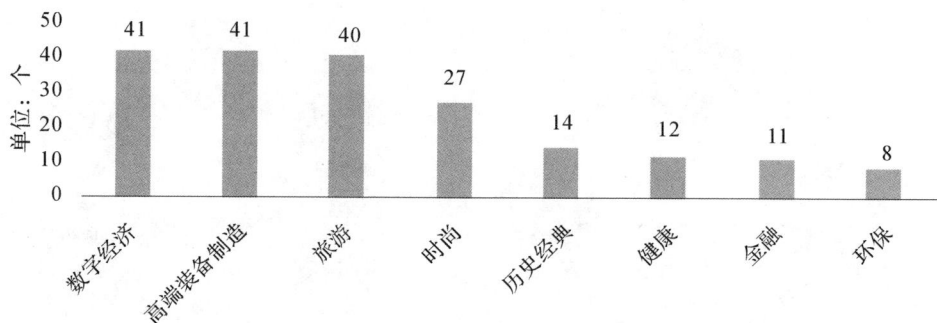

图 3-3　2020 年浙江特色小镇产业类别分类

字经济和环保类小镇的特色产业产出占比接近九成。全省有 16 个小镇(包括命名和创建)税收超过 10 亿元。

2019 年浙江省 GDP62352 亿元、税收收入 5898.17 亿元、在册企业数量 224.47 万家,平均每家企业的生产总值和税收贡献分别为 304.6 亿元和 28.8 亿元。而浙江特色小镇(创建类)的企业平均产出和税收贡献分别为 1755.5 亿元和 110.3 亿元,企均生产总值和企均税收分别是浙江省企业平均值的 5.7 和 3.8 倍,特色小镇的单位经济贡献度远高于全省的平均水平。(见图 3-4)

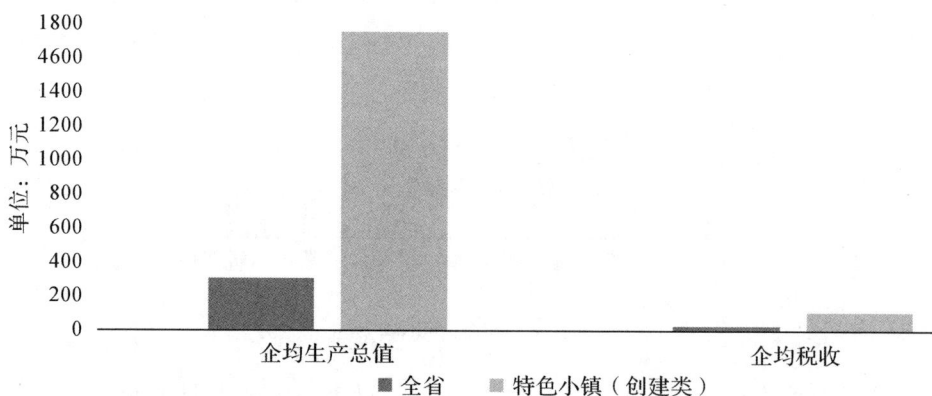

图 3-4　2019 年浙江特色小镇与全省的企均产出对比

（二）发展特点

1．政府引导、市场运作，让小镇开发建设良性循环、动力充沛①

浙江特色小镇建设的总体原则是"政府引导、企业主体、市场运作"。作为民营经济强省，浙江的特色小镇建设延续了民营经济、民资造城的优势，充分尊重市场机制在特色小镇形成、发展中的支配地位，充分借力企业家能人、业内领军企业以及社会资本的力量，以推动产业的内生发展。

从数字经济小镇到旅游小镇，从杭州到舟山，几乎每一个浙江的特色小镇都在躬行实践"政府引导、企业主体、市场运作"的原则，比如吴兴美妆小镇以化妆品龙头企业珀莱雅为引领，采取"政企联动"的招商模式；诸暨袜艺小镇建立市场化运作的运营公司"中国大唐袜业城"，负责招商运营、管理考核、物业服务和信息发布等工作；杭州玉皇山南基金小镇由敦和资产、天堂硅谷和永安期货三家企业投资成立"玉皇山南投资管理有限公司"，负责基金小镇的海外招商及合作业务；龙泉青瓷小镇引入市场化企业"道铭投资控股"，作为小镇开发建设的主体公司。

2．聚焦发展特色产业，夯实小镇发展的竞争之本、活力之源

根据每个小镇资源禀赋、发展现状、经济实力和人文风情的不同，浙江的特色小镇在避免重叠的基础上，以发展各自的优势产业为特色所在，避免出现资源摊薄和同质化发展，确保特色小镇项目充满活力和竞争力。

一方面，浙江立足自身优势产业和传统文化，将湖州的丝绸、绍兴的黄酒、龙游的红木、龙泉的青瓷、开化的根雕等带有鲜明浙江印记、文化底蕴深厚的传统产业进一步挖掘，建设了湖州丝绸小镇、绍兴黄酒小镇、龙游红木小镇、龙泉青瓷小镇、开化根缘小镇等特色小镇。另一方面，浙江瞄准了战略性新兴产业的势头等从数字经济、高端装备制造、大健康（生物医药、高端医疗器械等）、金融和环保产业切入，寻找特色小镇发展的契机，建设了余杭梦想小镇、西湖云栖小镇、德清地理信息小镇、临安云制造小镇、富阳硅谷小镇等。传统产业跃升为"旅游＋""文化＋"的高端服务业；新兴产业发展壮大，不断实现突破和创新，传统产业和新兴产业共同提升，各自形成独具产业特色的小镇。

3．宽进严出、优升劣降，考核式监管倒逼小镇发展不松懈②

浙江在特色小镇的设立上创新性地采用了"宽进严定"的创建制，明确各县（市、区）是特色小镇培育创建的责任主体，负责做好特色小镇的整体推进、策划

① 张祝平,靳晓婷.浙江特色小镇建设经验及对河南的借鉴意义[J].河南农业,2018(30):15-18.

② 黄志雄.特色小镇价值取向与发展模式研究——基于浙江省第一批特色小镇"警告"与"降级"的经验证据[J].当代经济管理,2019,41(11):52-59.

规划、资源整合、服务优化等工作。各地按季度向省特色小镇规划建设工作联席会议办公室报送特色小镇的创建工作进展情况,建立细致的年度工作目标督查考核机制、信息交流机制和统计报送制度。省、市、区(县)对各级特色小镇创建和培育对象进行考核,其中省级特色小镇创建对象合格标准包含:"高端要素集聚、产出效益、投资情况、功能融合、特色打造、整体进展情况、关注度和日常工作"等 8 个方面,考核结果分为"优秀"、"良好"、"合格"、"警告"和"降格"5 个等级(见表 3-1)。

表 3-1 浙江省省级特色小镇考核标准

考核方面	考核内容	分数
高端要素聚集	高端人才、高新技术、高科技企业和新型业态、2016 年新增;科技投入、有效发明专利个数、高新技术企业数、科技型中小企业数、双创基地个数、双创基地建筑面积、众创空间建筑面积等	20
投资情况	年度投资总额、特色产业投资、非国有投资等	20
特色打造	特色产业投资占比、特色产业产出、特无双形态、特色文化是否明显与充分控制	20
产出效益	新增财政收入指标、旅游接待人数、规划与产业定位的吻合度等	10
功能融合	公共文化设施建筑面积、3A 或 5A 景区建设标准符合度、是否符合"三生融合"(生产、生态、生活)和"四位一体"(生产、文化、旅游和一定的社区功能)	10
整体进展情况	以核查组对本组调查对象的整体排序作为计分依据	10
日常工作	由联席会议办公室根据日常工作的表现对各创建对象进行评价	5
关注度	第三方采集的特色小镇关注度大数据得分	5

考核式的监管制度有利于管控浙江省特色小镇的整体发展质量,推进各个小镇的建设工作有序进行,以及保持各个小镇的动态竞争力。获得"高分"的小镇需要思考如何保持竞争优势,使自身的发展水平更上一层楼;获得"低分"的小镇则亟需找出症结所在,及时调整发展方式,争取迎头赶上。磐安江南药镇、南浔善琏湖笔小镇和苍南台商小镇在 2015 年特色小镇年度考核中都受到了警告处分,之后这几个小镇在工作机制、招商引资、形象打造、优惠政策和人才招引等方面采取了针对性的改进措施,在 2016 年后的考核中,多次获得了"优秀"或"良好"评级。

4. 三生融合、宜业宜居宜游，铸就浙江特色小镇汇才聚人的独特魅力

浙江特色小镇强调经济、社会、环境协调发展，将生态文明贯穿特色小镇建设的始终，在环境打造方面，注重生产、生活、生态功能的融合，秉持创新、协调、绿色、开放、共享的发展理念，以景区的标准建设特色小镇。余杭梦想小镇、玉皇山南基金小镇、建德航空小镇等特色小镇在建设时都非常注重对历史遗存的保护和原址利用，保留了大量的原有建筑进行改造再利用而非拆除，形成了各具特色的小镇人文历史景观，为产业人才打造了别具一格的工作环境；而上述小镇也通过良好的环境成功创建了"国家4A级旅游景区"，吸引了大批游客前来观光。

在产业发展上，浙江特色小镇一方面重点关注数字经济、高端装备、环保、旅游等高成长性、高附加值产业，另一方面仍然不忘对传统产业进行拔高和升级，比如西湖龙坞茶镇以茶为主题，不断延伸副产品，研发菜品、茶点和茶具并开发了特色旅游项目；诸暨袜艺小镇打造集"产、城、人、文"于一体的3.0版产业升级平台，助推诸暨袜业的转型升级；湖州丝绸小镇以发展"丝绸＋游乐""丝绸＋度假""丝绸＋文化体验"等高端现代服务业，引领消费新潮流，提升了丝绸产业的附加值。

二、"C位"特色小镇的秘诀——梦想小镇

（一）五年发展实绩：昨日老旧粮仓，今日创业天堂

梦想小镇位于杭州未来科技城腹地（见图3-5），城西科创大走廊的核心区，是以互联网产业为代表的高新技术产业的集聚区，同时也是浙江省海外高层次人才最为密集、增长最快的板块。梦想小镇于2014年10月起建，核心区规划3平方公里，致力于打造成为众创空间的新样板、信息经济的新增长点、特色小镇的新范式、田园城市的升级版和世界级的互联网创业高地。

小镇所在的杭州仓前古街历史悠久，有着全国重点文物保护单位"章太炎故居"和20世纪50年代用来储存"无虫、无霉、无鼠、无雀"粮食的"四无粮仓"。梦想小镇保留了这些历史建筑，将12幢粮仓改造成了孵化器，打造成为小镇互联网村主要的创业孵化载体。目前，梦想小镇已建成运营两期四个模块，建筑总面积21.3万平方米。其中一期为互联网村、天使村和创业集市，建筑面积17万平方米，于2015年3月建成投用；二期为创业大街，建筑面积4.3万平方米，于2016年10月建成投用。

根据"浙江发改"发布的数据，截至2019年，梦想小镇注册企业4500多家，新三板挂牌企业3家，集聚创业项目2203个，年缴纳税收约4亿元。汇集创业人才18800名，形成了一支以"阿里系、浙大系、海归系、浙商系"为代表的创业"新四军"队伍。在2020年"2020杭州独角兽＆准独角兽企业榜单"里，142家

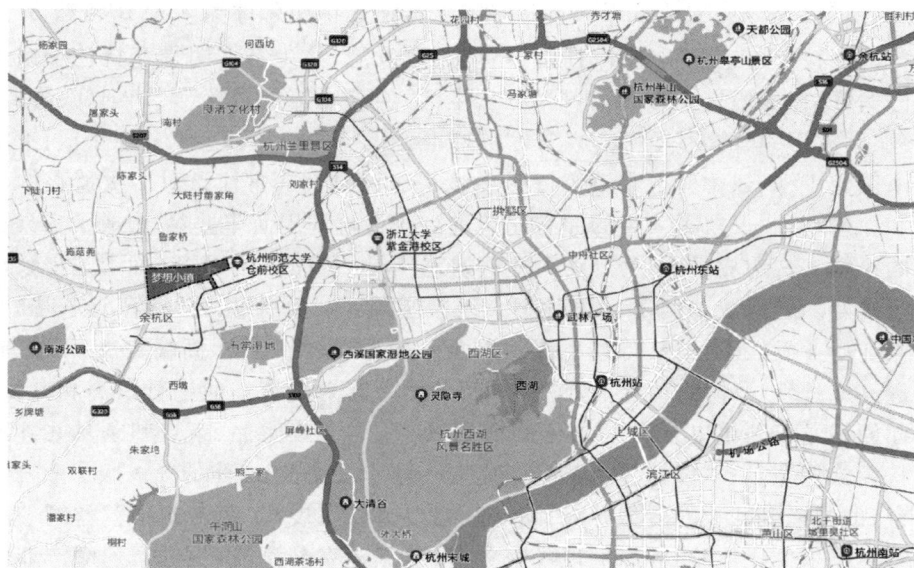

图 3-5　梦想小镇位置

准独角兽企业有 15 家是梦想小镇入驻企业和毕业企业,数量占比高达 10％。

从注册企业数量、企业育成率和准独角兽企业数量这三个数据来看,梦想小镇创业孵化成果突出,彰显了作为创业者"梦想实现基地"的特色使命(见图 3-6、表 3-2)。尽管经济效益偏低,但是梦想小镇极具活力的双创生态、高成长性的企业梯队和家喻户晓的品牌形象,不仅点燃了未来科技城内生发展的活力引擎,也给未来科技城带来了巨大的隐性收益。

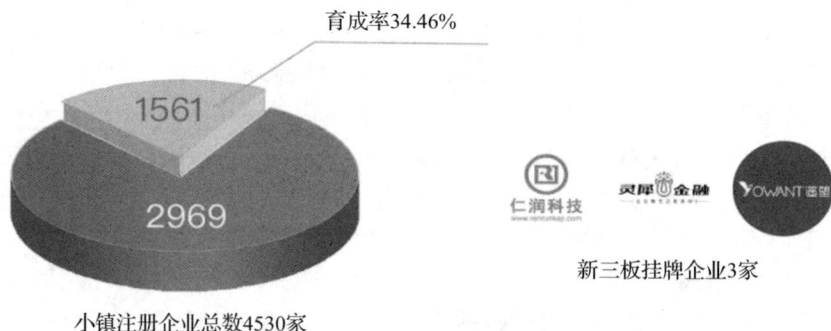

图 3-6　梦想小镇注册企业数量及育成率

表 3-2　与梦想小镇相关的准独角兽企业（2020）

序号		公司名称	所属产业	主营业务	融资轮次	融资金额
企业服务	1	杭州云象网络技术有限公司	区块链	企业级区块链技术服务平台,区块链基础设施	股权融资,A＋＋轮	数千万元
	2	杭州数澜科技有限公司	大数据	潜客挖掘、供应链风控等大数据服务,企业数据 SAAS 服务提供商	A＋轮	A＋轮1亿元,A 轮1.45亿元
	3	杭州比智科技有限公司(奇点云)	大数据	AI 驱动的数据中台,为企业提供"两云一端"(数据中台、业务中台、智能终端)产品和服务	A 轮	天使轮至A 轮共 1亿元
	4	杭州遥望网络股份有限公司	营销服务	综合性数字营销服务提供	新三板(停牌)	停牌市值12亿元
	5	杭州弧途科技有限公司(青团社)	招聘服务	灵活用工招聘服务,大学生兼职招聘平台	B＋轮	数亿元
	6	杭州默安科技有限公司	云计算	云平台运营安全方案、混合云安全管理方案、资产发现与弱点管理方案等	A＋轮	近 2 亿元
	7	杭州一骑轻尘信息技术有限公司(卖好车)	汽车交通	为中小汽车经销商提供金融＋仓储物流＋SaaS的综合服务	战略融资,C 轮	共计超过15 亿元
	8	浙江神汽电子商务有限公司(神汽在线)	汽配电商	专业汽配交易平台,为汽修门店提供汽车配件	Pre ― A 轮	数千万元

续表

	序号	公司名称	所属产业	主营业务	融资轮次	融资金额
生活服务	9	杭州早稻科技有限公司(机蜜)	数码租赁	消费品信用租赁分期的平台,为用户提供"零首付"手机租赁服务	C轮	上亿元
	10	杭州伊电园网络科技有限公司(小电科技)	移动充电	智能化无线充电设备研发平台及智能硬件产品	股权融资,B+轮	数亿元
	11	杭州骑迹科技有限公司(骑电)	出行服务	两轮电动车分时租赁服务	A+轮	数千万美元
	12	杭州巨梦科技有限公司(满屋研选)	互联网家居	以线下卖场+经销商的新零售业态,提供软装家居一站式服务	B轮	1亿元
	13	杭州维时科技有限公司(闪修侠)	数码维修	电子产品维修O2O服务平台,提供手机上门快修、手机回收、以旧换新、软件维护等服务	B+轮	天使轮至B+轮超过2亿元
	14	杭州一修鸽科技有限公司(一修鸽)	互联网家装	互联网家装,房屋改造翻新平台	A+轮	超过5000万美元
其他	15	杭州捕翼网络科技有限公司(开始吧)	互联网金融	消费升级领域众筹平台,并提供推广解决方案	股权融资,C轮	数亿元

(二)规划设计理念:改旧建新并举,产业融入空间

梦想小镇对历史保留建筑进行改造利用,通过存量空间与增量空间的融合开发,实现了城市的有机更新。针对仓前古街的存量空间,梦想小镇延续了其灵活多变、功能复合、人性化尺度的空间特征,保留了水塘、菜地等乡愁要素,同时植入创新创业街区的新功能,通过咖啡馆、大礼堂、小广场等现代化交流场所,激发了老街区的新活力。针对12幢老旧粮仓,通过外立面改造和空中连廊、外部装饰、景观绿化等元素的穿插点缀,打造了简洁大气的创新创业工作环境(见图3-7)。历史建筑的合理利用,最大限度地保留了梦想小镇的历史底蕴和文化

内涵,赋予了小镇颇具地方特色的情怀与魅力,延续了小镇悠久的过去,也让小镇拥有了可期的未来。从开发建设的角度来看,相比于拆除重建,空间改造所需要的资金更少、建设周期更短,开发成本和时间成本都得到了节约。改造与新建的结合,让小镇能在半年内快速完成先导区的建设,为企业提供入驻场地,使整个特色小镇项目保持"小体量""高频次"的开发节奏。

图 3-7　改造后的粮仓:梦想小镇互联网村

梦想小镇自创立开始就明晰了"互联网＋"创业的产业定位,小镇的规划设计和空间组织都围绕着主导产业的企业生产需求和员工生活需求而展开。互联网创业不排斥自然生态、历史遗存和传统文化,反而需要从中汲取养分,来满足现代人的精神文明需求。因此,"融合思维"贯穿了梦想小镇的规划设计,这既包括传统文化与创业文化的融合,又包括生产、生活、生态的"三生融合",一方面保留符合本地演化规律的建筑与肌理,另一方面通过空中连廊、生态水系和绿化景观等元素为其植入互联网基因,实现文化、旅游、产业的功能叠加。互联网创业的产业定位引领了别具一格的空间设计,同时也营造了许多"网红打卡点"(见图 3-8),吸引了大量游客到访,为小镇创建 4A 级景区奠定了基础。

(三)开发融资模式:国资公司主导开发建设,债权融资稳定资金供给

1.国资平台公司主导的开发建设模式

梦想小镇是典型的"国资平台公司主导开发型特色小镇",小镇的投资、开发、建设、融资工作主要由"杭州市余杭区人民政府国有资产监督管理办公室"全

图 3-8　梦想小镇"网红拍照点"

资控股的平台公司"杭州余杭创新投资有限公司"（以下简称"余杭创投"）负责。在余杭创投的子公司当中，与梦想小镇的开发建设相关的主要是"杭州未来科技城建设有限公司"和"杭州未来科技城资产管理有限公司"两家，前者负责基础设施建设和建筑项目管理工作，后者负责房地产开发和资产的经营管理（见图 3-9）。

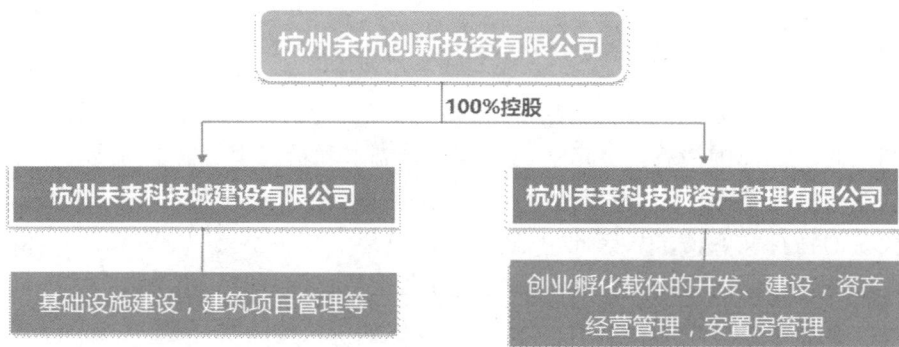

图 3-9　梦想小镇的开发建设主体及工作内容

　　梦想小镇的开发建设资金主要来自政府的土地出让收入。余杭创投经由余杭区政府授权，负责未来科技城的土地一级开发工作，涉及土地征收、房屋拆迁和市政基础设施建设等相关费用由公司以自有资金先行垫付，并由市财政局项目审核中心审核确定项目成本。公司完成土地开发整理后，将土地移交给余杭区国土局挂牌出让，出让资金按照约定的比例经由未来科技城管委会返还至公司。余杭创投和余杭区人民政府、杭州市国土资源局余杭分局签订的三方《委托合作开发协议》约定了土地出让金额的分成比例:"工业用地按照出让合同确认收入全额返还给余杭创投,其他经营性用地按照出让金30%返还。"根据余杭创投的企业信用评级报告中的数据,公司2016—2018年的营业收入约有90%来自土地开发(见表3-3)。也就是说,与众多政府主导开发的特色小镇类似,梦想小镇的开发建设同样依赖"土地财政",其开发建设资金的主要来自于未来科技城的土地出让收入,以及余杭创投的其他经营性收入。

表 3-3　杭州余杭创新投资有限公司 2017—2020 年营业收入情况

	2020 年		2019 年		2018 年		2017 年	
	金额/亿元	占比/%	金额/亿元	占比/%	金额/亿元	占比/%	金额/亿元	占比/%
营业收入	76.87	100	70.51	100	67.02	100	36.99	100
土地开发	68.85	89.57	44.05	62.47	60.05	89.6	34.45	93.13
代建	1.14	1.48	22.64	32.11	—	—	—	—
房地产销售	1.26	1.64	1.57	2.23	4.68	6.99	—	—
租赁	5.41	7.04	2.21	3.13	2.02	3.01	2	5.4
学费	—	—	—	—	—	—	0.34	0.92
其他	0.21	0.27	0.04	0.06	0.27	0.4	0.19	0.51

数据来源:杭州余杭创新投资有限公司2020年年度报告和2018年年度报告.

作为未来科技城的平台公司,余杭创投不仅服务于梦想小镇,还负责未来科技城范围内其他项目的开发建设。梦想小镇的建设带动了周边的土地增值,为余杭创投带来企业收益,这些收益又投入到梦想小镇和其他项目的建设,循环往复使未来科技城的整体发展越来越好。

2. 以银行借款为主的多元化融资结构

余杭创投既是梦想小镇的开发建设主体,也是小镇的融资主体。以梦想小镇载体建设工程密集的2015年至2017年为例,在此期间,余杭创投的融资结构多样化,以银行借款、自有资金、债券和政府补助四种融资方式为主(见图3-10)。

除自有资金外,在余杭创投的银行借款、债券和政府补助三大资金来源中,银行借款占整个融资结构的比例最高,在公司有息负债构成中占比常年超过50%,借款期限结构以长期为主,是余杭创投最主要的融资渠道。债券是余杭创投的第二大融资渠道,在公司有息负债构成中占比10%~20%;截至2019年末,公司发行且处于存续期间的非金融企业债务融资金额161亿元,全部用于偿还金融机构借款。在余杭创投2017年的负债构成中,银行借款、应付债券金额分别为161.4亿元、55.8亿元,分别占公司负债构成的53%和18%。此外,为了支持未来科技城的开发建设,余杭区政府持续给予公司补助资金,2015 至 2017 年的补贴收入分比为 0.01 亿元、7.87 亿元和 3.66 亿元。

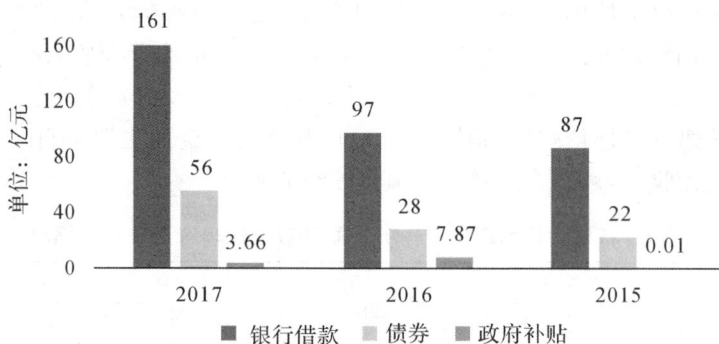

图 3-10   2015—2017 年余杭创投主要融资渠道及融资金额

对于梦想小镇具体的基础设施建设项目或土地一级开发项目来说,项目资金来源约有 30% 是余杭创投的自有资金,70% 来自银行借款(见图 3-11)。在余杭创投的资金流中,"银行借款+自有资金"作为成本投入土地开发和基建,而债券融资、政府补助和部分土地开发收入则用于偿还银行借款。作为政府的平台公司,余杭创投可以便捷地通过财政与政策性金融机构进行融资,其融资成本相较市场化主体具有明显的优势,为需要长期注入资金的特色小镇开发提供了稳定的现金流。

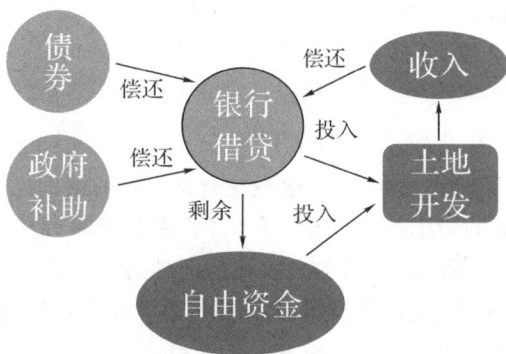

图 3-11   余杭创投融资资金流向

(四)产业培育路径:背靠巨头企业资源,打造全链条孵化体系

1. 承接巨头企业创业人才、技术资源溢出的"聚宝盆"

梦想小镇的创立和发展都与在杭州起家的互联网巨头企业阿里巴巴有着密

切的关联。2014 年 8 月,阿里巴巴即将赴美上市,时任浙江省政府领导觉察到了互联网创业热度将迅速上升,随即在余杭划出一块地专门集聚互联网创业人才,选址距离阿里巴巴总部仅 2.5 公里(见图 3-12)。"近水楼台"的地理位置优势使梦想小镇得以承接阿里巴巴的人才、技术、项目、资金等创新要素的外溢,"阿里系"资源对于梦想小镇的发展壮大有着无可替代的作用。

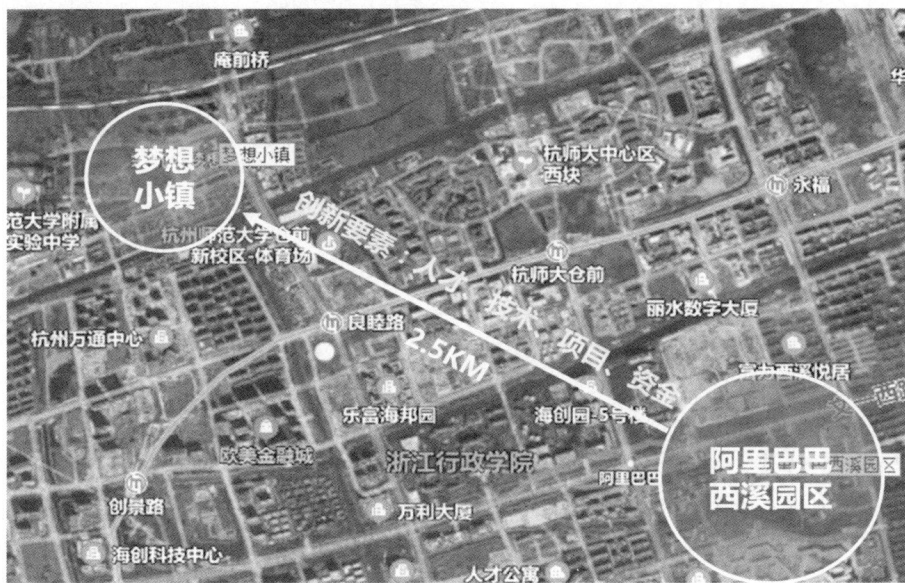

图 3-12　梦想小镇与阿里巴巴总部园区的位置关系

在产业定位上,梦想小镇追随阿里巴巴,瞄准"互联网＋"风口,加上创业必不可少的资金,将"互联网"和"金融"确定为小镇的两大产业方向;在项目筛选上,阿里系也拥有一定的"特权":阿里 M2 级或 P7 级及以上离职人员主导或领衔创业项目可直接参与"梦想小镇优质项目评审",评审通过后即可入住梦想小镇,获得创业扶持。就创业成果而言,阿里系的"橙色军团"确实表现突出:梦想小镇成功培育出的优秀创业企业,以及表现出色的孵化器,大多为阿里系团队打造;梦想小镇的创业"新四军"队伍中,"橙色军团"所发挥的创业力量明显比其他队伍更加强大。

大型企业人才资源、技术资源和资金外溢所形成的"巨头领创"创业模式,对于拥有类似阿里巴巴这样的行业领头羊企业的城市来说,具有一定的可借鉴价值和启发作用:将大企业扩散的创新要素聚集起来,培育新的创新创业主体,不让"肥水"流入"外人田"。

2. 辐射带动周边载体的全链条式孵化培育体系

梦想小镇按照"有核无边、辐射带动"的思路,以"核心区＋拓展区"的空间分布模式,打造了"种子仓—孵化器—加速器—产业园"的全链条接力式培育体系(见图3-13)。

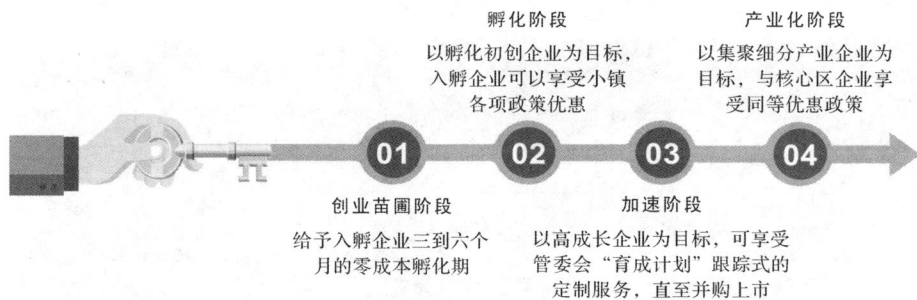

图 3-13　梦想小镇的全链条接力式培育体系

梦想小镇3平方公里内的新建载体,包括互联网村、天使村和创业集市,都属于核心区的范围。梦想小镇核心区为创业企业提供"种子仓＋孵化器＋加速器"的孵化链条,入驻对象主要为从零开始的创业项目,覆盖种子期、孵化期和加速期,直到企业成功"孵"出;团队人数少至三五人的核心创始人,多至上百人的小企业军团。创业苗圃阶段,小镇给予入孵企业3～6个月的零成本孵化期;孵化阶段,以孵化初创企业为目标,入孵企业可以享受小镇的各项政策优惠;加速器阶段,以培育高成长性的企业为目标,企业可享受管委会"育成计划"跟踪式的定制服务,直至并购上市。

梦想小镇周边的民营产业园和存量空间可申报成为小镇拓展区,以承接核心区成功的孵化项目,为孵出项目提供加速和产业化的空间。截至2019年,已有15个产业园申报小镇拓展区,包括手游村、e商村、车联网村、智造村、健康产业村和物联网村。同时,小镇核心区的载体则继续不断地引入新的创业项目进行孵化,从而形成滚动发展的产业良性发展路径。

梦想小镇的"创业苗圃—孵化—加速—产业化"接力式产业培育链条,以及从"核心区"到"拓展区"的企业迁徙路线(见图3-14),对产业园区和特色小镇的创新创业体系构建来说,非常具有借鉴意义。

(五)运营服务机制:运营服务市场化,"热带雨林"促双创

1. 线上线下融合的市场化运营

在运营管理的机制上,梦想小镇也有所创新,小镇引入了市场化的第三方产业运营服务机构,负责整个梦想小镇的园区基础服务、创新创业服务、平台运营

图 3-14 梦想小镇企业迁徙路线

服务、品牌提升服务以及运营管理支撑五大板块的工作(见图 3-15)。园区基础服务主要包括针对入驻小镇的企业提供手续办理、一卡通管理、创新券的开通及管理,针对孵化器的信息收集、经营状况体检,针对第三方服务机构的管理监督,以及园区的智慧化管理运维;创新创业服务指的是为企业提供的政策宣导、解读和兑现服务,人才库建设、人才培训和人才政策兑现,投融资对接、金融风险排查和金融活动等服务;平台运营服务包括智慧服务平台建设和服务内容运维;品牌提升服务包括创新活动的举办和小镇及入驻企业的品牌宣传;运营管理支撑主要包含梦想小镇的运营体系策划、运营数据支撑和运营情况分析。

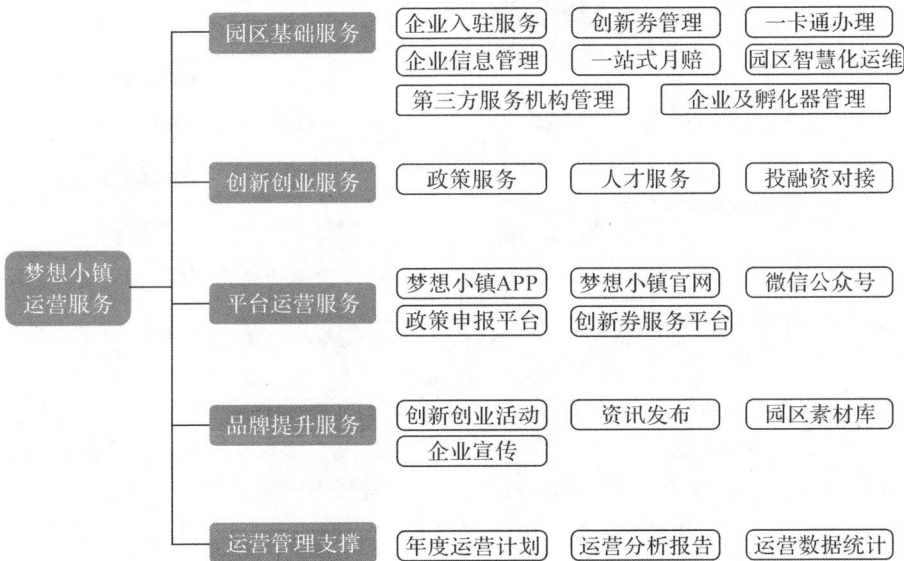

图 3-15 梦想小镇市场化运营商工作内容

互联网基因烙印深刻的梦想小镇,在运营服务的实现方式上也不落窠臼,通过引入市场化的产业运营商,整合各类服务资源,小镇打造了"互联网＋"线上产业服务平台,主要由梦想小镇移动端 APP(见图 3-16)、官方网站、微信公众号、政策申报平台和创新券服务平台组成。企业入驻、创新券的申请和兑现、人才租房补助、云服务补助、云服务奖励、创新创业活动补助、发布活动、会议室申请、预约接待、企业推广、工单提交等流程化的事项,都可以通过梦想小镇的"互联网＋"产业服务平台进行办理,实现了办事服务"跑零次"。

图 3-16　梦想小镇 APP 界面

线下服务方面,梦想小镇在互联网村设有一栋产业服务中心,其中一楼是线下一站式服务平台(见图 3-17),设立了信息化服务、物业、一卡通、创业咨询、党群服务、高校联盟、中介服务等服务窗口,同时还有图书室、会议室、心理咨询室等服务空间。工商、法务、财务等中介服务机构以及小镇运营商的办公地点位于产业服务中心的二至三层,各类服务资源都集中在服务中心内。

梦想小镇引入了市场化的产业运营商,打造了"线上＋线下"的产业服务平

图 3-17 梦想小镇的一站式服务平台

台,使企业能够方便快捷地获得服务,同时提升了小镇的服务供给效率和运营管理效率。这种市场化、一站式、线上线下相融合的产业运营和服务模式,值得被其他特色小镇和产业园区学习借鉴。

2. 以赛促创的项目筛选模式

除了直接申请入驻梦想小镇或小镇内的孵化器以外,梦想小镇还为创业企业量身打造了"创业先锋营"比赛通道,取得优胜的项目能获得入驻小镇的机会以及一系列的政策扶持。"创业先锋营"入驻选拔赛由未来科技城管理委员会主办,每月评比一次,比赛前四名的项目可获得敲开梦想小镇大门的"金钥匙"。"创业先锋营"主要扶植的对象为"泛大学生"(即在校生及毕业后10年内的大学生),他们在比赛中取胜后可以获得最长三年的免租办公场地、最高100万元的风险池贷款、30万元商业贷款贴息以及在云服务、中介服务、人才租房等方面的优惠扶持政策。

通过"以赛促创"的方式,不仅为优质项目的脱颖而出开辟了通道,起到项目选拔的作用;更重要的是,举办创业大赛等活动有利于特色小镇营造创业氛围和创业文化、激发创新活力,并为特色小镇的品牌造势。

3. 热带雨林式的双创支持体系

早在创立之初,梦想小镇就提出了"我负责阳光雨露,你负责茁壮成长"的口号,致力于打造良好的创业环境,为创业者提供培育梦想的土壤。对于入驻梦想小镇的企业和人才,未来科技城管委会提供了"创新券、人才租房补助、云服务补助、云服务奖励、创新创业活动补助、天使梦想基金和创业贷"7项基本扶持政策。截至2019年,天使梦想基金已为250多家初创企业注入了资金,并通过政

表 3-4　梦想小镇扶持政策

政策名称	主要内容
创新券	企业可以申请 2 万元创新券用于购买指定中介机构服务,创新券账户分 A 账户和 B 账户,A 账户余额有效期为 1 年,到期自动清零,B 账户余额长期有效。创新券到期中申请续期
人才租房补助	创业团队主要成员,凭《余杭区租房合同》按本科、硕士、博士分别给予每人每月 300 元、400 元、500 元的租房补贴,每季度申请一次,租房补贴期限最长为三年
云服务补助	自企业首次申请之日起,一年内以梦想小镇企业云服务费用补贴。根据企业实际支付的云服务费用进行补贴,每家企业云服务费用补贴最高 2000 元
云服务奖励	对企业主要产品当月 DAU 超过 1000 或月营业收入超过 10 万元,或企业旗下应用当月进入苹果商店或安卓市场排行榜 TOP20 名单的,给予企业 4000 元的奖励资金
创新创业活动补助	在梦想小镇依法登记注册,且正常运营的公司独立或联合在未来科技城核心区内组织的 100 人以上,有助于梦想小镇营造创业氛围、提升品牌形象的活动,可以申请活动经费补助
天使梦想基金	经评审通过的梦想小镇入驻创业企业(金钥匙项目可免评审),申请 20 万元"资助＋期权＋激励"的浙江省天使梦想基金
创业贷	企业可享受未来科技城(海创园)大学生创业贷风险池相关政策,单个企业可获得最高不超过 100 万元的信贷资金。梦想小镇企业经核准后,可申请三年累计最高 30 万元的商业贷款贴息

府引导基金撬动民间资本,使小镇企业的融资总额超过 110 亿元。

梦想小镇所在的余杭区从 2018 年起提出了要打造"热带雨林式"的创新创业生态系统,以"产学研用金、才政介美云"为纵贯线,整合提升产业、学术界、科研、成果转化、金融、人才、政策、中介、环境、服务等资源,创新服务模式,营造优质的创业环境。而梦想小镇正是这一理念的先行者,管委会摒弃了大包大揽式的低效管理,取而代之的是以创新而务实的"店小二"精神提供服务;通过对市场化专业机构的引入以及资源的整合,为创业企业和人才提供多种形式的扶助,创造了全方位"热带雨林式"的双创支持体系。

三、数字未来引领者，最强大脑"云"集地——云栖小镇

（一）整体概况：云上创新创业第一镇，"最强大脑"诞生地

云栖小镇位于杭州市西湖区（见图 3-18），其核心区规划面积 3.5 平方公里，已投入使用产业空间 120 万平方米。小镇的前身是成立于 2002 年的传统工业园—转塘科技经济园区，逐渐发展成为以先进制造、电子信息为主要产业方向的园区。2010 年，园区通过与阿里云进行战略合作，把云计算、大数据和智能硬件作为主要发展方向，实现初步的转型升级。2013 年，转塘科技经济园区与阿里云在园区共建阿里云创业创新基地，确定了以云生态为核心的发展之路，并正式将小镇命名为"云栖小镇"。2015 年，随着云栖大会正式落户云栖小镇、阿里云整体迁入云栖小镇，以云计算为核心技术，基于云计算、大数据和智能硬件产业的云产业生态逐步形成。

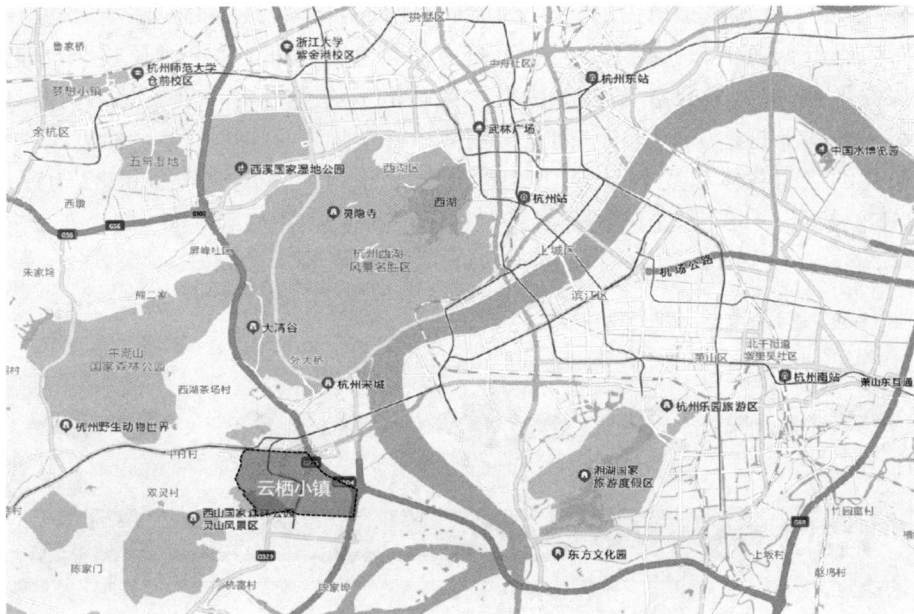

图 3-18　云栖小镇位置

截至 2019 年 11 月，云栖小镇企业数和涉云企业数已达 1551 家和 1036 家，2019 年度云栖小镇涉云产值有望达到 300 亿元，实现财政收入首次突破 10 亿元。自成立以来，小镇培育了阿里云、数梦工场 2 家云计算独角兽企业，以及准独角兽企业云徙科技；根据高盛 2020 年 7 月的最新评估，阿里云的估值已高达

930亿美金。云栖小镇的目标是,到2022年,实现财政总收入15亿元、数字经济产值600亿元,打造成为"全国数字经济第一镇"。

(二)产业发展经验:阿里云引领创新牧场,研发平台支撑产业生态

1. 以龙头企业为核心带动产业发展

云栖小镇的产业发展属于典型的核心企业主导模式,其核心企业是阿里云,2018年云栖小镇特色产业的产值约为272亿元,而阿里云营收规模达213.6亿元,约为整个云栖小镇产值的78.5%。

阿里云是一家平台型的企业,在云计算产业的培育上,云栖小镇采取的策略是"以阿里云平台为基础,全力扶持云上创业创新的企业和团队,集聚包括游戏、移动互联网、APP开发、电子商务、互联网金融、数据挖掘等细分领域优秀的科技创新企业,引入创投、风投基金机构,打造完整的云计算产业链"。作为云产业的领导者,阿里云通过输出云技术核心能力,为中小微企业提供创新创业的基础设施,重点支持云栖小镇内的"云"上创新创业项目运营团队和企业。

阿里云创新生态在线上为创业者打造了创业服务平台、导师服务平台和金融服务平台,推出了云市场生态、大数据生态和安全生态等专项支持。同时,阿里云还在线下打造了40多个"阿里云创新中心基地"(见图3-19),为企业提供创业孵化的空间载体和线下服务,其中位于云栖小镇的基地建筑面积32万平方米,工位数量1000个,是阿里云创新中心最大的基地之一。

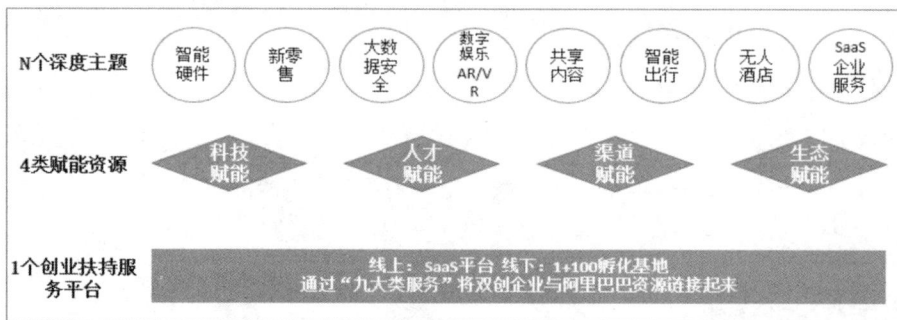

图3-19 阿里云创新中心的孵化体系

除了自身的创新创业孵化能力外,阿里云还与其他企业和机构合作,为创业者搭建了基础设施完备的舞台。在2015杭州云栖大会上,阿里云与富士康共同发布"淘富成真"项目,为智能硬件创业者赋能。富士康开放世界级的设计、研发、专利、供应链、智造等能力,阿里云开放云计算平台、大数据处理能力和淘宝天猫电商平台能力,同时引入银杏谷资本、云锋基金、猪八戒网、洛可可等企业为

创业者提供全链路创新创业服务,帮助中小智能硬件的创业者迅速对标国际一流品质,做出优秀的智能产品。截至 2018 年初,平台已经赋能过 600 多家企业、1400 多位国内外创客。

2. 以技术平台为支撑丰富产业生态

随着小镇云计算力量的日益壮大,一些关联产业的企业也开始入驻小镇。2017 年起,云栖小镇开始打造"阿里云生态、卫星云生态、物联网芯片生态和智能硬件生态"四大产业生态(见表 3-5),搭建各类研发技术平台,为产业注入创新活力,构建起云栖小镇特色的产业生态群落。

表 3-5　云栖小镇的四大产业生态

产业生态	研发平台	重点企业	中小企业/创业企业数量
阿里云态	阿里云平台,如机器学习和深度学习 PAI 等	数梦工场、政采云、媒新华智云	400＋
卫星云产业生态	"北斗时空研究院"微系统模组项目、"时空大数据平台"示范应用工程、中国空间技术研究院杭州中心、航天五院西安分院 504 所杭州中心、航天科工卫星互联网技术研究与应用中心等	零重空间	200＋
物联网芯片产业生态	北京大学数字视频解码国家工程实验室云栖中心、云端 SoC 设计中心等高效能计算、云端 SoC 设计中心	台湾联发科技、中天微、中航微电子	——
智能硬件创新生态	淘富成真平台、全球未来智造创新基地(GIC)	富士康	80＋

其中阿里云生态最为庞大,是四大产业生态中发展最早、实力最强的一个,也是其他产业生态构建的基础。阿里云生态以云计算企业"阿里云"为龙头,以孵化"数梦工厂"等为重点项目,吸引了政府采购平台"政采云"、媒体数据化成果"新华智云"等 400 多家企业入驻。2017 年阿里云发布旗下机器学习和深度学习平台 PAI,2019 年已迭代至 3.0 版本,为整个小镇的产业生态提供了更高层次的技术支持。

卫星云产业生态中,中科院微小卫星创新研究院、北斗卫星芯片"微系统模组"及"自主时空创新中心"项目、"北斗千寻位置服务"、零重空间遥感数据中心等项目先后落地,依托卫星产业基地,共吸引了200多家企业入驻。2019年,云栖小镇在石龙山园区规划了约1000亩的飞天科学城,用于引进科学研发和技术创新机构,目前一期250亩项目正在加快建设。

物联网芯片产业生态围绕北京大学数字视频解码国家工程实验室云栖中心、阿里协同富士康建设的高效能计算设计中心、云端SoC设计中心、中航微电子、中天微等机构,主要涉及物联网芯片的研发设计。在2018年云栖大会上,阿里宣布将中天微和达摩院自研芯片业务整合,成立"平头哥"半导体公司,聚焦云计算与嵌入式两类芯片。

智能硬件创新生态以"淘富成真"赋能平台为桥梁,吸引智能硬件研发设计企业80多家;随着全球未来智造创新基地(GIC)、富士康云栖系统工程中心的落户,云栖小镇创新创业企业与前沿研究机构之间的互动将更加顺畅。

(三)人才培育创举:首座民办研究院校落地,输出科技创新拔尖人才

云栖小镇云计算产业的从无到有、从有到强的根基就在于人才,小镇用"科技蓝天"四个字来描绘要将自身打造成为科技和人才的制高点的目标。建成六年以来,小镇在人才引培的工作上颇有成效,一方面注重高层次创新创业人才的引进,集聚了全国近45%的云计算、大数据产业工程师;另一方注重高校科研人才的培养,集合了西湖大学(云栖校区)、中国科学院大学杭州校区、杭州北斗时空研究院等拥有一流科学家的科研院所,汇聚国内外院士7人、国千人才28人、省千人才14人。

民办研究型大学"西湖大学"在云栖小镇的设立,是杭州乃至整个浙江在科研人才培养上的一大创新举措。2016年,西湖高等研究院(西湖大学的前身)成立,在理学、前沿技术、基础医学和生物学四个领域组建了相关的研究所,并邀请了国内外知名专家、教授等顶尖人才作为领头人,进行世界尖端的科学研究。2018年,西湖大学正式成立,分设云谷、云栖两个校区,致力于前沿基础科学研究和博士研究生的培养,旨在短期内建成有特色的高等教育新型研究机构。西湖区负责人表示,西湖大学采用创新的人才培养模式(见图3-20),前五年先招收博士生,之后才考虑招本科生,类似"倒金字塔"的结构,与国内普通大学的培养模式截然相反。西湖大学的人才招引计划见表3-6。

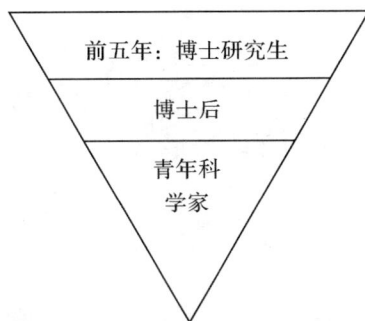

图 3-20　西湖大学人才培养模式

表 3-6　西湖大学人才招引计划

	教授、副教授、助理教授	研究助理、技术人员、行政服务人员	博士后
初创期(2017—2021 年)	约 210 人	约 420 人	约 630 人
发展期(2022—2026 年)	约 300 人	约 600 人	约 900 人

西湖大学的人才培养模式别具一格,其灵感来自于国外民办研究型大学、科技型企业与创新人才之间的关系,西湖大学之于云栖小镇,正如同斯坦福大学之于硅谷。位于云栖小镇的校区将成为西湖大学的技术转化平台,集中技术转移和科技成果转化的相关工作,将成为连接产业界、投资者和企业家的桥梁,通过商业开发、推动西湖大学的最新发现和科研成果走向市场,实现科技创新的完整闭环。

(四)文化名片打造:行业盛宴带动会展产业链,科技潮流引领全球风向标

2015 年 10 月中旬,第一届云栖大会的成功举办便为云栖小镇赢得了全世界的青睐,5 年以来,每一届云栖大会都吸引着来自全世界的目光;2019 年云栖大会吸引了 6.7 万人参会,来自 6 大洲 109 个国家及地区的海外嘉宾超过 3000人(见图 3-21)。在云栖大会的加持下,云栖小镇在全国及国际上建立了越来越大的知名度和影响力,云栖大会俨然成为云栖小镇的一大文化品牌。

回顾云栖大会一路走来的历程,除了规模不断扩大,其内容也一直在"进化":从刚开始的单一的产品发布到整体的行业解决方案演示,从只关注技术层面到技术与服务并重,从挖掘客户本身到建立行业生态圈,从最初的交流到会展文化的形成等。大会的内容不断增加,理念不断深入,产品不断迭代,体现了中国在云计算探索上的不断进步。如今,云栖大会早已不仅仅是一场会议,随着多次举办大会的经验累积,云栖大会的主体、内容和形式不断进化,以"云"为核心

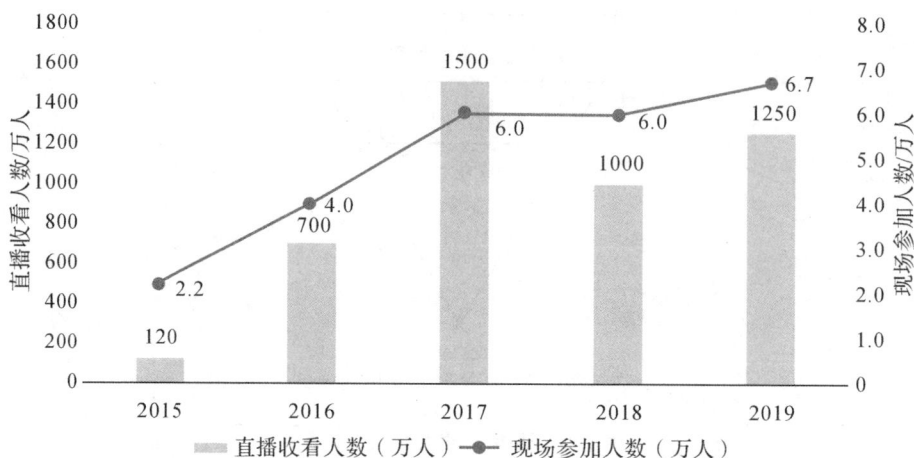

图 3-21　云栖大会历年参会人数(2015—2019 年)

的会展产业链已经逐步形成。

　　云栖大会在产业链的延伸上做了长远的规划,在短短几年时间内成为了具有规模效应的文化品牌,从上游到下游,环环相扣,会展效应得到了有效的凸显。其会展产业链的形成主要抓住了以下几个要点:一是精准定位了云计算为核心的极客文化,顺应了时代发展的潮流,并将会展产业作为主导文化品牌进行重点打造,突出了上游的会展策划,使云栖大会成为区别于传统会展的新型会展;二是充分利用云栖小镇的名企资源、历史文化资源与政府政策资源,阿里云作为经济的领头羊,具有强大的整合能力,带动了小镇内外中小型企业针对自身特点扬长避短,在大会中抓住机遇快速发展;三是进行专业化、市场化、国际化的会展服务、经营与管理,对受众进行细分,根据价值规律对大会票务、场馆等定价,通过策划文娱活动等赋予会议附加值;四是线上线下同步会展,全渠道传播,开发衍生产品延伸产业链(见图 3-22)。

　　完善的会展产业链使云栖大会成为国际化、高水平的科技文化活动,打造了与众不同的特色文化,助力云栖小镇在各大特色小镇中脱颖而出。如今,云栖大会已经成为全球顶尖的科技盛会和创新风向标,作为大会的永久举办地,云栖小镇凭借着这张“金名片”名扬四海。

　　(五)未来优势构筑:数字治理成就行业典范,“城市大脑”驱动创新未来

　　2016 年初,云栖小镇名誉镇长王坚(2019 年当选中国工程院院士)召集杭州云计算龙头企业负责人和政府部门领导,开展了关于“城市数据大脑”的沟通会议。当时“数字治理城市”还是个新兴的概念,大多数人都对此不了解,就连一些

原始文化资源	上游：内容制作	中游：内容加工	下游：内容发行	
·以"云计算产业"为主导产业的云栖小镇 ·阿里云开发者大会旧址 ·历史文化资源：旧西湖十景之一：云栖竹径所在地	·云栖大会的主办方、承办方 ·"云"为核心的极客文化的定位、品牌形象设计 ·云栖大会的策划、组织 ·宣传策划 ·媒体选择	·创客创意大赛等作品整理、后期项目孵化 ·云栖大会的现场会议、展览、产品与服务等 ·云栖社区的网络资源整合 ·衍生品开发	·渠道： ·(1) 票务管理(阿里云官网、大麦网等) ·(2) 传播媒介：新闻报道、网络直播等 ·支持部门： ·展会服务商、参展商、会展合作伙伴 ·周边配套服务(餐饮、住宿等) ·文化产品： ·云栖社区的网络资源 ·《云栖之路》等电子出版物 ·会展纪念品等文创衍生品	终端：各类受众群体 评估

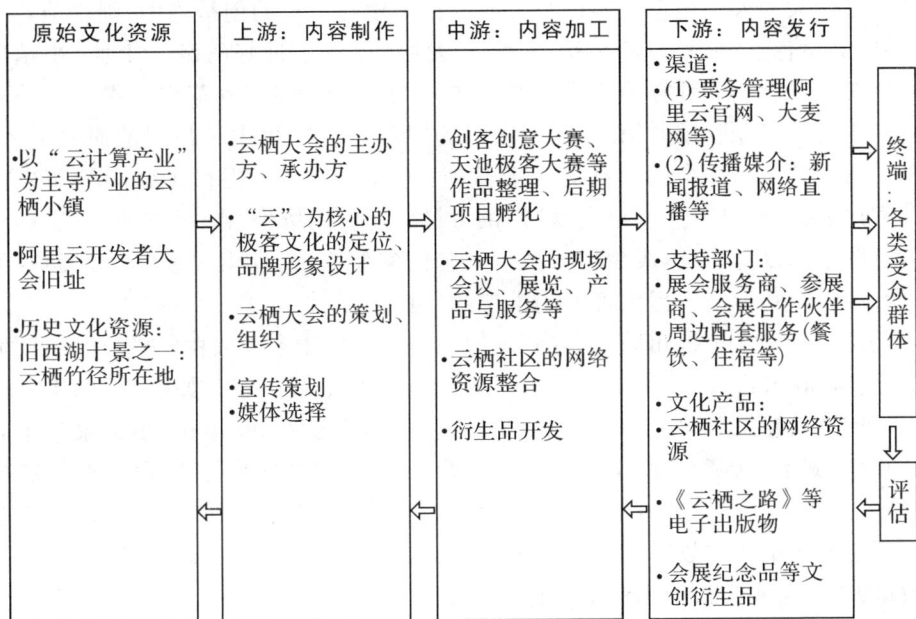

图 3-22　云栖大会的会展产业链

云计算业内人士也认为"城市大脑"是一项难以实现的工程。在多轮沟通之后，2016 年 4 月，"杭州城市数据大脑"项目终于在云栖小镇启动，来自企业和政府超过百人的团队投入研发，包括阿里云、数梦工场、海康威视、中控科技等 13 家企业的员工，以及交警、城管、建委、西湖区政府等 11 个政府部门的工作人员。"政企合作"联合研发，由政府提供需求和场景，匹配业务领域的专家，企业在各自擅长的领域分工合作。

2016 年 7 月，杭州城市数据大脑开始在云栖小镇试运营；2016 年 10 月，王坚在云栖大会上正式向全球发布杭州城市数据大脑；2018 年 5 月，杭州市政府发布了全国首创的《杭州市城市数据大脑规划》，描绘了未来智慧城市的蓝图；同年 12 月，"杭州城市大脑(综合版)"在云栖小镇发布上线，应用场景从交通延伸至旅游、医疗、住宿等民生领域，完成了从"量变"到"质变"的突进；2020 年 6 月，城市大脑 3.0 的核心技术体系在 2020 阿里云峰会上正式发布，感知、认知、决策和协同四个领域的技术使城市大脑的"智商"再次大幅提升，不仅能实时推演城市未来，还能在台风、暴雨等应急场景中提供实时决策支持。

尽管"城市大脑"诞生不过四年的光景，它强大的智能功效和飞快的迭代更新速度已经惊艳了全球，有人说，"杭州城市大脑"是和"伦敦地铁""巴黎排水系统"同等伟大的人类城市文明创举。而云栖小镇在这样的创举当中,则扮演着至关重要的角色。第一,云栖小镇为"城市大脑"提供了最好的诞生土壤:小镇以"云生态"为核心、云计算为主导的产业体系为"城市大脑"发芽成长提供了技术支持,奠定了产业基础。第二,云栖小镇为"城市大脑"提供了最强的研发人才:阿里云、数梦工场领衔的云计算企业队伍,为"城市大脑"提供了强大的研发团队。第三,云栖小镇为"城市大脑"提供了最佳的应用场景:作为"城市大脑"诞生地,云栖小镇以身作则,成为杭州城市大脑的实验平台,探索实践"城市大脑"的建设应用体系,为全市提供可复制推广的样板。

云栖小镇之于"杭州城市大脑"正如肥沃土壤之于参天大树,小镇孕育了"城市大脑",而"城市大脑"为小镇带来了一片森林和全新生态。如今,云栖小镇像当初培育"云生态"那样培育着"城市大脑生态",截至 2020 年初,小镇聚集了超过 60 家"城市大脑"研发、运营和服务企业,不仅有从"城市大脑"研发初期就参与的公司,还有不少在"城市大脑"建设过程中涌现出的创新型企业。"城市大脑生态"使云栖小镇的数字经济发展再次提速,助力云栖小镇走向"数字之巅",而"城市大脑"也成为云栖小镇最出色的产品之一。

四、三四线城市的特色小镇"模范生"——德清地理信息小镇

德清地理信息小镇位于浙江省湖州市德清县(见图 3-23),总规划面积为3.68平方公里,核心区面积为 1.31 平方公里,拥有良好的交通区位条件,所在的德清县与杭州接壤,高铁、公路交通系统完善。作为浙江省首批省级特色小镇,德清地理信息小镇以打造国际地理信息产业集聚区为目标,坚持推介招商、强化以商引商、注重专业招商,截至 2019 年,小镇入驻企业 300 多家,是全国地信企业集聚度最高的地区,初步形成了涵盖数据获取、处理、应用、服务等一系列的完整地理信息产业链。

(一)创建历程:领导班子勇抓机遇,专家团队苦心孤诣

德清与地理信息小镇的故事可以追溯到 2010 年,当时国家大力发展卫星导航、三维地理信息系统、地理信息互操作、地理信息公共服务等测绘高新技术,浙江省也获得了一个地理信息产业园区的名额。为了寻找合适的地方兴建园区,时任浙江省测绘与地理信息局局长陈建国带领专家团队考察了多个候选地,包括杭州的滨江区、余杭区、富阳区和临安区等。

2010 年末,时任德清县县长胡国荣带着德清科技新城的"聘礼",主动与省测绘与地理信息局接触,争取地理信息小镇的建设机会。与其他候选地相比,德清最显著的优势在于充足的用地发展空间,这吸引了专家组的目光。此后,德清政府领导班子多次与省测绘与地理信息局等部门对接,陈建国也带领了专家团

图 3-23　德清地理信息小镇位置

队数十次往返德清考察。经过深入了解,专家团队发现德清不仅用地空间大,而且在区位交通、政府支持力度上也有优势。综合考虑各方因素、权衡优劣势,地理信息小镇的选址终于在近半年后尘埃落定。2011 年 5 月,浙江省测绘与地理信息局与德清县人民政府签订合作建设德清地理信息产业园的框架协议,德清经过多番努力,终于拿到了创建浙江省第一个地理信息产业园的"通行证"。

地理信息小镇能够落户德清,很大程度上得益于时任领导班子勇于抓住机遇、积极争取的行动力。其实德清科技新城原本的产业定位是"生物制药、绿色家居、新型建材",与地理信息产业无甚关联;而且当时互联网风头正劲,浙江省大部分地区都在追逐电商浪潮,地理信息产业并未受到太多的重视。但是,当地理信息小镇的机会出现,德清政府相时而动,进行了战略性的布局调整,在小镇落地之后改变了原来的产业定位和工业园区发展模式,尽心竭力地发展地理信息产业。

事实证明德清政府的这一决策是明智的,2012 年以来我国地理信息产业规模不断扩大,进入了高速发展期。国家和地方政府对地理信息产业也日益重视,相继出台了一系列政策以支持地理信息产业的发展,从国家层面确立了地理信息产业的战略性新兴产业地位,而浙江省将数字经济作为"一号工程"打造,为德清的地理信息产业创造了极佳的发展机遇。

（二）坚定目标：瞄准地信定位明确，按图索骥精准招商

实现产业发展的"从 0 到 1"并不容易，2012 年地理信息的产业规模并不大，且相关企业集中在北京、上海、深圳等一线城市，德清地理信息小镇必须从这些城市把企业招引过去，才能敲开地理信息产业的大门。在省测绘与地理信息局的帮助下，小镇梳理出了五大类、15 家国家地理信息骨干企业项目清单，制定了产业招商图；20 多名招商队员奔赴北上深，开始按计划实施招商行动。

德清地理信息小镇最初的招商进行得十分困难，一方面，载体建设才刚刚开始，项目现场只有工地和荒地；另一方面，小镇产业基础为零，目标企业只能从招商人员口中接收到关于小镇美好未来的描述，一切都像是"画饼"。在大城市开招商推介会时，企业到场率低、提前离场都是常有的事，开展招商的头几个月，招商团队几乎一无所获。不过，头脑清醒的小镇工作团队并没有因为地理信息产业招商困难就开始妥协、改变目标，他们坚持地信小镇一定要以地信企业为主，不能因为招商难度大就让小镇鱼龙混杂："几个月下来，招商人员瘦了一圈，才拉来一个项目，但因为不是地信产业方向，最后还是被否决。"①2013 年，小镇的招商工作有了很大进展，国内测绘地理信息技术装备领域上市企业"中海达"同意到赴德清考察，双方经过长时间的接触，中海达终于在一年后落户德清地理信息小镇，并且还帮助引进了一家智能电磁驱动模块生产企业，实现了"以企引企"。

与中海达类似，浙江国遥、中测新图等行业龙头在小镇里都有自己的企业大楼，在自用的同时可将部分空间租赁给中小企业；拥有了独立办公楼后，龙头企业有了扎根德清的动力，主动为小镇招商引资，实现了"以商招商、以企引企"的良性循环。此外，小镇还通过实施产业链招商、资本招商、平台招商、标准地招商，以及举办招商推介会、行业会议论坛等活动，成功招引了数百家企业入驻。在小镇的地理信息企业有了一定的集聚度之后，开始采取"亩均论英雄"的方式，以产出为导向进行优质企业的精准招商。

（三）品牌塑造：盛会助力大事件营销，地信界崛起"达沃斯"

2012 年，杭州成为"全球地理信息管理论坛"的承办方，时任浙江省测绘与地理信息局局长陈建国受到启发，认为地理信息小镇"需要有一个像博鳌那样的全球地理信息产业的永久会址"。经过联合国相关部门反复讨论，2012 年 5 月 24 日，"全球地理信息管理论坛"在杭州召开的间隙，国家测绘地理信息局、浙江省人民政府与联合国统计司签署三方协议，确定在德清设立并运行"中国—联合国地理信息国际论坛"。2018 年 11 月，首届联合国世界地理信息大会在小镇召开，近百个国家和地区 1000 名左右的行业专家、企业代表参展参会。这是联合

---

① 李中文，方敏. 德清地理信息小镇成为"亩均收益"领跑者[N]. 人民日报，2019-11-08(14).

国主办的规模最大、级别最高、内容最丰富的地理信息大会,也是测绘地理信息领域在我国举办的层次最高、覆盖面最广的重大国际多边活动。德清以本次大会为契机,进行了广泛的宣传和动员,极大提升了地理信息小镇的知名度,对小镇吸引企业和人才入驻起到了积极促进的作用。

依托投资 5.8 亿元建成、可以容纳几千人的"中国—联合国地理信息国际论坛"会址,德清地理信息小镇还举办了许多其他国际性和全国性的高水平学术会议、产品推介会及行业比赛(见表 3-7),吸引了全国各地以及国际化的地理信息企业和人才来小镇参会。通过长期举办地理信息相关的会议、比赛等大型盛会,小镇打造了地理信息的区域品牌,起到了强化集群优势、整合环境资源、延伸产业链的作用。这些"大事件"活动在展示地信产业科技前沿、聚集先进创新成果的同时,也为小镇内企业提供了产业、智力资源对接的平台和科技成果宣传的窗口,既促进了小镇企业与外部资源的合作,又有利于小镇招引到更多优质的地信企业。

表 3-7　2017—2020 年德清地理信息小镇主办的大型会议及比赛一览

时间	会议名称
2017 年	国际工业级无人机暨北斗卫星应用产业发展高峰论坛 中澳 AOGEOSS 海洋遥感专题研讨会 北斗卫星亚米级定位技术推广应用研讨会 第四届中俄工程技术论坛暨中俄航天工程技术大会 地理信息人才德清论坛及招聘会暨 Esri 杯高校开发竞赛总决赛
2018 年	首届联合国世界地理信息大会 亚洲大洋洲区域综合地球观测系统国家合作计划首届国际会议 中国测绘学会综合学术年会 中国测绘地理信息产业协会工作研讨会
2019 年	全国测绘学会工作会议 第二届空间信息软件技术大会 第十三届中国智慧城市大会
2020 年	FIG 测绘地理信息"一带一路"研讨会 卫星遥感应用年会 "德清杯"长三角空天信息数据开放创新大赛暨 2020 浙江数据开放创新应用大赛

除了通过大型会议输出品牌外,德清地理信息小镇在"利用'大事件营销'塑造区域品牌,打造良好的产业文化生态"这件事情上还有着许多卓越的表现。小镇建成了全国首个德清地理信息科技馆,在挖掘清代德清籍著名地理学家等中外地理信息历史文化的同时,深入挖掘其高科技特性,衍生出地理信息高科技体验游。有 20 多家小镇企业全程参与体验游改造设计建设,并提供所有展品与体验设备,吸引近 3 万人次参观。2018 年 1 月,由长光卫星技术有限公司自主研发的高分辨率光学遥感卫星"德清一号"发射成功,这是我国首颗以县域命名的遥感卫星,它帮助德清在全国打响了名号,地理信息小镇在行业内的知名度也提升了一个量级。

德清地理信息小镇通过多种方式打造了有利于地理信息产业发展的地方文化生态,加上各类"大事件营销"手段的使用,对于小镇塑造品牌形象、提升全球知名度、企业和人才的招引、乃至区域经济发展的带动都起到了积极正面的作用。

(四)人才发展:培养本地"千里马",招引全球"金凤凰"

对于特色小镇来说,人才是核心、产业是命脉,留得住人才的小镇才是有价值的小镇。位于三线城市的德清地理信息小镇,在发展初期也曾饱受人才难引进、留不住的困扰,为了解决此问题,德清地理信息小镇在人才培养和人才引进两方面实行了多项创新举措。

首先是从源头入手,培养本土的地理信息产业人才。从 2013 年起,小镇联合浙江国遥、中测新图、浙江中海达等企业设立了"地信学子奖学金",德清户籍的应届高考生选择地信及相关专业的,本科期间每年都可以获得奖学金。随着地信产业的快速发展,每一年选择地理信息专业的德清学子都在增加,2013—2020 年,已有 72 名地信学子累计获得 81.4 万的奖学金。许多"地信学子"毕业后会回到小镇工作,成为推动小镇地信产业发展的后备力量。此外,小镇还和众多高校在地理信息专业的人才培养、实习、就业等方面开展了合作,比如与长三角 15 所院校合作共建大学生"就业实践基地""创新创业基地",与武汉大学测绘学院签约共建"成果转化基地",定向培养地理信息的专业人才。

其次是凭借优待政策和人才引进平台,招募全球地理信息行业的高端人才。2017 年,德清出台科技、人才"双十条"政策,在购房、租房方面给予外来人才 20% 以上的优惠;2020 年,德清发布人才新政 4.0,全方位提高创业资助、住房安家补助和中介奖励,拿出 1 亿的专项资金来招引大学生。同时,小镇发挥"南太湖精英计划""英溪人才计划"等人才引进计划的作用,吸引高层次地理信息专业人才到小镇创业和就业。人才政策在德清地理信息小镇发挥了有效的作用,调查显示,小镇 15% 的入驻企业员工认为,人才引进政策是吸引他们到德清地理信息小镇工作的重要原因。①

在引进人才之后,如何留住他们是一个更大的课题。德清地理信息小镇通过打造完备的科研条件、完善生活配套设施、丰富行业交流活动等措施,为人才创造安居乐业的环境。2018 年,中国—白俄罗斯图像处理研究中心在小镇成立,中航通飞研究院浙江分院、浙大遥感与 GIS 研究中心、中科院遥感所德清研究院、中科院微波目标特性测量与遥感实验室等科技创新载体也相继入驻,小镇科研实验的设备和硬件条件达到了亚洲前列的水准。生活配套方面,小镇已投入使用近 2000 套人才公寓,为入驻企业员工子女建设了幼儿园,引进了各类商业配套,开通了小镇到市中心和高铁站的直通车,小镇人才的日常需求逐步得到满足。行业交流方面,小镇成立了地理信息企业协会、小镇科技工作者学会、浙江省北斗卫星产业应用协会、党外知识分子联谊会等组织,开展学术交流、技术合作、文化宣传等多类型活动,持续吸引专业人才,不断提升凝聚力。

(五)产学研合作:技术创新取长补短,研究院经济助力腾飞

产业创新依赖于产学研合作,而德清缺乏高校资源,在德清设立校区的浙江工业大学也未开设地信专业,无法为地理信息小镇提供研发方面的支持。为了弥补这一短板,小镇主动出击,与国内开设地理信息相关专业的顶尖大学、研究机构合作,成立各类研发机构,大力引入科研团队和创业团队。国内地理信息领域的顶级高校和科研机构,包括中科院遥感所、武汉大学、浙江大学等纷纷在小镇建立研究机构。

小镇借力外部创新资源发展"研究院经济",与武汉大学、浙江大学等高校建立合作,吸引了中航通飞研究院浙江分院、浙大遥感与 GIS 研究中心、中科院遥感所德清研究院等科研机构入驻(见表 3-8),为小镇带来了高质量的研发力量和技术支持。孙家栋、刘先林等 10 位院士成为小镇的发展顾问,其中 4 位院士领衔的项目入驻小镇。

"研究院经济"模式在德清地理信息小镇取得了较好的发展成效。从 2013 年小镇与武汉大学合作共建武汉大学技术转移中心以来,武汉大学在项目招引、人才引育、学术交流、成果转化等方面为小镇提供了强有力的支撑;截至 2019 年,武汉大学已经帮助小镇引进项目 40 余个,各类专业人才 100 余名。中科院遥感地球所与莫干山高新区共建的"中科卫星应用德清研究院",已经为小镇引入了将近 20 家企业,其中有三分之一的企业是由中科院创业团队发起,核心成员包括中科院院士等,内容涵盖了遥感大数据、金融大数据、智慧农业、智慧旅

---

① 李奕璇,岳嘉琛,胡佳,潘峰华.高科技产业特色小镇的发展之路——以德清地理信息小镇为例[J].小城镇建设,2020,38(3):27-33.

表 3-8　德清地理信息小镇合作大学及落地科研机构

类型	名称
合作大学	武汉大学、浙江大学、浙江工业大学、浙江树人大学、吉林建筑大学、浙江水利水电学院
落地科研机构	武汉大学技术转移中心浙江分中心、中航通飞研究院浙江分院、中科院遥感所德清研究院、浙江大学德清先进技术与产业研究院、浙江德清导航定位研究院、中科大 Alpha 研究院、同济大学中车捷运（莫干山）研究院、长三角智能规划国际研发院、浙江省微波目标特性测量与遥感实验室、中欧感知城市创新实验室

游、VR/AR、激光探测等多个领域。为了更好地服务于地理信息行业的科技成果交易，德清科技大市场在 2019 年 2 月搬入了小镇的创新服务综合体，对小镇的研究院经济也能起到促进作用。

五、浙江特色小镇的经验总结与启示

（一）以先导区彰显小镇品质，以小镇客厅树立高端形象

浙江省特色小镇的规划面积在 3 平方公里左右，而 3 平方公里的建设范围属于长期规划，需要分期进行开发建设。为了快速吸引企业入驻、树立品牌形象，特色小镇纷纷率先开发"先导区"，通过高品质建设的"迷你版"特色小镇，向外界彰显小镇的魅力，发挥示范效应。

特色小镇先导区的面积不需要太大，一般来说占地面积一两百亩、建筑面积二三十万平方米的空间载体（非制造类）就能够满足企业和员工的生产、生活需求。先导区一般设有小镇客厅、企业办公区、孵化器（加速器）、综合服务区以及生活配套区，"麻雀虽小、五脏俱全"。为了缩短建设周期、实现快速开园，特色小镇先导区可以借鉴余杭梦想小镇、良渚国际生命科技小镇的经验，通过对地块范围内的存量载体进行改造提升为企业提供入驻空间，减少需要开发建设的工程量，加速招商进程。先导区的快速投用为特色小镇集聚了企业和人气，打响了小镇的名号，带动整个特色小镇项目的后续建设继续保持"小体量""高频次"的开发节奏，不仅降低了每期的开发成本、减小了特色小镇建设的现金流压力，还有利于小镇产业培育、企业招商、人才招引、服务体系构建的循序渐进。

作为特色小镇的门面，"小镇客厅"几乎是所有浙江特色小镇的标配，在整个先导区的建设中举足轻重。小镇客厅是特色小镇项目的形象地标和招商阵地，在小镇发展的各个阶段发挥着不同的作用。在特色小镇发展的起步阶段，小镇

客厅的核心功能是辅助招商,通过形象展示吸引投资者,促进项目落地和产业导入;随着小镇的快速发展,小镇客厅的核心功能转变为综合服务和招商引资并重;当小镇的发展进入成熟阶段,小镇客厅的文化功能逐步凸显,由最初的"招商中心＋展示中心"蜕变成为"文化中心＋服务中心"。

（二）引入多元市场力量,形成多主体协同治理的小镇生态

"政府引导、企业主体、市场化运作"的原则一直贯穿浙江特色小镇建设的始终,从开发建设到运营管理,从招商引资到企业服务,从硬件设施到智慧平台,特色小镇建设的方方面面都有大量市场化的机构参与,逐渐形成了多主体协同的特色小镇治理生态。

开发建设层面,政府可选择引进专业化的开发商,推进基础设施建设、土地一级开发和二级开发的市场化。招商引资层面,通过政企联动或龙头企业带动的招商模式,让龙头企业、招商代理机构、联合办公企业、互联网招商平台、产业地产商等市场主体发挥产业导入的作用,形成"政府招大商、企业招小商"的高效招商体系。运营管理层面,注重引入专业的产业运营商,以委托运营、国资平台联合开发运营等方式,构建专业化的特色小镇运营服务体系。产业服务层面,引入专业的产业服务商代替管委会为入驻企业提供创新孵化、人才引培、科技金融、政策宣贯、参观接待等一揽子服务,整合知识产权、商标代理、科技金融、财务、法律、人力资源等第三方专业服务机构,构建线上线下相融合的一站式服务体系。

在多方共治的特色小镇生态中,政府摒弃了大包大揽式的僵化管理和低效服务,避免了既当裁判员又当运动员的尴尬,取而代之的是以特许经营权、采购服务等形式充分发挥市场化的专业力量,自身则在顶层设计、制度建设和行政管理职能上发挥作用,开创了新型的地方政府治理模式。在"非镇非区"的理念下,特色小镇的边界被弱化,市场机制在特色小镇建设发展中的支配地位被不断强调,政府、企业、开发商、运营商、专业服务商等主体重新组合,聚力创造出高效率、高质量、充满活力的特色小镇运行路径。

（三）创新招商模式,以研发平台和行业协会带动产业集聚

在市场化招商的激烈竞争格局下,依靠土地、政策、税收的"三板斧招商模式"优势不再,新兴的招商模式不断涌现,其中"平台带动"是浙江特色小镇在产业招商方面的一大创新要点。比起招引行业龙头企业和领军人才项目,依赖大企业、大项目发挥的示范效应和扩散效应,通过搭建"产业平台"招商更有利于产业体系内部的资源优化和自我更新,成本投入集中在特色小镇项目发展的初期,但是长远收益显著,综合效益更佳。

撬动产业发展的平台主要有两大类,第一类是研究院、大学、实验室、技术转

移中心、新型研发机构等研发类技术创新平台,德清地理信息小镇的"研究院经济",云栖小镇各大企业的"研发平台",人工智能小镇的创新中心和之江实验室,都是以研发平台吸引企业入驻的良好例证。特色小镇通过引入研发机构、搭建研发平台,以技术作为种子,吸引产业链中下游的企业主动靠拢,并不断孵化创新型企业,共同形成高新技术的生态圈,促使特色产业在本地生根发芽。长期来看,以研发类平台招引企业能够降低特色小镇的产业培育成本,并且有利于打造出集聚度高、凝聚力好的产业生态。

第二类是通过行业协会、商会、产业联盟等行业类平台招引企业,吴兴美妆小镇、诸暨袜艺小镇、德清地理信息小镇、江北膜幻动力小镇都深谙其道。行业协会是企业、人脉、资源、资金、信息等众多资源的集成,借助商会协会搭建招商平台,有利于带动产业链上下游相关企业入驻,实现"以商招商""以企引企"。在产业平台的搭建上,既可以采取政企合作,共建招商服务平台的模式,也可以让行业内的头部企业、知名企业家们牵头,建立招商团队,以市场化的考核和奖励机制激发协会的招商力量。

第四章　政企协同下的小微企业园

近年来,在册数量超过 250 万家、占全省在册企业总数比重超过 88%,且每年持续快速增加的小微企业,已成为浙江经济发展的重要动力源。着力破解小微企业发展面临的缺空间、缺资金、缺规范、缺政策、缺创新等难题,确保小微企业保持活力并蓬勃发展,对浙江经济高质量发展至关重要。为此,民营经济活跃的温州于 2013 年在全省率先启动小微企业园建设,并将其作为促进实体经济的"一把手工程"来抓。此后数年,小微企业园成为瓯越大地经济社会发展的最靓风景,并以其良好的成效在全省范围内得到推广。目前,小微企业园建设已成为全省战略,温州、台州、义乌等地亦形成了诸多具有示范借鉴意义的小微企业园样板项目。总结梳理各地在小微园区土地出让、开发建设、招商营销、企业入园、运营管理、考核评价等方面的创新做法和有益经验,对吸引更多社会力量参与小微园建设,促进小微园市场化开发建设及运营管理具有重要意义。

一、定义与模型:准公共服务的价值导向

(一)从温州探索到全省推广的实体经济振兴新举措

1. 起步:温州振兴实体经济的探索

一直以来,温州都是中国民营经济的先发地区和改革开放的前沿阵地。在温州的各类经济实体中,小微企业可以称得上是发展之源,是老百姓的实业致富之道。但自 2008 年后,温州经历了房地产暴雷、民间借贷崩盘等诸多波折,脱实向虚成为温州面临的显著问题,如何振兴实体经济则成为温州的最大挑战。

2013 年 9 月,在温州市振兴实体经济动员大会上,时任浙江省委常委、温州市委书记陈一新首次提出建设小微企业园,并指出"小微企业园建设,具有扩大有效投资、破解空间制约、转变发展模式、促进实体经济等多重效应,是解决低小散问题、推动产业转型升级的关

键举措,是实现产城融合发展、推动新型城市化和新型工业化的重要工程,是推动大众创业、万众创新的有效抓手"。就此,小微企业园建设就成为温州各级政府振兴实体经济、拉动有效投资、推进产业升级的"一把手"工程,在温州各地如火如荼地展开。

然而当时温州此举,在浙江省内引起了争议。有些人认为,与其花大量资金、人力和资源去建设小微企业园,不如集中资源和精力去招大引强;而且小微企业成长有周期,短期内难见效,对于追求政绩的地方政府来说,后续动力是个难题。但是,温州用实际成效打消了这些质疑,从 2014 年初启动小微园建设至 2015 年底,温州全市建成小微企业园 91 个,入驻企业近 1000 家。其中,近 200 家小微企业后续上升为规上企业,并在此后成长为温州实体经济森林中的大树。就此,温州小微企业园建设真正打开了局面。

2. 推广:在发展中坚定准公共初心

受到温州成效的鼓舞,从 2017 年开始小微企业园建设从温州推向全省。2017 年 1 月,浙江省委省政府发布了《关于加强小微企业园建设管理促进经济转型升级的意见》,明确要求加强小微企业园建设管理,打好"拆治归"转型升级系列组合拳,推进供给侧结构性改革,促进经济转型升级。2018 年 6 月,浙江省又出台了《关于促进小微企业创新发展的若干意见》,进一步强调,要给予小微企业园区土地政策支持,全面推进工业园、科创园(科技园)等各类小微企业园的规划建设和改造提升。

2018 年 9 月,浙江省委省政府出台《关于加快小微企业园高质量发展的实施意见》,正式全面推进小微企业园建设。作为全省推进小微企业园建设的纲领性文件,该《意见》将小微企业园明确定义,即小微企业园是经过统一规划建设,具有一定集聚规模,产业定位明确,配套设施齐全,运营管理规范,各类服务完善,入园成本合理,为小微企业创业创新和成长壮大提供生产经营场所的平台,具有准公共属性(见图 4-1)。该《意见》还要求各地要把建设小微企业园作为重要抓手,积极推进小微企业健康发展,进一步促进小微企业集聚发展,降低企业

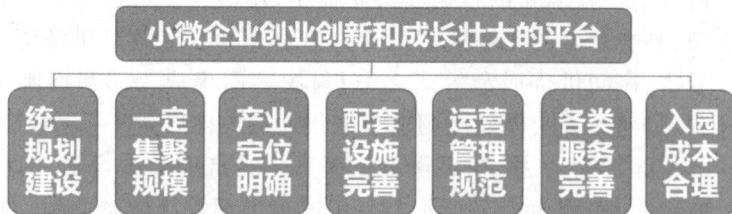

图 4-1　浙江省小微企业园主要特点

成本,再创块状经济和小微企业发展新优势。2020年10月,浙江省小微园办《关于进一步加强小微企业园建设和管理的指导意见》,又进一步要求要坚持准公共属性,将小微企业园打造成为小微企业集聚、规范、创新、绿色、安全发展的特色化基础平台。坚持准公共属性、深入为企业服务,是浙江省小微企业园建设一直不变的初心。

(二)贯穿始终的标准化确保小微企业园建设不走样

1. 围绕初心深化小微园基本标准

围绕"建设服务实体经济的准公共平台"这一初心,浙江省委省政府出台了《关于加快小微企业园高质量发展的实施意见》,明确提出小微企业园应同时符合相关手续、定位运营、企业数量、服务配套、面积规模等五项基本标准。同时,该《意见》围绕服务配套还要求,小微企业园应具备完善的消防安全、环境保护、仓储物流、通信网络等基础设施,园内或周边应有一定比例的商务办公、宿舍、餐饮等生产生活服务配套;此外电镀、酸洗等环境影响大的工序,应建设共享车间、共享排污设施。可见,浙江省层面对小微园的导向是侧重于各类运营、服务和配套等准公共要素配备与完善。

表 4-1　浙江省小微企业园基本条件

序号	基本条件	基本条件具体内容
1	相关手续	符合规划要求,依法办理相关手续
2	定位运营	四至边界清晰,有明确的园区名称、产业方向和运营管理机构
3	企业数量	入驻企业20家以上,其中小型微型企业占70%以上
4	服务配套	提供基本配套服务和若干项企业公共服务
5	面积规模	以制造业为主的小微企业园建筑面积一般应在2万平方米以上,其他小微企业园建筑面积一般应在1万平方米以上;新建小微企业园占地面积一般不少于50亩或建筑面积在5万平方米以上

与此同时,省内诸多市县区也根据各自实际情况,在参照省标准的基础上,制定出台了辖区内小微企业园的详细建设标准。如义乌市发布的《义乌市制造业小微企业园认定管理办法》,就在省级认定标准之上,扩展为包括基础设施、产业链条、园区规划、运营团队、入园标准、管理机制、公共服务、智慧平台、安全保障等十项基本条件(见表4-2)。十条认定标准中,除管理机制和入园标准外,其余八条均以服务入园企业,促进产业、运营、服务、配套等要素集聚为核心目的,小微企业园的准公共属性表现得极为明显。综合浙江各地的认定标准来看,无论其细节如何扩展,仍是以促进相关服务要素集中、打造一个促进企业发展的准

公共服务平台为重点而制定的。

表 4-2 义乌市级制造业小微企业园认定标准

序号	条件分类	具体要求
1	基础设施	权属依据明晰,无违章搭建,雨污达标排放,符合环境功能区划并完成环境影响评价审批或备案;园区整体形象和谐统一、美观大方,建有完善的消防、安全、环保、仓储、物流、电力、供水、供热、供气、通信、网络等基础设施;并在园内或周边安排必要的商务、办公、宿舍、餐饮等生产生活服务配套设施
2	产业链条	有明确的发展目标和产业定位,入驻企业总数不少于 10 家,主导及关联产业的企业集聚度不低于 70%,园区年亩均税收不低于 12 万元或年单位建筑面积税收不低于 90 元
3	园区规划	进行科学规划,包括功能区划、基础设施、交通组织、智慧管理、消防安全、安全生产、环境保护等专项规划
4	运营团队	有专业运营团队和物业管理公司负责日常运营管理和物业服务,具备整合各类社会化服务资源的能力
5	入园标准	明确入园企业产业、税收、产值、设备、工艺、环保、安全等方面具体要求,优先支持创新型、科技型、成长型、"专精特新"企业或同步实施技术改造的小微企业入园
6	管理机制	按照"亩均论英雄"改革的要求,实施入园企业综合绩效评价,建立入园企业"招商—入园—经营—评价—退出"的全生命周期服务管理机制
7	公共服务	建设专用的公共服务场地,为入园企业提供政务代办、政策法律咨询、创业辅导、项目路演对接、人才招聘、展览展示等公共服务,有条件的园区还应引进专业化服务机构
8	智慧平台	建设智慧化管理平台,对园区内人流、物流、能耗、环保、消防、安全生产等进行高效管理,实时、直观掌握企业生产经营情况;推广应用成熟的设计、管理、财务、仓储、营销等云应用软件,鼓励有条件的园区建设或接入行业工业互联网

续表

序号	条件分类	具体要求
9	安全保障	创建并通过安全生产三级标准化体系评审;有安全生产责任落实体系,园区运营机构应与入园企业签订安全生产责任书;园区应建立风险分级分类管控和隐患自查自纠机制,积极使用义乌市安全生产综合监管平台并定期上报;园区应组建安全生产管理团队,并配备注册安全工程师。有条件的应根据园区规模设立微型消防站,导入智慧消防系统;园区投入运营前须通过消防部门验收
10	扶持政策	根据入园企业实际需求,从租金、物业、服务、金融等方面制定入园企业扶持政策体系,建立入园企业租金与税收贡献相挂钩的激励机制

2. 从认定标准到规划建设标准化

随着各地不断明确各自的小微园认定标准,园区的规划建设也逐渐趋向标准化。如 2020 年 4 月,为规范小微园建设管理,温州就发布了《关于进一步提升小微企业园建设管理服务水平的十条刚性措施(试行)》,其中第一条就是严格园区规划标准(详见专栏 1)。同样,宁波在《宁波市小微企业园工业地产发展管理细则(试行)》中也提出了类似的要求,表 4-3 为小微园及工业地产项目开发建设应符合的标准。

专栏 1 温州小微园建设管理刚性标准

1)新建的生产制造类小微企业园应符合城镇建设总体规划和产业布局;

2)单个占地面积原则上不少于 100 亩,建筑面积不少于 10 万平方米;

3)员工宿舍、食堂、超市、文化娱乐、物流仓储、商务中心、党群服务中心、远教广场等非生产性公共配套设施占地面积占总用地面积的5%~7%,非生产性公共配套设施建筑面积占总建筑面积的15%~25%;

4)生产制造类小微企业园应明确园区产业定位,占地面积 200 亩以下园区原则上只能规划一个主导产业,占地面积 200 亩以上园区原则上规划不超过两个主导产业;

5)以上规划标准应在土地出让文件中予以明确。

表 4-3　宁波市小微企业园规划建设标准

序号	条件分类	具体要求
1	产业定位	围绕"3511"产业体系选择符合所在区域发展方向的产业作为工业地产园区主导产业,主导及关联产业集聚度原则上不低于70%,小微企业占园内企业数量的比重不得低于70%。鼓励同行业企业、产业链上下游配套企业入驻工业地产园区集聚,着力把工业地产园区建设成为主导产业集聚和产业链上下游延伸拓展的特色产业园
2	规模要求	新建生产制造类工业地产园区占地面积不少于100亩或建筑总面积在10万平方米以上;改扩建的生产制造类工业地产园区占地面积不少于50亩或建筑面积在5万平方米以上。在符合相关法律法规的前提下,项目建筑容积率不设上限,下限不低于1.5
3	绿地比例	绿地率不设下限,因生产工艺等有特殊要求需要安排一定比例绿地的,绿地率一般不超过20%。
4	配套标准	行政办公及生活服务设施等非生产性用房的土地使用面积不超过7%,建筑面积占工程项目总建筑面积的比例一般不超过15%。员工宿舍、公共食堂等配套建筑不得与生产性用房混同
5	基础设施	道路、电力、通信、供暖、供气、给排水等基础配套设施功能齐全,实施雨污分流,污水入网,不能实施污水入网的,要建设污水集中处理设施。消防设施应根据预定引入的产业标准进行建设,引入的项目应当和消防设施的配置相符合
6	车位标注	结合企业产业性质和实际需求统筹考虑配建停车泊位,机动车位配建指标不得低于0.2车位/100平方米,内部非机动车位最低可按职工总人数的40%计算。外部非机动车位不得低于0.4车位/100平方米
7	厂房定制	鼓励项目开发单位根据招商企业需要进行厂房定制,提高产业适应性。项目开发单位应当严格按照项目报批报建程序,建设或改造方案实施须经建设规划部门依法批准后实施

　　总体来看,浙江各地的小微园规划建设标准大多都相似,包括产业方向(以1～2个为宜)、空间选址(要符合区域规划要求)、园区规模(一般占地面积不少于50亩或建筑面积在5万平方米以上)、企业集中度(入园企业要在20家以上且主导产业企业占比70%以上)、配套设施构成(包括员工宿舍、食堂、超市、文化娱乐、物流仓储、商务中心、党群服务中心、远教广场、环境处理等)、园区建设

强度(容积率多在 1.5～2.0 之间)、配套设施面积比例(占总建筑面积 7%～15%)、绿化比例(绿化面积占 10%左右)、厂房建设标准(多根据产业、企业要求定制)等方面。这些标准促使浙江的小微园有着比较相似的组织内核,同时也保障了浙江省的小微园建设具有一定的质量基础。

二、开发与销售:管制下的多元市场开发

当小微园正式进入开发阶段,无论是拿地、开发还是销售、招商,都因小微园的准公共属性,而呈现出管制下的多元市场化开发的特点。

(一)拿地:在竞拍中贡献价值

从拿地阶段开始,浙江的小微园就是市场化与管制化的结合。一方面,项目土地获取是市场化的土地竞拍摘牌;另一方面,竞拍也有政府管控下的限地价、限房价、无偿移交厂房面积和亩均税收贡献的要求。从拿地阶段的制度设计来看,小微园拿地经历了 1.0 阶段的"限制地价、竞无偿移交厂房面积"和 2.0 阶段的"限地价、限房价、竞亩均税收"的方式(见图 4-2)。

图 4-2　小微园的"两限、两竞"要求

1.0 阶段,产权开发式的小微园在土地出让过程中,当土地竞价溢价率达到一定比例时(一般最高溢价 50%),则需竞无偿移交政府的小微园厂房面积,移交面积多者中标。移交给政府的厂房,产权归政府所有。

2.0 阶段,竞标者在达到封顶地价(最高溢价 50%)后,转为竞年度亩均税收,承诺缴纳年度亩均税收高者中标。园区通过竣工验收 2 年后,每年亩均税收须达到承诺要求;如不达标,园区开发运营企业须向属地政府支付税收差额部分违约金。如不履约,属地政府按照项目投资合同规定追究园区开发运营企业违约责任,予以没收履约保证金。履约保证金金额按中标承诺亩均税收和起拍价差额缴纳,但总额不少于土地出让金总额的 10%。

可见从拿地阶段开始,小微园的导向就是降低企业负担(限房价、限地价)、追求产业质量(竞亩均税收贡献),这也是政府管制对市场开发提出的要求。

（二）开发：市场化的多元开发

小微企业园的开发建设，在市场化导向下逐渐形成了多元主体开发的格局，主要包括以下 5 种主要的开发建设模式。

1. 国资主导开发模式

由各地政府或国有投资公司建设小微企业园。国资平台通过公开方式摘牌土地，并主导园区建设、招商、运营，其中园区产业按政府导向进行招商，整体资产既可租赁也能出售。出售的园区其生产厂房、办公设施可分割给企业，产权登记可以参照商品房模式，在符合消防技术规范要求的前提下，予以分割办理不动产登记。分割后为单体建筑的，以建筑占地面积作为分摊使用面积；分割后为非单体建筑的，以其建筑面积占本幢总建筑面积比例计算分摊面积。从各地实践来看，此模式主要适用于对政府具有导向意义的重点产业平台，在区县层面此类园区不算很多，但普遍质量较高。金华市浦江县的浦江水晶产业园就是其中一个典型的案例（见专栏 2）。

专栏 2　浦江水晶产业园

水晶产业是浦江县的传统支柱产业，全县共有水晶玻璃工艺品生产企业近 1000 家，从业人口近 5 万人。但同时水晶产业属于高污染行业，一直是中央环保整治工作重点。为此，浦江大力推进企业入园，集中解决环保问题。

图 4-3　浦江水晶产业园

浦江由政府主导在全县建设有中部、东部、南部、西部四个水晶专业园区,总占地面积约 794.7 亩,总建筑面积约 79 万平方米。同时,对水晶企业进行分类集聚入园,其中东部园主要集聚钻类水晶企业,南部园主要集聚灯饰、工艺品等水晶企业,中部园主要集聚灯饰、工艺品等水晶企业,西部园主要集聚压型、刻面等水晶企业。在建设上,园区划分为综合产品生产集聚区、污水处理区以及综合配套服务区。园区综合配套建有园区门诊部、水晶企业生产用品及原料商铺、自助银行等,并设有统一的污水处理厂,日均处理污水 20000 吨以上。

通过国资主导下的园区建设,浦江的水晶产业实现破"散"促"聚",释放了产业聚集红利、规范了企业管理方式、提升了企业服务质量,实现了产业发展升级。目前水晶产业园已经具备较为完善的产业链,园区生产水晶工艺品、饰品配件销量占全球市场的 85% 以上。企业培育也取得显著成果,园内一般纳税人企业从原来 47 家增加到 386 家;其中规上企业从原来 0 家增加到 12 家,纳税 100 万元以上企业由原来 0 家增加到 20 家,纳税 10 万~100 万元企业从原来 15 家增加到 137 家,纳税 5 万以下低效企业由原来 299 家减少到 165 家。

2. 工业地产开发模式

由工业地产公司以"招拍挂"方式竞得土地使用权后开发建设的小微企业园,园区的招商、销售,将被限定可出让的最小面积区间及最高面积单价,并纳入工业地产公司签署的土地出让协议。招商企业入园需经过政府审核,需与政府产业导向、亩均税收等考核标准一致。获批入园企业的产权登记则参照商品房模式,予以分割办理不动产登记。从各地实践来看,此模式主要出现在浙江部分工业强县或块状经济集聚区域,面向的是量大面广的中小制造企业。典型案例为温州平阳万洋小微科技创业园(见专栏 3)。

专栏 3 平阳万洋小微科技创业园

该园区由温企万洋集团开发建设,是万洋在浙南地区投资规模最大的复合型工业地产项目。万洋集团由专业建筑商起家,是国家房屋建筑工程施工总承包一级企业。平阳万洋小微科技创业园项目总投资 23.4 亿元,用地面积 866.9 亩,建筑面积 150 万平方米,分为汽摩配产业区、机械产业区、时尚产业区、城市生活功能区、汽摩配机械企业上下游产业链配套区等多个功能区块。

园区按照"工业城"的理念打造,能够提供银行、超市、餐饮、学校等配套服务设施,是一个集生产研发、企业孵化、商业酒店、仓储物流、商务配套、企业公寓于一体的复合型园区(见图4-4)。园区厂房面积区段达到300~20000平方米,具有极广的企业覆盖面,产权也可自由分割;同时按照企业需求还可为其定制厂房,满足行业特殊需要。此外在小微园建成后,万洋还能利用自持的商业和物管等生产生活配套设施继续营利。

图4-4 平阳万洋小微科技创业园

万洋模式的成功之处首先在于精准的产业定位,其项目明确为平阳优势的汽摩配、机械制造产业,且入驻率不低于70%。其次,万洋作为专业建筑商的优势,能够极大地压缩厂房成本,低廉的价格非常能满足企业的需求。

3. 龙头企业开发模式

由产业链龙头企业自主拿地或者利用自有用地建设小微企业园。其操作一般为龙头企业按照所属行业特点要求,统一规划、建设园区,在满足自身使用要求后再租赁给同行业上下游企业。龙头企业开发模式多见于工厂旧改更新,实现"由厂变园",以此模式建设的小微企业园区一般不可分割销售。从各地实践来看,多是政府为促进用地集约利用、提高亩均产出,按照容积率提升调节机制鼓励工业企业"上楼、变园",并适度补助相应的建设资金;而龙头企业则可在拆、改后获得更多办公、厂房空间,以此换取开发或运营收益,同时推动产业集聚,实现企业与政府双赢。典型案例为台州椒江飞跃科创园(见专栏4)。

专栏 4　椒江飞跃科创园

　　飞跃科创园是由台州飞跃集团开发建设的一个以工业 4.0 为方向的综合型智能制造小微园。飞跃集团是全球规模最大的缝纫设备生产出口企业，2008 年起以高端制造和再生资源两大战略性新兴产业为发展导向进行战略转型，并贯彻落实省市区"创新驱动、零地技改、盘活存量"的要求，对原有千亩工业厂区进行再次开发，投资 52 亿元建设飞跃科创园。

图 4-5　椒江飞跃科创园

　　飞跃科创园拥有 1050 亩的规划用地，总建筑面积 150 万平方米。园区以 HCTG（High Creative Technology Group）理念，引进产业关联紧、带动效应强、科技含量高、环境效应好的成长型高新企业，从而带动高端要素集聚，为中小创新企业提供具有前瞻性的创业创新平台。

　　园区于 2018 年底全部建成，入园企业 250 家，年新增产值 200 亿元，年利税 20 亿元，就业者超 1.5 万人。入园企业包括高端装备制造、节能环保、电子信息、仪器仪表、航空元器件、电子商务等战略性新兴产业，加上现代物流、信息服务、研发设计、电子商务等配套生产性服务业，一个崭新的工业小镇呼之欲出。

　　因为飞跃集团的龙头带动作用，大量台州智能制造类企业首选入驻园区。其中包括生产衣拿牌智能化吊挂传输系统和 SAP 平台的飞跃双星和生产伺服电机及缝纫机专用数控系统的速普机电等高新技术企业。正是由于飞跃的示范效应,园区成为台州的制造业转型升级示范基地,并率先实践工业 4.0 战略,促进产业链整体提升,为台州产城融合、调整结构、新型工业化道路作出了贡献。

4. 企业联合开发模式

此模式由同产业或者产业链上下游小微企业签订联合竞投协议,明确成员企业出资比例,新成立联合体公司进行小微企业园开发。联合体公司竞得土地使用权后,与自然资源和规划局签订土地使用权出让合同,并在合同中明确园区竣工后土地使用权分摊办法,再由联合体公司对园区统一规划、统一设计、统一建设。待园区竣工后,按照前期确定的分摊办法,以企业为单位分割办理不动产登记,分割后的产权数量应与联合体企业数量一致,且土地使用权分割完成后,不得进行再次分割。同时,园区内道路、绿化等公共用地不予分割登记,作为园区内各产权人的共同共有部分。从各地实践来看,此模式主要由某一行业的多个同业者,经过行业协会、商会等的组织后,在政府指导下予以实施。与购买厂房相比,企业联合开发模式因为不存在厂房交易的税收成本,所以颇受企业的欢迎。典型案例为温州乐清市智能电气小微园(见专栏 5)。

专栏 5　乐清智能电气小微园

乐清智能电气小微园是乐清电气装备行业采用同业联建方式建设的小微企业园(见图 4-6)。由乐清开发区管委会从 400 多家报名意向企业中,按照"六项基本条件"和"三类优先范围"要求,优选出 45 家小微企业实施联建而成。园区总投资 15 亿元,规划面积 210 亩,由45 家企业共同成立联合体公司,按照"统一规划、统一设计、统一审批、统一配套、联合建设"的方式,按照高标准、高要求进行规划建设。

园区内的各家企业并非各自为政,园区不仅具有明确的功能分区、统一的建筑风格,同时还配套有面向所有企业的 1 幢商务大楼和2 幢人才公寓。此外,45 家企业还联合成立了一家后勤服务公司,实现整体化的物业管理。

这种企业联合开发建设模式,最大优势就在于节约成本,乐清智能电气小微园的厂房基建成本仅需 1700 元/平方米。相比购买工业厂房,因为不存在交易和税收成本,平均单价要节约 30％,折合成整个园区的面积、容积率等,仅基建投资一项就节约了 3.8 亿元。

图 4-6　乐清智能电气小微园

5. 村集体主导开发模式

由村集体经济组织自主在村级留用地或其他集体建设用地上,开发建设小微企业园。一般村集体在符合规划的前提下,通过办理"农转用"报批程序,即可规划建设小微企业园。园区竣工后,根据批准使用的土地面积建筑工程规划许可证、竣工验收材料等,予以办理房产登记。由村集体自行负责或委托专业机构进行产业招商、园区运营,园区以出租的形式提供给小微企业使用,不得分割销售。其中属于城镇低效用地的,村集体经济组织可以按照城镇低效用地再开发相关政策,经拆除后改造建设小微园区。从各地实践来看,此模式多适合规划覆盖、权属清晰、村集体持有集体建设用地的情况,且多为存量老旧工业区改造。典型案例为嘉兴嘉善县大云中德产业园(见专栏 6)。

专栏 6　嘉善大云中德产业园

中德产业园(见图 4-7)是由全县 22 个村共同抱团建设的小微园,即由各村强村扶持土地指标集中整合来建设园区。该项目位于大云中德生态产业园核心区域,总用地面积 50 亩,主要面向高端装备制造、精密机械和现代电子信息类德资企业。

在具体操作层面,园区在县强村办下达强村扶持土地指标后,由大云镇将各个村庄的土地指标腾退整合出来,并统一划出 50 亩地,由 22 个村共同入股出资成立的"嘉善县强村创业大云投资管理股份有限公司"进行开发建设。

图 4-7　嘉善大云中德产业园

其中,经济薄弱村每村出资 300 万元,土地腾退村每村出资 550 万～950 万元,实现该项目总投资达 8000 万元。同时,嘉善县也给出相应政策进行积极扶持。在资金扶持方面,对参加抱团的薄弱村,由县政府补助 160 万元启动资金,并安排最高 200 万元的银行贷款三年贴息资金。在项目引进方面,引进企业 5 个年度内所产生的税收县得部分,县财政在年终结算时将全额返还给大云镇。在收入托底方面,由大云镇确保每年投资额 10% 的保底收益,如有不足由大云镇托底支付,在将来租金上涨出现盈余收益时也将全额给予各村。

通过这种多村抱团建设小微企业园,大云镇实现了集中土地指标促进产业发展,而对各个村集体也实现从"村内经营到村外经营"和"被动输血向自我生血"的转变。

从各地实践来看,以上 5 种模式都有优势和不足。如国资主导型虽然产业质量高但开发效率慢,村集体自建型建设积极性高但园区运营质量一般,企业联建型更能为企业降成本但实施协调不易,龙头企业主导型虽然产业生态容易搭建但实业企业建园经验不足。总体来看,工业地产型在规划水平、建设效率、市场营销和后期管理方面都相对更有优势,在各地推广较普遍,也产生了如万洋、置信、华鸿等一批专业的小微园开发商。

同时,大量的国资平台、龙头企业、企业联合体、村集体经济组织等小微园开发主体的产生,将更加促进小微园探索公私合营的"混合所有制"模式,即政企合作、企企合作,共同运营小微园项目,加快形成"政府引导、市场开发、专业运营、政策配套"的小微园开发运营格局。

（三）销售：四限制一摇号制度

进入项目销售、招商阶段,基于项目开发保本微利、园区销售避免炒房和真正让实业企业能够入园的原则,温州等地也创新性地提出了"四限、一摇"的政策要求,即限房价、限转让、限自持、限面积和公开摇号制度（见图4-8）。

图 4-8　温州市场化开发的小微园"四限、一摇"要求

来源:《温州市人民政府办公室关于进一步加强小微企业创业创新园建设管理的通知》,温政办〔2017〕74 号.

限房价。即小微园建设要本着"保本微利"和"降低小微企业用地成本"的原则,合理确定项目建设成本以及销售、租赁价格的控制要求,并纳入《项目管理合同》《土地出让合同》进行严格管控。如温州市就要求,原则上全市小微园销售均价不得超过 2900 元/平方米,销售最高价不得超过销售均价 1000 元/平方米,租赁最高价不得超过每月 25 元/平方米。

限转让。即入园企业购得小微园厂房后必须自用,未经批准不得转让。如因企业发展壮大需要外迁或经营不善需转让产权的,属地政府按原销售价享有优先回购权;如属地政府放弃回购,须经当地经信部门批准审查后方可转让,受让方应符合小微园入园相应标准。如乐清市更具体要求,配套设施与生产厂房不得分开转让;园区租赁企业不得自行转租,确需退出的,先由市政府或者园区开发主体收回后,再向符合条件的小微企业出租。

限自持。即社会投资主体开发建设的小微园,开发主体自持面积比例原则上不低于 20%～30%,且不可销售和转让,自持年限与土地使用权年限一致。

限面积。即社会投资主体开发建设的小微园,单个入园（包括出租和出售）企业面积一般最小不得低于 500 平方米,最大不得超过 5000 平方米。若单幢面积超过 5000 平方米,则限定每家小微企业原则上最多只能购买一幢。

公开摇号销售。即政府主管部门会严格按照入园标准对拟入园企业进行审核把关。特别是在小微园供不应求的情况下,社会投资主体开发建设的小微园销售须由属地经信部门组织公开报名并对报名企业进行审查,若符合入园条件的企业厂房需求超过可售房源的,则通过公开摇号方式销售;若符合入园条件企业厂房需求少于可售房源的,投资主体须提出申请并报市经信委审查通过后方能自行公开销售。

这种"四限、一摇"制度的产生,也与当时温州大力推进工业区块旧改而激发的"天量"厂房需求在短期内无法满足有关。2017年1月,温州市委政策研究室发布的《"大拆大整"中小微企业与小微园对接情况的初步调查与建议》数据显示,截至2016年10月,温州全市共规划建设小微企业创业园104个,面积约1455万平方米,已竣工园区64个,竣工面积1062万平方米,入驻企业1440余家,入驻面积约758万平方米。而当年温州全市有工业企业17万家,其中98%以上是小微企业,70%以上的小微企业没有自己的厂房。

彼时,温州全市小微园无论是规划面积还是建成面积,都远远满足不了数量庞大的工业中小微企业需求,因此小微园普遍热销,基本上"一房难求",甚至还出现针对小微园的炒房群体(见图4-9)。当时,有不少企业主表示,自己的租用厂房拆除在即,但找了几个小微园都被告知无房可租可售,但订单不能停、员工不能散,企业主因此急得像"热锅上的蚂蚁";另一方面小微园开发主体也验证了这种情况,当时有不少企业通过各种渠道"掣篮子",想拿到小微园厂房。

在此情形下,如何更好地安置改造企业、降低企业负担、避免投资型炒房、避

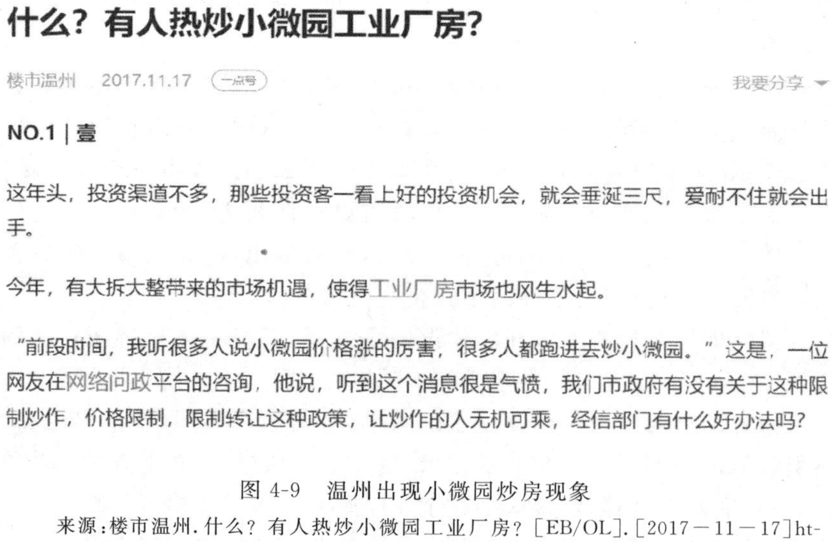

什么?有人热炒小微园工业厂房?

楼市温州   2017.11.17   (一点号)   我要分享 ▼

NO.1 | 壹

这年头,投资渠道不多,那些投资客一看上好的投资机会,就会垂涎三尺,爱耐不住就会出手。

今年,有大拆大整带来的市场机遇,使得工业厂房市场也风生水起。

"前段时间,我听很多人说小微园价格涨的厉害,很多人都跑进去炒小微园。" 这是一位网友在网络问政平台的咨询,他说,听到这个消息很是气愤,我们市政府有没有关于这种限制炒作,价格限制,限制转让这种政策,让炒作的人无机可乘,经信部门有什么好办法吗?

图 4-9　温州出现小微园炒房现象

来源:楼市温州.什么?有人热炒小微园工业厂房?[EB/OL].[2017-11-17]http://www.yidianzixun.com/article/0HifV3ii?from=singlemessage.

免低效企业入驻,就成为小微园政策设计的重点。就此"四限一摇号"的制度创新就应运而生,成为温州实施管控的抓手,并较好地促进了产业集聚、保证了企业质量、解决了企业缺空间问题,间接帮助诸多企业上了一个台阶。

三、入园与管理:标准化入园与合约管理

无论是在竞拍中贡献价值的拿地方式、市场化的多元开发机制,还是"四限制一摇号"的销售制度,更多的是保护入园企业的利益。但是,入园企业在享受福利的同时,也面临着"标准入园"和"合约管理"等严格的入园"门槛"和考核管理要求。

(一)标准化入园门槛及用地条件

1. 入园标准化的"门槛"导向

入园标准化最初是由温州等地提出,主要目的是为了提升产业集聚质量、避免"低小散"再次集聚。如 2019 年 5 月,温州市出台了《关于推进"百园万企"小微企业园示范引领工程实施意见》,提出要围绕"科技高度、投资强度、税收贡献度、两化融合度、员工文化程度"的"五度"要求,优先引导科技型、成长型、特色型、环保型小微企业入园(见图 4-10)。

图 4-10　温州小微企业园的"五度"入园标准

在一般情况下,"五度"要求下的小微园入园条件主要包括:入园企业应符合园区产业定位,在亩均投资强度、亩均产值、亩均税收等方面需要满足特定标准要求,优先安排低能耗、低排放、高附加值、高成长型企业和"专精特新"企业入园(见表 4-4)。比如温州乐清发布的《乐清市小微企业创业园建设实施方案》,其入园标准就包括基础要求和优先入园要求两大类要求。其中,基础要求包括注册要求、环保要求、投资要求、亩均效益要求;而优先入园要求则主要面向产值税收突出企业、科技型企业、优质企业和已经供地再需求企业四类。

表 4-4　乐清市小微企业园入园标准要求

序号	要求类别	要求重点	具体内容
1	基础要求	注册要求	为乐清市域内依法登记注册、具有独立法人资格、合法经营、依法纳税、具有良好信用记录的工业企业
2		环保要求	入园企业必须符合国家产业政策及小微企业园产业发展规划要求，符合污染物总量控制等国家环境保护有关规定，对不符产业政策、环保、能耗要求的企业实行一票否决
3		投资要求	项目固定资产投资强度等指标按《乐清市标准地控制性指标》执行
4		亩均效益要求	镇、街道所属小微企业园入园企业的亩均效益综合评价必须达到规上 B 类以上或规下 A 类以上；乐清经济开发区、乐清湾港区所属小微企业园入园企业的亩均效益综合评价必须达到 A 类以上
5	优先入园要求	产值税收突出企业	近三年主营业务收入或者纳税总额持续增长且平均增长率在 10% 以上的企业；同产业类型企业，以税收优先
6		科技型企业	近三年研发投入（R&D）占比平均在 4% 以上
7		优质企业	1)行业龙头企业的关键配套企业；2)高新技术产业企业；3)战略性新兴产业项目企业或者孵化器毕业的企业；4)实施重大技改项目企业；5)准规上的企业新设立的股份有限公司
8		已经供地再需求企业	在我市已供过工业用地，且厂房被征收或者将被征收的企业；或在我市已供过工业用地，有意向园区集聚，愿意通过回购、置换等方式入园的企业

对于一般的市场化开发的小微园，也基本都具有行业门类、亩均税收、环保标准等基本入园要求。如温州龙港的龙港世纪科技创业园自持的工业生产性用房招租，其具体要求如表 4-5 所示。

正是由于这样的标准化"门槛"设置，确保了入园企业具有一定的发展质量和相当的发展潜力，不少小微企业在入园后都加大了科技研发、产品开发、技术改造、环保治理的力度，此后顺利撕掉原来的"低散乱"标签，实现了快速成长。如瑞安市江南科技孵化小微企业园通过这"五度"考核后，园区内集聚了 59 家高成长型、科技型企业，亩均税收比全省规上工业平均税收高出 30%。

表 4-5　龙港世纪科技创业园自持工业生产用房招租要求

序号	要求类别	具体要求
1	注册情况	在龙港市域内依法登记注册、具有独立法人资格、合法经营、依法纳税、具有良好信用记录的工业企业,且必须取得一般纳税人资格
2	用地情况	企业现有工业用地原则上已得到充分利用,无闲置土地
3	亩均税收	登记报名企业原则上亩均税收不低于 15 万元,具体行业指标参照《温州市"标准地"控制性指标(试行)》确定
4	产业门类	主导行业为印刷包装业、塑料制品业
5	租期租金	厂房一次性出租合同期限不得高于 5 年,租金支付周期不超过 1 年,租赁最高价不得超过每月 25 元/平方米

来源:龙港网.关于龙港世纪科技创业园房源公开出租的公告[EB/OL].[2020-11-20]. http://news. cnlg.cn/20201120/145692.htm.

2. 入园标准化与"标准地"出让

伴随小微园企业入园要求的标准化,小微园产出指标前置于土地出让阶段并和"标准地"结合就成为导向。一般按照"标准地"方式出让的小微园地块,会在传统的开发建设指标外,再设置如产业准入标准、固定资产投资强度、产出增加值、税收值、单位能耗增加值、单位能耗排放值等产业发展指标。开发企业拿地后与政府签订《标准地使用协议》及《承诺书》,根据承诺直接进场施工,并在竣工备案前补齐相关程序。这一土地出让方式用"承诺制"代替"审批制",成功让开发企业实现拿地即开工建园,极大地降低了企业负担,也直接前置明确了后续的企业入园标准。

2017 年 8 月,德清县推出了全省首宗"标准地",该地块位于莫干山高新区,是一块占地 3.58 万平方米的工业用地。除了传统的容积率、绿地率等建设控制指标外,该地块还提出了固定资产投资强度、土地产出、土地税收、单位工业增加值能、环境标准、开竣工时间等指标要求(详见表 4-6)。另外,"标准地"设置的投资、产出、税收等指标,在项目完成园区建设规划后,将进一步转化为单位建筑面积上的考核指标,并根据企业对园区的面积需求,确定为具体的企业入园标准及其后续产出标准。

表 4-6   浙江省首宗标准地出让要求

序号	区块号	地块座落	使用性质	准入行业	出让面积(m²)	出让年限	出让方式	规划容积率	建筑密度	绿化率	行政办公及生活服务设施用地所占比例	出让起价(元/m²)	竞买保证金(万元)
1	2010—202	高新区环城北路南侧伟业路东侧	工业	计算机、通信和其他电子设备制造业	35814	50	挂牌	>1.2	≥30%	10%~20%	<7%	420	600

其他相关要求:

1. 固定资产投资强度≥340 万元/亩;

2. 土地产出≥600 万元/亩;

3. 土地税收≥21 万元;

4. 单位工业增加值能耗<0.5 万吨标准煤/万元;

5. 环境标准:(一)禁止含以下工艺的项目:①含有电镀生产工艺的项目;②有钝化工艺的热镀锌项目;③涉重金属排放的建设项目;④排放含氮含磷污染物的项目。(二)限制以下 VOC 排放的项目:年用非水性涂料 20 吨以上、VOC 废气排放量>2t/a 且未采用 VOC 最佳环保治理技术的项目。(三)限制有以下工艺的项目:含有使用盐酸的酸洗工序的项目。

6. 开竣工时间:土地受让后 10 个月内必须动工建设,开工建设后 18 个月内竣工。

7. 地块成交后,需缴纳履约保证金 5 万元/亩,最高 500 万元,不计息。

同样这种以"标准地"形式出让建设的小微园也出现在温州。2018 年 11 月,温州市仰双片区前后京单元小微园地块就是温州首宗成功出让的工业小微园标准地。该地块占地面积 74462 平方米,土地用途为工业用地,准入产业为鞋业及配套产业,亩均固定资产投资达到 300 万元,达产后亩均增加值为 200 万元。此外,地块竞得人需整体持有,不能分割转让,只可用于小微企业租赁使用,租赁最高价不得超过每月 25 元/平方米。

可见,小微园与"标准地"的结合愈发紧密,园区在出让阶段就已大体确定好后续的企业入园和产出考核标准,同时限定其他管控要求,使得政府管理和园区招商的方向更加明确。

(二)合约管理确保园区发展质量

为了保证入园企业能够达标,小微园对入园企业采取了合约管理制度。目前已基本形成,入园前企业签署管理合约,入园后实施亩均论英雄考核和不达标企业退出的管理机制(见图 4-11)。首先,是入园前企业签署管理合约。一般参照"标准地"工业项目达产验收标准和办法,由园区属地政府与入园企业签订入园合约,明确入园达产要求,并缴纳履约保证金,实行履约管理。对亩均税收不达标的,入园企业须向属地政府支付税收差额部分违约金。

图 4-11　小微企业园合约管理的三步骤

其次,是实施亩均论英雄考核。一般以入园企业上一年度亩均销售产值、亩均税收、单位能耗销售产值等指标对入园企业实施绩效评价,评价结果与扶持政策挂钩。并落实要素供给差别化政策,倒逼入园企业更新设备、创新产品、节能减排和安全生产。

再次,是建立不达标企业退出机制。一般对在规定年限内达不到产出标准的入园企业,可给予一年的整改期,对整改期后还无法达到约定要求的,属地政府有权要求企业转让小微园产权给达标企业或直接由政府回购园区厂房,或废止租赁合同收回厂房。

如温州龙港市为了如期完成印刷包装行业 VOCs 治理任务,2019 年 7 月发布《关于规范龙港新城小微园国有产权厂房出租管理的通知》,对其国有产权小微园厂房管理要求如下:

首先,企业入园形成三方面合约管理。一是承租企业入园达产应纳税销售额要达到 3000 万元。二是行业选择要优先出租给 VOCs 分散治理难度较大的凹版软印刷包装企业,再考虑部分规上胶印企业和整合后丝网印刷企业;承租企业入驻前已有自有厂房的,其印刷工序必须全部集中到本园区,后道工序可继续在自有厂房生产;入驻前没有自有厂房的,其所有工序必须全部集中到本园区。三是承租企业签订承租合同后,需缴纳 30 万元意向金。

其次,根据亩均效益设定阶梯化租金。园区年租金价格按平均 165 元/平方米确定,按企业上年应纳税销售额大小确定先后顺序选择厂房。次年开始根据上年实际亩均税收确定阶梯化租金价格,具体见表 4-7。

表 4-7　龙港新城小微园国有厂房亩均税收与租金价格标准

序号	纳税额(万元/亩)	年租金(元/平方米)
1	15	195
2	15～20	180
3	20～25	165
4	25～30	150
5	30～35	135
6	35	120

注:厂房面积每 1500 平方米折合 1 亩,租金平均价格每两年调整一次。

再次,退出机制关注税收、投产和环保。龙港方面要求当承租企业有下列行为之一的,经协调拒不整改或整改不到位的,由经信局通知出租方按合同约定解除租赁合同。具体包括:1)投产 6 个月后未在市内形成直接税收贡献的;2)停产停业超过 6 个月的;3)未经批准擅自改变厂房用途、结构或转租、分租、转借、与他人调剂使用的;4)整治类企业超过规定期限 1 个月未关停园外印刷设备的;5)厂房交付后 3 个月内未进行设备安装或超过约定投产时间 3 个月不投产的;6)环保、消防等问题经整改后仍无法达标的。

为了规范印刷行业的厂房使用情况,龙港在小微园管理合约上既充分考虑了产值、税收等要素,还对企业的生产环节、工艺、环保等方面提出了明确的要求,凸显了合约管理的规范性和高效性。

四、运营与服务:平台思维与生态搭建

政府前期对开发企业和入园企业的各项引导和管制措施的实行,基本能保证小微园开发建设、产业培育、企业准入等的各项质量,实现了一批"尖子生"入园。此时如何打造良好的园区产业生态,提升运营、服务质量,就成了小微园下一阶段所要达成的目标。

(一)运营要求

2017 年 4 月,从浙江省全面推进小微园伊始,浙江省委、省政府发布的《关于加强小微企业园建设管理促进经济转型》中明确提出要加强对小微企业园的服务指导,具体要求包括"支持有条件的企业建设公共服务平台,为入园企业提供商务办公、金融服务、技术开发、产品检测认证、法律、信息咨询、教育培训、仓储物流、政策性融资担保等公共服务"。

而这样的导向一以贯之。2020 年 10 月,浙江省小微园办发布《关于进一步加强小微企业园建设和管理的指导意见》,提出要强化小微企业园对小微企业培

育服务的功能作用,强化小微企业园在产业集群、企业集聚、要素集聚、服务集成和治理集中等方面的功能,打造基础设施配套齐全、公共服务便捷优化、社会服务高效集成的现代产业社区,把小微企业园建设成为新动能培育的孵化器、企业成长的加速器、招商引资的新平台。为此,意见要求"坚持培育和引进并举,加快推进小微企业园专业化运营机构建设,重点扶持一批专注于制造业园区的专业运营机构,支持和打造一批集小微企业园开发建设、企业招引、运营管理、产业链服务于一体的专业化机构"。

　　而在温州这样的小微园建设重点区域,其《温州市"百园万企"小微企业园示范引领工程实施意见》就明确要求推行小微园区专业化运营管理,全市 100 亩以上的小微园都应建立或引入物业管理等专业化运营机构,建立规范化的管理运行机制,实现专业化运营管理全覆盖。可见,从基础性的物业服务到专业性的产业服务,最终形成完善的产业服务生态,小微园的运营导向基本明确!

　　(二)运营方式

　　建立服务中心、提供配套设施、引进专业机构,以整合各方支撑资源来搭建运营服务体系是小微园运营的基本做法(图 4-12)。

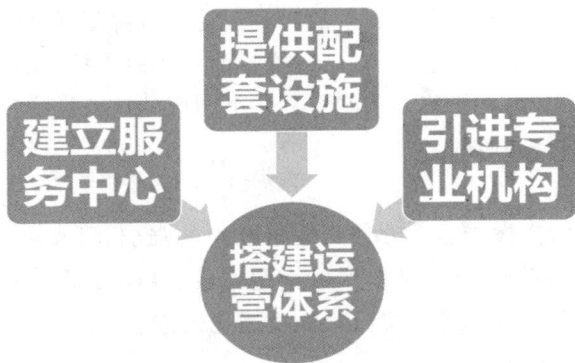

图 4-12　小微企业园运营的基本做法

　　建立服务中心是小微园运营的第一步。服务中心作为运营方为在园企业提供全方位服务的窗口和阵地,主要起到集合服务资源、搭建服务体系、促进政策落地、强化对企服务的作用。因此,服务中心首先需要不断联系企业以获取企业发展需求,成为了解企业的"知心人"。同时,需要及时举办各类政策的宣讲会、咨询会,帮助企业了解最新政策信息,成为政企联动的"沟通人"。此外,需要围绕科技创新、知识产权、检验检测、企业融资、法律财税等企业需求提供相应的专业服务,帮助企业解决各类实际问题,成为企业发展的"好帮手"。总体来看,浙江多个小微园区都依托服务中心建立起包含政府政策服务、创业创新服务、投融资服务、人力资源服务、智慧物流服务、优质物业服务等服务平台,建立起园区运营的基本架构。

提供服务设施,降低企业运行成本是小微园运营的另一大任务。通过小微园建设,很多小微企业得以获得非常有必要,但受制于企业规模无法自建的配套设施。首先,在生产性配套方面,小微园可围绕产业主题重点配建公共实验室、打样车间、危化品仓库、智慧云仓、"三废"处理设施等生产服务配套,以满足企业生产经营需求。其次,在生活性配套方面,小微园一般都设有园区食堂、职工宿舍、便民商业、文体活动、交流会议等服务设施,能够很好地满足企业及其员工的日常需求。

此外,小微园运营还需引入专业机构,提供公共技术服务。通过各类专业机构促进"产学研用"协同,也是园区运营的重点。一般而言,各个小微园会围绕应用开发、检验检测、工业设计、品牌推广、知识产权、产业链金融、智慧物流等相关服务需求,重点选择一个或多个领域引进高校院所、检测机构、设计公司等服务机构,以促进服务要素集成的方式,将整个产业链打通。

对小微园运营方而言,运营体系的搭建就是一个搭建平台、整合资源、构建生态的过程,自己能干的自己干,自己不能干的找政府支撑、从市场购买、找合作伙伴或是其他方式,总之能整合来就好。各个园区的运营模式、服务重点虽有不同,但普遍做法却是共通的。

(三)运营路径

小微园的运营实操受运营方自身运营能力的强弱、可支配资源的多寡和深入产业链上下游的程度影响,基本形成横向集成、纵向成链的两种路径,并通过建设产业创新服务综合体等方式向服务生态化迈进。

1. 横向集成路径

横向集成服务主要根据入园企业在科技创新、产品开发、专利申报、创业孵化、企业管理、政策对接、人才引进、产业金融、法律财税、物流运输等经营发展中的各领域需求,以搭建平台的方式来集成各类服务资源,实现运营服务。这种方式不苛求运营方自身具备强大的服务提供能力,而是需要运营方不断引进高校院所、设计机构、公共实验室、产业投资基金、科技大市场、检验检测机构、人力资源和法律财税等服务公司,通过让专业的人做专业的事,来搭建运营体系。这种模式多适用于国资开发平台、产业地产商等园区开发机构来实施,以适应其长于开发建设、短于专业服务的特点。典型代表为台州玉环太平塘小微企业园(见专栏7)。

专栏7　玉环太平塘小微企业园

　　玉环太平塘小微企业园(见图4-13),又名玉环创融工业城,是在外玉商"浙江创融实业投资有限公司"转型工业地产,回玉环投资开发的首个制造业小微园项目。园区以玉环传统优势产业汽摩配、水暖阀门等为主导产业,被地方政府认定为县域汽摩配和水暖阀门小微企业创新发展的主阵地和主平台,并在地方政府指导下按照"标准建设、审核入园、完善配套、联动政府、切实运营"的思路提供运营服务。

图4-13　玉环太平塘小微园

　　园区总规划面积630亩,一期占地278亩、建筑面积45万平方米,并配套有员工宿舍、食堂、超市、会议中心等服务设施5万平方米,能够全方位满足企业生产经营需求。园区总体可容纳汽摩配、水暖阀门等行业小微企业280余家,就业人员7000余人,投产后年产值可达50亿元以上。

　　在运营方面,浙江创融受到自身积累有限的制约,更多强调落实政府要求、引进政府服务并拓展专业服务,重点整合引入玉环小微企业园综合服务中心驻园区服务点和其他相关专业服务机构,形成运营服务集合体。

　　首先,在企业入驻前,创融深入落实政府入园门槛要求,把好入园关。一是严格按照入园企业主导行业占70%的要求,反复筛选汽摩配和水暖阀门企业入园,避免陷入重销售轻产业的地产营销思维;二是按照产业类型、环保能耗、安全生产、亩产效益等入园条件,落实好"企业申请—创融初审—乡镇审核—市小微企业园办审定"等程序,提前拒绝不符合政策的企业入园。

其次,在企业入驻时,创融积极配合市小微企业园综合服务中心驻园区服务组,协助办好相关政策咨询和政务代办工作,帮助小微企业享受报批"代办式""妈妈式"服务。重点通过引进由经信、环保、财政、市场监管、人力社保等多部门10多名审批人员进驻园区,现场为企业提供工商变更、环保审批、项目备案、变压器审批、员工参保咨询等一站式服务,入园企业能够"足不出园"享受企业服务事项"一窗受理""一证通办"。另外,创融还在经信部门指导下,遣专人协助企业做好搬迁入驻,帮助企业进行合理规划,避免二次搬迁。

再次,在企业入驻后,创融通过引进生产管理、专业治污、金融服务、法律财税、管理咨询等服务机构,为入园企业提供全方位的制造业服务。在管理提升方面,创融通过引入第三方机构,派遣专人驻厂指导,科学规划制定"一企一案",建立现场管理标准,并制作各楼层6S管理看板,实施局部目视化管理,构建起"整洁、整齐、有序"的生产现场。在安全生产方面,采用"安全生产物业化管理模式",引入社会化服务中介统一管理园区内企业安全生产工作。在废污处理方面,由园区投资建立废污处理中心,引进专业机构集中处理废水、废油、废切削液等,节省企业处理工业废料成本。在金融服务方面,与台州银行玉环支行签订集体意向授信协议,为园区内66家企业提供了3亿元授信服务,缓解了企业的资金压力。在财务法律服务方面,引进了一家会计师事务所和律师事务所,并在园区内设立代账中心。在项目申报方面,引入第三方管理咨询公司,为园区企业提供高新企业申报、专利申报、企业产品标准申请等服务。

2. 纵向链式路径

纵向链式服务主要根据园区主导产业,围绕技术开发、工业设计、产品制造、检验检测、销售推广、物流运输等产业链上中下游环节,集成制造商群体并为之配套各类服务商或公共服务机构,以形成上下游协作生态,达到实现运营的目的。这种方式其特点在于需要运营方能够深入产业链上下游各环节,通过自身服务或链接资源的方式为企业提供更对口、更有效的服务主体,并时刻促进相关服务的优化、改进。这种模式多适用于行业龙头企业、行业协会商会来实施,以让行业内的人发挥其专业才能。典型代表为义乌聚饰云产业园(见专栏8)。

专栏8　义乌聚饰云产业园

　　聚饰云产业园(见图4-14)是为促进义乌饰品行业转型升级的专业型小微企业园,由义乌饰品行业龙头新光集团投资建设。建园用地最初计划为新光集团自用厂房,后来新光集团决定将其打造成为一个饰品类专业小微园。园区由新光集团旗下子公司——义乌新辰互联产业园有限公司负责操盘,以建设为国内首个"互联网+饰品"垂直型制造业产业园为目标,打造集聚饰云平台、供应链金融、行业大数据、创新综合体于一体的服务平台,为电商创客和园区企业提供一站式服务。

图4-14　义乌聚饰云产业园

　　园区于2013年起建,2016年底投入使用,目前已入驻30余家饰品及配套企业。园区总建筑面积15万平方米,建有8栋标准厂房、1栋17层功能主楼、4栋生活配套楼及1座现代化智能仓配系统"网仓"。在配套设施方面,园区围绕饰品供应链需求设置了设计中心、生产基地、打样中心、直播电商创客中心、仓储基地五大功能板块以及宿舍、食堂、污水处理三大后勤配套。此外,新光集团打造了饰品行业国内首个工业互联网平台——聚饰云平台,集合"饰+"创意设计、新材料和装备研发、"互联网+"供应链、"品质标"公共服务、了双创服务等内容,全力助推饰品产业链数字化。由此,园区运营充分发挥"生产制造+设计打样+工业互联网+直播电商"的整合作用,入园企业实现了沿产业链发展。

　　通过新光"聚饰云"线上平台,园区整合了饰品产业链上的配件商、生产商、成品商、电商、贸易商、设计师、科研机构以及第三方服务商等

25000 多商家、74000 多消费用户,可为广大饰品企业提供原材料采购、共享设计、共享制造、供应链协作、生产制造、检验检测、展示展览、仓储物流等一站式综合服务。园区线下配置了设计中心、生产基地、3D 打样中心、饰品展厅、电商创客中心、智慧网仓等实体功能板块,能直接满足饰品企业设计、打样、检测、拿货、仓储、销售等多元需求,为之提供一系列增值服务。

伴随直播电商行业的崛起,园区将运营服务从研发制造延伸至电商销售环节,直播电商基地的导流作用得到了有效的发挥。园区饰品展厅集中有义乌最主要饰品企业的各类新产品,并不断更新换代,这里是电商企业拿货的好选择。一批直播网红和电商企业也入驻园区,为这些饰品企业带货,并集聚起一批 MCN 机构及相应的服务公司和创业团队。

正是通过这种"生产制造基地＋工业互联网平台＋线下服务中心＋直播电商基地"的链式运营服务,园区实现以生产基地促进饰品产品集中、以工业互联网平台和各专业服务促进饰品创新集中,再以直播电商获取销售流量入口的方式,真正实现了对饰品企业的一站式、全链条式服务。

以纵向链式服务为基础,依托聚饰云平台并整合园区设计中心、打样中心、直播电商基地等服务载体,在新光集团的牵头下,新辰等 5 家饰品龙头企业在园区内建设了义乌饰品"产业创新服务综合体",并被列入了第一批省级产业创新服务综合体创建名单。

3. 生态化平台建构路径

无论是以横向集成还是以纵向成链的方式构建运营路径,小微园若要全面提升运营服务能力,终将走向创建产业创新服务综合体、打造生态化平台的道路,"小微企业园＋产业创新服务综合体"似乎成为园区运营发展到一定阶段后水到渠成的必然结果。从浙江实践来看,大多形成"由 1 个高质量小微企业园为载体,创建 1 个区域级或行业级产业创新服务综合体,面向 N 个小微企业园和实体企业提供服务"的形式。

从两者的关系来看,产业创新服务综合体是以集成各类创新公共服务平台为基础,坚持政府引导,企业为主体,高校、科研院所、行业协会以及专业机构参与,为广大中小企业创新发展提供全链条服务的新型载体。其功能包括创意设计、研究开发、检验检测、标准信息、成果推广、创业孵化、国际合作、展览展示、教育培训等多种服务。无疑,这是对某个单一小微园运营服务功能的全面提升,使其既立足于园区本身,又跨越门槛走向更广大的行业当中。这种组织方式也得到了政府的政策支持。2018 年 12 月,浙江省促进中小企业发展工作领导小组办公室印发《浙江省小微企业园绩效评价试行办法(浙中小企业办〔2018〕18号)》,明确提出"支持有条件的五星级小微企业园创建省级产业创新服务综合体,提升创新服务能力"。

如义乌义亭美创园就建设有"三台合一"的运营服务平台,即一个前台、一个后台,加一个服务台。前台就是位于园区内的美创园公共服务中心,对接所有服务对象和业务,直接运营园区,同步帮园区企业代跑代办和举办各类活动;后台是园区运营公司总部,集聚有一批专业性服务人才,使得美妆工业服务能够第一时间得到响应并进入状态,做到便利、快捷、专业;服务台就是运营公司设立在政府行政服务中心的服务窗口,直接响应前台和后台的工作需求,实现"一次不用跑"代办作用。

在运营实操方面,园区设有纵向链式的"美妆工业企业全生命周期服务体系"和横向集成的"小微园区全方位服务生态体系"两套服务体系,为企业提供从初创到落地到成长到发展再到清算的各阶段服务,并以管家式服务代办各类非产品业务,全面为企业减负。其中,"工业企业全生命周期服务"体系,全面深入到美妆行业的产学研合作领域,可为企业提供包括厂房设计、产品开发、技术引进、专利申请、检验检测等多项技术服务。这些工作正好契合浙江省建设产业创新服务综合体的导向要求,因此由美创园运营公司为主体申报的义乌化妆品产业创新服务综合体获批顺利,后来还成功申请成为金华市级的产业创新服务综合体。

在很多小微园集聚的区域,"1 个产业创新服务综合体+N 个小微企业园"的组织模式,让产业创新服务综合体这种高能级的行业公共服务平台,更好地集合了"产学研用金、才政介美云"等运营服务资源,发挥出更强的运营服务效能。如温州龙港印艺特色小镇中就建有多个"镇中园"形式的小微企业园(见图 4-15),包括黄河轻工小微企业创业园、新双鲸小微企业创业园等 7 个属于印刷行业整治提升的小微园。龙港市针对这些园区,基于促进特色小镇建设和印刷行业培育的要求,大力搭建跨园区、覆盖整个龙港印刷行业的运营服务体系,并整合资源,专门为龙港的印刷搭建了产业创新服务综合体。

龙港印刷行业小微园的运营体系以破解产业技术创新、创意设计、人才培养、检验检测和环保等共性难题为目标,建设了包含 10 个服务中心的产业创新服务综合体(见表 4-8)。以推进印刷产业"智能化、数字化、个性化、绿色化"为导向,围绕互联网+、研究开发、创意设计、检验检测、人才培训等核心服务需求,建立了互联网+共享服务中心、协同创新研发中心、创意设计服务中心、检验检测服务中心、人才培训服务中心;按照"最多跑一次"改革理念,建立了创业孵化

图 4-15　龙港印艺小镇当中的小微园分布

表 4-8　龙港印刷产业创新服务综合体十大服务中心构成

序号	中心类型	中心名称	建设重点
1	五大核心服务中心	互联网＋共享服务中心	引进猪八戒网合作共建互联网＋共享服务中心,通过猪八戒网人才共享服务平台和八戒印艺专业平台,为小镇及周边印刷企业提供创意设计、印刷业务、智能制造、品牌服务、营销推广、科技服务、知识产权、财税金融等800多种具体服务。
2		创意设计服务中心	依托猪八戒网平台线上设计师资源,强化与北京印刷学院、上海理工大学印刷学院等高校设计人才对接,形成集印刷产品设计、产品发布、展示体验中心于一体的印刷创意设计体系。
3		协同创新研发中心	以北京绿色印刷包装产业技术研究院海西分院作为核心研发机构,整合各类科研资源,组织实施一批印刷业共性、关键性的重大科技攻关项目,为企业技术创新和产品开发提供服务。
4		检验检测服务中心	引进浙江省印刷装潢品质量检验中心,整合北印检测(北京印刷学院线上检测平台)资源,设立检验检测服务中心和北印远程检测服务站,争取创建国家级印刷检验检测平台。
5		人才培训服务中心	依托北京印刷学院、猪八戒网、苍南第二职业学校、苍南东方职业学校等院校平台,打造"线上线下"结合的人才培训机构,为苍南印刷产业培养创新型、技工型等多层次人才。

续表

序号	中心类型	中心名称	建设重点
6	五大配套服务中心	创业孵化服务中心	引导和支持社会力量建设专业的孵化平台载体,开展一系列印刷产业交流活动,全面构建"众创空间—孵化器—加速器"的全过程、全要素、差异化服务的孵化培育体系。
7		知识产权服务中心	完善知识产权创造、运用和保护机制,构建行政、司法与行业自律相结合的知识产权保护体系。
8		科技金融服务中心	着力解决印刷企业融资难、融资成本高问题,拓宽印刷企业融资渠道,加大对印刷企业创新创业的金融支持。
9		技术转移服务中心	建设技术转移中心,完善科技成果交易渠道,培育发展一批科技服务业、中介机构和技术经纪人,最大限度吸引国内外的印刷科技成果来苍转移转化。
10		公共服务改革中心	积极打造龙港科技创新云服务平台,加强数字公共服务供给,推动"最多跑一次"改革,激活市场创新主体的活力和创新能力。

来源:《龙港印刷产业创新服务综合体创建规划方案》.

服务中心、知识产权服务中心、科技金融服务中心、技术转移服务中心和公共服务改革中心。

五、考核与星级:园区治理与发展导向

(一)绩效考核

为了检验、量化小微园的发展成效,浙江积极推进了针对小微园区的"亩均论英雄"考核。2018 年 12 月,浙江省印发了《浙江省小微企业园绩效评价试行办法》的通知,要求各地按照亩均税收、亩均产出、企业培育、高端要素集聚和其他绩效指标 5 个类型,分生产制造和生产性服务两大类园区,对小微企业园实施绩效评价(见表 4-9)。绩效评价结果根据得分从高到低分成 A、B、C、D 四档,其中 A 档比例不高于 20%,D 档比例不低于 5%。

表 4-9　小微企业园绩效评价参考指标

评价指标	单位	参考权重	指标说明
亩均税收	万元/亩	25	园区企业税收收入/实际用地面积。各市可根据全省亩均税收情况制定本地的亩均税收基数

续表

评价指标	单位	参考权重	指标说明
亩均产出	万元/亩	25	园区企业销售收入/实际用地面积。各市可根据全省亩均产出情况制定本地的亩均产出基数
企业培育	家	30	当年累计净增规上工业企业和限上服务企业数,以每净增1家企业为基数。当年认定为高新技术企业、省科技型企业、隐形冠军等省级及以上有关部门认定的企业,可参照"小升规"一定比例赋分
高端要素集聚	—	20	当年新增高端人才数量,外资、创业投资机构、产业基金实到投资、企业固定资产投资、无形资产投资等,企业专利、省级及以上品牌拥有量等
其他绩效指标	—	加分项	各市可根据实际情况设定,如产业集聚度、绿色发展、就业贡献等能体现园区绩效的相关指标

该《办法》要求各地政府根据小微企业园绩效评价的结果,对各园区实施资源要素差别化配置政策。未来将在用地、用电等方面加大对 A 档激励、D 档倒逼的力度,推动小微企业园的提档升级和高质量发展。

从 2019 年全省评价工作来看,基本形成评价对象基本覆盖、评价体系综合兼顾和评价操作"各市自评＋全省汇总"的评价方式。首先,评价对象为当年已通过县、市、省三级审核认定并发文公布的 777 个小微企业园,其中新建成尚在三年过渡期内的可自主选择参评。其次,评价体系重点围绕小微园的产业特色、运营管理、配套服务、企业培育、数字赋能、亩均效益、安全生产等内容进行设计,力求综合评估经济效益、社会效益和特色亮点。再次,具体操作则由各市根据全省绩效评价参考指标,结合当地实际特点,制定具体的绩效评价指标体系和评分细则;且要求 A 档占比不高于 20%、B 档占比 30% 左右、C 档占比 45% 左右、D 档占比 5% 左右和原则上过渡期内小微园一般不确定为 D 档。最后,各地完成评价工作后,登录省小微企业园信息管理系统,录入绩效评价结果、评分明细指标值,并将绩效评价依据标准、评价结果等进行汇总总结。

自 2019 年起,小微企业园绩效评价在浙江各市及部分小微园建设提升重点县全面开展(见图 4-16),义乌是其中一个典型案例。2020 年 5 月,义乌首次对全市制造业小微企业园开展绩效评价,在省小微企业园信息管理系统登记备案,并经三级审核确认的制造业小微企业园,全部纳入绩效评价范围。义乌的小微园绩效评价设定 A、B、C、D 四档的比例分别为 10%、20%、60%、10%;评价指标

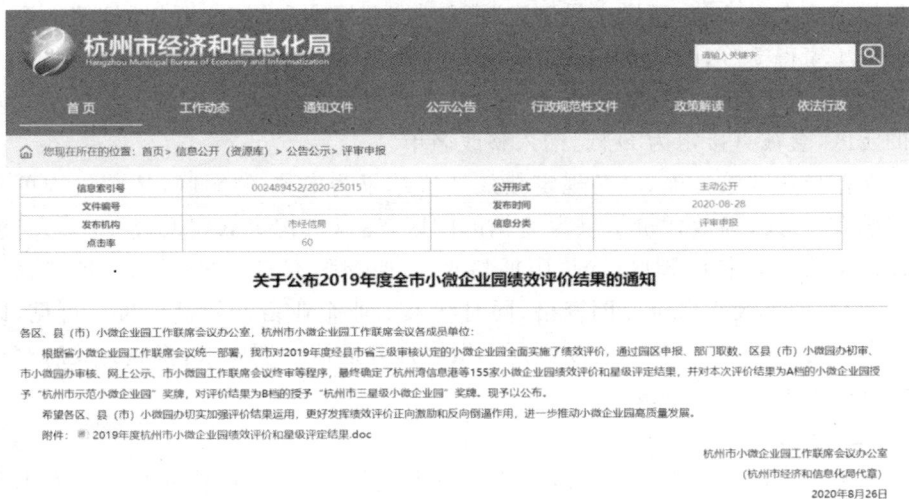

图 4-16　2019 年度杭州市小微企业园绩效评价结果

来源:杭州市经济和信息化局官网.关于公布 2019 年度全市小微企业园绩效评价结果的通知.[2020-08-28].http://jxj.hangzhou.gov.cn/art/2020/8/28/art_1229252269_3818461.html.

包括小微企业园的亩均税收、亩均产出、企业培育、高端要素集聚、创新能力、基础配套等(见表 4-10)。

表 4-10　义乌小微企业园绩效考核主要指标

序号	主要指标	具体要求
1	亩均税收	存量改造类园区基数为 12 万元/亩
		产业地产类园区基数为 40 万元/亩
2	亩均产出	存量改造类园区基数为 200 万元/亩
		产业地产类园区基数为 800 万元/亩
3	企业培育	规上企业数比例达到 10% 以上才有基本分,每增加 5%,加 3 分,最多不超过 20 分
		当年度小微园内每新增规上企业 1 家得 3 分,最多不超过 10 分

来源:义乌市人民政府官网.《关于组织开展 2019 年度义乌市制造业小微企业园绩效评价的通知》,[2020-05-19].http://www.yw.gov.cn/art/2020/5/19/art_1229129452_1322271.html.

此外,绩效考核针对高端要素集聚和创新能力建设等设有加分项,园区企业参与省级新产品、"浙江制造"标准制定,或获得省、市级科技成果奖,都可获得相应的加分。当年度园区企业省级新产品数量每增加 1 个得 1 分,优秀省级新产品每增加 1 个得 2 分;新增主导制定"浙江制造"标准和培育"浙江制造"的企业每增加 1 家得 5 分;园区企业获得发明专利数也可加分。亩均税收未达到 12 万元/亩且单位建筑面积税收少于 90 元/平方米的园区,以及未按规定参加绩效评价的园区,会被直接定为 D 档,纳入整改名单。

在差异化政策方面,义乌规定绩效评价结果为 A 档的园区,运营机构可获得奖励 50 万元;绩效评价结果为 B 档的园区,运营机构可获得奖励 20 万元;绩效评价结果为 D 档的园区,允许限期整改,整改期限不超过 6 个月;逾期未完成整改的,取消市级小微企业园资格,同时纳入工业企业亩产效益评价。可见,以亩均考核为依据,通过奖惩制度倒逼小微园提升运营管理质量,将成为政府对小微园进行管理的重要手段。

(二)星级评定

为了更好地鼓励各地小微园高质量发展,浙江在绩效考核的基础上推出小微园星级评定措施。绩效评价结果在 C 档及以上的小微企业园可申报星级,而小微企业园按发展水平从低到高依次确定为一星至五星五个等级。星级评定标准则具体分为绩效评价、园区规模、入驻企业、产业特色、运营管理、配套设施、园区服务、园区数字化 8 个指标。其中,对于高质量的四星级、五星级小微园而言,则需要达到如表 4-11 所列要求。

表 4-11　浙江省小微园四星级、五星级小微园评定标准

序号	指标	四星级	五星级
1	绩效评价	A 档	
2	园区规模	生产制造类占地面积≥100 亩,或建筑面积≥10 万平方米。生产性服务类等其他类建筑面积≥5 万平方米	
3	入驻企业	生产制造类≥50 家;生产性服务类等其他类≥80 家	
4	产业特色	具有明确的发展目标和产业定位,主导产业及关联产业规模占园区总量的比重不低于 70%	产业特色和优势明显,主导产业及关联产业规模占园区总量的比重不低于 80%
5	运营管理	具有独立的运营管理机构,有健全的园区管理制度、完备的企业服务流程、收费标准和服务质量监督保证措施。具备明晰的服务台账。有明确的发展规划、年度目标和实施方案。建立专门的客户投诉处理部门,以及突发事件快速响应制度和部门	
			园区导入先进质量管理体系

续表

序号	指标	四星级	五星级
6	配套设施	建设完善的消防、安全、环保、仓储、物流、电力、供水、供热、供气、通信、网络等基础设施,在园内或周边安排必要的商务、办公、宿舍、餐饮等生产生活配套设施。实现物业专业化管理	
7	园区服务	具备政策咨询、政务代办、投融资、创新支持、人才招聘、专家服务、创业辅导、员工培训等企业所需的各项服务功能,建立线上线下服务平台,服务特色和成效明显。入驻企业享受的公益性服务或低收费服务覆盖面达到100%。具有推进小微企业梯度培育的计划,并卓有成效地开展"小升规"等工作,每年培育出一定数量的规上企业。能够引进高级人才或团队,产生显著的技术、专利、新产品等科技成果。能够吸引优质服务机构为入驻企业服务,成为示范带动作用强的服务平台。密切联系省中小企业公共服务平台网络为企业提供公共服务	
8	园区数字化	具有园区数字化管理的专门机构,较完善的信息基础设施。建立大数据平台、信息发布平台、应急平台等。园区数字化管理和服务能力达到省内先进水平	具有园区数字化管理的专门机构,完善的数字基础设施。园区大数据平台、信息发布平台、智慧应急平台等能充分发挥作用,实现数字化企业生产服务、生活服务全覆盖。园区数字化管理和服务能力达到国内先进水平

来源:浙江省经济和信息化厅官网.《关于开展小微企业园绩效评价和星级评定工作的通知》,[2020-05-26].http://jxt.zj.gov.cn/art/2020/5/26/art_1663367_53963405.html.

可见,对于小微园高质量发展而言,星级评定不仅对产业效益、园区规模、企业数量、配套设施、产业集聚度、数字化水平等指标有一定的要求,还看重园区服务能力、企业培育效果等长期潜力,特别是政策咨询、政务代办、投融资、创新支持、人才招聘、专家服务、创业辅导、员工培训8项公共服务及相应的线上线下服务平台,这些将是四、五星级小微企业园的标配。此外,园区能否有效展开"小升规"工作并每年培育出一定数量的规上企业,能否引进高级人才或团队并产生显著的技术、专利和新产品等科技成果,将是能否入围四、五星级小微企业园的关键。

2020年3月、11月,浙江省小微企业园工作联席会议办公室分别发布了2019和2020年度的浙江省四星级、五星级小微企业园名单,并要求认真总结创建四星级、五星级小微企业园的做法与经验,充分发挥其示范引领作用,加快推动小微企业园高质量发展。经过两年评定,浙江全省已有四星级小微园 46 个、五星级小微园 17 个(见表 4-12),总计形成了 63 个小微企业园示范标杆项目。

表 4-12　浙江目前已认定的五星级小微企业园名单

序号	园区名称	所在县市	园区类型
2019 年度			
1	空港新区永兴难园小微创业园	温州市龙湾区	生产制造类
2	吴兴科技创业园	湖州市吴兴区	生产制造类
3	濮院毛衫创新园	桐乡市	生产制造类
4	温岭市汇富春天小微园	温岭市	生产性服务类
5	太平塘小微园	玉环市	生产制造类
2020 年度			
6	杭州湾信息港	杭州市萧山区	生产性服务类
7	杭州华业高科技产业园	杭州市滨江区	生产性服务类
8	杭州恒生科技园	杭州市余杭区	生产性服务类
9	中国节能杭州能源与环境产业园	杭州市余杭区	生产制造类
10	联东 U 谷宁波国际企业港	宁波市江北区	生产制造类
11	北仑区大碶高档模具及汽配产业基地	宁波市北仑区	生产制造类
12	宁波中物科技园	宁波市鄞州区	生产制造类
13	阁巷高新产业小微园	温州市瑞安市	生产制造类
14	物流装备产业园	湖州市吴兴区	生产制造类
15	中节能嘉兴产业园	嘉兴市秀洲区	生产制造类
16	绍兴金德隆文化创意园	绍兴市越城区	生产性服务类
17	飞跃科创园	台州市椒江区	生产制造类

同时,为了激励各地强化星级小微园建设,浙江省小微企业园工作联席会议办公室明确指出将综合运用财税、土地、金融、人才等政策,在要素保障、人才招引、融资服务、财政激励等方面对四星级、五星级小微园给予重点支持。随着越来越多的小微园从建设招商期进入运营发展期,一批高质量发展的四星级、五星级小微园将会继续涌现。

六、创新与特色:8 个机制创新和 8 个示范导向

七年多来,由温州起步的小微企业园,在浙江大地上不断进行着各种可能的

实践与探索。无论是在定义与模型、开发与销售、入园与管理，还是在运营与服务、考核和星级评定方面都做出了一定的创新与特色，基本形成可示范、可借鉴的 8 个机制创新(见图 4-17)和 8 个示范导向。浙江这种坚持园区准公共导向，既充分发挥市场活力又坚持政府有效治理的建园方式，对全国小型产业园区的开发、建设、运营都具强烈的示范意义和样本价值。

图 4-17 浙江小微企业园模式的 8 个机制创新

(一)小微企业园的八个机制创新

浙江小微园的最大创新就是政企协同式的开发、建设、运营，这其中政府精准的机制创新发挥了非常积极的作用，既激发了市场活力又保了园区质量。具体来看，在小微园发展中采取的鼓励多元开发、拿地竞拍贡献、建前履约保证、保本微利定价、自持有限销售、入园合约管理、亩均绩效考核、实施星级评定等创新举措，都展现出政府管控下的市场化特征。

1. 鼓励多元开发

浙江小微企业园的开发，是多主体参与下的市场化开发。地方政府、实业企业、行业协会、村集体、产业地产商等均参与其中，这充分发挥了多主体各自不同的优势，显著加快了小微园的建设步伐。从作用来看，政府主导打造标杆园区、企业联建强化产业集聚、村集体开发用好村级散地、龙头企业建设促进产业生态、地产开发引入社会资本，可实现多主体、多模式、多渠道推进小微园建设，也更能破解园区质量不高、规模过小、速度不快、配套不全的问题。

2. 拿地竞拍贡献

浙江小微企业园的拿地，是经过多轮竞拍达到限定价格后，各方就项目亩均税收贡献的竞争，拿地的逻辑从原来简单的价高者得，变成为现在的亩均产出高者得。这也就促使开发主体在拿地时，更会"掂量"自身实力，不做过高承诺，而在拿地后更加关注园区的招商、运营工作，促进优质企业、项目、人才等资源的引进。毕竟，前期拿地时对政府做出的承诺，总是要兑现的。这样也将形成一种有效的筛选、倒逼机制，在拿地阶段就能留下更有能力的开发主体，并促进其不断提升园区产出效益。

3. 建前履约保证

浙江小微企业园的建设，是经过事前履约保证、事中政府监管的建设。通过签订事先合同，约定好项目建设要求、价格限制、产出税收等核心指标，促进政企双方明确各自的权、责、利。这种前期承诺制度是政府强化管控的必然，可以避免园区在建设要求、配套设施、产业方向、入园门槛、企业产出、环保标准等方面出现不达标的情况。政府通过不断跟踪管理的方式，保证产业发展、企业导入符合要求，避免小微园区的建设走向地产化。

4. 保本微利定价

浙江小微企业园的定价，是基于保本微利原则的定价。其目的就是为了解决小微企业"住不起"的问题，通过设定价格天花板，以降低入园成本，让小微企业园真正成为培育小微企业的"梦工厂"，这充分体现出小微企业园的准公共属性。从浙江各地的实际操作来看，基本都限定有小微园销售指导均价及最高上浮范围，以保障园区价格在合理的区间内浮动。而国内很多地方市场化的园区开发，常常出现行情好的时候一房难求、加价购买，行情差时又无人问津、不断甩卖的问题，与之相比，浙江省的做法保证了市场运行在合理区间内，确保开发主体和入园企业均能获益。

5. 自持有限销售

浙江小微企业园的销售，是限可售比例、限面积区间和限转让期限的"有限销售"。首先，对开发主体而言，限定可售比例，一方面能保证开发企业通过厂房、楼宇的销售获得一定的回款，获取项目开发收益；另一方面，自持园区部分物业，使开发商能耐下心来做好对企业的服务和园区运营，提升园区的发展质量。其次，限定面积区间，特别是限定最小面积，可以避免园区开发主体过分做小单元以分割销售，将小微园区变成地产项目进行散售。再次，限制转让期限，规定购买小微园物业后5年内不可转让，且新转让进入企业还需得到政府审核，避免小微园炒房群体的进入，让园区回归到实体企业的手中。

6. 入园合约管理

浙江小微园的入园管理，采用企业经过入园审核并签署管理合约的方式，政府对入园企业的进入标准、管理要求、退出机制等形成一揽子管理。首先设置入园标准，选定一批"尖子生"，为园区奠定一个较好的发展基础；其次通过管理要求的设定，不断促进企业在科技创新、产品开发、产出效益、环境治理、节能减排等方面发力，使得企业的发展更符合政府导向；再次通过退出机制，适当剔除已不适合在园区内发展的企业,优化园区的发展环境。可见合约管理是政府对企业全过程管理的重要抓手,对促进小微园高质量发展具有重要意义。

7. 亩均绩效考核

浙江小微园的考核,是基于"亩均论英雄"评价体系制定的。通过不断考核园区企业的投资强度、亩均产值、亩均税收、创新成果、人才引进、环保达标等指标,将园区企业按照发展质量划分为 A、B、C、D 四档。以此为依据,进行资源要素和财政激励资金的差别化配置,不断扶持 A 档企业做大做强,促进 B、C 两档企业高质量发展,并对 D 档企业以关停整治、黄牌警告、学习教育等方式来倒逼企业转型升级。亩均绩效考核是政府对园区实施治理的重要抓手工程,有利于整体提升园区的产业发展质量。

8. 实施星级评定

浙江小微园的导向,是通过星级评定促进园区的高质量发展。而要想获得较高的星级,则需要园区在招商完成后仍持续做好运营,不断完善园区的软硬件环境,并申报国家级科技企业孵化器、省级产业创新服务综合体及各类研究、开发、检测平台。因此,小微企业园的建设不是建成后企业入园就大功告成的完成时,而是需要不断发展提升的进行时,星级评定就是不断促进小微园发展升级的抓手。

(二)小微企业园的八个示范导向

从发展趋势来看,浙江在小微园开发、建设、运营方面的各种创新做法,也在引领着市场上小型产业园区的发展。浙江小微园强调主题特色、创新驱动、业态融合、标准建设、园区自持、集成运营、考核管控、平台联动等特点,这些将会成为全行业未来的发展导向(见图 4-18)。

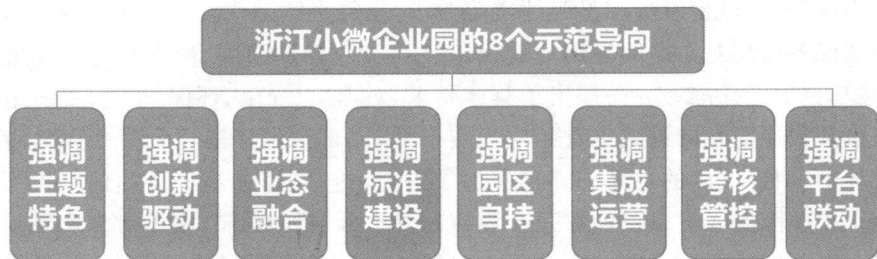

图 4-18　浙江小微企业园模式对产业地产发展的 8 个导向

1. 强调主题特色

一园一业,是浙江小微园建设的基本要求。在浙江,一般占地 200 亩以内的园区,原则上只能规划一个主导产业;占地200亩以上的园区,原则上不超过2个主导产业;小微园的建设需要强化专、精、特、新的特点;浙江小微园在产业颗粒度方面要远低于很多其他地方的产业地产项目。而对于那些产业方向不明确、入园筛选不严格、各类企业混杂的项目而言,浙江小微园无疑有着很强的示范性,代表着产业地产开发回归于产业本身的初心。

2. 强调创新驱动

在浙江,小微园不是"低小散"企业的再度集聚,而是经过传统产业治理后,以高质量发展为使命的新兴平台。一方面,以"科技高度"为引领的小微园"五度"入园标准正在成为风尚;另一方面,是大量的科技创新型、"专精特新"型企业的入驻,以及"小微园+新型研发机构""小微园+产业创新服务综合体""小微园+科技企业孵化器""小微园+直播电商基地"等创新模式的方兴未艾。小微园成为众多新技术、新业态、新模式的策源地,以及创新浙江的重要一极。小微园虽个子小、体量小,但却在不断焕发着大能量。

3. 强调业态融合

小微园并不是简单的厂房集聚,而是有着完善的服务设施的园区,甚至部分上规模的园区正逐步发展为产业社区、工业小镇。具体分析小微园的功能组织,不仅有生产制造空间,还有产业服务空间和生活服务空间。通过集聚研发设计、仓储物流、检验检测、财务代理、人才培训、融资担保、知识产权等产业服务功能,以及宿舍、食堂、文体、娱乐、会议、党建等生活配套设施,打造出了围绕某一产业的生产和生活兼容型小生态。这样围绕特定产业链形成的"制造业+生产性服务业+生活性服务业"融合,也是浙江小微园模式的重点导向之一。

4. 强调标准建设

小微园的认定、考核和星级评定等要求,使得小微园建设呈现出相对的标准化。浙江各地均对小微园在用地规模、建设规模、开发强度、配套设施内容和比例、停车位配置标准等方面提出了具体要求,对消防、安全、环保、信息网络、仓储物流以及快递等基础设施也有相应规定。此外,部分地区还出台了小微企业园建设导则,明确厂房的层高、开间、进深、结构承重、物流通道等方面的标准。这样使得小微园的开发建设能够适合相应行业和企业的需求,相比诸多产业地产项目存在的产品标准不对应企业需求、配套内容不能满足企业实际需求的状况,小微园的建设标准化在很大程度上规避了此类问题。

5. 强调园区自持

小微园的各类开发模式都强调自持园区,特别是政府建设、村集体开发、龙头企业和企业联建的小微企业园,基本上以自持为主。即使是由工业地产商进行开发销售的园区,也大多要求有 20% 的自持比例。这种高比例的空间自持,使得园区收益更多来自于后期的服务运营,这有效促进了园区开发建设方对后期运营的投入,更加凸显了园区的运营导向,避免了快销带来的地产化倾向。园区通过建成后的持续运营,不断推进各项服务的完善,真正让小微园的开发建设回归于搭建产业发展平台的本心。

6. **强调集成运营**

就园区运营来看,浙江小微园的运营模式已经初现雏形,搭建平台、要素集成逐渐成为主流的运营趋势,特别是"小微企业园＋产业创新服务综合体"的组合方式,就像为小微园的运营插上了翅膀。通过集成各类服务主体、做大运营平台的方式,小微园可以不断完善创业孵化、科技创新、成果交易、产品设计、科技金融、人力资源等各类服务,真正做到促进企业的发展。相比其他各地的产业地产项目,浙江这种以小微园为载体、围绕垂直领域、在政府支持下搭建服务平台,甚至建设创新综合体的模式,无疑具有很强的示范意义。

7. **强调考核管控**

从浙江探索小微园开始,园区要进行考核管控就是必然要求。如企业入驻要达到入园标准,企业在园要达到产出标准,企业清退也有清退标准;此外园区整体还有生产、环保、安全等绩效考核标准和开发建设标准、管理认定标准。从近 3 年小微园不断出台的各种政策来看,政府对小微园的考核管控越来越趋向于细致化。可见,小微园的建设和运营是在不断细化的考核管控中完善、提升的,而这种细致入微的政府治理机制也保证了小微园建设、运营能够长期维持高水平的状态。

8. **强调平台联动**

从浙江的小微园空间组织来看,小微园从来都不是独立存在的,而是根植于块状经济或产业集群当中的,园中园、镇中园、城中园及小微园群组等都是常见现象。小微园已经成为浙江各个产业大走廊、开发区、高新区、科技城、特色小镇、"万亩千亿"新产业平台等产业大平台的重要组成单位。伴随着区域产业集群的不断发展,产业创新服务综合体—小微企业园—特色小镇—开发区(科技城)—产业大走廊等平台联动的生态正在形成。小微园不只是小微园,小微园也不局限于小微园,而是产业生态的重要组成单元。

第五章　引领区域协同创新发展的科创廊道

当前全球科技创新正进入空前密集活跃的时期,世界各地对于创新要素的竞争更加激烈,创新要素的集聚整合能力已经成为一个地区在新一轮科技革命和全球化浪潮中取得先机、占据主动的关键因素。纵观国际创新发展经验,通过一条或多条高速公路作为重要连接轴建设创新廊道,成为集聚创新资源,搭建跨区域创新网络的重要模式。以美国硅谷、波士顿为代表的全球知名科技创新区域,各类创新资源均呈现出"廊带"分布特征。例如美国硅谷 101 公路、波士顿 128 公路等以及国内长三角 G60 科创走廊、广深科技创新走廊等。近年来,浙江大力推动科技创新,发展新经济、新产业,实现发展动能根本性转换,相继建立了城西科创大走廊、甬江科创大走廊、金义科创走廊、环大罗山科创走廊等区域"科创廊道",并取得显著成效。本文通过选取四大具有典型代表性的科创廊道作为案例,从定位布局、发展实践、取得成效等方面系统阐述了浙江在推动"科创廊道"建设上的做法和经验,为全国其他地区突破要素制约瓶颈,推动跨区域协同创新提供参考借鉴。

一、科创廊道成为引领浙江创新发展的"金钥匙"

（一）科创廊道成为集聚创新资源、跨区域协同创新的重要模式

1. 科创廊道的概念及特征不同于传统工业园区、科技园

"科创廊道"与传统的工业园区、科技园等形式不尽相同,其是以知识溢出、技术扩散、创新主体集聚、要素流动以及创新链配置的空间规律为基础,以互联便捷的交通线为依托,以促进科技和产业协同创新发展为核心目标,建设而成的各创新环节相互衔接的条带状或环型状分布的产业创新发展的大尺度新空间。要素集聚和协同创新是"创新廊道"建设的两大理论基石。创新要素在科创廊道的地理范围内集聚,不仅能够通过优化创新要素的空间分布距离,弥补要素主

体间由于知识存量等因素导致的差异,获取更大的知识溢出效果。同时,创新要素廊道空间的集聚也能够扩大区域的市场规模和市场需求,促进市场的专业化分工,通过共享城市基础设施,进而降低区域的要素成本,吸引更多廊道外企业、要素的进入,更为重要的是廊道内的创新协同能够有效降低科技创新活动的不确定性,从而增加科技成果产出的倍增效应。

"科创廊道"并非新生事物,"科创廊道"的雏形可以追溯到文艺复兴时期的意大利佛罗伦萨—威尼斯地带,该创新区块成为工业革命萌芽地,而最早形成成熟"科创廊道"的是美国"圣塔克拉拉谷"(后因半导体集聚而得名"硅谷"),其保持长效创新活力的原因广受关注。[①] 全球"科创廊道"的发展形态多样,有"谷"有"带",有"城"有"区",共性特征都是科研机构和产业组织在一个地域范围集聚,并进行高密度创新活动。基于此,结合当前发展态势,"科创廊道"所具备的主要特征:一是廊道型交通,通常由一条或多条公路作为中心轴,创新主体(包括制造企业、科创企业、明星企业等)集聚于某交通要道周围;二是高校等科研机构、智库密集,科技人才供给充分;三是科技金融发达,公共创新服务丰富,高新产业高速发展;四是生态生活环境较为优越,有利于吸引创新要素集聚(见图 5-1)。

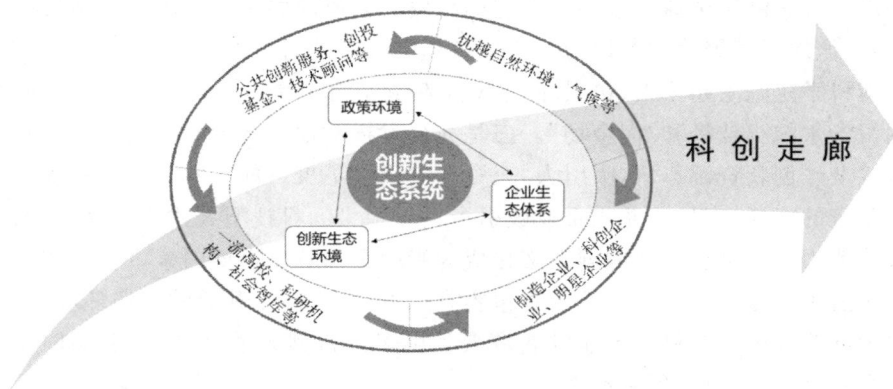

图 5-1　"科创走廊"发展特征

2. 科创廊道已成为区域创新发展的重要空间组织形态

建设"创新廊道"推动区域产业创新发展早已成为发达国家和地区的普遍做法,美国硅谷的 101 科技走廊、波士顿 128 公路创新走廊、日本的京阪奈学研都市圈、韩国的京畿道等国际典型区域创新廊道,都具有代表性。从这些科创廊道

---

① 汤临佳,李翔,池仁勇.创新走廊:空间集聚下协同创新的新范式[J].自然辩证法研究,2017(1):31-37.

看,通常是由一条或多条公路作为中心轴,重要创新机构和宜居设施是区域创新廊道的基本要素,其中高等院校、明星企业、研究院所、国家平台和创业基地是创新机构的重要组成部分,从而逐步发展成为全球最重要和最活跃的创新区域和产业发展空间,目前都已发展成为国际性的科创高地。近年来,我国多地从城市、城际和城市群层面对区域创新走廊建设进行了实践,比如 G60 科创走廊从早期的以上海松江为主体的 1.0 版本,经历了沪浙两省三市局部合作的 2.0 版本,发展到如今的江浙沪皖九市全面合作的 3.0 版本。而后,京雄科技创新走廊、郑开科创走廊、重庆智能创新带、济南东部科创走廊等构想迭出。

(1)科创廊道成为创新要素密集带形成的重要空间组织

从国际知名的科创廊道发展历程看,这些科创廊道通过依托一流的研究型大学和科研机构,集聚国际化创新人才、全球创新型企业,积极链接全球创新资源,营造包容开放的创新文化,发展成为具有全球或区域影响力的创新中心(见表 5-1)。一是依托大学和科研机构形成强大原始创新能力。比如波士顿 128 公路,作为马萨诸塞州波士顿市的一条长 90 公里的半封闭形高速公路,毗邻麻省理工学院、哈佛大学等 60 余所高校院所创新资源,该地区 2/3 的科技发明由高校完成。二是链接全球高端人才。比如美国硅谷成功因素之一离不开高科技人才集中,该地区集聚美国各地乃至全球各地高水平的科技人员高达 100 万以上,且美国科学院院士超千人、诺贝尔奖获得者更是占全美的 1/4;同时,也是世界各国留学生的竞技场和"淘金场"。三是充分发挥本地具有国际影响力的龙头企业链接全球创新资源作用,吸引人才、资金等高度集聚。如日本东京—横滨—筑波创新带的三菱、索尼等龙头企业吸引了世界顶尖的科技型人才,具备强大的资源掌控能力。四是包容开放创新文化成为吸引全球资源重要因素。世界知名的创新廊道和区域在文化层面都具有包容开放的特征,高度开放的市场环境、良好的政策环境为区域的科技产业发展带来了更多创新型人才,创造了更多创新创业机会,也催生了更多创新型企业。

表 5-1   世界知名"科创走廊"创新资源要素集聚情况

名称	重要创新资源			重点依托的交通线路
	高等院校	研究院所	知名企业	
美国硅谷	斯坦福大学、加州大学	福特汽车研究所、百度美国研究所	惠普、谷歌、雅虎、苹果、特斯拉、英特尔等	从硅谷到旧金山湾的 101 高速沿线

续表

名称	重要创新资源			重点依托的 交通线路
	高等院校	研究院所	知名企业	
波士顿 128 公路	麻省理工学院、哈佛大学、波士顿大学、塔夫茨大学等世界排名顶尖的大学		易安信、阿麦卡、MGI 等	环波士顿绕行的 128 号公路
日本筑波	筑波大学	工业技术院、筑波高能物理研究所、宇宙研究中心等	索尼、佳能、三菱、丰田等	从东京到筑波科技城的三乡国道和常磐自动车道
韩国京畿道	韩京大学	三星 R5 研究院、京畿道创造经济革新中心等	三星、LG 等	盆唐区板桥科技谷产业园区

资料来源:根据网络公开资料整理.

(2)科创廊道能够有效推进区域产业协同发展

结合国内外科创廊道建设看,科创廊道是以创新廊道这一空间模式推进区域创新资源的整合,通过打造各类功能强大的创新平台和产学研转化平台,以创新推动地区产业升级,构建特色产业集群,发展至今,已经成为整合城市创新资源,优化产业布局的重要空间组织模式。比如旧金山 101 公路,作为美国重要的电子工业基地和世界信息技术重镇,这条横贯南北的 101 公路把苹果、谷歌、特斯拉、优步等耳熟能详的科创标杆企业串联起来,融科学研究、技术应用、生产制造为一体化,在全球高科技中具有领先地位。在国内,长三角 G60 科创走廊在建设过程中就立足九城市产业优势和特点,以产业链创新链更深层次的紧密合作为核心,重点强调了多维度、跨领域的九城市一体化产业创新合作新模式,通过以九城市内龙头骨干企业、重点项目为主抓手,推动在产业链各重点环节形成细化分工与互补,通过产业链整合、建立联盟、关键技术掌控、股权并购等方式,构建完整产业链合作生态,不断提升长三角 G60 科创走廊产业链、供应链整体稳定性和竞争力,推动区域产业协同发展(见图 5-2)。

(3)科创廊道是改善区域不平衡发展的重要手段

创新廊道构建了区域之间的创新交流通道,推动创新要素从发达地区向欠发达地区扩散,解决区域不平衡发展问题。从各地打造科创廊道的规划设计和实践看,其中都蕴含着一个重要的理念:融合,不仅包括要素融合、区域融合、产业融合、城乡融合等传统意义上的物质和地域上的融合,而且还包括创新发展与城市生态、城市精神与现代人文等更高形态的相互叠加。正是基于这种全方位、

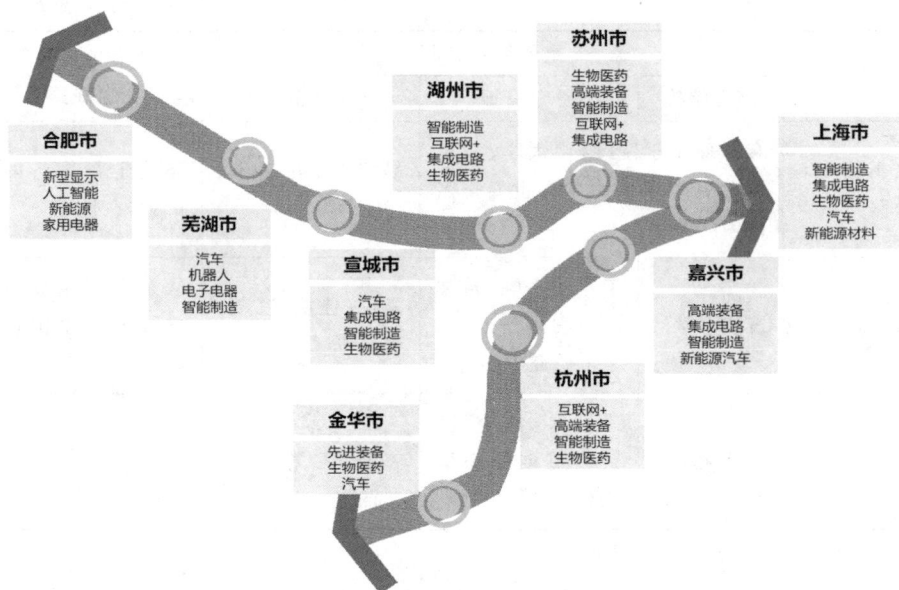

图 5-2　长三角 G60 科创走廊各区域产业协同发展
来源:《G60 科创走廊总体发展规划 3.0 版》.

立体化的融合理念与努力,才能够真正推动形成以交通网络为基础,全面打通打破行政区划、产业边界和城乡边界的区域创新体系,才能够带动包括资本、技术等传统科创要素与文化、符号等现代科创元素的不断汇聚,并以各类要素、元素的自由流动、自由组合,来保证共建共享区域创新体系的高效运转。例如英国《2015 大伦敦规划》确定了伦敦东区—出海口廊道和伦敦—斯坦斯特德—剑桥—彼得堡廊道作为区域协作发展廊道,缓解大伦敦地区发展不平衡问题。大伦敦东部地区长期衰败、教育水平低、住房状况差,区域发展不平衡与贫富差距分化日趋严重。通过构建这两条东部廊道,并在廊道上加强各类政策资源的投放,引导廊道创新发展,进而带动东部区域的复兴。

(二)浙江省加快打造多条科创大走廊串联区域创新体系

浙江省相继提出在四大都市区谋划建设杭州城西科创大走廊、宁波甬江科创大走廊,温州环大罗山科创走廊、金义科创走廊。区别于海外的科创走廊,浙江科创走廊主要是由政府推动和主导,以科创建设为任务,由中心城市与周边腹地共同构成,以区域协同为目标,有统一规划的空间布局,通过高位推进、大力开展体制机制创新,充分释放协同发展优势。这些科创廊道已逐步成为浙江区域创新竞跑的新赛道和引领区域高质量发展的新引擎。

1．建设模式以政府推动和引导为主

与发达国家的自发形成科创廊道不同,浙江省的杭州、绍兴、金华等地,在政府的强力推动下,有三条科创廊道被列入了各级政府的工作日程。"十三五"伊始,浙江省政府就提出,在杭州城西,集全省之力打造杭州城西科创大走廊。《浙江省科技创新"十三五"规划》将城西科创大走廊列为重中之重,计划在"十三五"期间聚焦科技创新、转型升级、基础设施、生态环保、公共服务等五大领域,实施百大工程、2000亿项目。与此同时,绍兴、金华两地政府也相继提出打造绍兴科创大走廊和金义科创廊道。这些科创廊道都具有区域协同、政府推动、科创引领的特征。

2．拥有健全专门机构和专项规划

从浙江"科创"廊道建设实践看,区块不仅注重先天的资源禀赋和产业基础,还专门建立了开发建设机构和专项规划政策引导。比如杭州成立了城西科创产业集聚区党工委和管委会,实行"一套班子、两块牌子"的管理体制,为杭州市委、市政府派出机构,代表市委、市政府在集聚区内实施党的领导与监督,负责整个集聚区开发建设管理重大问题和重大事项的统筹协调工作;宁波甬江科创大走廊专门成立指挥部,并发布《宁波甬江科创大走廊空间规划(2019—2035)》,科学谋划其发展愿景及方向布局。

3．主要以中心城市与周边腹地共同构成

从目前浙江省实践情况来看,伴随交通、信息网络等基础设施的日臻完善,以及地区间开放发展机制条件的日趋成熟,浙江科创廊道区位布局具有明显优势,主要由中心城市或区域性中心城市与周边腹地共同构成,虽发展形态各异,但是其共性特征都是科研机构和产业组织在一个地域范围内集聚,并进行高密度创新活动,从而形成科技成果产出的倍增效应,以推进区域产城融合和协同创新,有利于集聚创新要素资源、完善创新链条以及提升创新功能。如杭州城西科创大走廊旨在打通西湖区、余杭区、临安区的产业、创新、资金链,其主体位于杭州市的西湖区、余杭区和临安市,是杭州实施"城市西进"战略而重点打造的新兴发展区块,具有开阔的产业化布局空间,有利于重大创新产业项目落地以及创新资源就地转化,而绍兴科创大走廊旨在推动柯桥区、越城区、上虞区的创新协同,金义科创走廊则着力于推动金华市区和义乌市之间的创新协同。

二、杭州城西科创大走廊——面向世界、引领未来、辐射全省的创新策源地

杭州城西科创大走廊是"十三五"期间浙江省提出的补齐科技创新第一短板的一项重要举措,目标是通过集聚、培育各类人才和多种类型的创新主体,高起

点打造面向世界、引领未来、辐射全省的创新策源地,旨在新一代信息技术、人工智能、生命科学等浙江省先发优势明显且代表未来方向的产业领域取得突破,成为带动全省创新发展的主引擎。

(一)高起点打造"一带三城多镇"东西带状空间

作为集全省之力打造的、体量更大的产业创新区,城西科创大走廊在建设之初高起点谋划和定位,2016 年 8 月由杭州市人民政府、浙江省发展和改革委员会、浙江省科学技术厅联合印发了《杭州城西科创大走廊规划》。规划中的城西科创大走廊,东西向长约 33 公里,南北向宽约 7 公里,总面积约 224 平方公里,并按照"尊重自然、点面结合、协同联动、有机生长"的布局原则,聚焦高校、科研院所、特色小镇等创新载体,依托城西优越的生态环境和创新基因发展布局,构建"一带、三城、多镇"的东西向廊空间,呈现出明显的带状特征。

城西科创大走廊在建设伊始就以整合区域创新资源,推动区域创新水平的整体提升为出发点,强化基础设施、科技园区、高教网络、创业园区、明星企业大道等核心板块的无缝对接,打造立体化内外交通网络体系,配置复合型功能空间,完善科创发展和现代城市综合功能,以期充分发挥大走廊内与国际典型区域创新走廊相比也毫不逊色的创新资源和创新机构的优势(见专栏 1)。在生态宜居设施和交通体系上,城西科创大走廊更着眼于高品质、现代化、国际化要求,充分发挥基础配套对空间开发的促进和提升作用,不仅构筑了"15 分钟进入高速网、30 分钟到达杭州主城区中心、1 小时通达杭州东站和萧山国际机场两大门户"的综合交通体系,同时充分借助杭州西北和西南两大生态带布局,联动外围西径山长乐森林公园等生态屏障,串联青山湖、和睦水乡湿地、南湖、西溪湿地等景观资源,形成绿色生态网络和特色风情带,致力打造更有魅力的自然生态系统,让创业者享受更多的生态红利。

专栏 1　城西科创大走廊功能布局

空间范围:规划区域东起浙江大学紫金港校区,西至浙江农林大学,穿过余杭区,一路串起紫金港科技城、未来科技城、青山湖科技城,形状类似一把"钥匙"。规划面积 224 平方公里。

功能布局:"一带、三城、多镇"(见图 5-3)

"一带"是指即东西向联结主要科创节点的科技创新带、快速交通带、科创产业带、品质生活带和绿色生态带。"一带"是空间联结、产业联动、功能贯穿的主要轴线,也是创新节点功能溢出、生活服务共享的主要联系通道。

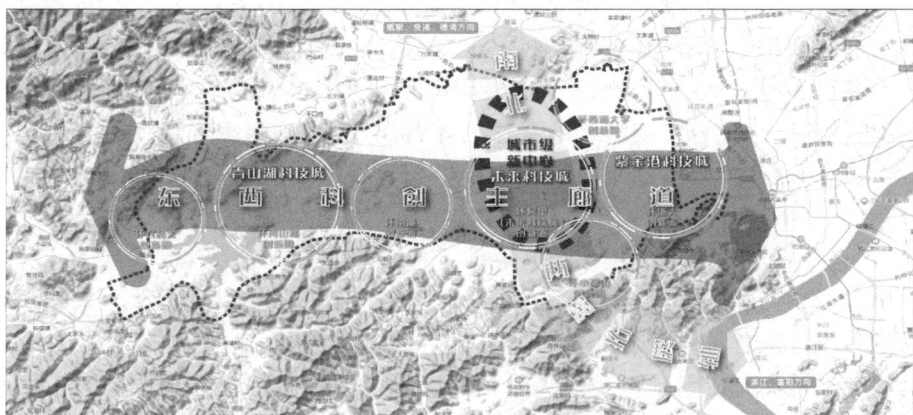

图 5-3　杭州城西科创大走廊空间功能布局

来源:《杭州城西科创大走廊发展"十三五"规划》.

　　"三城"是指浙大科技城、未来科技城和青山湖科技城,其中浙大紫金港科技城是国内顶尖的科研教学平台,是大走廊科技研发的核心功能板块;未来科技城和青山湖科技城是集科技研发、产业孵化、成果转化"三位一体"的主要功能板块。

　　"多镇"是指大走廊沿线星罗棋布的特色小镇和各种创新创业区块,形成不同功能、各具特色的创新平台,包括紫金众创小镇、梦想小镇等 15 个特色小镇,打造成为创新载体互动互联、功能定位合理清晰、组织建设高效持续的现代化科创大走廊。

(二)构建生命力旺盛、根植力强大的复合生态系统

　　作为浙江省乃至长三角面向未来、决胜未来的产业创新发展的大平台,与一般的开发区、园区的路径模式不同,杭州城西科创大走廊的建设是在浙大科技城、未来科技城、青山湖科技城以及若干特色小镇等增量空间建设基础上,通过交通轴线串联形成的科创走廊。在建设过程中,创新生态系统的打造成为大走廊内在成长逻辑,主要目的在于通过对创新"种子"、创新"土壤"、"阳光雨露"等系统集成,构建一个生命力旺盛、根植力强大的复合生态系统,促使各类创业创新要素共生互助、聚合裂变,释放更大的能量。

　　1. 集聚一流的大院名校:提供创新"种子"

　　大走廊建设中,区域内浙江大学、西湖大学、湖畔大学、之江实验室、阿里达摩院等高水平的大院名校的创新"发动机"作用很关键,能够源源不断地输送创

新"种子"。大走廊拥有浙江大学、浙江工业大学、杭州电子科技大学、杭州师范大学、浙江农林大学等10余所高校,50多个重点院所,还相继推动建立了西湖大学、之江实验室、阿里达摩院等顶尖新型科研机构(见表5-2),这些雄厚的院校资料,以开放、包容的胸襟吸纳全球人才,保证大走廊集聚到优质的创新人才资源。比如之江实验室已经拥有了一批以图灵获奖者、国内外知名院士领衔的一流专家团队,西湖大学也相继引进了100余名独立实验室负责人。同时,大走廊利用这些一流的大院名校大力开展前沿技术研究。比如之江实验室着力构建从基础研究到技术创新、到成果转化和应用的科研生态体系,浙江大学牵头的CHIEF项目是浙江省首个"国字号"重大科技基础设施,已于2019年底启动建设,阿里巴巴达摩院落地多项研究成果,首批科技成果有20余项是世界领先,全面赋能各行各业。

此外,大走廊积极探索校地、院校、校企合作联动新模式,加快创新"种子"传播,深化校地之间合作,如杭州西湖区与浙大2019年签订区校全面战略合作协议,以浙江大学紫金港众创小镇为载体,围绕脑机智能、数字经济、医疗健康等重点产业领域,共建区校科技成果产业化基地、重点实验室等。鼓励院校之间合作,如浙江大学与之江实验室联合发布高层次科研引才计划,引进人才以全职在之江实验室开展科学研究工作为主,同时可部分承担浙江大学人才培养、学科建设等工作任务。校企之间联合技术攻关,比如大走廊内香港大学浙江科学技术研究院建立了"云叉车"智能定位系统帮助杭叉集团解决了困扰多年的室内车辆定位寻找问题。

表 5-2   大走廊主要新型科研机构建设定位及人才集聚情况

机构名称	主要定位	人才集聚情况
西湖大学	新型高水平研究型大学	主要面向全球招收拔尖创新人才,目前已签约海内外高层次人才120位
之江实验室	新型科研机构,以大数据和云计算为基础,开展重大前沿基础研究和关键技术攻关	目前已集聚1100余名海内外人才
阿里达摩院	阿里巴巴基础科学与前沿技术研究机构	主要吸引全球视觉、智能计算等领域顶尖科学家入驻

资料来源:根据网络公开资料整理.

2. 引擎公司与初创公司:构筑创新"热带雨林"

热带雨林里既有起舞的"大象",也有穿梭奔波的"蚂蚁雄兵"。杭州城西科创大走廊注重以引擎公司为中心,联合初创公司构筑不同层次、不同规模、全生态式的企业创新网络(见表 5-3)。一方面大走廊充分利用阿里巴巴、中电海康等引擎企业创新源动力作用,为初创公司和独角兽公司的诞生创造可能。如积极推动阿里巴巴打造支付宝、网上银行、淘宝城四期、阿里云谷、菜鸟物流等项目,逐步构建形成一条全球性电子商务产业链。另一方面,大走廊锚固以浙大、阿里等创新源为核心的 5 公里创新圈,以特色小镇、孵化器、众创空间、科创"飞地"等为载体,建立了一个个小生态,形成了从"基础创新—种子仓—孵化器—加速器—中试基地—产业园"的创新创业闭环。在大走廊内部,集聚了 10 多个孕育高科技企业的特色小镇,成为众多初创型企业创新创业的理想之地;大走廊外部,为打破有限空间资源限制,提升资源集聚和辐射带动效应,大走廊与衢州、丽水、长兴等浙江中西部地区合作建立了多个科创飞地,为初创型企业拓展成长空间。

表 5-3　大走廊代表性"引擎"企业创新网络布局

代表性引擎公司	创新网络中的核心技术	主要特点
阿里巴巴	云计算、大数据	阿里巴巴作为大走廊中未来科技城的代表性企业,从 C2C 的淘宝、B2C 的天猫、聚划算等电商生态中衍生了支付和物流的生态布局。近几年,又相继衍生蚂蚁金服、菜鸟物流、钉钉等知名公司,布局新零售、大文娱及金融、支付、物流等基础设施,推动阿里云、阿里达摩院建设,前瞻性地在云计算、大数据领域布局
海康威视	安防	海康威视经过 17 年的发展,目前是全球最大的安防厂商,并面向全球提供综合安防、智慧业务与大数据服务,吸引了一大批在视频采集、编码、传输、存储、控制、解码输出、大屏显示、中心管理平台软件等在内的全线监控产品和行业整体解决方案的初创型企业集聚,推动杭州数字安防产业跻身国家级产业集群

资料来源:根据网络公开资料整理.

3.“三生融合”的发展环境:形成创新“肥沃土壤”

在城西科创大走廊这一片为梦想而生的土地上,除了如同硅谷一般干事创业的硬条件,大走廊面向未来,顺应创新空间绿色、生态、集约、共享发展的新趋势,坚守生态基底,生产、生活、生态“三生融合”的创新软环境和发挥才能的巨大空间是推动其繁荣成长的关键所在。大走廊不断提高专业性服务水平,持续提升创业生态"软实力",给予创新企业"阳光雨露"的滋养。2018 年,大走廊创新性地推动公安部人才居留和出入境新政等一批突破性、示范性项目落地实施,并建立了浙江省首个知识产权交易市场——浙江知识产权交易中心,大大缩短了公司产品从技术研发到市场推广的时间。同时,相继成立人力资源经理人联盟、知识产权管理服务平台和企业人才服务超市等平台组织,不断完善人才服务市场化机制。

除了服务能力提升外,在设施配置上,大走廊紧随国际化的步伐,以高端设施配置勾勒理想中的城市空间。近年来,大走廊相继推动一批重大交通基础配套和公共配套落地,实施"嵌入式"发展,加快建设湖链、趣街、百客厅建设。同时,不断拓展铁路杭州西站、地铁 5 号线、地铁 3 号线、市域轨道杭临线,打造四通八达的交通网,进一步提升大走廊内部联系的紧密度,拓展其与外部的联通空间。此外,谋划实施浙医一院余杭院区、浙大国际医学中心一期工程、学军中学海创园分校、青山湖科技城育才学校等教育、医疗、文体工程,不断提升区域内的城市功能和幸福度。

4. 雄厚的资金支持:成为创新"催化剂"

从资本要素看,强大的资金支持促使创新真正落地。大走廊为区域内创新活动提供了大量的资金支持。2016—2020 年,浙江每年从省创新强省资金中安排 4.5 亿元用于支持其建设,杭州市财政通过各种渠道每年统筹安排 4.5 亿元专项资金支持大走廊建设,打造创新创业生态体系。2019 年成立大走廊国有企业——城西科创投资开发公司,拓宽投融资渠道。若企业上市,将获得政府引导基金阶段参股。设立产业基金和种子基金,引入创投、风投和基金管理团队等。加大企业税费支持力度。对于发展总部经济的企业,浙江省政府提供办公用房补贴、能耗补贴和专业服务平台;对于产业化企业,更有高新成果奖励、政府跟进投资、银行贷款贴息等资金支持。

5. 有效的政策制度供给:给予创新"阳光雨露"

城西科创大走廊对所有创业者作出了"我负责雨露阳光,你负责苗壮成长"的承诺。以"店小二"式的理念服务企业。凡落户到杭州城西科创大走廊的企业,尤其是成长型科技企业,政府部门都会明确专人或专班紧盯重点产业、紧跟重点项目。及时出台支持创新创业的政策措施。如开展行政审批制度改革试点,完善高校院所成果转化激励机制,放宽领军型人才创业政策,完善科技企业孵化器与创新型产业用地政策等等,激发企业创新积极性。同时,深化"最多跑一次"改革,不断优化审批服务。大走廊内建成了"一站式"审批服务中心,正在建设"企业数据大脑",并推行"最多跑一次"改革,目的在于"让数据多跑路,让企业少跑腿",如青山湖科技城,通过一个机构、一张表格、一个窗口、一个系统、一个人员、一个小组"六个一"工作机制进行集中审批，并以环评、质监、规划等提前介入的方式，大大缩短企业的审批时间，更大限度地激发企业的活力。

（三）创新发展先行者、排头兵作用凸显

自 2016 年 8 月大走廊启动建设以来，区域内各类高端要素加快集聚，创新生态体系初步构建形成，产业呈集群化、高端化发展趋势，逐步成为全省创新发展先行者、排头兵，实践成效显著。

一是产业集群化、高端化趋势明显。大走廊以数字经济为核心的主导产业发展迅速，"1+6"产业体系①初步形成。在近五年的建设中，城西科创大走廊先后签约阿里巴巴"五新"基地、云计算产业园、中移动产业园、独角兽产业园及智慧产业园等亿元以上产业项目 84 个，其中 100 亿元以上项目 3 个。以阿里巴巴等世界级互联网巨头为引领的新一代信息技术产业持续保持蓬勃发展的态势，人工智能、生命科学、新能源汽车、新材料、科技服务、新金融等重点培育产业动力强劲。2019 年大走廊实现数字经济产业增加值 1626 亿元，占比达 87.7%。

二是科技创新水平显著增强。在杭州城西科创大走廊，之江实验室、阿里巴巴达摩院、西湖大学、超重力离心模拟与实验装置（CHIEF）等高端科技创新要素落地，区域基础研究实力和原始创新能力进一步提升。区域内已集聚科研院所 60 余家、院士工作站 19 家、博士后工作站 22 家；累计引进海外高层次人才总量达到 5800 余名，其中国家千人计划专家 192 名、浙江省千人计划专家 272 名，海归人才累计创办企业 914 家，连续保持年均 20% 左右高速增长，每年新增"国省千"人才总量占全市近 1/2、全省近 1/3，成为浙江省密度最高、增长最快、最具活力的人才高地。

三是创新创业生态链基本形成。大走廊不断推动区域实现创新与创业相结合、线上与线下相结合、孵化与投资相结合，着力打造 5 公里创新圈。先后建成了 55 个众创空间，其中国家级就有 6 个。紫金众创小镇、梦想小镇、人工智能小镇、微纳智造小镇等为代表的特色小镇"集团军"建设，成为浙江省特色小镇建设标杆。目前已建成了浙江知识产权交易中心、浙江医疗器械创新发展技术服务平台、浙江省创新药物早期成药性评价公共服务平台、浙江省微纳技术研发开放平台等重大公共科技服务平台，积极推动科学仪器设备、科技基础设施、科学工程和科技信息资源共享共用。

---

① "1+6"产业，"1"即新一代信息技术产业集群，全力支持以阿里系为龙头的产业集群发展，着力引进一批信息经济龙头企业；"6"是人工智能、生命科学、新能源汽车、新材料、科技服务、新金融，构筑产业梯队，培育形成科技、创新、产业协同一体化的产业体系。

三、宁波甬江科创大走廊———把打开增长之锁、开启未来之门的"创新之钥"

宁波甬江科创大走廊是继城西科创大走廊之后的又一省级战略,2019年浙江省"两会"首次将"培育甬江科创大走廊"写入省政府工作报告,2020年省政府工作报告中再次提出推进宁波国家自主创新示范区和宁波甬江科创大走廊建设。在战略定位上,甬江科创大走廊将承载起推动宁波向高质量发展的更高目标奋进的重任,成为宁波一把打开增长之锁、开启未来之门的"创新之钥"。

(一)构建"一廊双核多节点"环带状产业创新发展空间

作为提升宁波整体科创能级的关键性全局平台,宁波甬江科创大走廊建设主要对标深圳南山、上海张江等科创集聚区,以加快实现大走廊内要素流动和协同创新、建设长三角地区具有全球影响力的科创策源地作为长期目标,以甬江为廊道,以北部、南部两大创新圈为核心,依托甬江滨水、宁波东钱湖等生态景观建设,构建起"一廊双核多节点"的环带状产业创新发展空间(见专栏2)。沿甬江两岸是宁波研发和创新力量集聚的高地,集聚了宁波材料所、宁波大学、兵科院宁波分院甬江实验室等多个高等级研发机构以及大量明星科技企业、科技创新服务机构等各类创新主体和资源。为进一步强化不同区块的要素集聚和创新功能的联系,宁波市通过对科研创新机构的再布局,通过规划打造一南一北两大创新圈,调整城市功能空间布局,营造"研—创—产—城"区域性融合的区域创新生态环境,促进技术要素的流动和辐射作用,此外,大走廊利用TOD模式,布局15分钟生活圈,打造创新街区、甬江活力带,以良好的生态环境品质,满足自下而上创高新需求的人性化空间。同时借力沪甬高铁、甬台温高铁、甬舟城际铁路可行性,引入高铁及城际铁路通道,打造东钱湖站综合交通枢纽,贯通沿江路网,消除近江交通断点、盲点和弱点,推动创新要素"拥江揽湖、衔湾接海",确保在特定领域的技术研发和技术应用研发走在全球前列,产业和科创融合发展走在全国前列。

专栏2　宁波甬江科创大走廊空间布局

结构体系:在空间结构体系上,宁波甬江科创大走廊主要由创新走廊—创新圈—功能组团—功能板块—重点区块构成(从大到小)。

空间范围:涉及江北、北仑、镇海、鄞州等区县(市)和高新区、东钱湖旅游度假区等功能区,划定走廊核心范围约160平方公里,主要包括两大创新圈:北部科技转化创新圈(83平方公里)、南部科技研发创新圈(64平方公里),以及东部新城服务走廊(14平方公里)。构建形成

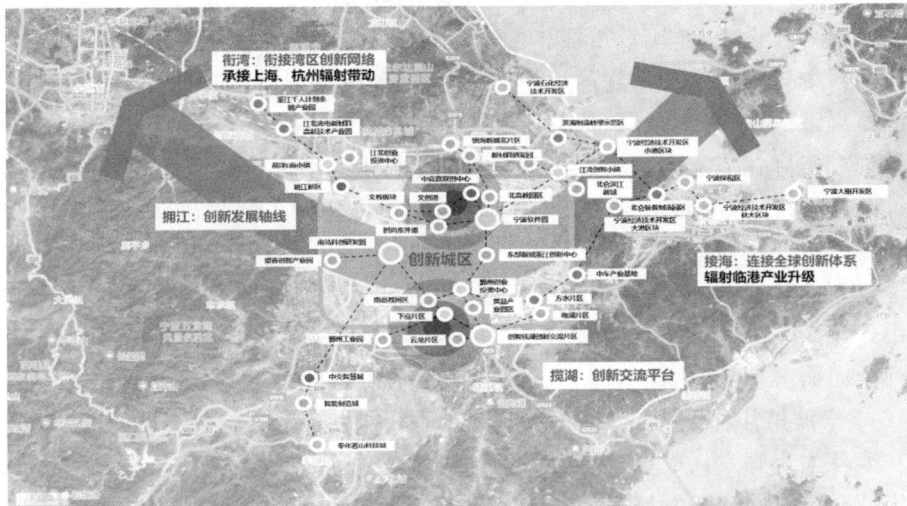

图 5-4　宁波甬江科创大走廊空间布局

来源:宁波市自然资源和规划局,《宁波甬江科创大走廊空间规划(2019-2035)》.

了"一廊双核、多节点"的空间发展格局(见图5-4)。

一廊:甬江科创走廊;两核:是指北部创新圈、南部创新圈。其中,北部创新圈,主要依托宁波新材料研发园、中官路双创大街、文创港、北高教园、宁波时尚东外滩、宁波国家高新区、江湾智创小镇等资源基础,以打造国际领先、国内一流的新材料、科研高地和新材料创新成果策源地为核心,成为科创融城重要媒介,打通从科创研发到技术转化的链条、打通从技术转化到制造生产的链条;南部创新圈,主要依托东钱湖核心区、南高教园区、鄞州投资创业中心等板块,以知识生产和技术研发为重点,打造智能制造研发高地,成为打开宁波与世界知识交流的窗口,院校与科研机构积聚的科研强心,打通知识扩散渠道,助力企业转化利用。多节点:走廊周边密集集聚的特色园区。

(二)探索以城市功能调整导入科创资源路径模式

甬江科创大走廊规划范围内大多是建成区,在建设思路与启动路径方面与杭州城西科创大走廊等科创廊道有很大不同,其更多是以城市功能调整导入科创资源,在产业空间的布局和开发模式上具有较大的借鉴意义。

1. 全方位的谋划布局和明确的行动计划

在谋划建设之初,宁波甬江科创大走廊统筹协调、编制了统一的、高质量、可操作的系统规划。由于甬江两岸原有低端生产和高端研发功能交错分布,整体功能布局混乱,人居混杂,区块分割严重,缺乏有效的衔接与统筹。因此,宁波甬江科创大走廊在成立之初就积极编制《宁波甬江科创大走廊空间规划》,在顶层设计上进行统一,明确了各区块的发展定位,统筹协调了鄞州、镇海、北仑、江北、高新区(新材料科技城)等甬江沿岸区域的发展。

规划的落地,必须要有明确的、细化的行动计划。在宁波甬江科创大走廊建设中,"什么是最适合宁波的"作为一个核心问题贯穿始终,大走廊相继制订了一系列全面而又具有可操作性的行动方案,使大走廊的建设有了清晰的脉络。2019 年宁波甬江科创大走廊指挥部制订了"长三角重要科创策源地的实施方案",涉及大走廊发展的资源整合、产业协同、科研转化、业态营造、要素供给、人才流动、生态优化、机制建设等各个方面都有通盘的、全方位的考虑。同时,方案还注重可操作性。不仅从实施层面提出了一整套框架性的建议,还针对规划中的每一个具体块面设计了支撑结构、实施路径,明确了一系列的发展指标,使大走廊的建设有清晰的脉络。比如引进科研院所方面,大走廊摒弃"眉毛胡子一把抓",从"补短板、强弱项、增优势"的角度出发,针对如何扩大科创对接资源,引进哪些"国家队"高水平院所,均列出相应的名单、给出了具体方向,大大增强了科研院所引进水平和质量。

2. 多样化的创新人才要素集聚模式

根据"以需求带招引、用产业聚人才、让人才领产业"的思路,甬江科创大走廊设计了多样化的集聚人才模式。作为"院士之乡",甬江大走廊面向海内外,总投资 5 亿元在宁波东钱湖打造宁波院士中心,包括两院院士的工作创新中心、交流发布中心、咨询培训中心、孵化共创中心,成为全省首批"浙江院士之家"建设试点,已吸引有意向入驻的院士超过 10 人;同时,打造人才科创"飞地",利用发达地区的科创资源,也吸引不少长三角地区的科技项目入驻孵化,转移到宁波产业化,打通人才项目在大城市孵化与本土产业化联动发展的通道,实现区域创新资源与产业结构的优势互补,目前,宁波企业已在上海、杭州、南京等长三角城市建立多家高水平科创中心,覆盖人工智能、高端医疗、先进制造、新材料等宁波重点发展领域。

3. 以特色园区、创新功能单元为主的空间挖潜模式

为破解空间碎片化问题,形成串珠成链一盘棋的格局,甬江科创大走廊探索构建若干个集科创特色产业、公共建设配套、人居空间环境于一体的特色园区。

在甬江科创大走廊区域内,基本上都是建成区,无法做到连片开发。建设初期,甬江科创大走廊指挥部从 136 平方公里区域内排摸出了仅有的 5.5 万亩潜力用地,占比不足 1/3。为突破空间碎片化限制,大走廊引入"特色园区"概念,启动一批特色园区的片区建设,每个占地 2～5 平方公里,挖掘产业用地潜力。

同时,为了破解区域产业同质化问题,与特色园区一脉相承的"创新功能单元"应运而生。创新功能单元的空间更小,产业特色也更加明显。具体来说,创新功能单元是指特色园区内的 1 平方公里左右空间范围,通过分析每一个片区现有的产业特点、现实基础和发展意向,围绕特定领域方向的产业链和创新链融合发展新空间。目前,甬江科创大走廊已初步锚定了新型功能材料、5G＋场景应用、工业互联网、数字芯片、精准医疗、数字创意等 22 个创新功能单元,这些创新功能单元高度契合了宁波"246"万千亿级产业集群和五大重点领域新兴产业的高价值环节。大走廊还通过制定实施靶向政策,定向扶持,引导各区块科学谋划科创产业布局,构建互补互促、共生共赢的产业发展生态。

4. 坚持高效灵活的体制机制

产业技术创新离不开体制机制创新。当前在宁波甬江科创大走廊产业选择、投资项目推动过程中,高效灵活的体制机制为其提供了强大的政策保障支撑。在产业选择上,宁波甬江科创大走廊保持着较大的高效灵活性,通过充分与周边城市对标分析,坚持错位发展,找准宁波自身产业发展重点方向。也正是高效灵活的产业方向选择做法使得甬江科创大走廊基于自身在新材料等领域的优势,锚定了新型功能材料、5G＋场景应用、工业互联网、数字芯片、精准医疗、数字创意等产业,为科创大走廊未来产业创新发展找准了方向。

同时,在投资项目推进上,宁波甬江科创大走廊创新土地带方案模式,优化审批流程,提速项目落地建设。创新土地带方案出让模式,即对工业建设类项目将工程建设许可阶段与施工许可阶段合并,工业用地招拍挂前即确定好开发方案,企业报建过程中不再对设计方案进行审核,企业拿地后可即时办理开工前手续,实现"拿地即开工",大大优化了审批流程,缩短了审批时间。不到一年时间,甬江科创大走廊内昔日破旧的粮库、车站、厂房,"蝶变"为时尚前沿的企业总部、重点实验室、人才之家,"智力创新高地"在甬江北岸加速崛起。比如作为桥头堡的文创港,首个项目——原火车北站站长楼的建设只用了 56 天,从规划开始到文创港客厅建成,用时不到半年。

(三)创新要素加速集聚释放创新活力

从 2019 年甬江科创大走廊建设批复至今,仅仅一年时间,大走廊还处于起步建设阶段,但在创新要素加速集聚、产业技术创新水平提升、创新主体活力增强等方面的实践成效已初步显现。

一是科创要素集聚效应不断放大。栽下梧桐树,高端科创要素快速集聚,区域内创新浓度不断提升。高水平科研院所相继引进。大走廊内宁波院士中心成为全省首批"浙江院士之家"建设试点,已与13名院士达成进"家"意向。诺丁汉大学卓越灯塔计划(宁波)创新研究院、天津大学浙江研究院等17家高能级科研院所也相继落户。高端创新人才加速集聚。相继落地的大院大所带来了源源不断的高端创新人才资源。宁波全市超过50%以上的"3315"人才和国家企业技术中心、1/3左右的院士和博士后工作站入驻于此,其中浙江创新中心集聚各类人才近千名。资金支持力度不断加大。截至2019年,甬江科创大走廊内的宁波软件园吸引各类投资108.09亿元,构建起要素完善的软件产业创新生态。

二是产业技术创新水平有所提升。甬江科创大走廊积极谋划推进甬江实验室建设,推动重大项目实施、卡脖子技术攻关,积极弥补基础研究短板,大大提升了区域内原始创新能力,构筑了产业核心竞争力。甬江实验室建设取得一定进展。宁波甬江科创大走廊瞄准国家重点实验室,谋划建设甬江实验室,甬江实验室启动区一期地块已拆迁清零,进入实质性建设阶段。一批重点项目顺利推进。结合空间规划和产业定位研究,2020年甬江科创大走廊重点项目库已经敲定,涉及重点项目82个、重点平台9个,总投资达2107亿元。其中,文创港核心区启动地块(二期)项目、浙江创新中心二期项目、宁波鲲鹏生态产业园等,均在加快推进。卡脖子技术有所突破。面向全球科技竞争焦点,甬江科创大走廊建立关键核心技术清单动态梳理工作机制,综合运用择优委托、竞争性分配等方式合力攻关,已相继突破了大型复杂成型技术、烯烃增值转化高效催化工艺等一批"卡脖子"技术,大大弥补了宁波产业发展中的创新短板。

三是各类创新主体活力逐步增强。区域内全面优化创新创业环境,行业知名企业相继引进,产学研合作不断加强,创新主体进一步迸发活力、释放潜力。优质知名企业相继引进。在高能级院所和人才集聚下,甬江科创大走廊吸引了力诚中国、即刻科技等超过2000家企业入驻,尤其是宁波文创港,成功引进国内知名互联网企业如腾讯、滴滴出行和甬商回归企业南方设计院、颐高旗下亿脉通。产学研合作不断加强。宁波鲲鹏生态产业园内东华软件与华为联合宣布,基于华为鲲鹏处理器的鹏霄服务器正式面世,已在宁波市政务云中心应用。

四、温州环大罗山科创走廊——引领民营经济二次腾飞创新探索之路

温州环大罗山科创走廊作为浙江省建设的四大科创走廊之一,不仅是落实国家自主创新示范区建设和浙江省"四大都市区"建设的重要工程,同时更是解决区域要素竞争加剧、高能级科创资源不足、新旧动能转换较慢等突出问题,促进民营

经济二次腾飞,加快提升温州都市圈能级和浙南地区核心竞争力的关键举措。

（一）建设"一核两带多园区"环带状大走廊结构

2019 年浙江省政府工作报告正式提出"培育温州环大罗山科创走廊",2020 年 3 月浙江省发改委、省科技厅、温州市政府联合发布《温州环大罗山科创走廊建设规划》。在规划设计中,环大罗山科创走廊聚焦"引领创新、带动产业、辐射区域",以面向全球开放协作的全国民营经济科技创新示范区、世界青年科学家创新创业引领区、全球新兴科创资源集聚先导区和全球有竞争力的眼健康科创高地为总体定位（见表 5-4）,积极融入温州高教园区的人文创新元素、大罗山及三垟湿地的生态元素、温州产业的特色元素,划定科创带和外围辐射产业带,建设"一核两带多园区"环带状的大走廊结构,形成以核心带动节点发展、核心与产业带及各个节点创新联动的区域创新空间网络形态,不断优化创新转移扩散路径。

为保障科创资源要素活力流转,环大罗山科创走廊内的配套设施能级将全面提升,提高区域交通设施互联互通效率,实现"对外一小时、对内半小时"快速交通圈。同时,在科创走廊内率先布局省级未来社区试点,打造"时尚智城",建设高品质人才后花园,形成大绿大美城市景观,完善公共服务设施布局,提供多层次多类型的人才居住场所,打造具有国际吸引力的人居环境（见专栏 3）。

表 5-4　温州环大罗山科创走廊战略定位

战略定位	目标要求
全国民营经济科技创新示范区	充分发挥温州民营经济创新创业优势,进一步激活温州民营企业科技创新潜力,引导民间资本参与科技创新,探索民营经济高质量发展新模式,打造市场准入最优试验田,全力打造一流的国际化营商环境,成为全国以民营经济创新驱动发展为特色的高质量发展示范区
世界青年科学家创新创业引领区	以世界（温州）青年科学家峰会为契机,建设"一器一园一基金",吸引全球青年科学家在科创走廊创新创业,完善创新创业环境,激发城市创新活力,培育经济发展新动能,打造高层次人才、高科技企业和高技术产业集聚的创新生态系统,成为全球青年科学家创新创业的乐土
全球新兴科创资源集聚先导区	瞄准全球科技创新资源和全球温商网络资源,建立面向全球的开放创新合作体系,坚持"引进来""走出去"为双向路径,吸引海内外高层次人才和创新团队、先进技术、科技金融、创新项目在科创走廊集聚,成为全球新兴的科技创新资源集聚先导地区
全球有竞争力的眼健康科创高地	充分发挥全国领先水平的眼健康领域科研能力作用,谋划以眼健康为主导方向的高能级创新平台,培育全球知名眼健康产业创新集群,主动承担国家科技创新战略任务,瞄准眼健康领域"卡脖子"技术,推动前沿技术、原创技术、战略技术和应用技术取得突破,引领全球眼健康领域科技创新,成为浙江省打造全球有影响力的生命健康科创高地的重要组成部分

专栏 3　温州环大罗山科创走廊功能布局

结构体系："一核引领、两带互动、多园辐射"。

空间范围：温州环大罗山科创走廊以大罗山为中心坐标，划定科创带和外围辐射产业带，其中：科创带西至白云山麓、温瑞大道、汤家桥路、吹台山麓，北至瓯江，东至东海，南至瑞枫大道、云顶山麓，总规划面积230.5平方公里；产业带总规划面积约210平方公里。（见图5-5）

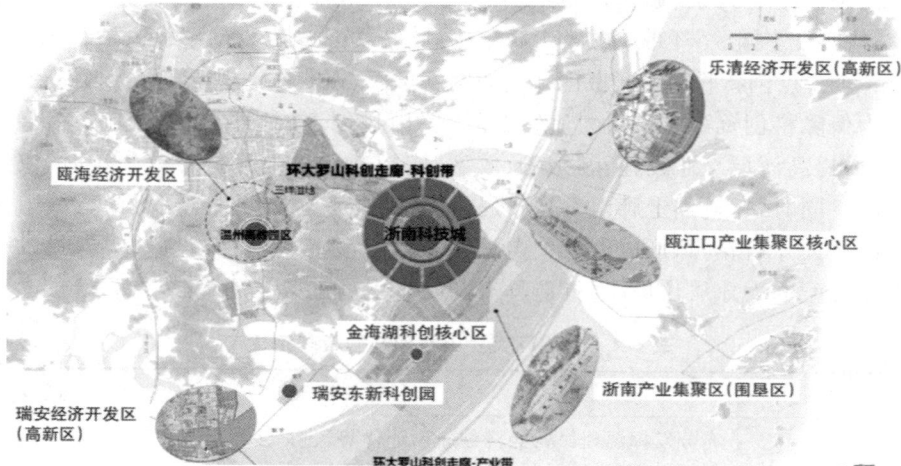

图 5-5　环大罗山科创走廊空间规划

来源：《温州环大罗山科创走廊建设规划》，温政发〔2020〕4号.

"一核"指以浙南科技城为核心，对标杭州未来科技城，着力打造产城融合的科技新城。

"科创带"：加快三类重点区块高能集聚推进科创带实体化发展，龙湾区以温州高新区为载体，力争成为浙南地区民营经济创新创业的新高地、新标杆，辐射带动温州及浙南区域创新发展；瓯海区以温州高教园区为依托，对标紫金港科技城，打造浙南大学城；瑞安市以东新科创园、塘下工业园区等为载体，打造瑞安科技城。

"产业带"：包括瓯江口产业集聚区、浙南产业集聚区（围垦区）、乐清经开区（乐清高新区）、瑞安经开区（瑞安高新区）、瓯海经济开发区等产业平台，通过核心引领、近邻联动和外围扩散的方式，以生命健

康、智能制造等核心科创产业及其上下游领域的产业化为主,各产业
平台聚焦特色、突出错位,承接科创带的成果溢出。
　　"多园区":是指瓯江口产业集聚区、乐清经开区(乐清高新区)、瑞
安经开区(瑞安高新区)、瓯海经济开发区等产业园区。

(二)着力打造产城融合的科技新城
　　温州市根据自身区位条件、产业基础、温商资源优势,建设环大罗山科创走
廊,在建设思路和启动路径方面和城西科创大走廊、宁波甬江大走廊都存在区
别,其温州特色的开发模式具有借鉴意义。
　　1. 以高起点、造塔尖的理念搭建全链条科技创新平台
　　对比上海、杭州、深圳等地,温州区位交通优势不明显、高能级科创资源要素
欠缺,导致大走廊区域内基础研究、原始创新能力偏弱问题突出。规划伊始,为
弥补自身短板,环大罗山科创走廊就提出搭建"基础研究—应用研究—成果转
化"的全链条科技创新平台,高起点谋划国家级创新载体,切实提升产业创新塔
尖高度。在基础研究上,建设创新型高校。推动温州高校与学科排名世界前50
位的大学或国内"双一流"大学建立合作,做强温州医科大学临床医学、药学、生
物医学工程等优势学科和强化温州大学在激光与光电、智能制造、新材料、水环
境治理等领域的优势。在应用研究上,打造高能级平台。环大罗山科创走廊规
划加快建设中国科学院大学温州研究院、浙江大学温州研究院、瓯江实验室、中
国眼谷等高能级平台,力争在眼视光、基因药物、激光光电等领域形成 2~3 个
"科技尖峰"。在成果转化上,建设创新孵化转化平台。科创走廊按照"一个细分
产业一个综合体"的思路,大力推进眼视光国际、食品制药机械、物联网智能电器
等现有市级创新服务综合体实体化建设。
　　2. 形成多区块、多园区错位联动的发展格局
　　为破解区域内创新资源分散、平台之间恶性竞争的痛点,环大罗山科创走廊
在建设过程中,非常注重区域内资源整合协同,根据产业创新发展特点,实施多
区块、多园区错位联动发展策略,划定了内外联动的空间格局,打造研发—生产
制造—服务的协同创新闭环。在重点区块上,大走廊综合考虑瓯海区、龙湾区、
瑞安市的创新机构状况、产业基础、交通以及配套设施等要素资源优势,突出特
色,选定了一批创新平台,科学划分出创新研发类、创新制造类、创新服务类等三
类高能级战略区块,并明确了各自的发展导向。在园区平台布局上,环大罗山科
创走廊规划对不同园区平台定位也极力避免重叠。通过浙南科技城核心引领、
近邻联动和外围扩散的方式,各产业平台聚焦特色、突出错位,承接科创带的成

果溢出,推动科创项目产业化,以生命健康、智能制造等核心科创产业及其上下游领域的产业化为主。通过科创带和外围辐射产业带两个特色带共同构成环大罗山产学研用协同创新闭环。

3. 多样化的利用外部创新资源模式

环大罗山科创走廊规划之初,温州就意识到了协同创新的重要性,根据温州优势设计了多样化的利用外部创新资源模式。借助国际优质资源获取优质创新源。环大罗山科创走廊以世界青年科学家峰会为对接窗口,采取"一器、一园、一基金"的项目引进配套方式,利用世界青年科学家创业基金对项目进行引进投资,世界青年科学家创业孵化加速器帮助项目进行孵化、市场推广等,待孵化培育成功后,再转移到世界青年科学家创业园,进行实体的生产。大力推动科创飞地、人才飞地建设。发挥温籍商人遍布全球的优势①,环大罗山科创走廊在上海、杭州、北京、深圳等创新资源和在外温籍企业集群地建立科创飞地、人才飞地,柔性引才,通过"区内注册、域外经营""域外孵化器"等形式,引导温州在外创新资源集聚、集群发展,目前,温州、乐清、瑞安在上海嘉定的科技创新园(科技飞地)已建成投用,瓯海区将搭建长三角、硅谷、亚太、欧洲海智中心,建立更加开放的揽才优势。构建"1+9+X"校地战略合作体系。以温州高教园区为核心,温州9所高校合作为节点,温州发展智能装备制造、生命健康、信息技术等产业需求为导向,对接全国乃至全球知名"X"家高校院所、科研机构,与之形成精准、有效的合作关系,帮助温州企业解决技术难题,加速高端产业发展。

4. 构筑宜居宜业的双"生态"环境

业态生态相互滋养是科创廊道资源集聚、人才集聚的一大关键。注重营造生产、生活、生态"三生融合"的人居环境。环大罗山科创走廊区域内坐拥"温州绿肺"三垟湿地和城市重要生态屏障大罗山,其利用得天独厚的生态环境优势,从人的需求出发,围绕"十分钟入环、三十分钟通环"目标,形成内畅外快的交通网络闭环。还瞄准交通环线、视野可及范围和开发区块,由点及面,加大环境整治,配置国际化、高水准的教育资源、医疗资源,提供多层次多类型的人才居住场所,打造"时尚智城"。

同时,不断优化构创新创业服务体系,让不同业态之间产生化学反应,互相滋养和支撑。环大罗山科创走廊对符合产业导向(智能制造、生命健康、新材料等领域)的企业投资项目实行"先建后验"的灵活审批制度。将企业侵权行为纳入社会信用记录和与市场准入、享受优惠政策挂钩,营造公平竞争的市场环境。

---

① 温州在全球130多个国家拥有约70万温籍华侨,在80%以上地级市建立超过260家的温州商会,在国内还拥有3个国家级境外经贸合作区和2个省级境外经贸合作区,数量居全国地级市首位。

同时,还定期举办全球青年科技英才(温州)峰会、"智汇温州"全球精英创新创业大赛、民营企业国际人才项目交流大会等,营造出浓厚的创新创业的氛围,为企业创新发展提供良好的服务支撑。

(三)人居环境改善、产业集群优化成效突出

由于环大罗山科创走廊规划落地不久,实践成效主要体现在人居环境改善和产业集群优化两个方面。

人居环境改善。在交通路网建设上,2020年以来,环大罗山科创走廊推进16个道路工程和5个公共交通项目建设,其中环山路四期竣工验收,新开通龙湾区区域公交线路1条,优化公交线路3条;同时,在环境整治上,瓯海区以"洁化、绿化、序化、亮化、美化、文化"的"六化"标准查处整治市容乱象;高教新区提前完成东方路口袋公园①、人才公园口袋公园、南湖科创小镇文化长廊3个2020年度环大罗山科创走廊口袋公园建设任务。为吸引科创人才创造了环境。

产业集群优化。围绕打造12个重点区块,环大罗山科创走廊通过推进生命健康、信息技术、新材料等领域的项目建设,优化了产业集群。在生命健康领域,南湖科创小镇浙江大学温州研究院建成生命健康中心,瓯海生命健康小镇GMP生产车间加速推进,已落地"新型冠状病毒快速检测试剂盒"等项目3个,中国基因药谷一期创新综合体启动建设;信息技术领域,浙南产业集聚区智能制造及数字经济产业园全面开工,南湖科创小镇的数字经济大厦落地26家软件信息企业,智能制造及数字经济产业园已招引落地科技类项目3个、签约创新型重大科技项目3个,中国电子(温州)信息港二期项目进入主体施工;新材料领域,麦田能源有限公司光伏逆变器及组装锂电池项目提前开工,位于南湖科创小镇的新材料创新中心启动建设。

五、金义科创廊道——后进地区突破要素制约瓶颈,借力实现产业升级发展创新探索

改革开放以来,金华市通过"制造业+市场联动发展"的模式,发展以义乌小商品、永康武义五金、东阳木雕、浦江水晶、磐安中药材、兰溪纺织等为代表的产业,形成了特色鲜明的县域经济,在全国享有盛名。然而,随着区域间经济融合加速,新兴技术产业越来越依赖科技创新,而相对封闭、各自为政的县域经济,存在经营粗放、产业层次低、创新能力不足、产品技术含量、附加值低、对专业市场的支撑不明显等瓶颈,越来越不能适应新形势的变化。为此,金义科创廊道立足

---

① 也称袖珍公园,指规模很小的城市开放空间,常呈斑块状散落或隐藏在城市结构中,为当地居民服务。

于义乌开放口岸群、义新欧、义甬舟等开放通道优势和产业升级发展需求,积极打造金义科创廊道。

(一)打造"一轴两区多点"绿色生态宜居宜业廊道

针对现有科技创新平台散、产业聚集性不强、科技与传统企业粘合度不高等问题,将打造"一轴两区多点"布局的金义科创廊道,形成串联高新园区、科技孵化园区、特色小镇等平台节点的东西向带状空间,使其成为创业创新氛围浓厚、中高端产业集聚发展的绿色生态宜居宜业廊道。

金义科创廊道通过对区域内创新资源的系统梳理与合理分工,依靠金义黄金主轴的打造,按照"科技研发、技术孵化、高端生产、配套服务、交往空间"等科创产业链拓展路径,完善各环节的功能区块配置,构建有效的区域合作平台,将零散、各有特色的县市串联起来,各县(市、区)创新资源共享,推进整个金义都市区域内创新要素集聚、流动、整合,最终将科创走廊打造成先进制造业的科创中心,建设信息经济产业高地和国际科技合作高地,成为引领金义都市区发展的科技创新带、高新产业带、品质生活带。

专栏 4   金义科创廊道空间布局

空间范围:整体呈东西走向,呈带状分布,以金义快速路为发展主轴,西起金华经济技术开发区,经金华高新技术产业园区、金义都市新区、义乌经济技术开发区,东至义乌信息光电高新技术产业园区,核心建设区面积约 160 平方公里,辐射带动县域科创平台发展。(见图 5-6)

结构体系:"一轴、两区、多点"(见表 5-5)

一轴:即以金义快速路为主轴线,联结金华市区与义乌市区,加速集聚各类创新要素与科创平台,打造融科技创新、人才集聚、产业转化、品质生活于一体的产城人融合创新带。

两区:即以金华省级高新技术产业园区和义乌省级信息光电高新技术产业园区为依托,创建金华、义乌两个国家级高新技术产业园区,打造产业与科技融合之区。

多点:即廊道沿线的各类科创平台、孵化载体、产业化基地、特色小镇等,突出科技研发、科技孵化、文化教育功能,整合、提升、建设一批特色鲜明、错位发展的双创示范性平台。

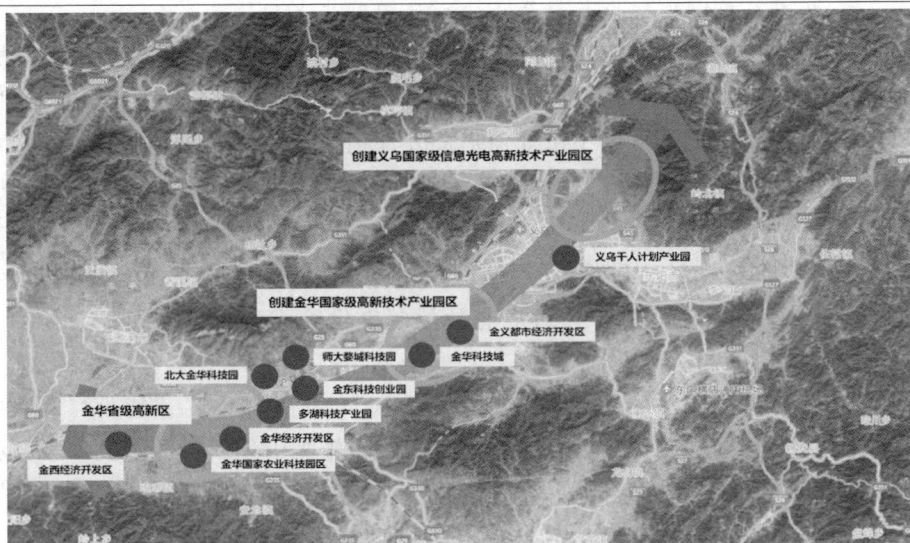

图 5-6　金义科创廊道规划布局

来源：《金华市婺城区金义科创廊道建设规划（2019—2025）》，婺区政发〔2020〕1 号.

表 5-5　金义科创廊道"一中心两高地"战略定位

定位	目标要求
先进制造业中心	以新能源汽车、先进装备制造、健康生物医药等主导产业和智能装备、新材料、高端医疗装备等新兴产业为核心，围绕产业链部署创新链，提高科技和产业深度融合，推动中高端产业、中高端要素集聚，协同推进建设在全省具有核心竞争力的先进制造业基地
信息经济产业高地	引进和培育一批具有示范性、创新性、带动性信息经济产业的龙头企业，发展信息软件、大数据、云计算、互联网泛娱乐、虚拟现实、电子商务、智慧城市等产业，推动科技与文化融合，完善信息经济高层次人才、实用性人才、草根人才等队伍建设，构建产业链上下游良性互动、大小企业协同发展的产业生态系统，将其打造成为具有区域影响力的信息经济产业高地
国际科技合作高地	以优化金义都市区大通道、大平台、大产业、大协作布局为抓手，以人才交流深化科技创新合作，加快企业走出去步伐，引进共建一批联合实验室、技术转移中心、技术示范推广基地和科技园区等国际科技创新合作平台，提高都市区在国际城市体系中的地位和影响力。发挥金义科创廊道在"一带一路"科技合作中战略支点作用，成为我省"一带一路"综合试验区的重要组成部分

资料来源：根据《金义科创廊道建设规划》整理.

(二)借助外部创新资源从科创小市向协同创新大市转变

除吸引高校、人才、企业向走廊集聚外,金义科创廊道在创新模式上更注重企业和高校的合作,以创新链带动产业链,为实现科技成果转化打下深厚基础。其实践经验集中体现了科创小市如何借助外部创新资源成为协同创新大市,"各自为政"的县域经济如何借助科创廊道建设协同创新,集聚中高端要素,发展中高端产业。

1. 及时有效的制度供给

金义科创廊道建设过程中,政府有效的制度供给成为集聚创新要素的阳光雨露。提供店小二保姆式创业帮扶。例如金华市打造了一个集资金扶持、创业实训、基地实践、资金支持、导师辅导、政策保障等于一体的"136"创业综合服务体系,鼓励高校毕业生创新创业;及时出台激励措施吸引创新资源。例如设立科创基金,在引入高校、研究所,建设产业创新综合体,建设众创空间、孵化器,认定高新技术企业、重点实验室、重点研究院等方面提供资金补助;深化"最多跑一次"改革,优化营商环境。从建设开始,金华市就将金义科创廊道建设作为"最多跑一次"为引领的各项改革落地、政府作风改进、服务效能大提速的试验场和试金石,不断优化政府管理方式与制度供给,缩减审批事项,压缩审批流程,提升服务效能,优化服务水平。

2. 成熟的协同创新体系

金义科创廊道在建设过程中,通过"工科会""异地科创平台"等途径,利用外部创新资源服务本地产业,打造出成熟的协同创新体系。为克服地理区位和城市能级带来的科创资源限制,金华市在长期实践中探索出以"工科会"①为核心的产学研协同机制,立足科创廊道发展生物医药、信息技术、新材料、新能源汽车等产业的需求,2018年的第17届工科会吸引了健康医药、人工智能等领域的国内外知名学者、企业家以及80余家金华当地医药企业,第18届(2019年)围绕智能门锁、光电、新能源汽车及配件、电动园林工具、磁性及石墨烯、生物医药、智能家居、保温杯等八大重点细分行业关键技术进行合作,借助外部智力资源为金华企业解决技术难题;同时,通过设立"离岸科创平台",异地借智、科技招商,鼓励园区、高校、企业等各类主体在上海、杭州等创新资源集聚地区设立离岸科创平台(见表5-6)。由于采用"孵化在上海、产业化在金华,研发在上海、生产在金华"的运行模式,"离岸科创平台"还具备科技招商功能,通过将沪杭等地孵化项目落户金华,让人才、技术、资金等要素在上海与金华之间流动起来。截至2019

---

① 截至2017年,前16届工科会累计签订合作项目2200多项,协议金额达52.92亿元。

年 12 月,已在上海、杭州建立了 8 个离岸科创平台,为发展新材料等新兴技术产业,推动金义科创廊道高质量建设提供了有力支撑。

表 5-6　金华在沪杭设立的"科创飞地"

县区	异地科创平台名称
金华开发区	金华科创园(杭州)、异地研发中心(上海)
东阳市	上海临港科创(东阳)中心
武义县	杭州未来科技城的"人才飞地"
浦江县	浦江(杭州)科创中心
兰溪市	兰溪服装设计和面料研发中心(杭州滨江区)
婺城区	婺城区上海科创中心(上海)、星沅空间婺城飞地孵化基地(杭州)

资料来源:根据网络公开数据整理.

3. 各县(市、区)共建共享的模式

针对金华产业分布相对离散的特点,科创廊道规划之初,就强调各县(市、区)共创科技廊道品牌、共建金华科技城、共享创新资源。针对义乌小商品、永康五金、浦江水晶、兰溪棉纺织等县域经济在新时期造成的聚合功能不足,联动城乡区域协调发展缺乏内劲的问题,金华市将各县(市、区)共建科创廊道原则以制度的形式确定下来,在金义科创廊道建设动员大会上,金华市与各县(市、区)政府签订共建金华科技城责任书,在之后将科创廊道的建设作为重要的考核指标[1],婺城区、兰溪市、武义县等地因此出台了相应的科创廊道规划。正是共建科创廊道原则的确定,使各县(市、区)加大科技创新的投入,为产业发展提供支持。此外,金义科创廊道在在金华科技城试行"飞地经济"模式,各县(市、区)共享创新资源,对县(市、区)引进、布局在科技城的高水平创新载体和高新技术产业项目,实行金华市区待遇,享受金华市区统一的科技、人才、产业等政策支持,并将研究出台具体的配套政策。同时,科创廊道将辐射带动县域科创平台,县域科创平台也将主动对接廊道建设,依托廊道在人才资源、科技资源、资金资源等方面优势,实现人才、机构平台、科技成果、科创资本等全要素自由流动、高效配置,加速中高端要素向金义廊道集聚,为各县(市、区)借力科创廊道,发展中高端产业提供了便利。

4. 积极融入长三角 G60 科创走廊

金华市积极推动金义科创廊道融入长三角 G60 科创走廊,联动长三角其他

---

[1]　考核任务目标包括研发经费支出,国家高新技术企业,三类产业创新服务综合体建设,新增省级科技型中小企业,新增市级以上研发机构等多个方面。

城市发展,借助 G60 科创走廊平台,使金义科创廊道焕发生机。作为长三角城市协同发展的重要方式,产业联盟通过吸纳创新资源,搭建公共服务平台,解决企业遇到的共性问题,降低企业的创新成本,推动产业技术创新整体升级,正因此,金华市积极建立和加入长三角 G60 产业联盟,通过 G60 各产业联盟的活动达成了 120 余项合作或意向;同时,借助长三角 G60 科创走廊大平台,金华市在长三角 G60 科创走廊联席会议上签署了石墨烯泛碳材料产业园项目、中南高科·金西智造谷项目等重大合作项目,助力金华集聚中高端要素,发展中高端产业。

(三)以创新链带动产业链,引领产业创新升级

金义科创廊道从 2017 年 6 月 28 日开始建设,至 2018 年 6 月融入长三角 G60 科创大走廊,科创廊道办挂牌成立,进入了长三角 9 城协同发展阶段,依托长三角的资源,在金华各区县(市)共建科创廊道的实践下,金义科创廊道已取得一些成就。

一是战略性新兴产业集群发展迅速。凭借着石墨烯、LED 芯片等一系列新材料、新技术的优势,金华建设了长三角 G60 科创大走廊首个产业联盟——新材料产业联盟,由金义都市新区、浙江清华长三角研究院和牛墨科技共同筹建,利用长三角区域的科研力量,结合金义科创廊道现有产业资源,在共享共建机制下,项目建成不到一年就成效显著。在信息产业方面,金华市人民政府与龙芯中科签署投资协议,金义都市新区管委会与龙芯中科、神州数码、清华同方签署项目落地协议,合力建设浙江省龙芯智慧产业园项目,将引进龙芯中科并依托其龙头地位,吸引关联上下游的芯片应用终端研发生产企业在金华集聚,打造千亿级浙中信息产业集群。

二是项目引进、平台建设成效显著。从 2017 年建设伊始,金义科创廊道就引进了一批总投资额约 422 亿元的重大项目。目前,首个 G60 科创走廊联席会议签约项目牛墨石墨烯产业园已投产,年产值预计可达 7 亿元。在第二届长三角 G60 科创走廊联席会议上,金华市再次签约 7 个产业项目、5 个重大合作项目,已开工 3 项,完成投资 4.6 亿元,已投产运营 2 项。在平台建设上,金华市 2018 年新增 17 家众创空间、10 家孵化器;2019 年新增 14 家众创空间、13 家孵化器。其中,微谷智创园(义乌)、陆港电商小镇孵化中心(义乌)、利泽空间(金华)三家众创空间在 2020 年跻身"国家队";此外,金华科技城引入了浙大网新科技产业孵化园等平台,位于 G60 科创走廊金华核心区的金华未来科技城也在筹划建设中。

三是政产学研用为核心的创新生态基本形成。以工业科技洽谈会为媒介的产学研创新生态初步形成,每年为数量较多的高校和研发机构牵线搭桥,促成产学研合作。2019 年 11 月,长三角 G60 金义科创廊道高校院所协同创新联盟应

势成立,全市 20 所高校院所以及 175 名专家加入联盟,为金华市的创新提供了重要的智力支撑;目前金华市共有 12 家大院名校金华技术转移中心,为金华企业的产品和技术升级提供了帮助,例如浙大金华技术转移中心和凤登化工(凤登环保股份)洽谈多轮,共建"浙江大学—凤登环保固废资源化技术联合研发中心",在废弃物热解气化以及高效能源化利用等技术领域拥有一批先进技术成果,合作潜力巨大。

六、科创廊道建设"浙江经验"的借鉴与启示

(一)建立健全专门机构和制定专项规划

从浙江省的"科创走廊"建设实践来看,区块先天的资源禀赋和产业基础非常重要,但专门的开发建设机构和专项规划政策引导也不可或缺。如杭州城西科创大走廊成立了城西科创产业集聚区党工委和管委会,实行"一套班子、两块牌子"的管理体制,为杭州市委、市政府派出机构,代表市委、市政府在集聚区内实施党的领导与监督,负责整个集聚区开发建设管理重大问题和重大事项的统筹协调工作;宁波甬江科创大走廊成立了宁波甬江科创大走廊指挥部,并出台了《宁波甬江科创大走廊空间规划(2019—2035)》,提出了甬江科创大走廊发展愿景,明确要将甬江科创大走廊建设成为"长三角地区具有全球影响力的引领性科创策源地"。强有力的组织保障和规划先行确保了科创廊道建设有序推进和重点项目的优先布局落地。

(二)依托大学和科研机构,形成强大的原始创新能力

浙江科创走廊建设重点依托区域内相对集中的研究型大学和科研机构,以人才为纽带,形成强大的原始创新能力,同时,建立大学、科研机构与企业之间紧密的合作关系,通过创新链和产业链的分工融合,推动知识生产、技术商业化和创新扩散形成区域创新空间网络。比如城西科创大走廊是以浙江大学为核心,由众多研究机构集聚形成的区域性科创中心,拥有浙江大学、之江实验室、西湖大学、阿里达摩院、港大研究院、中科应化研发基地、中地大研究院、西安交大研究院等大院名校十几家,同时拥有一批重点实验室,创新机构密度居于长三角前列,是典型的知识驱动型创新区域。宁波甬江科创大走廊拥有"浙江院士之家"、诺丁汉大学卓越灯塔计划(宁波)创新研究院、天津大学浙江研究院等 17 家高能级科研院所,集聚了宁波全市超过 50% 以上的"3315"人才和国家企业技术中心、1/3 左右的院士和博士后工作站入驻于此。依托知名大学和科研机构不仅推动了区域相关技术领域的发展,提升了科技实力,且促进了研究成果向科技成果的转换,形成了强大的创新源泉。

（三）依托创新型龙头企业，培育具有国际竞争力的特色产业

世界知名创新走廊演变和发展过程中均涌现出了一批具有全球竞争力的科技企业，成功打造具有自身特色的产业高地，从而不断提升全球影响力，集聚全球产业创新资源。浙江在科创廊道建设中也不例外，围绕重点和优势领域，不断巩固壮大一批具有强大竞争力的世界级企业，发展提升一批具有行业引领地位的创新型企业，培育打造一批具有高成长性的未来型企业。如城西科创大走廊聚焦数字经济发展，以打造全球数字经济创新策源地为目标，形成了以阿里巴巴、蚂蚁金服、中电海康等名企强企引领的发展格局，大走廊产业增加值年均增长率约为全省平均水平的 3 倍，战略性新兴产业产值占比是全省的 2.5 倍，规上工业亩均增加值是全省的 5.5 倍，2019 年大走廊实现数字经济产业增加值 1626 亿元，占比达 87.7%。

（四）完善政策服务体系，打造一流的企业孵育生态

浙江科创廊道的建设和发展离不开政府政策的支持，各地都善于积极发挥政府"有形的手"的作用，通过出台并完善面向人才引育、企业成长、创新创业等方面的一系列扶持政策，打造各类支撑平台，全力打造人才最优生态和一流的创新创业生态。如城西科创大走廊聚焦高层次人才的引进、培育和扶持，建成全省首批国家海外人才离岸创新创业基地和国际人才创新创业园，率先推进浙江人才之家、国际人才创新创业板、外籍人才申请在华永居"直通车"等改革举措，吸引了大批高层次人才入驻，2019 年大走廊人才净流入率达 24.56%，成为全省密度最高、增长最快、最具活力的人才高地。另外，城西科创大走廊拥有多家国内外知名创投基金，超过 150 家风险投资机构管理着高达 2000 亿元的风险投资资本，建设有紫金众创小镇、互联网金融小镇、"工创谷"小镇、云谷小镇、西溪谷、浙江知识产权交易中心、云谷国际学校、支付宝总部、浙商创投总部等各类功能强大的创业平台和产学研转化平台，成为创新走廊培育新兴产业、推动产业发展的又一关键支撑。

第二篇 治理区域创新生态

第六章　坚持人才是第一资源

当今中国已迈入"人才红利"时代,人才已成为产业创新发展的第一资源。近年来,国内各主要城市为吸引高学历、高技能、高素质人才,纷纷出台了包括落户安置、住房保障、资金支持等多重利好政策,一时间"抢人才"成为网红热词。在此形势下,浙江各地也相继发布了一批人才政策、搭建了一批发展平台、创新了一批服务做法,并在招才、安才方面取得了良好成效。浙江省统计局显示,2019年浙江常住人口净流入达到84.1万人,位居全国第一;杭州、宁波两市常住人口净增量分别位居全国第一和第四位,且杭州是全国唯一一个人口净增量突破50万人的城市,比第二位的深圳多出14.18万人。大量人口的流入为浙江经济的发展注入了强大活力。学习借鉴浙江在人才招引和人才服务方面的有益经验,对于国内其他地区做好本地区的人才引进和服务工作,把握好"人才红利",从而促进自身经济快速发展具有重要意义。

一、争夺之战:人才已成为第一资源

(一)杭甬嘉成为"人才争夺战"主力军

自从浙江各地参与"人才争夺战"以来,多地年度人口增量大大提升。尤其以杭州、宁波、嘉兴三地"抢人"成效显著,2019年杭甬两城人口增量分别位居全国第一和第四位,嘉兴近三年人口增量也在快速成长。分城市来看,杭州年度人口增量从2017年的28万人提升到2019年的55.4万人,宁波年度人口增量从2017年的13万人提升到2019年的34万人,嘉兴年度人口增量也从2017年的4.2万人提升到2019年的7.4万人(见图6-1)。这三地快速的人口增长,无疑是区域发展态势、良好产业基础、优势人才政策、细致人才服务作用的综合结果。

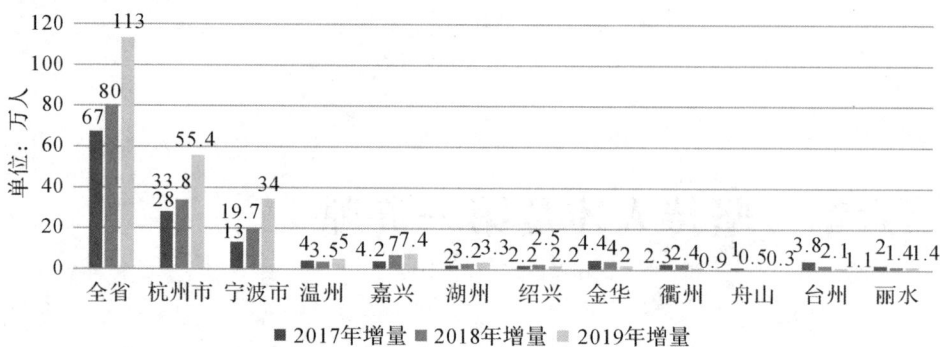

图 6-1　2017—2019 年浙江各地市人口增量数据

1. 杭州：增量领跑全国、人才聚焦余杭

2019 年杭州常住人口增量为 55.4 万，位居全国第一。站在全国层面来看，杭州也是唯一一个人口增量突破 50 万人的城市，比第二位深圳多出 14.18 万人，差距不可谓不大。（见图 6-2）

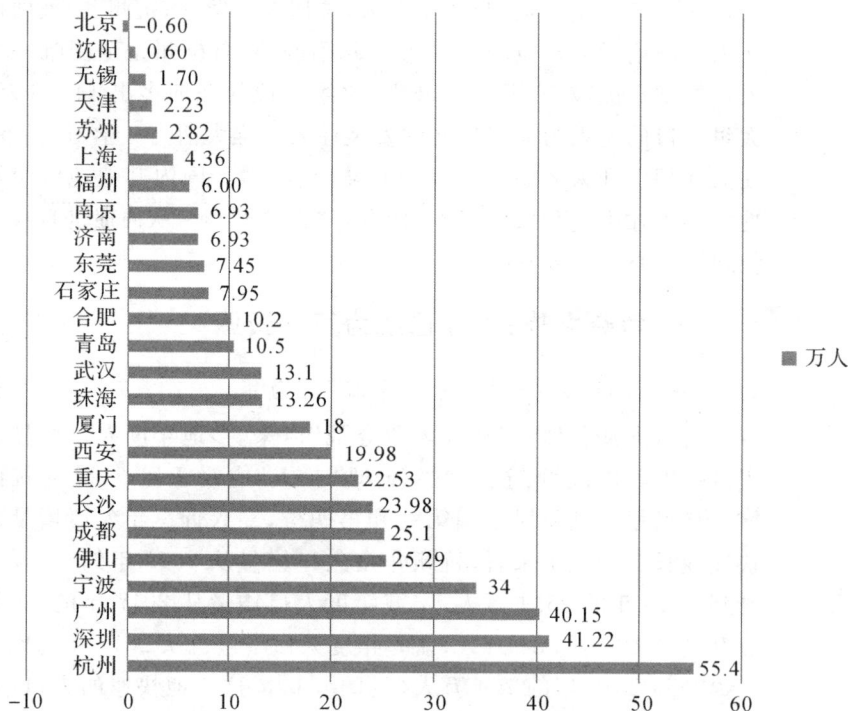

图 6-2　2019 年全国主要城市常住人口增量情况

数据来源：各城市年度统计公报.

　　领跑全国的背后,是近年来杭州人口增量快速增长的大趋势。对比杭州和深圳就会发现,杭州在 2014 年以前的新增人口相对稳定,最高也不过 6.4 万,而深圳在 2014 年的新增人口就已达到 15 万。2015 年后两地双双发力,杭州新增人口突增到 12.6 万,是 2014 年的 3 倍左右;深圳更是一跃而上达 60 万,晋升全国城市人口吸引力领头羊。直到 2017 年之后,深圳的人口增速开始明显下降,2019 年降到 41 万;杭州却保持着稳定增长,直到 2019 年以 55 万的成绩反超深圳。在 2015—2019 年的短短 5 年间,杭州的新增人口总数达到 146 万! 其人口增长不可谓不开挂。(见图 6-3)

单位: 万人

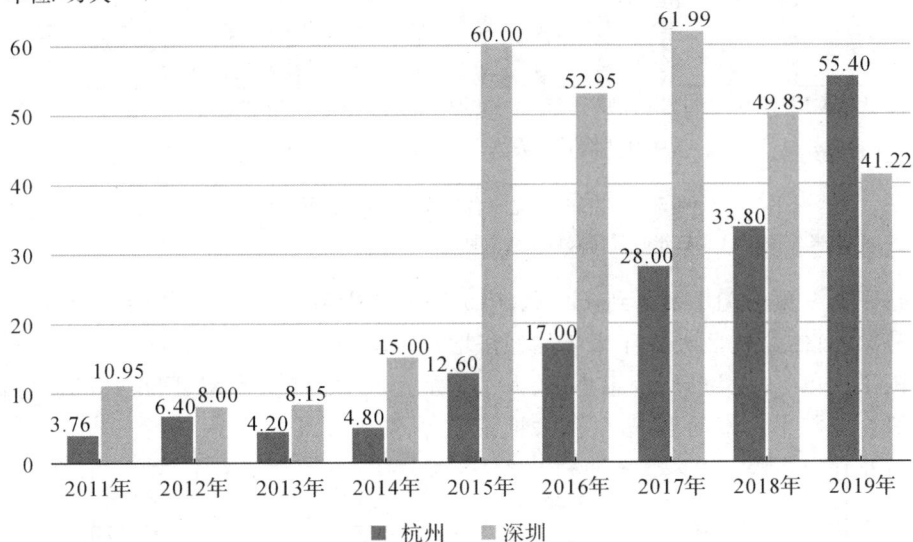

图 6-3　2011—2019 年杭州、深圳人口增量比较分析

数据来源:杭州、深圳两城市历年人口统计数据.

　　从人口增量构成来看,2019 年杭州自然增量人口为 7.35 万;剩余 48.05 万的人口增长均从外地流入,外来人口增量占人口总增量的86.73%。在净流入人口中,余杭区共吸引 26.7 万人,占杭州总数的 55.6%,超过其余各区的总和;排名第二的萧山区净流入 7.5 万人,占全市的 16%;第三名的滨江区净流入 5.6万人,占全市的 12%。纵观全杭州,人口净流入主要在余杭、萧山、滨江、西湖等产业强区,而传统的上城、下城、拱墅等老城区和建德、桐庐、淳安等远郊县人口都未得到明显增长。可见,杭州的人才吸引力与其所提供的就业发展机会密切相关!(见图 6-4)

　　从杭州吸引力最强的余杭区来看,近三年余杭人口净流入均保持高位,2017

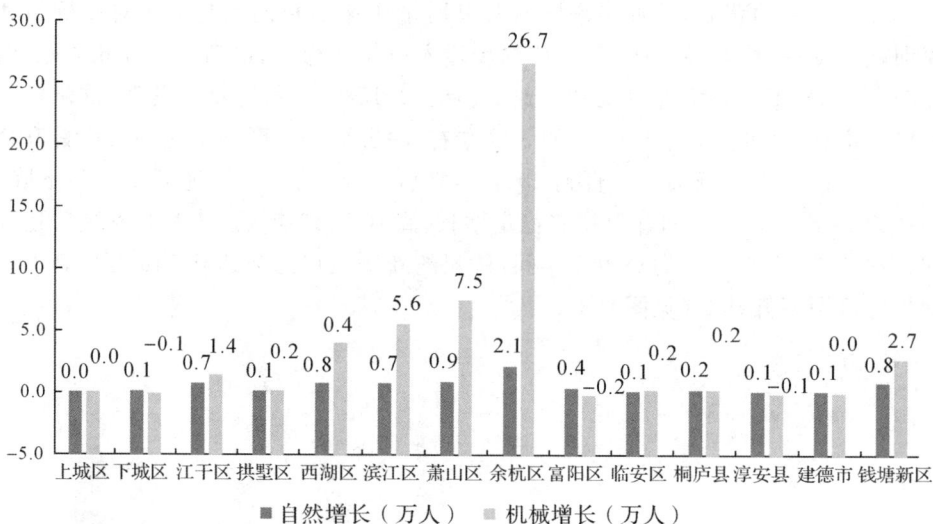

图 6-4　2019 年杭州各区县常住人口增量情况

数据来源:《2019 年杭州时常住人口主要数据公报》.

年达到 9.9 万、2018 年达到 11 万、2019 年更是达到 26.7 万。作为杭州的数字经济第一区,余杭区近 3 年来年均经济增长率均在 10%以上(见图 6-5),特别是在阿里巴巴、中电海康、梦想小镇、人工智能小镇、之江实验室、阿里达摩院等高能级企业与平台带动下,吸引了大批年轻、高知人才涌入。

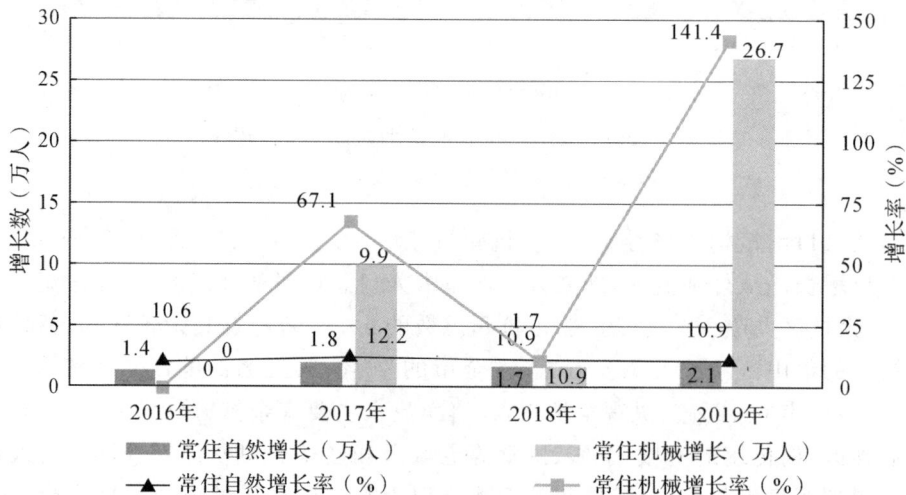

图 6-5　近三年余杭区人口增长情况

数据来源:《2019 年杭州时常住人口主要数据公报》.

2. 宁波:强区、强县成为人才流入重点

2019 年宁波常住人口增量为 34 万,居杭州、深圳、广州之后位居全国第四,也是全国唯四的人口增量超过 30 万人的城市。放在长三角区域来看,不仅居杭州之后位于区域次席,其增量也远远超过合肥作为长三角第三位的 10.2 万。从人口增量的地域分布来看,宁波新增常住人口前三强为鄞州区、慈溪市与海曙区,与杭州同样反映出产业强区(县、市)也是引才大户的特点。其中,鄞州区作为宁波城市新中心是宁波各类新兴产业、高端功能的汇聚地,慈溪则作为浙江第一强县更有宁波前湾新区的加持作用,海曙作为宁波老三区则是宁波传统市中心的所在且同样实力雄厚。而象山、奉化、宁海等远郊区县,则人口增长缓慢。(见表 6-1)

表 6-1 2019 年宁波各区县常住人口增量

地区	2018 常住人口(万人)	2019 常住人口(万人)	人口增量(万人)
全市	820.2	854.2	34.0
鄞州区	134.2	142.9	8.7
慈溪市	150.9	258.5	7.6
海曙区	92.9	97.4	4.5
余姚市	114.2	118.4	4.2
北仑区	71.6	75.1	3.5
江北区	38.5	41.1	2.6
镇海区	45.0	47.1	2.1
象山县	52.9	53.1	0.2
奉化区	51.5	51.6	0.1
宁海县	68.5	68.6	0.1

数据来源:《2019 年宁波市常住人口主要数据公报》.

3. 嘉湖:人才引力第三极正在强势崛起

除杭、甬外,嘉兴、湖州作为浙江人才引力第三极正在强势崛起。传统上,嘉湖区域属于长三角区域的"小透明"、沪杭之间的"坍陷带",但伴随长三角一体化深入发展和杭州带动能力的进一步增强,嘉湖区域发展红利得以显现,人才加速集聚。特别是嘉善、平湖、海宁、德清等环沪、环杭城市加速崛起,嘉兴和湖州也成为全省唯二(除杭州、宁波外)的常住人口加速增长城市。尤其以嘉兴人口增长显著,已经超越温州位居全省第三。(见图 6-6)

综合全省来看,杭、甬两城成为招引主力,符合人才选择新一线城市的大趋势,但其在全国和长三角区域的人才引力领军地位,也与其产业发展、城市营销

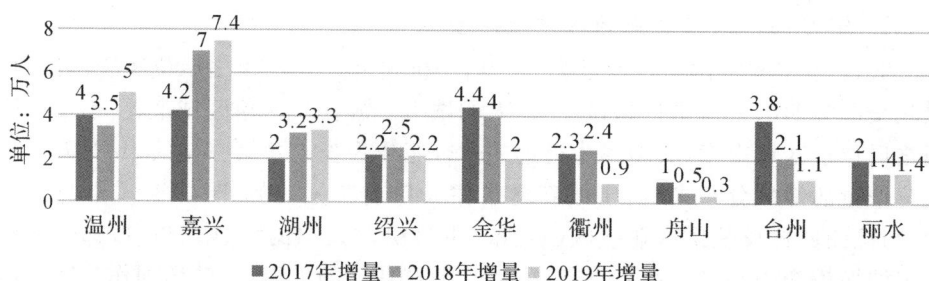

图 6-6 2017—2019 年浙江各地市(除杭州、宁波)常住人口增长数量

和人才服务等息息相关;嘉兴、湖州的异军突起,则是区域发展态势下,强力人才政策和优质人才服务因素的双重结果;而台州、金华等地区常住人口增量的持续减少,则面临着更大的人才招引压力。

(二)创新时代浙江全省抢抓第一资源

1. 浙江各地强势投入"人才战"当中

浙江各地在人才吸引方面所取得这一系列成果的背后,是自 2016 年起在杭、甬等头部城市的带动下,各地纷纷发布一系列人才招引新政策(见表 6-2),以求抢抓人才资源的积极而为。这其中既有综合型、一揽子的人才新政,也有针对特定人群、特定领域的专项政策。纵览全省以政策吸引人才,尤其以杭、嘉、湖三市最具代表性,基本形成一揽子的人才招引政策体系。

表 6-2 浙江各地区的人才新政

序号	地区	政策名称	发布时间
1	杭州	关于加快推进杭州人才国际化的实施意见	2018.8.28
		杭州人才生态 37 条及补充意见	2019.8.27
		"杭向未来"大学生创新创业三年行动计划	2020.4.15
2	宁波	2020 宁波高层次人才和高端创业创新团队引进"3315"计划公告	2019.12.3
3	嘉兴	嘉兴市关于更高质量建设人才生态最优市的若干意见	
		嘉兴市本级人才房票实施办法	2020.9.5
		嘉兴市大学生"550"引才实施意见	
4	湖州	关于高水平大战人才生态最优市的若干意见	2018.3.19
		湖州市关于进一步加强卫生健康人才队伍建设的若干意见	2020.8.21
		湖州"千名硕博"招引计划	2020.2.25
5	绍兴	高水平建设人才强市的若干政策	2019.7.31

续表

序号	地区	政策名称	发布时间
6	舟山	舟山市关于进一步加大高校毕业生来舟工作支持力度的实施办法	2019.12.10
7	台州	台州人才新政三十条	2017.5.9
8	温州	关于高水平建设人才生态最优市的40条意见	2018.5.15
9	金华	关于"双龙引才"新政20条若干政策	2020.8.13
10	衢州	2020衢州人才新政	2020.6.13
11	丽水	关于加快集聚高层次科技创新创业人才推动高质量绿色发展的意见	2019.10.15

就杭州来看,主要通过"人才生态37条"形成一揽子的人才招引政策,并就高峰人才引育、体制机制改革、全球人才招引、人才西进等重点工作形成四大工程和七大计划,以力求将自身打造为服务全省的人才高地、辐射全国的人才生态最优城市。

在深化引进目标方面,杭州以"高精尖缺"为导向,重点培养引进高峰人才,针对数字经济、生命健康、文化艺术、金融产业等,明确了相关领域领军人才培养数量。在激发人才活力方面,杭州从创新人才评价机制、鼓励科技创新、激发用人主体和人才创新活力、支持人才项目成果转化入手,为科研成果产业化寻找出路。在人才服务做法方面,杭州形成包括提升教育国际化水平、完善外国人士医疗服务绿色通道、解决高端人才交通保障问题等一系列服务方向。在政策补贴力度方面,杭州通过"杭州人才生态37条"补充意见不断加码,对应届高学历毕业生生活补助由原来的硕士2万元、博士3万元调整为本科1万元、硕士3万元、博士5万元,并加大对高层次人才购买住房补贴力度,对A级人才给予最高800万元的"一人一议",对B、C、D级人才分别给予200万元、150万元、100万元的奖励。无疑这种围绕目标人才群体,提供一揽子服务,强化补贴力度的做法成为杭州引才的重要抓手。(见表6-3)

从嘉兴、湖州来看,为强化对人才的吸引力,两地不仅面向高端人才重点发布人才新政,也发布了大学生、硕博士招引计划,并为其提供求职就业"一条龙"、自主创业"一体化"、安居落户"一站式"的保障体系。如嘉兴就发布了《嘉兴市关于更高质量建设人才生态最优市的若干意见》《嘉兴市大学生"550"引才实施意见》《嘉兴市本级人才房票实施办法》等细化政策,以实现更针对性引才;而湖州则明确了2020年湖州"千名硕博"招引计划,计划公开招聘事业编制高层次人才

表 6-3　杭州"人才生态 37 条"关于人才服务内容要求

序号	人才服务类型	人才服务相关要求
1	提升教育国际化	提升教育国际化水平,支持新建高水平外国人员子女学校,本市中小学接收外国人员子女随班就读实现全覆盖
2	完善外国人士医疗服务绿色通道	完善外国人士医疗服务绿色通道,提供预约诊疗和外语服务,市属有条件的公立医院全部开通国际医疗保险结算服务
3	解决高端人才交通保障问题	妥善解决高端人才交通保障问题,对 A 类人才采取一事一议方式解决;对在杭州市小客车总量调控政策实施后未办理过浙 A 牌照小客车登记的 B、C、D 类人才,通过竞拍方式取得小客车上牌指标,给予车辆上牌补贴
4	建设院士之家	营造创新创业良好氛围,建设"院士之家"和人才主题公园
5	加大知识产权保护	加大知识产权保护力度,发挥杭州互联网法院、杭州知识产权法庭作用,为高层次人才和团队开辟知识产权保护绿色通道
6	构建人才诚信体系	构建人才诚信体系,实行失信惩戒和负面清单制度,将人才信用作为人才引进、评定、培养、财政资金支持、享受优惠政策的重要依据。实行支持创新创业容错免责制度

602 名,其中招聘博士研究生 289 名,招聘硕士研究生 313 名;招聘企业高层次人才 1947 名,其中招聘博士研究生 296 名,招聘硕士研究生 1652 名。可见,嘉兴、湖州的人才招引不仅重点关注高端人才,同样也聚焦大学生、硕博士等青年人才,以不断做强人才基础。

此外,浙江其他各地同样积极发布相关政策,各类人才新政层出不穷,全省各地倾力"抢人"已成为鲜明趋势。

2. 浙江发展需要高素质强大人才队伍

浙江各地不断加码的招引计划背后是浙江创新发展的现实需求。2020 年 6 月,中共浙江省委发布了《关于建设高素质强大人才队伍打造高水平创新型省份的决定》,提出到 2025 年要"初步建成科技创新综合实力全国领先、特色领域具有全球影响力、区域创新体系有力支撑现代化建设的高水平创新省份"。为此,需要"以超常规举措打造人才引领优势、创新资源优势、产业创新优势和创新生态优势,全面构建具有全球影响力、全国一流水平和浙江特色的全域创新体系";达到"涵养全球创新人才的蓄水池基本建成,重点领域形成人才高峰,成为最具影响力和吸引力的国际人才流入地之一"的目标。

由此,浙江重点聚焦高端创新人才、优秀青年人才等群体,全力强化人才招引、培育工作。从高端创新人才来看,浙江省要求第一要大力实施"鲲鹏行动",大力引进海内外高层次人才、领军型团队和人才;第二要全面构建"高精尖缺"人才开发目录库,鼓励企业布局海外"人才飞地";第三鼓励跨国公司在浙江设立或联合设立研发中心和创新基地,支持外资研发机构与本省单位共建实验室和人才培养基地;第四重视和培养好本土人才,优化政策,激发本土人才积极性。从优秀青年人才来看,浙江省要求首先要扩大高层次人才特殊支持计划,新增名额全部用于优秀青年人才,支持更多青年人才成为领军人才;其次要建立阶梯式支持机制,支持入选国家级人才计划或取得标志性成果的青年人才;再次要发挥世界青年科学家峰会作用,吸引更多高校毕业生在浙创业就业,大力推进大学生见习基地和创业园建设,打造大学生应聘、就业创业全链支持体系。

此外,与招引计划相配套的则是全方位强化人才公共服务的要求。人才码制度、人才服务综合体建设、人才绿色通道、外籍人才国民化待遇、人才同城化待遇、反向人才飞地、长三角人才一体化发展等新做法也被提上日程。这样以建设强大人才队伍为核心,以高端人才和青年人才为重点目标,以不断创新人才服务方式和搭建人才发展平台的浙江人才服务体系正徐徐展开。(见表 6-4)

表 6-4　浙江省完善人才公共服务相关新做法要求

人才服务类型	人才服务相关要求
人才码与创新创业服务综合体	深化人才创新创业全周期"一件事"改革,建设浙江"人才大脑",推广"人才码",推进人才创新创业服务综合体建设,集成人才引进、服务、赋能等功能
高层次人才创新创业绿色通道	打造高层次人才来浙创新创业"绿色通道",建立和完善住房、医疗、家属安置、子女入学等方面的政策体系,鼓励各地多渠道建设各类人才专用房
外籍人才国民化待遇	提升城市国际化水平,为外籍人才及其家属落实国民待遇,推进国际学校、国际医院、国际社区建设;细化移民出入境政策措施,对符合有关规定和条件的外籍人才提供永久居留和证件签证便利服务
人才同城化待遇	全力落实省部属高校、国有企业、重大科研平台人才的同城待遇,支持户口不迁、关系不转的在浙创新创业人才同等享受公共服务

续表

人才服务类型	人才服务相关要求
人才飞地与山海协作	坚持全省"一盘棋",发挥杭州、宁波、嘉兴等地优势,建立更多服务全省的"人才飞地",推进甬舟人才一体化试点,畅通"山海协作"人才双向挂职,推进省内人才服务共建共享、政策叠加互认
长三角人才一体化	推进长三角人才一体化发展,加快实现人才评价共认、人才服务共享、人才信息共通、人才资源有序流动

二、服务之法:浙江区县聚才引智的实践经验

面对建设高素质强大人才队伍的总要求,促进人才流入、抓好人才服务就成为浙江各地人才工作的重点。综合各地人才工作的内容、特点、效果来看,目前在浙江基本形成"关注两大类人才队伍、设立一系列人才补贴、构建一揽子双创扶持、打造全链条人才平台、促进全周期人才培养、实现全方位生活服务"的人才服务方法体系(见图 6-7)。

图 6-7 浙江人才服务方法体系总结

(一)浙江人才服务的方法总结

1. 关注两大类人才队伍

所谓两大类人才队伍,就是以高端人才和青年人才作为人才队伍招引、建设的重点,既要强化人才队伍的高度,也要做实人才队伍的厚度。这源自浙江省全力建设高素质强大人才队伍的总要求,一方面要大力引进国际高端创新人才,聚天下英才共建浙江、发展浙江;另一方面要培育壮大优秀青年人才队伍,打造青年创新创业活力之省。(见表 6-5)

表 6-5　浙江省围绕两大类人才队伍建设的总要求

人才类型	人才队伍建设措施
国际高端创新人才	大力实施"鲲鹏行动",大力引进海内外高层次人才、领军型团队和人才
	全面构建"高精尖缺"人才开发目录库,鼓励企业布局海外"人才飞地",开展海外并购,充分发挥我省企业海外科技孵化器和研发机构作用
	鼓励跨国公司在浙江设立或联合设立研发中心和创新基地,支持外资研发机构与本省单位共建实验室和人才培养基地
	重视培育和用好本土人才,优化政策,激发本土人才积极性,加快本土高素质人才国际化培养步伐
优秀青年人才	扩大高层次人才特殊支持计划,新增名额全部用于优秀青年人才,支持更多青年人才成为领军人才
	建立阶梯式支持机制,入选国家级人才计划或取得标志性成果的青年人才,可申请追加支持
	实施万名博士集聚行动,提高在站博士后经费标准和出站留浙补贴标准,加大对企业在站博士后科研项目支持力度,推动国内知名高校、科研院所和企业共建博士后工作站
	发挥世界青年科学家峰会作用,吸引更多高校毕业生在浙创业就业,与海内外高校开展全方位就业合作,大力推进大学生见习基地和创业园建设,打造大学生实习应聘、就业创业全链支持体系

来源:中共浙江省委《关于建设高素质强大人才队伍打造高水平创新型省份的决定》.

同样的导向也反映在湖州、嘉兴等在人才引进方面颇有作为的城市。2020年湖州"人才新政 4.0"就明确提出,要唱响"高端人才青睐之城、青年人才友好之城"的"双城记"。为鼓励高端人才来湖创新创业,一方面湖州修订形成范围更广、专业更全、层次更准的高层次人才分类目录,以更好地网罗高端人才;另一方面针对青年人才,湖州启动"千名硕博十万大学生"招引计划,对大学生来湖创业就业补助再次升级。2020 年 8 月,嘉兴市委发布《关于建设高素质强大人才队伍和高水平创新型城市打造面向未来创新活力新城的决定》,提出把人才强市和创新强市作为推进高质量发展的核心支撑,目标到 2025 年新增博士 5000 名、硕士 3 万名、大学生 50 万名。2020 年 9 月,嘉兴正式提出"嘉 YOU 未来 * 大学生550 引才计划",计划用 5 年左右时间引进 50 万名大学生,为嘉兴"三城一地"建设提供强有力的优秀青年人才支撑。对此嘉兴方面表示,嘉兴要打造"重要窗口"中的"最精彩板块"离不开"最优秀人才",亟需引进更多优秀青年人才,赋能引领高质量发展;而目前嘉兴人才政策总体上侧重于中高端人才,亟需补齐政策短板,加强对高校毕业生等青年人才的全面支撑。(见表 6-6)

表 6-6　浙江省部分地区对高端人才、青年人才招引目标

地区名称	招引要求	
杭州	面向高端人才:到 2022 年,要培育数字经济领军人才 100 名以上、创新创业人才团队 50 个以上、"数字工匠"1 万名以上	2019.8.27
	面向青年人才:杭向未来 * 大学生创业创新三年行动计划,目标到 2022 年全市新引进 100 万以上大学生来杭创业创新	2020.4.15
嘉兴	面向高端人才:力争从 2019 年起用 3 年时间,聚焦集成电路、航空航天、人工智能、生命健康等产业,引进杰出人才团队 15 个左右、领军型创业创新团队 40 个左右、创业创新领军人才不少于 350 名	2020.9.30
	面向青年人才:力争用 5 年左右时间引进 50 万名大学生	

此外,在顶尖人才、领军人才为主的高端人才群体和以大学生、硕博士为主的青年人才群体外,传统上各类企业家、工程师、高级技工也是浙江各地人才队伍建设的重点,也同样反映在各地的人才队伍建设计划中。(见表 6-7)

表 6-7　浙江省部分地区人才招引目标体系

城市	人才招引目标体系	
绍兴	实施绍兴海内外英才计划,完善"千人计划"人才奖励资助,加大专家智力引进力度,加强高层次人才激励培养,大力引进高校毕业生,培养造就"绍兴工匠"	2019.7.31
温州	加强顶尖人才招揽,加快高端人才集聚,强化高层次人才培育,助推紧缺人才招引,深化企业家人才培育,加快高技能人才培养造就,实施"瓯越工匠"技能人才集聚工程,推进创新团队建设	2018.5.15
湖州	深化实施院士专家柔性引才计划,积极推进海外工程师引进计划,大力实施万名大学生招引计划,加强湖商名家培养,大力度培养集聚高技能人才,加快培养专业技术人才,统筹培养其他各领域人才	2018.3.19

2. 设立一系列人才补贴

在浙江,无论是高端人才、基础人才还是普通大学生,只要是人才都有相应的支持手段。总体来看,在浙江基本形成以面向各类高端人才和青年人才群体

为主,涵盖其他各类人才的"热带雨林式"的人才资助系统。

以浙江人力吸引力最强的余杭区为例,其补贴涉及范围就非常广泛。首先在创新创业方面,《余杭区支持人才创新创业财政政策的实施细则(创新创业类)》就包括高端人才配套奖励、安家费(购房)补助,市"115"引智计划、省"海外工程师"计划,省"151"、市"万人计划"(培养类)、区"139"计划、区优秀大学生电子商务人才奖励,博士后工作站建设及在站博士后培育,大学生创业扶持等 10项人才创新创业补贴。覆盖人群范围涉及各类高端人才、海外工程师、钱江特聘专家、硕博士优秀人才、毕业大学生、高技能人才等人才群体。(见表 6-8)

表 6-8　余杭区支持人才创新创业财政政策的实施细则(创新创业类)补贴类目

序号	项目
1	高端人才配套奖励、安家费(购房)补助
2	市"115"引智计划、省"海外工程师"计划
3	省"151"、市"万人计划"(培养类)、区"139"计划、区优秀大学生电子商务人才奖励
4	"钱江特聘专家"计划
5	大学生见习实训补贴
6	高技能人才补贴和资助
7	引才荐才激励
8	博士后工作站建设及在站博士后培育
9	院士(专家)工作站(指导站)建设
10	大学生创业扶持

在具体补贴内容上,涉及人才个人补助、企业引才补助、人才创业补助、科研研发补助、科技成果奖励、人才安家补助等多项内容。比如对博士后及其工作站就包含建站资助、日常经费资助、科研资助、生活补贴、出站留余杭(来余杭)补助等五项内容(见表 6-9)。

其次在生活保障方面,《余杭区支持人才创新创业财政政策的实施细则(保障服务类)》则包括:新引进全日制大学本科及以上学历高校毕业生生活安家补贴,毕业 7 年以内的高校毕业生生活补贴,新就业大学毕业生、创业人员公共租赁住房补贴,高层次人才国内学术休假,高层次人才体检,人才子女就学服务,就医体检服务,发放"旅游券",提供交通出行便利,营造尊才爱才浓厚氛围等 10 项补贴。这些补贴内容涉及生活补助、住房租赁、体检就医、子女就学、旅游度假、交通出行等人才生活的方方面面,贴心、周到。(见表 6-10)

表 6-9　余杭区博士后工作站建设及在站博士后培育相关补助

序号	资助内容	政策要求
1	建站资助	国家级、省级博士后工作站,分别给予 100 万元、50 万元建站资助。资助资金由市、区财政各承担 50%
2	日常经费资助	设站单位每招收 1 名博士后研究人员,给予用人单位每人两年 16 万元的日常经费资助,主要用于招收博士后需缴付的管理费用、组织博士后考核费用、专家指导费用、学术交流活动、业务培训、赴外招聘、国际合作、博士后福利待遇等费用支出。如需要,可提取不超过 3% 的经费,用于单位组织博士后集体活动和管理工作所必要的开支。资助期限为 2 年,资助资金由市、区财政各承担 50%
3	科研资助	设站单位每招收 1 名博士后研究人员,给予用人单位每人 10 万元的一次性科研资助,可用于设备费、资(材)料费、印刷费、数据采集费、差旅费、会议费、国际合作与交流费、专家咨询费、劳务支出等。资助资金由市、区财政各承担 50%
4	生活补贴	新进站的博士后研究人员,在站期间给予每人每年 18 万元的生活补贴,补贴期限一般为 2 年。其中市级财政承担 6 万元,区级财政承担 12 万元;国(境)外博士后再增加 5 万元生活补贴,由市、区财政各承担 50%。对进站后承担国家重大科技项目、获中国博士后科学基金一等资助或省博士后科研项目择优资助一等资助的人员,可根据实际在站时间予以资助,最长不超过 6 年(含 6 年)。出站年份内,当年在站时间满 6 个月(含 6 个月),可予以当年全额资助
5	出站留余杭（来余杭）补助	博士后人员出站 1 年内选择留余杭(来余杭)工作,给予每人最高 60 万元补助,其中市级财政承担 20 万元,区级财政承担 40 万元

表 6-10　余杭区支持人才创新创业财政政策的实施细则(保障服务类)补贴类目

序号	补贴事项	细分人群	补贴细则
1	新引进全日制大学本科及以上学历高校毕业生生活安家补贴	应届高校毕业生生活安家补贴	应届全日制博士研究生按每人最高8万元标准发放生活安家补贴。应届全日制博士研究生按每人最高8万元标准发放生活安家补贴。应届全日制大学本科毕业生按每人最高4万元标准发放生活安家补贴
		毕业7年以内的高校毕业生生活补贴	补贴为一次性生活补贴。具体标准为:按博士5万元、硕士3万元、本科1万元标准一次性发放生活补贴
2	毕业7年以内的高校毕业生生活补贴	A类人才	住房保障采取"一人一议"的方法明确办理
		B类、C类、D类、E类人才	(1)"区内无住房"申请对象的享受标准为:B类人才120万元,C类人才100万元,D类人才80万元,E类人才20万元 (2)"区内有住房"申请对象在区内购买商品住宅的可减半享受购房补贴,具体标准为:B类人才60万元,C类人才50万元,D类人才40万元,E类人才10万元,且按"孰低"原则最高不超过购房款25%执行
3	新就业大学毕业生、创业人员公共租赁住房补贴	——	对在余杭区行政区域范围内工作或创业的新就业大学毕业生、创业人员,持有高级技能或中级职称人员发放公租房货币补贴。月补贴金额＝享受面积×补贴标准。享受面积标准为:单人户36平方米;两人户45平方米;三人及以上户60平方米。补贴标准为每月每平方米18元,月租金低于每月可享受租金补贴金额的,按实际月租金发放,享受年限累计不超过6年
4	高层次人才国内学术休假	——	每年组织3~4批高层次人才国内学术休假活动,费用按实际发生金额支付,原则上不超过8000元/人,如遇特殊情况最高不超过10000元/人
5	高层次人才体检	——	每年组织重点和优秀高层次人才分别参加市级、区级医院体检。费用按实际发生金额支付,市级体检最高不超过3000元/人,区级体检最高不超过1500元/人。本着实事求是、为人才提供便利的原则,在具备健康体检资质的医院中选择体检医院

续表

序号	补贴事项	细分人群	补贴细则
6	人才子女就学服务	——	积极创造条件为高层次人才子女入学提供帮助。E类及以上人才子女就读区内学校的,按照相对就近等原则统筹安排入学入园。非余杭户籍的E类及以上人才(机关事业人员除外)子女就读区内义务教育段优质民办学校的,按实际学费给予每生每学期最高1万元补助,最长补助三年
7	就医体检服务	——	为高层次人才提供一对一就医保障服务。在部分医院实施国际医疗保险结算服务。支持市场主体建立第三方国际医疗保险结算平台
8	发放"旅游券"	——	D类及以上人才,培养期内的省"151"、市"万人计划"培养类学术技术带头人、区"139"第一层次人才,区人才奖获得者、其他特殊人才等按照3000元/人·年的标准安排,用于景区景点门票、民宿酒店住宿、体育健身、文化活动等;其他E类高层次人才一般按照500元/人·年的标准安排,用于景区景点门票、体育健身、文化活动等。其中景区一般为余杭区"4A"级及以上景区,酒店一般为区政府定点采购酒店,民宿一般为市区示范民宿,体育文化场馆一般为我区国有场馆或列入社会力量创办的公共文化设施,具体使用范围、标准可根据实际情况进行调整
9	提供交通出行便利	——	积极为有需要的人才提供小客车竞价摇号代办服务。以竞价方式获得杭州市小客车增量指标,按实际支付费用给予补贴,最高不超过5万元(含市级3万元)
10	营造尊才爱才浓厚氛围	——	定期开展区级人才奖、重才爱才优秀单位评定工作,每次评定一批杰出人才、突出贡献人才、优秀中青年人才以及领军型人才团队,对人才个人分别给予每人25万元、10万元、5万元奖励,对领军型人才团队给予每个30万元奖励

　　不独有余杭,其他地区也同样具有相似倾向。如嘉兴面对其重点吸引的大学生群体,《嘉兴市大学生"550"引才实施意见》的资助体系就包括求职就业补贴、自主创业补助、安居落户保障的3大类、10小项内容(见表6-11)。

表 6-11 嘉兴市大学生 550 引才实施意见补贴内容

补贴大类	补贴小类	补贴内容
求职就业补贴	免费住宿	建立青年人才驿站,开展大学生就业创业政策咨询、培训和宣讲,为来嘉求职实习的应届高校毕业生和在校生提供 3～7 天的免费住宿
	应聘补贴	对由组织、人力社保等部门邀请来嘉参加大型人才招聘活动的大学生,给予最高 2000 元/人的应聘补贴
	就业补贴	对毕业 2 年内到中小微企业就业的高校毕业生,给予不低于 3000 元/年的就业补贴(补贴期限不超过 3 年)
	求职补贴	嘉兴户籍毕业 5 年以内或嘉兴高校毕业 5 年以内的高校毕业生,初次进入嘉兴企业就业的,给予 3000 元的一次性求职补贴
自主创业补助	创业资助	定期举办"长三角大学生创业挑战赛",遴选一批优质大学生创业项目,对获奖并在嘉兴落地的项目给予最高 50 万元的创业资助
	房租补贴	在校大学生和毕业 5 年内的高校毕业生在嘉兴新创办企业租赁办公用房的,给予 3 年内最高 10 万元的房租补贴
	创业贷款	给予大学生创业者最高 50 万元的创业贷款,并提供最长 3 年的全额贴息贷款安居落户保障
	生活补助	给予首次来嘉兴企业工作或创业的博士 6 万元、硕士 3 万元、"985、211、双一流"高校及 QS 排名前 300 名高校全日制应届本科毕业生 2 万元、普通高校全日制应届本科毕业生 1 万元、全日制应届大专毕业生 0.6 万元的生活补贴
	购房补贴	给予首次来嘉兴企业工作或创业的博士 35 万元、硕士 15 万元,毕业 5 年内的"985、211、双一流"高校及 QS 排名前 300 名高校全日制本科毕业生 10 万元、毕业 5 年内的普通高校全日制本科毕业生 5 万元的购房补贴
	住房公积金贷款	研究生可申请 60 万元的住房公积金贷款,本科生可申请 45 万元的住房公积金贷款

可见面对愈演愈烈的区域人才招引竞争,虽然人才补贴不是决定性作用所在,但不断做深做细人才补贴体系,无疑是强化浙江各地对人才吸引力和好感度的重要因素。

3. 构建一揽子双创扶持

面对人才发展的需要,浙江各地也基本形成一揽子的双创扶持体系。特别是各地普遍重视解决人才双创过程中的经费资助、金融扶持等"头等大事",并形成包括风险投资、创业基金、信用贷款、人才银行等扶持手段。另外,场地空间支持、工商登记服务、创新券扶持、知识产权服务、创业导师、政府采购等配套扶持也成为浙江各地对人才双创扶持的标配。

以杭州余杭区为例,其对在余杭创新创业的海内外高层次人才就提供包括但不局限于天使梦想基金、股权基金、研发补助、设备补助、租金补贴、企业奖励等的金融扶持和政府补贴,并涵盖项目发展的研发和产业化阶段。(见表6-12)

表6-12　杭州余杭区海内外高层次人才创新创业项目扶持内容

序号	人才类型	项目阶段	扶持内容	具体要求
1	海外高层次人才项目	研发阶段	天使梦想基金	可申请最高150万元区天使梦想基金资助
			研发补助	入驻三年内可享受最高600万元研发补助(生物医药项目研发阶段资助期限为五年1000万元,下同),具体为按研发项目实际购买研发设备金额的20%和实际发生研发费用的30%予以补助,单个企业当年度资助金额最高不超过200万元
		产业化阶段	租金补助	入驻三年内可享受最高150万元工作场所租金补助,单个企业当年度补助金额最高不超过50万元
			股权基金	可申请最高2000万元区让利性股权投资引导基金并给予优先支持
			项目设备补助	可享受三年最高500万元产业化项目设备补助,具体为在备案期内完成设备投资额500万元以上,按项目设备投资额15%予以补助,单个企业最高不超过500万元
			企业奖励	验收毕业后一年内年纳税金额达到100万元的企业,可视同重点楼宇新入驻企业享受三年重点楼宇新入驻企业奖励政策,具体按《余杭区楼宇(总部)经济发展财政政策实施细则》(余发改〔2019〕79号)政策执行
			租金补助	可享受三年最高150万元工作场所租金补助,单个企业当年度补助金额最高不超过50万元

续表

序号	人才类型	项目阶段	扶持内容	具体要求
2	顶尖人才项目	涵盖研发及产业化阶段	天使梦想基金	可享受最高1000万元天使梦想基金资助
			研发补助	研发项目,入驻三年内可享受最高3000万元研发补助(生物医药类项目在资助总额不变的情况下补助期可延长至五年),具体为按研发项目实际发生研发费用的30%予以补助,单个企业当年度资助金额最高不超过1000万元
			设备补助	产业化项目,入驻三年内可享受最高500万元产业化项目设备补助,具体为在备案期内完成设备投资额500万元以上,按项目设备投资额15%予以补助,单个企业最高不超过500万元
			租金补助	入驻三年内可享受最高3000平方米的工作场所租金全免支持。特别情况实行"一事一议",最高可获得1亿元项目资助
	国家级、省级领军型人才项目	涵盖研发及产业化阶段	天使梦想基金	可申请150万元区天使梦想基金资助
			研发补助	研发项目,入驻三年内可享受最高600万元研发补助(生物医药项目研发阶段资助期限为五年1000万元),具体为按研发项目实际发生研发费用的30%予以补助,单个企业当年度资助金额最高不超过200万元
			设备补助	产业化项目,入驻三年内可享受最高500万元产业化项目设备补助,具体为在备案期内完成设备投资额500万元以上,按项目设备投资额15%予以补助,单个企业最高不超过500万元
			租金补助	入驻三年内可享受最高150万元工作场所租金补助,单个企业当年度补助金额最高不超过50万元

续表

序号	人才类型	项目阶段	扶持内容	具体要求
3	市、区级领军型人才项目	涵盖研发及产业化阶段	天使梦想基金	可申请80万元区天使梦想基金资助
			研发补助	研发项目，入驻三年内可享受最高600万元研发补助（生物医药项目研发阶段资助限为五年1000万元），具体为按研发项目实际发生研发费用的30%予以补助，单个企业当年度资助金额最高不超过200万元
			设备补助	产业化项目，入驻三年内可享受最高200万元产业化项目设备补助，具体为在备案期内完成设备投资额300万元以上，按项目设备投资额7%予以补助，单个企业最高不超过200万元
			租金补助	入驻三年内可享受最高150万元工作场所租金补助，单个企业当年度补助金额最高不超过50万元
4	创新型人才项目		天使梦想基金	可申请30万元区天使梦想基金资助
			云服务费奖励	自首次申请之日起，给予一年内云服务费用补贴及奖励。云服务费用补贴为每家企业2000元。对企业主要产品当月DAU（日活跃用户数量）超过1000或月营业收入超过10万元的，给予企业4000元的云服务奖励资金。对企业旗下应用当月进入苹果商店或安卓市场排行榜TOP 20名单的，给予企业4000元的奖励资金。以上奖励兑现均以第三方数据分析平台提供为准。单个企业云服务费用补贴及奖励资金总额不超过企业实际支付的云服务费用
			租金补助	入驻三年内可享受最高90万元工作场所租金补助，单个企业当年度补助金额最高不超过30万元

同样，宁波市高层次人才和高端创业创新团队引进"3315计划"，对创新创业人才和团队提供包括项目资助、奖励配套资助、企业发展奖励、融资支持、购房补贴等扶持内容。（见表6-13）

表 6-13　宁波"3315 计划"主要扶持内容

序号	资助类型	具体内容
1	项目资助	对入选"3315 计划"的创业创新团队,按 A、B、C 三个层次,分别给予 2000 万元、1000 万元、500 万元人民币创业创新资助。对全球顶尖人才领衔的高端创业创新团队可实行一事一议,资助额度上不封顶。对入选"3315 计划"的海外高层次人才,给予创新长期(含外裔人才)和创业人才项目一次性 100 万元补助,海鸥人才项目一次性 50 万元补助。
2	奖励配套资助	入选团队带头人及成员通过我市自主申报入选国家、省海外重点人才计划的,给予最高 600 万元奖励;入选省领军型创新创业团队的,给予 500 万元资助
3	人才层级升级奖励	入选团队带头人及成员,经自主培养升级成为宁波市人才分类目录中顶尖人才,给予人才最高 800 万元奖励,给予培养单位一次性 500 万元奖励;自主培养申报成为特优人才的(入选国家海外重点人才计划除外),给予人才一次性最高 50 万元奖励;成为领军人才的(入选浙江省海外重点人才计划除外),给予人才一次性 10 万元奖励
4	企业发展奖励	入选项目企业自成立之日起,根据营收等指标,5 年内发展成长较快、对宁波经济社会发展贡献较大的,经认定后再给予企业最高 500 万元资助
5	融资支持	根据入选项目企业发展情况,优先推荐在宁波市股权交易中心挂牌,优先推荐由市海邦基金、才富基金、天使基金、创投引导基金等给予跟进投资,可由相关商业银行授予最高 2000 万元的信用贷款额度,并享受相关机构提供的市场化创业服务
6	购房补贴	对在甬购买住房的入选人才及团队带头人给予一次性 30 万元购房补贴。已享受市县两级及用人单位安家补助、购房补贴或实物分房等政策的,购房补贴按照就高、补差、不重复原则发放

　　而温州、台州等地则结合温台地方性金融改革试点,全力在金融扶持方面进行创新(见表 6-14)。温州就提出做强"人才投"、深化"人才保"、完善"人才贷"的总思路。做强"人才投"方面,设立"温州市人才创业创新投资基金",撬动社会资本大力支持人才团队创新创业项目发展;深化"人才保"方面,对 E 类以上人才创业企业引入信保基金业务,可享受担保费率下浮 10%～60%;完善"人才贷"方面,鼓励金融机构在温设立人才服务银行,对 E 类以上人才降低审贷标

表 6-14　温台两地人才双创主要扶持重点

地区名称	扶持要点
温州	金融层面：做强"人才投"、深化"人才保"、完善"人才贷"
	非金融层面：创业启动支持、创业发展资助、发展贡献奖励、场地空间支持、优化工商登记
台州	金融层面：贷款贴息、人才银行、创业投资风险池、人才创业基金
	非金融层面：免租创业场所、销售额奖励、创新券支持、团队补助、知识产权联席会议、创业创新学院、企业配套服务员

准，提高授信额度。

台州则围绕贷款贴息、人才银行等形成一揽子的扶持体系。第一，对人才创业企业自成立 5 年内，给予最高 1000 万元的项目投入贷款贴息补助；第二，设立人才服务银行，为人才创业企业提供低门槛、无抵押的信用贷款；第三，引导社会资本投资高层次人才创业企业，建立创业投资风险资金池；第四，与金融机构、社会资本合作设立 10 亿元规模的人才创业基金，重点投资初创期、成长期的高层次人才创业企业。（见图 6-8）

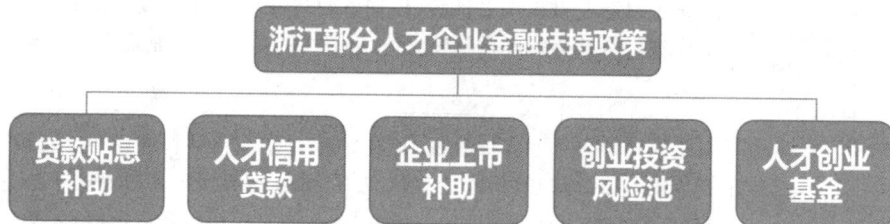

图 6-8　浙江部分人才企业金融扶持政策

总体来看，浙江各地基本形成了包含贷款贴包补助、人才信用贷款、企业上市补助、创业投资风险池、人才创业基金的一揽子金融保持体系。

此外，创业资助（创业补贴、创业券、政府采购、创业导师）、贡献奖励（发展贡献、技术贡献、销售额奖励）、专业服务（工商代办、知识产权、创新券）也成为除金融扶持外，浙江各地对人才服务的重要抓手。（见表 6-15）

表 6-15　浙江部分城市人才项目扶持内容（非金融）

城市	扶持政策	具体内容
温州	创业券	鼓励人才带技术、带资金、带团队在温创办企业,给予"创业券"支持,"创业券"主要用于仪器设备、科技服务、创业孵化等支出,有效期2年
	发展贡献奖励	支持人才创业企业开展首台（套）产品研发,对企业研发的设备认定为国内、省内首台（套）产品的,分别给予100万元、50万元奖励
	场地空间支持	鼓励县（市、区）、园区为各类创业人才项目提供优质办公（研发）场所,给予免租或减租优惠政策
	优化工商登记	长期在国外定居的海外高层次人才可持"浙江红卡"直接申办内资企业工商登记
绍兴	政府采购支持	对市级及以上领军人才领办企业的产品、技术和服务,同等条件下优先采购或给予适当加分;属于首台（套）产品的,可实施首购、订购及政府购买服务
	销售额奖励	每年给予销售额3%奖励,累计最高奖励500万元
	创业资助	主营业务收入达到1000万元以上的,按3年内新购设备投入的15%、新发生研发投入的10%、新增产业化空间租金,给予最高500万元的创业资助
	创新券	鼓励高校院所、"三名"企业、产业园区向高层次人才创业企业开放检验检测等科技创新服务,给予高层次人才创业企业最高每年20万元的"创新券"支持

4. 打造体系化人才平台

在为人才提供各类政策扶持外,人才平台体系的打造也是浙江人才服务工作的重要组成部分。就目前来看,在浙江基本形成人才创业平台、人才科研平台、人才服务平台的三大人才平台体系（见图6-9）。

其中,人才创业平台是面向各类人才的双创类园区,包括千人计划产业园、海外高层次人才创业园、青年人才创业园、大学生创业园、人才飞地等多种类型;而更广义的人才创业平台则是指"众创空间—孵化器—加速器—产业基地（小镇、园区）"企业全周期发展平台。人才科研平台,是为各类人才提供技术研究及成果产业化的新型科研机构或平台,包括各类新型研究院、实验室、海外创新中心等。人才服务平台,则主要为人才提供综合型服务或某些专项服务的载体,包

人才科研平台	人才创业平台	人才服务平台
• 新型研究院/实验室 • 海外创新/研究中心	• 千人计划产业园 • 海外人才创业园 • 青年人才创业园 • 大学生创业园 • 人才飞地园区	• 人才服务综合体 • 浙江"院士之家" • 人力资源产业园

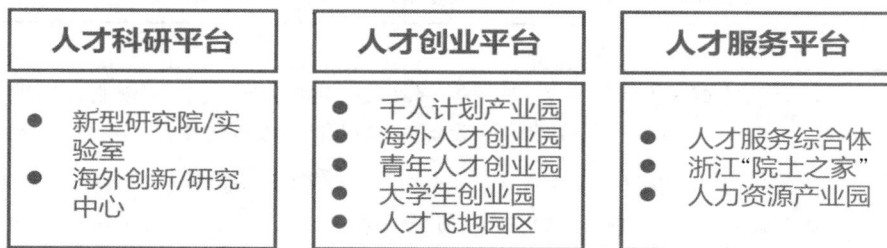

图 6-9　浙江的人才平台体系

括人才服务综合体、人力资源产业园、浙江"院士之家"等。

　　从人才平台构建的总思路看,这三大类平台也构筑起浙江人才创新生态的"大三角"体系(见图 6-10)。首先,以人才创业平台为领头,通过人才集聚效应,促进新产品开发、新产业发展,打造区域发展的活力源头;其次,以人才科研平台为支撑,通过促进各类实验室成果的产业化应用,不断为人才创业平台解决技术难题、提供创新支持;再次,以人才服务平台为保障,围绕服务创新创业和服务科技研发,解决好人才发展的各类问题,去除人才发展的后顾之忧。

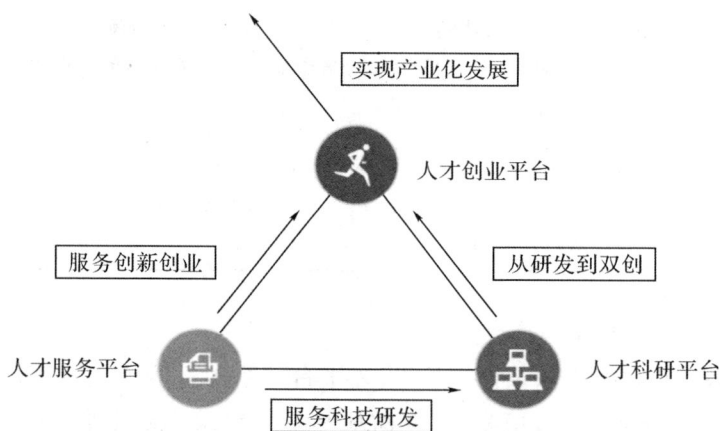

图 6-10　浙江人才服务平台大三角体系

　　从各地实践来看,如湖州"人才新政 4.0"就提出致力于打造"众创空间＋孵化器＋加速器＋产业基地＋人才飞地"的人才创业平台闭环;面向人才服务则引导鼓励各类主体推进"院士之家""人才服务综合体"等多样化人才平台建设,给予 20 万～500 万元不等的资助,让各类人才各得其所、各展其长。相近的是,温州在其《关于高水平建设人才生态最优市的 40 条意见》中,围绕高水平推进人才平台建设,提出建设"浙南科创大走廊、探索海外创新中心和复合型研究院、积极创建产业创新服务综合体、推进'千人计划'产业园、加快人力资源服务产业园、建好用好院士专家工作站、提高博士后科研工作站建设、加大技能型人才培育平台建设"的 8 项要求,这其中对三大类平台均有涉及。

5. 促进立体化人才培养

打造最优质的人才服务体系,建立最适合人才发展的生态体系,并不局限于人才补贴、双创扶持、平台提供等传统"三板斧",还要考虑为人才的长期发展提供保障。为此,浙江多地相应提出要健全立体化的人才培养体系。台州就提出"加强中青年人才和团队培养、打造创新型小微企业经营管理人才队伍、加大高技能人才培养力度、鼓励学术技术研究和交流"等四方面,以打造立体化人才培养模式(见表 6-16);衢州也提出要为人才创造广阔成长空间,并计划"支持人才参加继续教育、学术交流、出国培训和各类实践活动"等;此外湖州针对医疗卫生等行业专业人才,提出包括进修培训、海外研修、攻读学位、业务导师等培养制度创新。可见,虽然浙江各地的当前人才培养机制还不够全面完善,但人才培养的大趋势不容忽视。

表 6-16　台州立体化人才培养体系

培育内容	政策内容
加强中青年人才和团队培养	开展市高层次人才特殊支持计划、市"211 人才工程"选拔培养工作,对入选人员分别给予最高 40 万元、20 万元培养资助
	组建青年拔尖人才举荐委员会,举荐 35 周岁以下优秀人才,列入"211 人才工程"进行导师制培养
	每年选送重点企业骨干人才赴海外研修培训,按照 50％比例给予每人最高 2 万元的研修费补助
打造创新型小微企业经营管理人才队伍	对于经认定的创新型小微企业经营管理人才,按其所创企业当年实际还贷额度和基准利率,给予不超过 5 年、贷款总额最高 1000 万元的贴息补助
	认定为省高新技术企业、高成长科技型中小企业的,分别给予 20 万元、10 万元资助,并从认定后 3 年内按企业对地方贡献情况给予奖励
	定期组织创新型小微企业经营管理人才参加专题研修和技术成果、产业合作等对接活动,对研修费用和交通费用给予补贴

续表

培育内容	政策内容
加大高技能人才培养力度	建立规上企业首席技能大师、杰出台州工匠认定制度,给予最高20万元培养资助。大力推行企业新型学徒制,3年内选择30家企业开展"学徒制"培养试点,给予每年每家5万元资助
	探索"双元制"办学模式,企业与技工院校联合开展为期6～24个月新招收员工的技能培训或联合招生的,给予企业60%的培训费补贴。对我市职业(技工)院校与国际知名职业院校、企业等合作共建特色院系专业的,给予最高100万元补助
	每年遴选20名左右优秀高技能人才和职业(技工)院校教师赴海外开展技艺技能研修培训;对参加国家级以上技能竞赛的,给予选送单位最高5万元补助。鼓励职业(技工)院校建立技能大师工作室,纳入名师名医名家工作室建设管理
鼓励学术技术研究和交流	对企事业单位、产业联盟等发起的全国性技术研讨和创新交流活动,给予最高50万元资助。每年安排不少于200万元经费,对出版著作、参加国际重要学术交流活动,或国际性、全国性展演、汇演、比赛活动的人才给予资助
	落实国有企业、事业单位科研人员因公出国实行分类管理制度,对参加国际高层次人才交流合作活动的,不计入本单位和个人年度因公临时出国(境)批次限量管理范围

在人才培育实践中,浙江各地则通过设立专门的人才工程来作为培育抓手,如台州的"211人才工程"、衢州的"新115人才工程"。如2017年9月发布的《台州市211人才工程实施细则》就提出以五年为周期,每轮培育第一层次人才20名、第二层次人才100名、第三层次人才1000名及青年拔尖人才20名;并提出"创新分级培养工作体系、完善培养经费投入体系、坚持培养与使用相集合、加强技术培训学术交流、健全激励和保障体系"等具体实施要求(见表6-17)。

相应的衢州"新115人才工程",则计划选拔包含数字经济、美丽经济、幸福产业和衢州重点产业领域的300名左右人才,分别给与为期3年的培养并给予相应的人才补贴。可见,从引才、用才到育才,不断深化人才培养体系、强化实际培育措施,已成为浙江人才服务的重要经验之一。

表 6-17　台州"211 人才工程"人才培养措施

序号	任务	具体做法
1	创新分级培养工作体系	发挥用人单位在人才培养上的主体作用,具体负责培养工作。用人单位对培养人才要充分信任,放手使用,委以重要学术技术岗位,积极配备团队助手,并在科研经费、实验社保、工作场所等方面给予重点保障。赋予培养人才充分的科研自主权,保证其有充足的时间和精力投入科研工作
2	完善培养经费投入体系	进一步完善以政府投入为导向,用人单位投入为主体,多渠道、多元化的经费投入体系。按照一般资助与重点资助相结合的原则,对入选市"211 人才工程"培养人才的,在培养期内分别给予第一层次、第二层次培养人才每人资助科研经费 10 万元、5 万元;第三层次培养人才中择优遴选资助人才每人资助科研经费 2 万元;青年拔尖人才每人资助科研经费 20 万元,资助科研经费用于科研成果发表出版、申报重大科研项目、外研合作、专家咨询、帮带导师、临时聘请人员等费用
3	坚持培育与使用相结合	鼓励和支持市"211 人才工程"培养人才程度技术创新项目研究和重点学科、重点实验室、高新技术研发中心、企业技术中心等学术技术平台建设。培养人才领衔的创新团队可优先推荐省、市重点创新团队。市级科学研究计划、课题列纲、技术创新项目,要向培养人才重点倾斜
4	加强技术培训学术交流	支持市"211 人才工程"培养人才开展学术技术创新与交流活动。每轮培养期内组织 1 次以上第一、二层次培养人才、青年拔尖人才创新能力培训。按照"择优遴选、双向选择、注重实效"的原则,实现市"211 人才工程"培养人才导师制,建立导师库,选聘省级以上人才工程和获得省级及以上党委政府人才奖励人员、市拔尖人才等高层次人才担任第一层次培养人才、青年拔尖人才的导师,制订个性化的培养方案,开展专业技术传帮带。各县(市、区)、市直单位主管部门要制订切实可行的培训计划,落实相关经费,优先支持培养人才出国研修,到国内重点院校、科研院所深造,参加国内外学术技术交流活动

续表

序号	任务	具体做法
5	健全激励和保障机制	优先把市"211人才工程"实施过程中涌现出来的优秀人才选拔推荐到省级以上人才工程序列;优先推荐申报省级以上党委政府人才奖励和市拔尖人才,将第一层次培养人才列入市高层次人才生活津贴、体检、疗休养范围;推荐申报高一级专业技术职务和岗位聘任时,同等条件下予以优先推荐、聘任,培养人才所在单位要完善收入分配机制,根据他们的能力水平、业绩贡献等,在待遇方面给予倾斜

6. 实现全方位生活服务

围绕人才在生活服务的各方面需求,浙江各地基本形成"上管老下管小"的全方位生活服务体系,具体包括安居工程、子女教育、配偶安置、休闲康养等,而又以子女就学、老人就医等"关键小事"为重中之重,真正实现了人才的安心发展。同时,多地推出人才服务"一卡通",可享受交通出行、医疗保健、文体休闲、奖励申请等优惠便捷服务。

第一,在安居工程方面,多地都采用货币化方式解决住房问题。比如嘉兴市本级人才房票补贴按人才标准分为800万元、300万元、100万元、60万元、35万元、15万元级六类(见表6-18);温州则向A类、B类、C类、D类人才分别发放500万元、100万元、80万元、60万元的一次性购房补贴。从趋势来看,各地人才补贴力度不断加大,如嘉兴"大学生550引才计划"就对毕业5年以内的普通高校全日制本科毕业生提供5万元的购房补贴。

表6-18　嘉兴梯度人才房票制度

房票额度	具体标准
800万元	顶尖人才采用"一事一议"方式,全职到嘉兴工作满5年的
300万元	顶尖人才与用人单位签订聘用协议,每年在嘉兴工作1个月以上的
100万元	由嘉兴申报入选的国家"千人计划"人才(含中组部划转认定)、国家"万人计划"人才、文化名家暨"四个一批"人才工程人才、国家级杰出工程师、"长江学者奖励计划"特聘教授、杰出青年科学基金项目负责人、浙江省"万人计划"杰出人才、浙江省特级专家

续表

房票额度	具体标准
80万元	由嘉兴申报入选的"百人计划"人才、优秀青年基金项目负责人、浙江省"千人计划"人才、浙江省"万人计划"人才、省宣传文化系统"五个一批"人才、省"钱江学者"特聘教授、浙江省领军型创新创业团队负责人及全职在嘉兴工作的核心成员(前五名)
60万元	由嘉兴申报入选的"创新嘉兴·精英引领计划"杰出人才团队全职在嘉兴工作的核心成员(前五名)、"创新嘉兴·精英引领计划"领军型团队负责人及全职在嘉兴工作的核心成员(前五名)、"创新嘉兴·精英引领计划"领军人才、"创新嘉兴·优才支持计划"先锋型团队负责人及全职在嘉兴工作的核心成员(前五名)、"创新嘉兴·优才支持计划"拔尖人才
35万元	"创新嘉兴·优才支持计划"骨干型团队负责人、博士研究生
15万元	硕士研究生

同时,各地也大力实施人才安居工程、落实租房补贴。如湖州在新建商品住房项目中可按不超过5%比例配建人才安居专用房,并计划按未来社区模式着力打造一批国际人才社区。温州则向在温企业或高校、科研院所工作,目前无住房的人才发放租房补贴。

第二,在"关键小事"方面,各地则强调统筹各地服务资源以实现贴心服务。针对人才子女就学,多地提出制定人才子女入学实施办法,从"有书读"向"读好书"升级;同时子女入学还可申请"教育券",由教育部门统筹安排转学"绿色通道"入读与转出地学校同等水平的学校。针对人才及家人就医问题,各地也相继研究制定高层次人才医疗保障办法,并专门提供可满足人才及其子女、家人通用的医疗绿卡,以更好解决人才后顾之忧。此外,杭州、义乌等地还面对人才服务的新需求,提出提升教育国际化、完善外国人士医疗服务绿色通道、解决高端人才交通保障问题等新服务内容(见表6-19)。

表6-19　杭州人才服务的创新内容

序号	创新项目	创新内容
1	提升教育国际化	提升教育国际化水平,支持新建高水平外国人员子女学校,本市中小学接收外国人员子女随班就读实现全覆盖

续表

序号	创新项目	创新内容
2	完善外国人士医疗服务绿色通道	完善外国人士医疗服务绿色通道,提供预约诊疗和外语服务,市属有条件的公立医院全部开通国际医疗保险结算服务
3	解决高端人才交通保障问题	妥善解决高端人才交通保障问题,对A类人才采取一事一议方式解决;对在杭州市小客车总量调控政策实施后未办理过浙A牌照小客车登记的B、C、D类人才,通过竞拍方式取得小客车上牌指标,给予车辆上牌补贴

第三,在休闲康养方面,丽水、德清等地发挥生态优势创新服务内容,建立一批高层次人才疗休养基地,为高端人才提供一定时间的免食宿休闲养生待遇。此外,部分地区还鼓励国内外知名学术机构在当地举办或永久性落地具有影响力的学术会议、专业论坛,对符合条件的给予相应资助。

(二)浙江人才服务的典型案例

面对人才服务的建队、补贴、扶持、培育等组合拳,浙江各地都予以融合应用,形成一揽子、全周期的人才服务体系。对浙江的多数区县来讲,仍重点关注如何去招引人才并为其提供"留得住、发展好"的一揽子服务;在部分强区强县,则更关注如何构建人才发展的优良服务生态,以激发高端人才的活力,这两者的探索以德清和余杭为代表。

1. 招服并重的综合型人才服务:德清篇

德清作为浙北嘉湖区域的一个普通小县,近年着力打造人才生态最优县,不断围绕人才招引和服务发力,累计入选国家"千人计划"人才22名,占湖州全市一半左右,位列全国县级城市前列。

在招引方面,德清强调多管齐下促进人才引进。1)是创新人才引进方式。首先,推行"基地+飞地"模式,通过在沪杭布局人才飞地平台来引进人才项目;其次,加强与中介机构合作,与海业必达、千人智库等达成战略合作,通过中介招引顶尖人才;再次,实施"才聚德清"大学生招引计划,组建大学生招引工作专班,赴重点城市开展大学生直通车招引。2)是深化双招双引机制。首先,做好招商与招才的结合,在北京、上海、武汉、深圳等城市派驻招才组,对所有招才员进行绩效考核;其次,强化人才创业项目引进,对所有招才组下达创业项目、高层次人才招引任务;再次,深化与上海高校合作,组建县委县政府特聘专家顾问团,选派优秀年轻干部赴上海高校挂职。3)是强化活动引才力度。首先,连续四届举办

"中国·莫干山全球高层次人才创新创业大赛",联合浙江大学校友总会、赛伯乐、IDG 等 30 多家投资资本、人才机构全球揽才;其次,梳理企业需求清单,针对性分专题开展"高层次人才项目对接洽谈会"等人才活动;再次,深入实施"德清籍人才归雁计划",将人才活动、人才项目统筹纳入活动事项,鼓励引导德清籍人才回乡创新创业。

在人才服务方面,德清强调全力打造最优人才环境。1)是优化服务机制。首先,建立县高层次人才综合服务中心、乡镇人才服务专区,提供注册落户、专利申报等"一站式"服务,形成全方位的人力资源服务大市场,以市场化运作强化服务效能。其次,聚焦解决人才"关键小事",出台人才子女就学管理办法,新建多所学校、医院等,同时配建 2985 套人才公寓,打造人才"第二故乡"。再次,深化柔性引才"德清模式",突破社保限制,将人才评价、人才认定与薪酬等级、企业贡献等挂钩。2)是完善扶持机制。首先,创新人才项目经费扶持,实行"两个在前,一个叠加",即启动经费给在项目落户前,研发经费给在人才评审前,叠加享受各级专项人才政策。其次,全力扩容政策资金蓄水池,自 2017 年以来德清财政每年拿出 1.5 亿元用于人才队伍建设、6000 万元用于科技创新。再次,坚持以政府资源撬动市场,相继成立 2 亿元双创产业引导基金、1 亿元生物产业基金以及 3000 万元科技人才种子资金等,全力助推人才企业成长。

2. 面向高端的双创型人才服务:余杭篇

余杭区作为浙江创新能力最优、人才引力最强的第一强区(县),其重点围绕高新人才提供"热带雨林式"服务生态,营造干得好、留得住的人才发展环境,成为杭州建设全国人才生态最优市的代表。截至 2020 年底,人才总量达到 40.97 万人,累计引进培育国家级海外高层次人才 165 名、省级海外高层次人才 243 名,海外高层次人才总量和增量连续多年位列全省各县(市、区)首位。

在人才发展环境方面,余杭强调紧盯"干得好"打造激发人才活力的体制机制。1)是实施以赛引才,打造品牌型人才发展舞台。余杭区积极依托创客天下·杭州市海外高层次人才创新创业大赛,按照以赛促创、以赛引创的方式,促进一大批优质人才项目在余杭注册落地,持续输出"双创"热潮,使之成为聚天下英才而用之的重要举措。2)是借助资本力量,解决人才干事后顾之忧。余杭秉持"我负责阳光雨露,你负责茁壮成长"的服务理念,大力推广"人才创业险"、金融人才"伴飞"计划和创业投资基金服务,全面解决人才干事的后顾之忧。在"人才创业险"方面,其保额最高达 1000 万元,创业团队成员一次性生活补助最高可达 3 万元,政府给予"人才创业险"保费补助最高可达 30 万元。在金融人才伴飞方面,余杭区推出人才创新创业全周期金融服务"伴飞计划",为人才企业提供孵化期、初创期、成长期、成熟期、上市期等 5 个阶段 20 余项金融服务。同时,建立政策性引导基金,吸纳社会资本组成多元化的创业投资基金池,对人才项目进行"让利式"股权投资、天使梦想基金扶持。3)是市场眼光,创新人才引进评价方式。在招引高层次人才时,建立起以人才薪酬、股权估值为评价要素的"薪酬制"指标体系,余杭区和一批知名金融投资机构共同创新成立了"金融举荐人才委员会",从项目获得投资额、科技创新性、创新能力、企业估值、团队纳税贡献等方面着手,让"大数据"说话、让"资本"投票,筛选甄别出对全区经济社会发展作出较大贡献的优秀人才,并给予大力度的政策支持。

在人才服务环境方面,余杭强调围绕"留得住"构建更具吸引力的保障体系。1)是安居乐业有保障。为着力解决人才普遍关心的住房、子女就学等问题,余杭实施首期 5000 套人才公寓项目,发放本科以上人员生活补贴和创业资助,搭建高层次人才购房、小客车增量指标、人才落户等"绿色通道",积极破解外籍人才市民卡发放、国民待遇、子女就学等制度壁垒,为人才通行和居留创造良好条件。2)是便利生活有依托。对杭州市民卡 APP 进行二次开发,增设"余杭人才 E 卡通"模块,发放余杭人才卡,整合分散在人力社保、建设、公安、教育、卫生健康等各有关部门 5 大类 30 余项服务功能,在公共出行、就医就学、网上办事、金融服务、人才旅游等事项实现"一卡通"。3)是排忧解难有渠道。成建制组建亲清服务员、亲清直通员、亲清速递员三支"人才特派员"队伍,收集人才在创业和生活中遇到的各类问题,及时尽力帮助解决。同时,依托钉钉平台开辟 24 小时企业人才问题反映渠道,实现对人才诉求"一条龙"线上办理。

与德清、余杭类似,浙江其他地区的人才服务也同样以围绕高端人才、青年人才为重点,提供人才补贴、创业扶持、孵化平台、住房安置、生活服务等标配内容,并不断创新人才引进方式、飞地引才模式、人才服务综合体、人才一卡通、人才服务专员制度等一系列服务新方法,形成浙江人才服务的模式与特色。

三、平台之道:浙江的人才平台建设方式

(一)浙江人才服务平台的创新思路

在浙江三大人才平台体系的多类人才平台中,综合型人才服务平台——人才服务综合体、顶尖人才引促平台——浙江"院士之家"和高端人才引育新玩法——反向人才飞地这三类平台,因其在服务人才方面的创新而颇具看点,也反映出浙江人才服务的新思路。

首先,从服务人才的总需求来看,需要建设面向多层次人才的综合性、一站式平台。从服务内容来看,人才在引进、创业、科研、生活等多个场景中都有服务需求,如等级评定、补贴申请、创业基金、孵化场地、科研设备、项目路演、创业交流、成果奖励、住房安置、生活服务,这涉及多个政府部门和市场化服务机构。这

样集成各类人才服务部门、创业孵化机构、人力资源公司、科创服务机构的人才服务综合体也应运而生。就此来看,人才服务综合体并不是新事物,而是以更好服务人才为出发点的集合式服务平台。

其次,从引进顶尖人才、领军人才的需求看,需要形成面向院士级人才的专项服务平台。当前科技创新与产业发展需要多学科、多领域的交叉融合,集聚院士级团队力量进行联合攻关,有助于关键共性技术的突破,也有助于产业的升级和经济的高质量发展。浙江此前有 10 年院士专家工作站建站的基础,建设浙江"院士之家"实际上是建站工作的升级版,以"建家引智"的方式,搭建"院士创新联合体",发挥院士在引才、科创、孵化、交流、咨询等方面的多重作用。就此来看,建设浙江"院士之家"正是升级顶尖人才服务的新方式、新方法。

再次,对于多数县市创新发展来讲,反向人才飞地是促进区域创新力量的重要驱动器。在数字经济、科创产业主导发展的当下,如何吸引人才将是促进产业升级、培育新兴业态的关键,而小城市引才难又是其所面对的老大难问题。无疑反向人才飞地模式,作为获取优势引才区位、打通引才渠道的关键一招,目前备受各地的热捧。

可见,这三类新平台正是抓住了浙江在人才公共服务上缺少多层次集成服务、缺少高层次服务创新、缺少县市引才环境的短板,应运而生。

(二)浙江人才服务新平台玩法解析

1. 综合型人才服务平台:人才服务综合体

人才服务综合体是浙江省围绕人才申请、人才认定、人才落户、人才发展、人才创业、人才生活等一系列服务需求,集合人社、民政、工商等多部门,并引进各类市场化人才服务机构,以整合资源促进服务的方式,设立的"一站式""全链条"人才服务平台(见图 6-11)。其重点是围绕人才创新创业需求,通过引进专业机构提供"人才服务、人才引育、创业孵化、项目对接、联谊交流"服务,打造出一个人才服务的"集合体"、人才双创的"孵化器"和人才发展的"培育港"。浙江部分

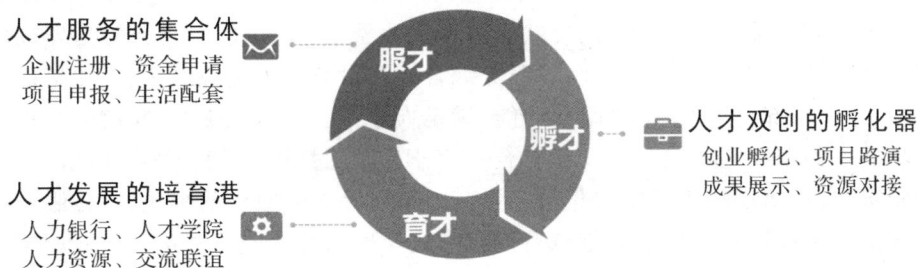

人才服务的集合体
企业注册、资金申请
项目申报、生活配套

人才双创的孵化器
创业孵化、项目路演
成果展示、资源对接

人才发展的培育港
人力银行、人才学院
人力资源、交流联谊

服才 孵才 育才

图 6-11 人才服务综合体功能分析

人才服务综合体基本情况见表 6-20。

表 6-20　浙江部分人才服务综合体基本情况

项目名称	建设内容	运营模式
宁波人才之家	科技大市场、企业家学院、人才银行、海外人才俱乐部、青春加油站、锋领服务岗、智谷共享秘书处、人才管家专窗、梧桐咖啡	通过政府购买服务模式,精准导入第三方人才服务机构,打造政府公共服务和市场服务一体化的人才综合体服务体系
湖州长三角人才服务中心	人才服务"一件事"专窗、人才驿站、全球人才路演中心、人力资源服务港、国际人才报告厅、南太湖人才学院	采取"线上＋线下"方式,通过引进各类市场化服务主体,为人才来湖州创新创业提供"一站式""全链条"服务
绍兴国际人才创业创新服务中心	人才综合服务中心、人才生态展示中心、人才交流活动中心、人力资源服务产业园区、创业创新学院	推进平台建设,从点式服务向链式服务转变,零售服务向常态服务转变,小众服务向普惠服务转变
镇海高层次人才服务综合体	服务集成中心、成果展示中心、商务路演中心、休闲联谊中心	推进人力领域事项一本通、办理一站式、平台一键化、服务一条龙
南湖人才创新创业服务综合体	审批代办中心、服务中心、评估中心、人才交流中心、项目路演中心	建立人才专员制度,主动上门摸清需求,及时办理各种事项,为人才项目提供全流程服务

从人才服务综合体所承担的功能来讲,首先是人才服务的集合体,各服务综合体都具备包括企业注册、资金申请、项目联审、职称申报、生活配套等服务窗口,可"一站式"无差别受理人才需求。如嘉兴南湖智立方人才服务综合体能够提供包括凭证服务、政务服务、公共服务的三大类、近 500 余项业务的受理或代理。其次是人才发展的培育港,各服务综合体多设有人力资源专区、人才培训学院、人才俱乐部、人才咖啡等服务功能,满足人才招引、培训、交流、联谊等多重发展功能。如宁波人才之家就设置有企业家学院、人才银行、海外人才俱乐部、人才管家专窗、梧桐咖啡等实体化服务空间。再次是人才双创的孵化器,各服务综合体基本都设置具有创业孵化、项目路演、成果展示等功能的孵化平台。如绍兴海智汇国际人才创业创新服务中心通过设置"归心谷"人才创业创新学院,为各类人才打造创业乐园。典型案例为余杭国际人才港(见专栏)。

专栏　余杭国际人才港

余杭国际人才港是余杭区重点打造的"一站式"人才服务综合体，力求为人才及相关项目提供现代化优质办公空间和软硬件一站式配套服务。（见图 6-12）

项目总面积 8600 平方米，共 4 层。1 层以人才公共服务为主，设有咨询处、办事大厅、展厅、书咖吧等区域，全景式展现余杭人才创新活力，提供一站式贴心服务；2 层、3 层以项目孵化和专业服务为主，主要面向国际化、创新型项目，为之提供优质孵化空间，并配套有各类专业中介服务；4 层以人才活动服务为主，为群众、人才、企事业单位等各类主体提供接待、活动、路演、会议等功能空间。在功能组织上，整个余杭国际人才港形成人才"一件事"专窗服务区、专业化机构服务区、国际化项目孵化运营区、公共配套区等四大功能区。

在人才创新创业全生命周期"一件事"专窗方面，专窗通过设置线上、线下两个平台，可围绕海内外高层次人才认定服务、外籍人才服务、人才创业服务、人才就业服务、人才生活服务形成五大服务体系。在线下部分，"专窗"总面积约 2000 平方米，配有专业的服务人员，主要对

图 6-12　余杭国际人才港线下一站式服务窗口

人才一件事事项实行"一窗式"受理办件,集中办理 90 个人才服务事项。此外,线下专窗还专门设置 VIP 服务区,主要是对高层次人才开展"个性化"一对一 VIP 服务。

在线上,专窗则依托余杭区人才创新创业全生命周期"e 件事"平台,打造"网上人才之家"专窗。"e 件事"平台以 5 大类、23 种人才身份为主线索,方便人才迅速找到自己的定位,查询到自己能享受的政策。按照"一件事"标准,各类人才可自由定义"一件事"内容,像淘宝"购物车"一样,"e 车"收集、批量化办理。作为余杭国际人才港的核心功能,通过人才创新创业全生命周期"一件事"专窗真正可实现对人才服务的"一窗进出、一窗办结",实现服务事项的高效审批和人才的"最多跑一次"。

另外在专业化机构和服务配套方面,余杭国际人才港引进了中国科协海智计划工作基地、国际人才俱乐部余杭中心、余杭区金融服务人才联盟、余杭区人力资源服务联盟、"余商学堂"培训基地。在项目孵化方面,有来自瑞士、澳洲、新加坡、荷兰的 5 个国际化项目入驻余杭区国际人才港。

从人才服务综合体建设的重点来看,以人才服务和人才双创两功能为重点。以宁波人才之家为例,其在运营的前三个月内已累计服务3000 余人次,对接服务人才项目 400 余个,促成 62 个人才项目"云上"注册,11 个人才获得投资 6800 余万元。因此,浙江的人才服务综合体相比传统的人力资源产业园,虽然功能有相似性但侧重点还是有显著差别。人才服务综合体更强调面向人才的一站式服务和促进创新创业项目孵化功能,虽然也会集聚各类人力资源服务机构但其更多是服务人才的配角;而人力资源产业园则以集聚各类人才服务机构为主,形成企业集群化发展,缺乏人才公共服务和双创孵化功能。

从人才服务综合体的实际运营来看,"政府支持、各方参与、市场化运作"成为主流方式(见图 6-13)。首先,在运营主体建设方面,由政府或相应国资平台搭建包括政策、财务、创业、法务等在内的专业服务团队成为主流。其次,以政府购买服务方式来不断引进各类专业服务机构,如湖州长三角人才服务中心引进人力资源、知识产权、投资机构、法务财务等各类市场主体 17 家,宁波人才之家导入中部之光、创业黑马、然诺科技等第三方人才服务机构。再次,围绕各方参与还深入对接国内高校、海外智力、社会团体等资源,搭建人才服务联盟。

综合全省的人才服务综合体建设经验来看,无论是否一一具备人才服务、政

政府搭建服务平台	引入市场化服务机构	构建协同资源圈层
• 政府搭台并形成包括政策、财务、创业、服务等在内的专业化服务团队	• 围绕人力资源、知识产权、投资机构、法务财务引进各类市场化服务主体	• 积极对接高校院所、海外智力、社会团队等资源圈层,搭建人才服务联盟

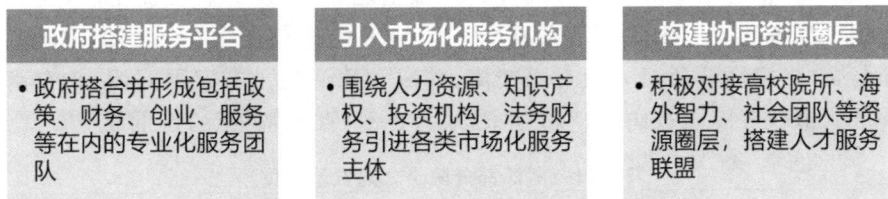

图 6-13　人才服务综合体的运营模式

策宣传、成果展示、项目对接、创业创新、联谊交流等多种功能,人才服务综合体的核心仍在于人才服务体系的建立,通过搭建一站式服务平台以实现事项一本通、办理一站式、平台一键化、服务一条龙,真正成为人才融入的第一站、人才服务的旗舰店。

2．顶尖人才引促平台:浙江"院士之家"

2018 年 12 月,浙江省院士专家工作站建设 10 周年总结会暨"浙江院士之家"建设启动仪式举行,会上全面总结了浙江省院士专家工作站建设 10 年来的历程,并正式启动"浙江院士之家"建设。经过 10 年的发展,院士专家工作站已成为浙江省创新驱动发展的重要载体与力量,探索走出了一条具有浙江特色的产学研用合作协同创新的新路。截至 2018 年底,浙江省共建市级以上工作站 869 家(其中省级站 201 家),签约建站院士 457 名(其中省外院士 428 名,海外院士机构院士 58 名),累计引进 5200 多名院士专家进站工作。

为进一步打造人才生态最优省,浙江在建设"院士专家工作站"的基础上,在全省范围正式启动"浙江院士之家"建设工作。计划自 2019 年起,每年在全省布局 5 个左右建设示范点。建设"浙江院士之家",就是通过打造一个乐居生活、创业创新的温馨家园,来集聚一批院士专家,形成集学术探讨、技术攻关、成果转化、项目引进、决策咨询、国际交流、文化传播、联谊休假等功能的院士创新联合体,来发挥"建家引智"作用。

从承担的职能来讲,"院士之家"是高级人才的集聚地、高新技术的研发区、高端产业的孵化器、高能信息的汇集区和高层决策的咨询脑(见表 6-21)。首先,在人才集聚方面,"院士之家"具有平台引才的作用,如乌镇院士之家首批共引进 18 位院士成为"进家院士"。其次,在技术研发方面,"院士之家"具有科技创新平台的作用,如萧山湘湖院士岛计划引进 10 位以上的院士在岛上工作、生活,由每位院士牵头一个科研课题为萧山重点产业赋能。再次,在产业孵化方面,"院士之家"是项目产业化的摇篮,如湘湖院士岛开展的科研项目中已有欧阳晓平院士领衔的高质量石油用超高压金刚石 PDC 复合片等项目进入产业化阶段。最后,在信息汇聚和决策咨询方面,"院士之家"也发挥着交流平台、咨询智库作用。如德清莫干山院士之家通过组织 2020 院士专家德清行活动,推动 6 位院士与 20 多家企业负责人面对面交流;并成立德清院士专家顾问团,来自南京大学的张淑仪等院士被聘为特聘专家,成为德清"百人智核"的首批成员。

表 6-21 浙江部分院士之家发展定位

序号	院士之家名称	院士之家发展定位
1	乌镇院士之家	成为立足桐乡、服务嘉兴、辐射长三角的院士高端人才聚焦地、未来产业策源地、服务高新地,打造一个适宜院士专家乐居生活、创业创新的温馨家园
2	镇海院士之家	全面推进"院士之家+菁英会"建设,努力将其打造成为高层次人才集聚区、高新技术催化区、高端决策服务区和高能信息汇集区,竭诚提供全方位的保障,让院士专家在镇工作生活舒心、安心、放心

为了能更好地建家引才、发挥效能,浙江各地的"院士之家"普遍强调要提供全方位的服务保障,打造温馨之家、特色之家和品质之家,让院士工作生活舒心、安心。按照上述思路,各地的"院士之家"建设多坚持服务与科创并重,并围绕服务院士生活和促进科技创新,形成集中与分离的两种建家模式和贴心的一揽子的运营服务措施。

在集中建家方面,湘湖院士岛是代表。项目选址于萧山最美的湘湖风景区定山岛上,整个院士岛按照民国学院式风格来打造,配有院士工作室、报告厅、综合办公楼、人才公寓、文化展厅、餐厅、院士服务中心等,并在岛外配有 5 万平方米的中试生产基地,可实现生活休养和科研双创的一体化。在分离建家方面,以德清院士之家为代表,项目分为德清高新区院士科研创新主平台和莫干山郡安里休假疗养总基地,特别是院士生活服务通过依托郡安里等高端民宿,营造院士休假疗养、学术交流等的一流服务环境。

同时,各地"院士之家"也在逐步探索以生活服务为重点的一揽子运营服务措施。以德清"院士之家"为例,在生活保障方面,对进家院士发放人才服务绿卡,提供健康体检、免费疗休养、德清免费畅游、每人每年 6000 元民宿体验券等福利;在人才政策方面,对国内外顶尖人才最高给予 600 万元安家补助,对来德清创新创业的国内顶尖人才和团队实行"一事一议",最高给予 1 亿元项目资助和最高 1000 万元薪酬补助;在服务机制方面,通过政府购买服务形式与德清县文旅集团签订"院士之家"服务运行协议,由其在政府指导下全权负责院士在德接待服务工作。

可见,浙江"院士之家"的诞生是深化对顶尖人才服务的必然结果,无疑成为招引院士级人才的重要平台,为促进浙江创新发展提供更有力保障。

3. 高端人才引育平台新玩法:反向人才飞地

反向人才飞地,是欠发达地区在发达地区设立的,以吸引人才、孵化项目,促进高端产业向欠发达地区流动的新型产业平台。这源于破解欠发达地区对科技型新产业的迫切需求与自身人才、技术等要素吸引力不强的矛盾。由此与传统飞地相反,反向人才飞地将欠发达地区变"飞入地"为"飞出地",通过在外搭建平台,借助发达地区的优势人才、技术、资本等要素实现"借鸡生蛋"。

这一模式发端于杭州未来科技城的衢州海创园。通过主动来杭设立海创园,衢州实现了与杭州数字经济的连接,打通了"研发孵化在杭州,落地生产在衢州"的新通道,走出了一条链接欠发达地区创新要素需求和发达地区高端资源供给的新方法。以此为示范,此后浙江各地均在杭州设立了一批反向人才飞地平台,甚至将这一平台布局到上海、深圳乃至海外。

从建设模式来看,反向人才飞地的建设基本形成"园中园"和孵化器两种类型。从"园中园"类型来看,其多为数十亩用地或数十万平方米建筑体量的小园区,但这种模式多以两地政府间的合作协议为保障,以确保双方能够理顺土地获取、企业注册、税收分成等关系,实现企业在发达地区办公、营业,但注册、纳税均落在欠发达地区。典型案例为杭州未来科技城的衢州海创园。从孵化器类型来看,其建设多为欠发达地区选择在发达地区租用一定规模的楼宇空间并引进专业运营机构,负责按照政府产业导向要求引进科技人才和创业团队来进行产业孵化,并促进其与本地产业发生关联作用。典型案例为杭州滨江区的慈溪杭州飞地。

反向人才飞地得到更进一步的发展则来自于浙江人才大厦项目(见图 6-14),其建设担当着破解浙江省内偏远地区招才难、为全省"飞地聚才"的使命。通过打造一个人才创新的共同体和一个面向全省的产学研高地,浙江人才大厦实现为各县市在杭人才项目提供服务的目标。在功能组织上,其主要用于浙江各县市企业在杭设立研发总部、创新中心。在 2019 年 9 月落成的先导区块内,就已经入驻内除杭州、衢州外的 9 个设区市以及桐庐、淳安、建德三县市的 45 家孵化平台和创新企业。可见,浙江人才大厦在整体上是一个植入杭州未来科技城的"园中园",从其构成上则是一个孵化器的集合体,兼有两种类型的共同特点。此外,浙江人才大厦一楼设立了人才服务中心,设有服务大厅、人才服务窗口、人才事项办理自助一体机及小型会客区,可提供政策咨询、证照办理、出入境服务及财税、法律、金融等个性化服务(见表 6-22)。

图 6-14　浙江人才大厦

表 6-22　浙江人才大厦服务窗口内容

窗口名称	服务内容
人才窗口	提供国家、省、市、区级各类人才项目申报咨询、杭州市高层次人才分类认定政策咨询服务,提供社保政策咨询及办理,为用人单位提供就业招聘、人才派遣等综合服务
科技窗口	提供科技创新、科技成果转移转化推广、产学研结合、科技合作、高新企业认定、孵化器、众创空间、外籍人才和科技人才引进、科技重大项目等政策咨询服务
公安窗口	提供人才落户、户籍管理、出入境管理等方面的综合服务。主要为入驻企业提供面向中国人的护照、港澳通行证、台湾通行证申请,面向外国人的签证、停留证、居留证申请等出入境业务办理,以及面向全日制高校大学专科以上学历人才落户业务办理
金融窗口	提供面向高层次人才的线上融资对接和线下人才贷款配套。通过"余杭区中小微企业金融服务平台",发布企业融资需求,对接银行科创产品和投资机构资源、资金,有效解决中小微企业的融资问题
商务法务窗口	提供工商财税、法律援助、商旅出行、活动策划等综合服务。包括财税、法务、商务、知识产权、成果转化、出入境服务等业务代办、商旅考察及外国人在华服务

从功能构成来看,无论反向飞地采用"园中园"方式还是孵化器方式,其核心都是人才招引、项目孵化和产业服务三类要素的集合体。首先是人才招引平台,反向飞地立足发达城市,成为欠发达地区政府、企业招引各类"高大上""小而美"项目和高素质人才的重要抓手;其次是项目孵化平台,反向飞地要形成"飞入地孵化、飞出地产业化"的效果,在发达城市孵化项目并最终导入来源城市,因此反向飞地更注重对技术产业化类型的项目孵化;再次需要成为产业服务主体,无论飞地项目规模大与小,普遍都注重以产业服务激发双创活力,像规模大者如浙江人才大厦多选择自建产业服务体系,而规模小者则多依托所在的园区平台巧借外部资源提供服务。

从反向飞地建设的重点和难点来看,核心还是要建立起"招才引智＋创新孵化＋回归落地"的生态链。首先,要慎重招才引智,飞地需要做好人才、项目选择,重点引进与飞出地具有潜在强关联的人才和项目,确保其未来发展壮大后有可能来飞出地落户;其次,需要做好创新孵化,积极打造面向人才项目的孵化培育体系,借助飞入地各类资源条件,促进项目发展壮大;再次,要做好回归落地服务,当人才项目发展到一定阶段、具备将部分产业链环节落地飞出地后,应积极做好项目投资落地的各项目服务,确保项目平稳落地。如此才算走完反向人才飞地建设的一个循环,真正达到飞地建设的目的。

四、创新之路:浙江人才工作的新方向

从浙江省人才服务工作的发展趋势来讲,服务工作的数字化、招引力量的多元化、服务人群的国际化成为浙江人才服务的三大创新趋势。

（一）服务工作数字化

2021 年 2 月 18 日——春节假期后的首个工作日,浙江省以全省数字化改革大会开启全年新局。所谓数字化改革是浙江"最多跑一次"改革和政府数字化转型的迭代深化,其目标是通过构建 1 个一体化智能化公共数据平台、5 个数字化综合应用(党政机关整体智治综合应用、数字政府综合应用、数字经济综合应用、数字社会综合应用、数字法治综合应用)、2 个数字化改革的理论体系和制度规范体系,推进省域治理体系和治理能力的现代化。

人才服务领域的数字化属于 5 个数字化综合应用中的数字社会系统建设的一个组成单元。从浙江数字社会综合应用建设思路来看,其以城市大脑为支撑,以满足群众高品质生活需求和实现社会治理现代化为导向,打造一批跨部门多业务协同应用,为社会空间所有人提供全链条、全周期的多样、均等、便捷的社会服务。具体到人才服务层面,浙江省则要求通过"建设'人才码'应用,加强服务

事项和服务资源归集,建立统一的人才工程项目管理应用,建设全省统一的人才流量入口、人才服务枢纽和人才数据后台"。可见,构建以"人才码"为应用场景的数字集成服务平台,正是浙江人才服务的一个发展方向。

从"人才码"的具体实践来看,其源于杭州借鉴"健康码"的形式将相关人才服务搬到线上,人才可凭码享受医疗保健、子女教育、文体休闲、交通出行、出入境签证、创业创新等一揽子服务。作为经过认定的杭州高层次人才的特殊身份认证,人才通过扫码或亮码,可实现"一码走遍杭城"。(见表 6-23、图 6-15)

在内容上,"人才码"围绕人才政策、人才办事、人才双创、人才服务四大需求,可提供全科服务、专享服务、双创服务、生活服务、区县服务的 5 大类、27 小类百余项专属服务。以人才双创服务为例,人才创办企业所需要的用地服务、审批服务、金融服务、法律服务、租赁服务、政策服务、公证服务、知识产权服务都可以通过"人才码"办理。

表 6-23　杭州人才码服务内容

服务类型	服务内容
人才政策	人才政策方面包括人才车牌补贴、购房补贴和租房补贴等优惠政策的线上兑现功能,人才可直接在线上提交申请
人才办事	人才办事以公安落户、社保缴纳、出入境服务等为主,办理业务可享受在线办、立即办、预约办、上门办等,更有全科服务、"智小惠"智能服务和人工热线专员答疑解惑
人才双创	人才双创包括人才众创租赁、用地服务、公证服务、金融支持等,人才线上就能实现工商注册、双创空间入驻,享受法律和知识产权服务、融资贷款等支持
人才服务	人才服务以生活服务为主,包括交通、医疗、养老、旅游,可通过扫码(或亮码)"一码游杭城",畅享"吃穿用住行"

另一方面,这种"人才码"制度也是人才服务卡的数字化升级。传统上,浙江各地都推出过高层次人才服务一卡通,比如湖州的服务绿卡、金华的人才金卡、台州的英才服务卡。"人才码"则在传统人才服务卡基础上实现了人才工作的数字化资源归集和流程重构,让很多原来窗口申请、现场办理的服务转移线上,大大简化了办事程序。通过这样"一人一码"的多场景同码应用,实现人才政策的"一键兑现"、人才办事的"一站入口"、人才双创的"一帮到底"、人才服务的"一码供给"。这种一码集成各类人才服务的思路,有效提高了人才的获得感和幸福感,真正实现了让数字化改变人才服务。

图 6-15 杭州人才码

(二)招引力量多元化

面对人才群体的不断扩大和招引工作的不断加重,浙江各地也在积极推动以多种力量、协作共进的方式来招引人才,并具体表现为市场化招引力量的多元化和国资人力资源服务机构的新介入两大倾向。

在市场化招引力量的多元化发展方面,除传统的人力资源服务机构外,企业和人才也越来越发挥作用。以余杭区为代表,余杭区不仅有组建人力资源服务联盟,制定出台余杭区人力资源产业扶持政策,引进猎聘网、海角网等知名中介机构提供市场化、专业化引才服务等常规动作,还不断以企业引才、人才荐才等方式来吸引人才。在企业引才方面,余杭区与阿里巴巴、之江实验室、中电海康等大企业签订招才引智框架协议,借助高能级企业来实施平台引才;在人才荐才方面,余杭区以硅谷为重点并在全球布局 21 个千里马驿站,聘请了 36 名海外引才伯乐实施以才引才。

同样,嘉兴、丽水等地也在加强对企业引才的支持。以嘉兴为例,对当年度新引进 50 名以上全日制本科生(或 10 名以上全日制研究生)的企业,给予 20 万元奖励,引进 25 名以上全日制本科生(或 5 名以上全日制研究生)的企业,给予 10 万元奖励。丽水则规定,对校企合作以"订单班"形式培养大学生的,给予企业 10 万元/班的育才补贴;对企业通过人力资源服务机构引进年薪 30 万元以上人才的,给予企业 50% 的猎头费用补贴。

在国资人力资源服务机构的新介入方面,湖州、义乌都专门新成立人才发展集团,以搭建平台公司的方式构筑人才创业创新的全生态链服务。2019 年 8 月,湖州市人才发展集团成立(见图 6-16),成为长三角区域首个以人才服务为核心的政府平台公司。其以"引进人才、投资人才、服务人才、成就人才"为宗旨,聚焦人才引进招聘、人才园区运营、人才创业投资、人才教育培训、人才公寓建设、人才综合服务等六大业务板块,为人才提供高效、精准、优质的全链条"钻石级"服务。紧接着的 2020 年 6 月,义乌市人才发展集团揭牌成立,成为浙中地区首家以人力资本运营为产业的国资公司。义乌人才发展集团采用"1+X"的组建模式,计划引进北京、上海、深圳等高端人力资源服务资源,联合打造区域化、市场化的引进人才、投资人才、服务人才、提升人才平台。可见,浙江国资人才服务平台的建设将致力于打通人才引进、人才投资、人才服务、人才提升、人才成就的服务全周期,为人才提供更为全面的保障。

同样,这两家人才集团也倾向于与市场化服务机构形成协同关系,义乌人才集团在成立之初就确定了"1+X"的发展方式,成立更早的湖州人才集团则在拓展服务商资源方面动作频频。目前,湖州人才集团已与猎聘网、楼友会等机构达成战略合作来促进人才招引,引进了浙江大学、浙江工业大学、江南大学等院校的技术转移中心来促进技术服务,并与千克知识产权、君度专利代理等达成专业服务协议(见表 6-24)。义乌人才集团也已在美国硅谷、德国法兰克福、日本东京、阿联酋迪拜等 6 地建立海外人才工作站点,就地开展人才招引、智力成果转化等工作。

可见,搭建人力资源服务国资公司,不断强化和市场化人力资源服务机构合作,拓宽企业引才、人才引才、服务引才等人才招引新方式,浙江"1+X+N"的人才招引服务模式正在呼之欲出。浙江人才招引力量、方式的多元化倾向显得愈发清晰!

图 6-16　湖州人才发展集团成立仪式

来源：中国新闻网.浙江湖州成立人才发展集团 唱响人才发展"好声音"[EB/OL].[2019-08-12].https://baijiahao.baidu.com/s? id=1641653796745120542&wfr=spider&for=pc.

表 6-24　湖州人才发展集团主要合作资源

服务类型	服务内容
首批战略合作单位	猎聘网、腾讯（浙江）企鹅新媒体学院、杭州楼友会创客商务有限公司、杭州绩优投资管理有限公司、浙江海邦沣华创投投资有限公司
首批入驻高校院所	浙江大学湖州技术转移中心、浙江工业大学湖州技术转移中心、江南大学国家技术转移中心湖州分中心、华东理工大学国家技术转移中心湖州分中心
首批入驻服务机构	北京太和睿信企业管理顾问有限公司、前程无忧（前锦网络信息技术〈上海〉有限公司）、浙江千克知识产权代理有限公司、浙江省科技人才教育中心、杭州君度专利代理事务所

（三）服务对象国际化

面对外籍人才在浙就业、生活群体的不断扩大，浙江各地也在积极深化外籍人才服务，通过扩大外籍人才服务对象和采取外籍人才待遇国民化来全面提升服务质量。在这方面，义乌、杭州等国际化水平较高的城市走在前列。

义乌将外籍人才服务的重点放在外籍采购商方面，并在全国率先出台采购商人才政策，对所有在义乌采购的境内外客商均纳入"人才"范畴。根据义乌采购商人才政策，可依据采购额、企业信用等 6 项指标，构建"两类三级"的采购商评价体系（"两类"指境内、境外两类采购商，"三级"指金牌、银牌、一般三个等级采购商），并计划每年评出一批金牌、银牌采购商。

2020 年 6 月，义乌打破学历、资历和职称限制，评选了首批 64 名金牌、银牌采购商（见图 6-17），并配套人才住房、子女入学、出入境、仓储物流、金融支持等"一揽子"政策。在生活服务方面，金牌采购商可优先申办在华永久居留许可，银牌采购商可推荐申办 5 年工作类居留许可，其外籍配偶和未成年子女可随同申请；金、银牌采购商还可分别享受 40 万元、30 万元的购房补助，子女入学分别参照Ⅰ类、Ⅱ类人才标准予以解决。此外，义乌在义乌小商品市场周边、城际轻轨节点等处布点商贸类人才社区，集成居住、培训、商务交流、信息共享等一体化服务，金、银牌采购商入住还可享受一定的租房补助。在创业方面，金、银牌采购商可优先租赁义乌国有仓储场地，免费使用采购商服务中心；对金、银牌采购商入驻采购商大厦的，租金分别按 5 折、7 折收取；建立进口产业增信基金，总规模 1 亿元，为从事进口业务的金、银牌采购商提供最高 200 万元的授信额度，一次授信、循环使用。

图 6-17　义乌首批金牌采购商人才名单

来源：中国义乌网. 量身定制，义乌又有大动作！首批金牌、银牌采购商名单公布［EB/OL］.
［2020-6-12］. https://news.zgyww.cn/system/2020/06/02/010187757.shtml.

杭州则将人才服务对象扩展至全部在杭工作的外国人,并探索通过设立外籍人才市民卡的方式,一揽子集成外籍人才的生活服务。其主要涵盖工作许可、子女教育、医疗保障、商业保险、生活服务、住房保障等六个方面,让来杭发展的外籍人才"来得了、待得住、用得好、流得动"。这样就实现了外籍人才的国民化服务待遇,外籍人才市民卡和普通杭州市民卡一样,可享受账户功能、公共交通、校园健身、公园年票、寺庙年票等功能。

这一创新实现三大突破,首先,将在杭工作的外籍人才全部纳入市民卡发放对象,享受市民待遇,突破以往只有参加社保的外籍人才才能办理市民卡的范围;其次,突破外国人不能办理信用卡的限制,为持有《来华工作许可证》(A 类)外国高端人才办理信用卡,并研究开展后续金融服务;再次,为在杭工作的外国人开发定制保险服务,保费低于市面其他同类产品,并为外国高端人才提供导医、陪同就诊等增值服务。此外,除服务内容外服务方式也是杭州创新的重要方向。杭州面对外籍人才还探索了包括设立外专窗口、服务 QQ 群、外籍人才服务专员等精准服务方式(见图 6-18),以提供优质个性化服务。

可见,伴随外籍人才群体的扩大,不断完善外籍人才创新创业环境,深化外籍人才服务,以一流生态引一流人才,将是浙江各地人才服务的必然。

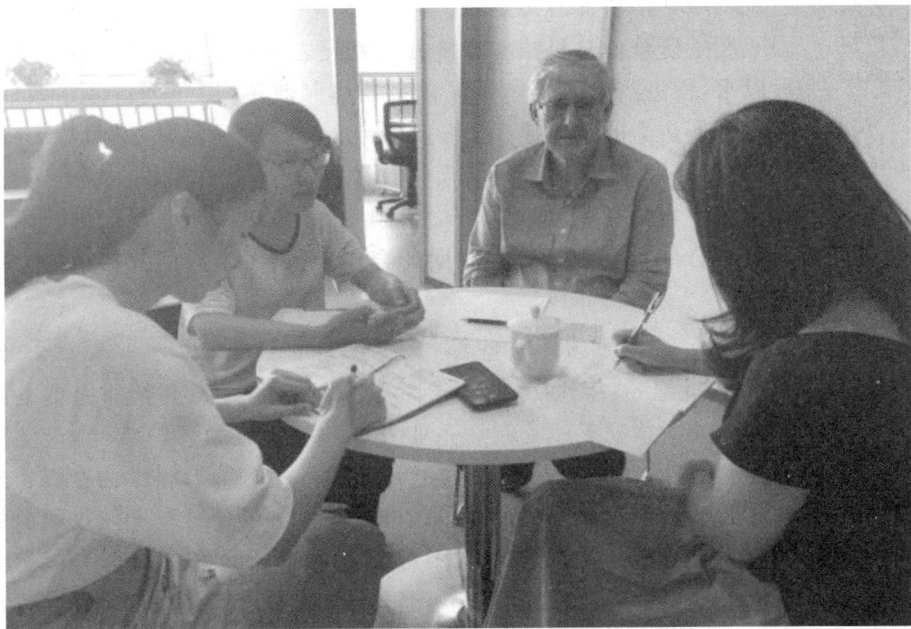

图 6-18 面向外籍人才的精准服务

第七章　产学研协同创新

当今世界,全球新一轮科技革命和产业变革方兴未艾,聚力科技赋能、提升产业能级已经成为高质量发展的必由之路,由"产学研"深度结合所释放的市场潜力也正在被加速挖掘。浙江从 20 世纪 80 年代"德清模式"破冰全国科研体制改革开始,一直在实践的过程中探索"产学研"模式,在县域经济、高校院所、企业等各个层面,努力寻找科技资源和产业升级的密切结合点。

一、浙江产学研发展回顾

(一)产学研发展历程

产学研合作是科技和经济社会发展之间的重要通道。自改革开放以来,推进产学研合作是深化科技体制改革,提升创新体系效能,激发创新活力的重要抓手之一。浙江的产学研发展从 20 世纪 80 年代初"德清模式"破冰全国科研体制改革开始,合作模式由资金、人员等创新要素简单粘合向通过创新制度融合发展,合作层次由技术层面的结合深化到创新能力层面的合作,走出了富有浙江特色的发展道路。

1. 产学研萌芽:20 世纪 80 年代初

20 世纪 80 年代初,浙江省内乡镇企业异军突起,当时企业的技术和专业人才缺乏成为制约企业发展的重要瓶颈。1978 年,全国科学大会召开,邓小平提出"科学技术是第一生产力",科学的春天历经寒冬后悄然来临。一些研究单位陆续把过去科研成果无偿供给的做法改为有偿转让,"产学研"合作的闸门被小心翼翼地打开。以德清县电子器材厂为代表的浙江企业开始尝试向上海、杭州等地的高校、科研院所和大型企业借智引才和建立产学研相结合的科研生产联合体,揭开了"产学研"合作的序幕。

2. **产学研结合：20 世纪 80 年代—90 年代初**

20 世纪世纪 80 年代至 90 年代初期，在中央层面，先是发布了《关于科学技术体制改革的决定》，将产学研合作纳入到国家的科技体制改革中；后由时称国家经贸委、国家教委、中国科学院三家联合召开了"全国第一届产学研联合开发工程工作会议"，并组织实施产学研联合开发工程，正式将发展产学研合作上升为国家行为。这期间，浙江的产学研得到迅速发展，出现了多种产学研结合的模式。以高等院校和科研院所为主导，通过共建企业技术开发中心、科研生产联合体、相互兼职、合作研究、在职培训、委托培养等各种方式进一步强化与企业的合作。虽然在此阶段，产学研合作多以一次性成果转让或者一次性联合开发的形式存在，但并不影响高等院校和科研院所的技术成果源源不断地向浙江民营企业转移和输送，支撑了浙江民营企业的发展和腾飞。

3. **产学研深化合作：20 世纪 90 年代—2006 年**

20 世纪 90 年代后期，浙江在产学研合作模式的探索方面则出现了一些具有创新性的模式与思路，这些模式与思路在之前高校与企业"外在性"合作的基础上进一步向纵深发展，成为实质性的生产要素"内在性"联合。科研机构与企业建立"技术入股、联合攻关、成果共享、风险共担"的联合体，建立各种形式的长期联合开发中心，围绕企业的核心技术进行长期的合作研究并同时为企业培养高层次人才，如横店集团东磁股份公司与中国计量学院合作共建"磁性材料试验基地"。也有高校和企业联合共建重大创新平台、兴办各种创新载体，如浙江省纺织技术与装备创新平台，就是以民营企业性质的绍兴轻纺科技中心作为牵头单位，联合浙江理工大学、浙江大学等高校，共同以股份制形式组建，再通过理事会、会员制把相关的高校、科研机构、企业联合起来。1998 年，省政府制订出台了《浙江省鼓励技术要素参与收益分配的若干规定》，在全国率先实行技术要素参与股权和收益分配的政策，有力地推动了高校与企业组建股份制公司，产生了一批教授级董事长、博导型总经理，培育了一批高新技术企业。

4. **产学研全面融合：2006 年至今**

《国家中长期科技发展规划纲要（2006—2020 年）》中明确提出，要加快推进有中国特色的国家创新体系的建设，并且要构建一个以企业为主体、产学研结合的技术创新体系，以此作为全面推动国家创新体系战略建设的切入口和突破口。2013 年，浙江省出台《中共浙江省委关于全面实施创新驱动发展战略加快建设创新型省份的决定》，加快构建以企业为主体、产学研协同创新的体系。产学研的全面融合，进一步推进创新资源和要素集成，促进企业、高校等创新主体间深度融合，打通科技与经济社会发展通道，加快提升科技创新整体效能。2018 年，浙江又出台了《关于全面加快科技创新推动高质量发展的若干意见》,即"科技新政50条",提出要打造具有浙江特色的"产学研用金、才政介美云"十联动创新创业生态系统。浙江开创性地将产学研合作的内涵延伸到产业、学术界、科研、成果转化、金融、人才、政策、中介、环境、服务等十方面因素融合,打开了产学研全面融合发展的新局面。

(二)产学研发展现状

1. 研发投入占据全国领先地位,其中浙江企业作为创新主体起到关键作用

浙江在科技研发投入方面,2018年共投入R&D经费1147.4亿元,比2017年增加117.2亿元,增幅为11.4%,高于GDP现价增速4.3个百分点;2014年以来,五年间R&D经费年均增长8.35%,高于同期GDP现价增速1.4个百分点;R&D经费投入强度为2.52%,比2017年的2.45%提升0.07个百分点。在全国31个省(市)中,2018年浙江省R&D经费投入居全国第四位,占全国R&D经费总额的8.86%;R&D经费投入强度高出全国平均水平0.33个百分点。2018年,省内各类企业R&D经费支出741.0亿元,比上年增长13.7%,比全社会R&D经费支出的增速提高0.6个百分点。企业投入明显高于政府,企业/政府资金投入比高达11.4,远高于全国3.8的平均水平。由此可见,浙江企业参与并促进科技创新的积极程度领先于全国大多数地区。

在载体建设方面,经过30多年的发展,特别是2003年浙江省实施引进大院名校共建创新载体战略以来,工作力度不断加大。截至目前,共有传统省级科研院50余家,引进共建各类高端科研载体130余家,涌现了之江实验室、阿里达摩院等一批高水平科研机构。合作层次也由过去强调技术层面的结合发展到注重基于创新能力层面的合作。

2. 成果输出快速增长,技术资源在全省院校和企业之间广泛流动

技术市场交易情况是反映企业与高校、科研机构三者之间创新联系的一个重要指标。2018年,浙江省共签订技术合同16189项,成交总额为629.1亿元,相比2014年涨幅高达605.6%,在全国的排名也从第十六位上升至第十位(见表7-1)。技术交易成交额的大幅增长,显示技术资源在高校、科研院所和浙江企业之间的流动和共享愈发密集。

浙江省输出与收纳技术合同成交额也大幅增长。输出技术合同成交额从2015年的98.1亿元增长到2018年的590.66亿元,年均增长率达到49.7%,全国排名从十五名跃升至前十以内;吸纳技术合同成交额从2015年的201.91亿元增长到2018年的717.67亿元,年均增长率达到26.4%,全国排名从第十二名跃升至第七名(见表7-2)。输出技术合同成交额大,增长迅速,代表着地区

表 7-1　2014—2018 年浙江省技术交易发展情况

年份	合同数（项）	成交额（亿元）	成交额增长率	在全国的排名
2014 年	11955	89.16	9.5%	16
2015 年	11283	99.29	11.4%	16
2016 年	14826	201.8	103.2%	13
2017 年	13736	344.4	70.7%	11
2018 年	16189	629.1	82.7%	10

数据来源：2014—2018 年全国技术市场统计年度报告.

表 7-2　2015—2018 年浙江省技术交易输出和输入情况

年份	输出技术			吸纳技术		
	合同数（项）	成交额（亿元）	排名	合同数（项）	成交额（亿元）	排名
2015 年	11273	98.1	15	14999	201.91	12
2016 年	14808	198.37	12	18120	288.32	11
2017 年	13704	324.73	11	18444	469.87	9
2018 年	16142	590.66	10	21272	717.67	7

数据来源：2015—2018 年全国技术市场统计年度报告.

科技资源丰富、技术水平和创新水平高，技术辐射面广。而吸纳技术，同样与地区的创新能力密切相关。现在企业不再是单向的输出或者吸纳技术，而是"既输出又吸纳"，将吸纳的技术进行集成、二次开发再售卖出去。这样一方面可以降低成本，给企业带来高附加值的经济效益；另一方面，可以直接应用，支撑产业的发展。技术吸纳合同成交额远远高于技术输出合同成交额，表明浙江省吸纳技术需求明显高于技术输出。

　　3. 创新政策支撑体系完善，全面保障各创新要素发挥积极作用

　　浙江省作为中国首个全省域国家科技成果转移转化示范区，十分重视产学研合作和科技成果转化工作，把科技成果转化作为落实创新驱动发展战略的"关键点"。2002 年，率先建立了浙江网上技术市场，着力打造浙江的"技术淘宝网"。2014 年，集"展示、交易、服务、共享、交流"五位一体的实体化浙江科技大市场开业运行。2016 年又成立了"浙江知识产权交易中心"，作为浙江科技大市场的重要组成部分。目前，浙江已形成由 1 个省级中心、11 个市级市场、94 个县（市、区）和高新区分市场、29 个专业市场的网上技术市场和 51 家线下实体技术市场组成的技术市场体系。

　　为有效解决科研院所、高等院校和骨干企业在科技成果创新中存在的"几张

皮"现象,浙江省出台落实鼓励产学研合作政策举措。2016年出台的《全面创新改革试验任务导则》中提出建立"企业出题,高校研究生团队答题,政府助题"的产学研机制,在杭州市、嘉兴市、新昌县、长兴县、滨江区、余杭区等全面创新改革试验区和绍兴市、瑞安市等全面创新改革联系点组织实施新型产学研合作项目,并且补贴资助全创改革新型产学研合作项目。2019年《浙江省人民政府办公厅关于促进县域创新驱动发展的实施意见》发布,提出要推动县(市)加强与高校对接、高校与企业对接,促进地方创新发展、产业转型,促进高校内涵发展、提升水平;推广"企业出题、高校解题、政府助题"的新型产学研合作模式,推进高校教师评价办法改革和专业学位研究生培养模式创新,进一步建立以实践能力为导向的考核评价体系。

二、重大前沿科研创新平台的新建之路

前沿技术是产业创新的源泉,重大的技术研究突破可以催生产品和商业模式的革新,带动传统产业改革和新兴产业崛起。浙江政府、学术界、产业界提前布局一些前沿研发平台,助力浙江产业迈向全球制高点。

(一)新型研发机构的崛起正在改变浙江产学研合作的时代风潮

1. 新型研发机构冲破体制机制的藩篱快速崛起,成为创新发展的新力量

新型研发机构是顺应科技革命和产业革命的产物。近年来,伴随着从国家到省级层面的支持政策密集出台,新型研发机构加速在浙江落地,成为一股不可忽视的新兴科技产业力量。不同于传统研发机构,新型研发机构不局限于服务科技创新活动的某个环节,而是逐渐演变成从上游源头创新到下游产业化的全产业链创新体系。"新型研发机构"承载着将市场需求、体制内外科技资源、资金、人才、产业技术开发进行融合的职责与功能(三融合——融体制、融资源、融市场),可以打破各类组织的边界,让资源流动(技术流,资金流,人才,需求流动),可以解决在原来边界分明的组织中无法解决的问题。这些新特点,使其在开展周期较长的基础研究、交叉学科研究、工程化与中试、产业化推广等方面独具优势。

新型研发机构可以打破传统科技体制的局限,采取市场化运行机制探索新的研发模式,以科技原始创新为源头,以前沿科技创业为核心,推进科学家和企业家紧密融合,在风险资本的持续支持下,快速集聚技术商业化所需要的关键要素,使得研发活动和商业化活动同时发生,提高研发创新效率。在高端资源配置方面,依托新型研发机构,可以吸引集聚一批战略性科技创新领军人才及其高水平创新团队,建立财政资金、社会资本、产业基金等多元化投入机制,加速技术成果转移转化,推进产业创新发展。在技术转移方面,新型研发机构往往联合社会

化、市场化的平台型科技服务机构,共同构建专业化技术转移服务体系,提供技术转移和转让、技术咨询、技术评价和技术投融资服务等专业化服务,推动科技成果扩散、流动、共享、应用并实现经济和社会价值。新型研发机构往往还作为桥梁,直接联通社会资本和硬科技创业项目,或者是培育和发展服务于硬科技的创新孵化器,开展原创科研成果创业孵化及创业投资服务,探索创业—瞪羚—独角兽的爆发式增长路径。

2. 新型研发机构在浙江蓬勃发展,对浙江经济结构调整起到关键作用

新型研发机构目前在中国还处于一个起步阶段,其中以广东省起步最早,发展最为成熟,领跑其他省份。浙江省同江苏、陕西等省份处于紧随其后的第二梯队。2020年,浙江省政府办公厅印发了《关于加快建设高水平新型研发机构的若干意见》,首次公布新型研发机构的认定条件和扶持政策。同年年底也公布了北京航空航天大学杭州创新研究院、浙江清华长三角研究院等首批36家省级新型研发机构名单。根据2018年备案资料,浙江现有2000年以后成立的科研机构81家。从地域看,这些多集中在杭州(49家);从级别来看,省级机构有69家,市(县)级机构有12家;注册类型以民办非营利性企业为最多,有69家,事业单位为8家,企业研究机构4家;从投资主体看,有政府引进科研团队全新组建,政府、高校和院所联合建设,政府、企业联合建设或企业、社会组织牵头建设等多种组建形式。81家新型研发机构集聚了省内优质人才、科研仪器和设备、科研项目,其中10%的机构开展基础前沿研究,23%的机构开展应用研究和工程化开发,48%的机构面向重点行业提供研发服务,15%的机构建立了产业化平台(或基地),4%的机构建立了完整孵化系统的机构。[①]

浙江目前正在飞速发展,经济发展科技先行,这对转变科技发展方式提出更高要求。从科技创新看,浙江仍存在产业核心技术不足、科研机构改革进展不快、科技管理体制不够完善等问题,迫切需要认真解决。在浙江进入产业转型升级、经济结构调整的关键时期,必须加快实施创新驱动发展战略,依靠科技创新培育新的经济增长点,抢占未来发展制高点。如之江实验室、阿里达摩院这些典型的新型研发机构,正在科技体制改革中积极利用市场资源,发挥新机构、新体制、新人才的创新优势,努力在竞争中求得生存和发展良机。而一旦他们能够生存发展起来,带动的将是与之相关的系列产业的巨大发展。

(二)之江实验室:政校企联合共建的定位世界顶级的科研机构

之江实验室是由浙江省人民政府、浙江大学、阿里巴巴集团共同出资创办的新型研发机构。作为由“政府+高校+民营企业”三方共建的混合所有制研发机

---

① 杨艳娟.加快新型研发机构建设的浙江思路和对策研究[J].经济师,2020(11):130-133.

构,不但在浙江省内尚属首次,在全国的新型研发机构中也属创新。之江实验室目标通过体制机制的创新走出新的道路,形成自下而上的国家实验室创建模式。

1. 以之江实验室为代表的省级实验室弥补浙江基础科研短板

新型研发机构的产生源于经济和社会发展对科技创新的巨大需求。长三角地区的沪苏皖都非常重视争取中央部委和研究机构的支持合作,着力开展基础研究,高度关注未来产业发展,超前布局战略核心项目和重大科学装置,孕育出了一大批具有战略性、引领性、革命性的产业。相对而言,浙江省基础研究、科学装置、尖端研发的基础比较薄弱,成果也不够多。

2020年7月,省政府办公厅发布《浙江省人民政府关于建设之江实验室等浙江省实验室的通知》,公布首批4家浙江省实验室,被冠以之江、良渚、西湖、湖畔这样极富浙江人文地理特色的名字。其中,之江实验室牵头建设智能科学与技术浙江省实验室,发挥我省数字经济产业、数据和人才优势,围绕智能感知、智能网络、智能计算、大数据与区块链、智能系统五大方向开展研究,形成智能科学基础前沿研究的核心高地,进一步提升在全国智能科学与技术领域的竞争力和优势地位。

之江实验室成立后,聚焦人工智能和网络信息两大领域,以"新基建"和牵头建设智能科学与技术浙江省实验室为契机,建设若干新型重大科技基础设施,形成智能科学基础前沿研究的核心高地(见图7-1)。目前首批五大研究中心已正式挂牌成立,包括智能机器人研究中心、人工智能算法研究中心、网络大空间搜索研究中心、智能芯片研究中心和网络健康大数据研究中心(见图7-2)。

目前,实验室首批5个重大攻关项目已正式启动,分别为:先进人工智能算法平台基础理论与关键技术研究、智能无障感知芯片与系统、多中心协同的生物医学智能信息技术平台构建、城市大脑科研与公共服务平台以及先进工业互联网安全平台。这批重大项目的实施,将产生一系列具有世界一流技术水平的科研成果,包括研发一个先进人工智能算法开源开放平台,研制一款毫米波无障感知芯片与智能决策AI芯片,建立一个覆盖多个中心协同生物医学智能信息技术平台,建立城市数据资源和服务平台,挖掘城市数据价值,建设一组内生安全的拟态工业控制系统、内生安全的智能边缘网关与内生安全的拟态工业云平台,并打造国际领先、拟合应用场景的工业互联网先进试验场。

2. 之江实验室以体制机制创新推进"高原造峰"

新时代的国家实验室,是一个新时代新使命的产物。与传统的国家重点实验室、工程实验室不同,其认定和管理体制都有着本质性区别。在管理体制上,之江实验室实行理事会领导下的主任负责制。理事会是之江实验室的宏观管理和领导机构,负责决策发展战略、发展领域、资金投向、重大项目、科研人员管理

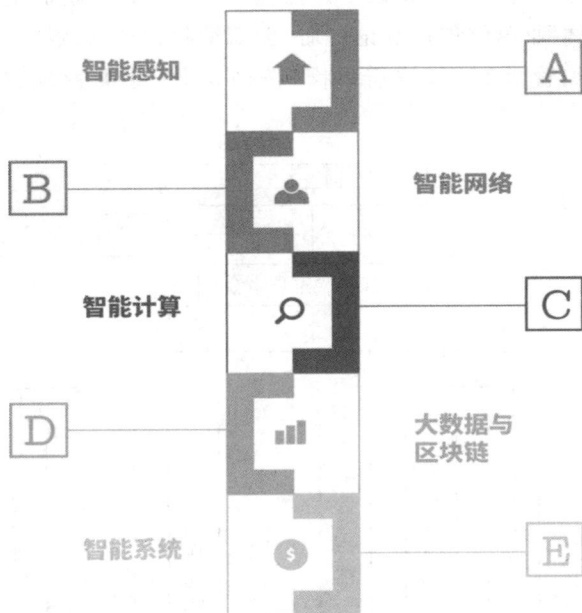

图 7-1　之江实验室研究方向

智能感知　A

B　智能网络

智能计算　C

D　大数据与区块链

智能系统　E

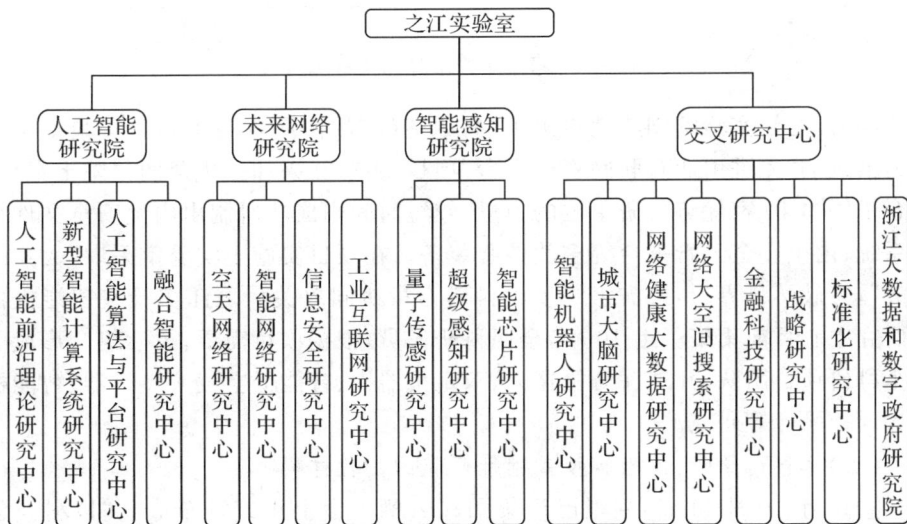

图 7-2　之江实验室核心团队架构

之江实验室

人工智能研究院
- 人工智能前沿理论研究中心
- 新型智能计算系统研究中心
- 人工智能算法与平台研究中心
- 融合智能研究中心

未来网络研究院
- 空天网络研究中心
- 智能网络研究中心
- 信息安全研究中心
- 工业互联网研究中心

智能感知研究院
- 量子传感研究中心
- 超级感知研究中心
- 智能芯片研究中心

交叉研究中心
- 智能机器人研究中心
- 城市大脑研究中心
- 网络健康大数据研究中心
- 网络大空间搜索研究中心
- 金融科技研究中心
- 战略研究中心
- 标准化研究中心
- 浙江大数据和数字政府研究院

等重大问题,由时任浙江省长袁家军担任理事长。在运行机制上,之江实验室按照混合所有制的事业单位进行登记注册,创新编制管理,试点"报备员额制"。实行人员灵活、分类管理制度,按需设岗、按岗选聘、分类管理、能进能出。(见图 7-3)

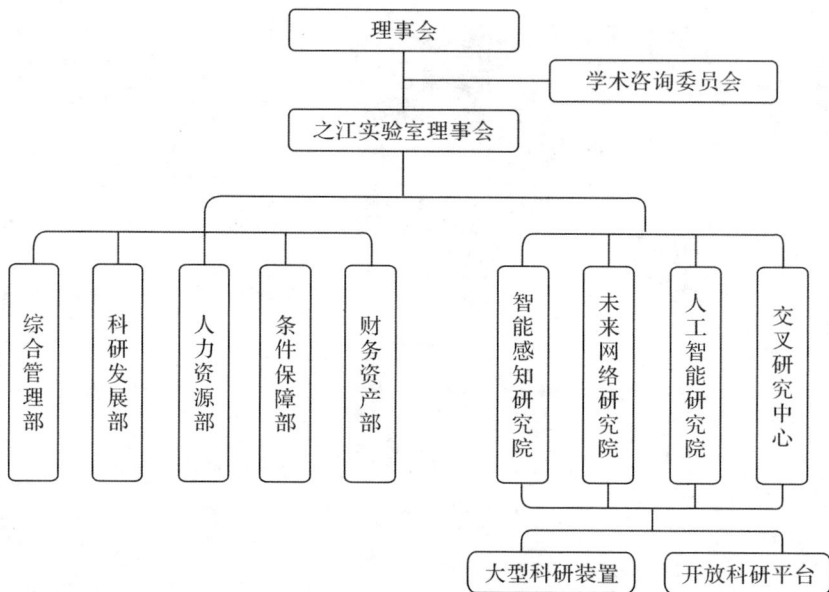

图 7-3　之江实验室行政体系架构

同时,之江实验室创造性提出了"高原造峰"的协同攻关机制。实验室正在大力推进的"先进工业互联网安全平台"项目,由邬江兴和孙优贤两位院士牵头,联合了国内 10 家优势科研单位的力量,较短时间内成功研制出内生安全文件存储系统、内生安全云管平台等多款核心装备。在项目实施上实验室采取"大兵团作战",突破学科界限,按需组织顶尖科研力量协同攻关。之江实验室智能机器人研究中心目前集聚了近 100 名全职科研人员,根据项目需要,灵活组合形成了多个科研项目团队,开展深海机器人、双足机器人、智能低空载人飞行器、智能机器人云控平台等研究。

(三)阿里达摩院:前沿科技基础性研究的民营样板

2017 年 10 月 11 日,阿里巴巴集团在云栖大会上正式宣布成立"以科技创新世界"的达摩院。达摩院(DAMO),the Academy for Discovery, Adventure Momentum and Outlook,这家由企业主导的自生长型研发院,研究方向定位于基础科学和颠覆式创新,建设目标定为成为美国贝尔实验室、Xerox PARC 实验室那样的机构,能够产出影响全世界几代人的基石性成果。而成立达摩院,不但是阿里巴巴对前沿科技研发的前瞻布局,也是阿里巴巴链接全球人才和新兴产业的重要桥接。

1. 阿里成立达摩院,实现商业和技术融合双驱动

阿里巴巴不仅是一家商业驱动的公司,长期以来它坚持对技术进行投入,发展至今已成为全球前十的科技公司。在阿里巴巴 21 年公司发展历程中每一个新业务的诞生或发展,背后都有技术的支撑和创造。早在 2009 年,在业界普遍不看好的背景下,阿里巴巴最先投入云计算研发。至今,阿里云多项技术实力位居全球第一,市场占有率居全球前三,成为企业和组织上云的第一选择。阿里巴巴也将核心系统构建在阿里云的公共云之上,云成为阿里巴巴商业操作系统的技术底座。基于此,阿里的商业模块和关键能力可以直接在云上重组、迁移和打通,带来整体效率的持续提升。2013 年,阿里巴巴联合合作伙伴成立菜鸟,通过在 IoT、人工智能、大数据等技术领域的持续投入,菜鸟已经建立起智能化的物流骨干网,可以一年数字化覆盖包裹数超 400 亿个,不仅成为阿里巴巴中国和全球零售、贸易平台上数千万中小企业的物流基础设施,也开创了物流业的数字化时代,极大降低了全社会的流通成本。

根据阿里巴巴 2012—2020 年发布的财报显示,8 年间研发投入从 28.97 亿元增长至 430.8 亿元,成为全球研发投入排名前列的公司,年均增长约 40%;研

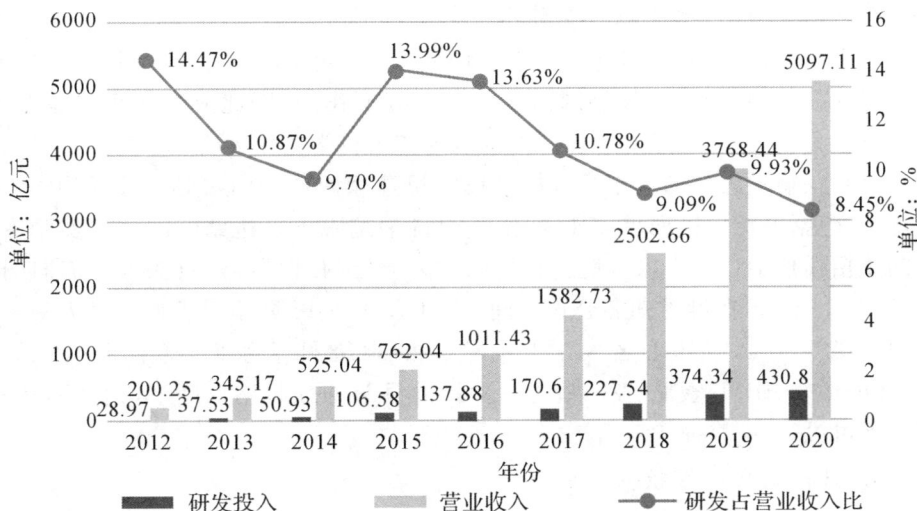

图 7-4　2012—2020 财年营业收入与研发投入情况

数据来源:阿里巴巴 2012—2020 年财报.

发投入占营业收入之比虽然在近几年略有下降,但始终超过 8% 以上。持续的研发投入使得如今技术的红利正在像水一样渗入阿里巴巴的各个商业场景。

2017 年云栖大会上阿里集团宣布成立达摩院,并承诺在未来 3 年会投入 1000 亿元,让达摩院更好地致力于科学技术研究。达摩院由全球实验室、高校联合研究所及全球前沿创新研究计划三大部分组成,旗下共设 14 个实验室,研究方向包括量子计算、机器学习、基础算法、网络安全、视觉计算、自然语言处理、下一代人机交互、芯片技术、传感器技术、嵌入式系统等,涵盖机器智能、智联网、金融科技等多个产业领域(见图 7-5)。过去的 2018 至 2020 财年中,阿里巴巴的研发费用综合已经超过 1030 亿元。

除了设立全球实验室,与具有科研优势、地缘优势的著名高校联合建立科研基地也是阿里集团产学研合作的主要方式之一。早在达摩院成立之前,2016 年 10 月成立清华大学—蚂蚁金服金融科技联合实验室,2017 年 1 月成立 UC Berkeley RISE 实验室,2017 年 5 月成立了阿里巴巴—浙江大学前沿技术联合研究中心,阿里巴巴通过这些产学研实践不断探索新的合作模式,汇集诸多技术领域内全球最优秀的学术人才,共同打造高效率的科技创新链条和一体化的创新体系。阿里集团产学研合作的另一种方式是发布全球开放研究项目,将阿里巴巴遇到的工程技术挑战和各个实验室里最强的学术大脑进行碰撞,进而实现工业界与学术界科技能力的融合,为此开启了"阿里巴巴创新研究计划(AIR)"。截至 2018 年,已经在各个顶会/期刊发表论文 53 篇,斩获了 12 项世界冠军。

2. 达摩院成为阿里链接全球人才的过墙梯

对于高端人才的争夺,绝不亚于一场战争。阿里巴巴前沿科学技术的探索和颠覆性技术的突破,仅仅靠国内人才难以有所作为,因此成立达摩院势在必行。成立不到三年,达摩院吸引了一批全球知名科学家作为研发带头人,发挥着引才、用才、输送人才的作用。首批坐镇阿里达摩院的 10 位"达摩祖师"中有 8 位院士,包括 3 位中国两院院士、5 位美国科学院院士。达摩院的各大实验室,也陆续招揽顶尖业内专家掌舵。科技圈广为流传的"世界 AI 巨头人才流向图"(见图 7-6)显示,在世界知名公司之间的 AI 人才战中,阿里巴巴成为最大赢家,不但招揽了一众国外著名大学和研究院的顶级科学家们,还将 Facebook、Google、微软、IBM、索尼、亚马逊等众多国外巨头的强将纳入麾下,达摩院在其间功不可没。

3. 科技成果的嫁接者

在前沿科学上,但凡哪个方向上有所突破,其背后的巨大产业将被挖掘,拥有达摩院的阿里巴巴无异于"近水楼台",它可以最先将科研成果产业化甚至商业化,从而从科技上获得主导地位,同时实现未来"自给自足"的目标。达摩院一

达摩研究领域

- **金融科技**
  - 金融智能实验室
    - 大规模图模型及图嵌入模型
    - 机器学习的数据安全及隐私保护
  - 区块链实验室
    - 共识协议
    - 密码学安全与隐私保护
    - 区块链技术结合可信执行环境
    - 跨链协议
    - 智能合约的语言与安全性分析
    - 区块链技术与安全多方IoT结合
    - 区块链技术与安全多方传感器与专业的相机和图形处理器技术
  - 生物识别实验室
    - 大规模人脸精准检索技术
    - 多模态无感知生物特性识别技术
    - 生物特征ID相关技术
    - 基于物联网的用户感知与行为分析技术
    - 边缘计算XNN
    - 新型传感器与专业的相机和图形处理器技术

- **机器智能**
  - 语音实验室
    - 语音识别及语音唤醒
    - 语音合成
    - 声学及信号处理
    - 声纹识别及音频事件检测
    - 口语理解及对话系统
    - 多模态人机交互
  - 视觉智能实验室
    - 图像理解与分析
    - 视频理解与挖掘
    - 图文理解
    - 三维视觉
    - 线下智能
  - 语言技术实验室
    - 基础技术
    - 语言计算
    - 应用技术
    - 机器翻译
  - 决策智能实验室
    - 机器学习
    - 运筹优化
  - 城市大脑实验室

- **数据计算**
  - 数据计算实验室
    - 系统架构方向
    - 计算技术方向
    - 存储技术方向
    - 互联技术方向
    - 芯片工程
  - 智能计算实验室
    - 下一代多场景多模态异构计算引擎
    - 大规模多样性数据挖掘与机器学习计算
    - 智能与自治化法及应用
    - 数据安全与隐私保护
    - 超大规模图计算
  - 数据库与存储实验室
    - OLTP与HTAP引擎
    - 多模多态：OLAP的NoSQL
    - NewSQL数据库系统
    - 数据安全与智能数据库系统安全
    - 自治化与智能数据库
    - 新硬件加速与数据存储
    - 数据库核心算法

- **机器人**
  - 智能交通实验室
    - 环境感知
    - 高精定位
    - 决策规划
    - 智能控制
    - 自动驾驶仿真平台
    - 数据平台
    - 车路协同

- **X实验室**
  - 量子实验室
    - 处理器与量子计算系统
    - 量子算法
    - 量子物理模拟
  - 人工智能实验室
    - 语音助手
    - 工业设计
    - 智能制造
    - 机器人技术

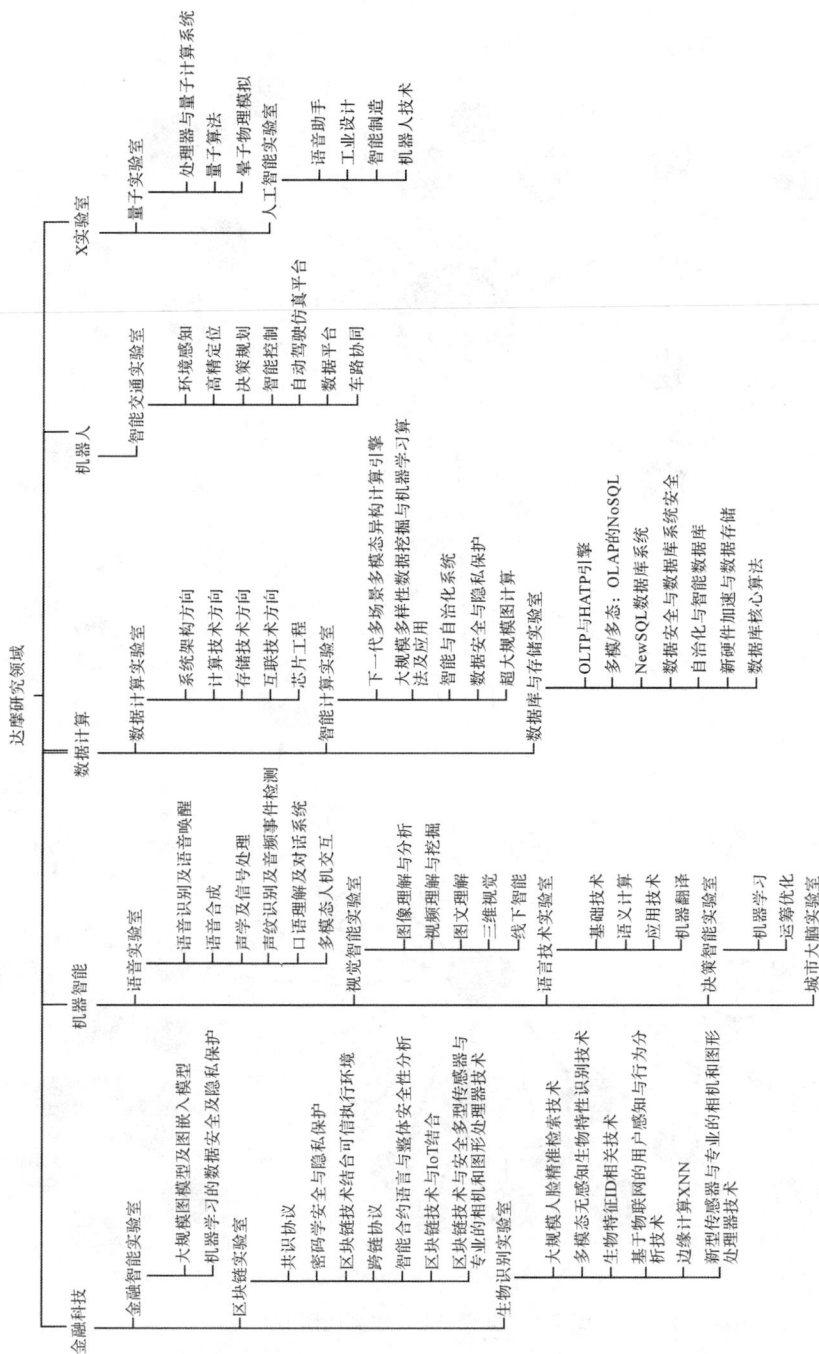

图 7-5　阿里达摩院组织结构与研究方向

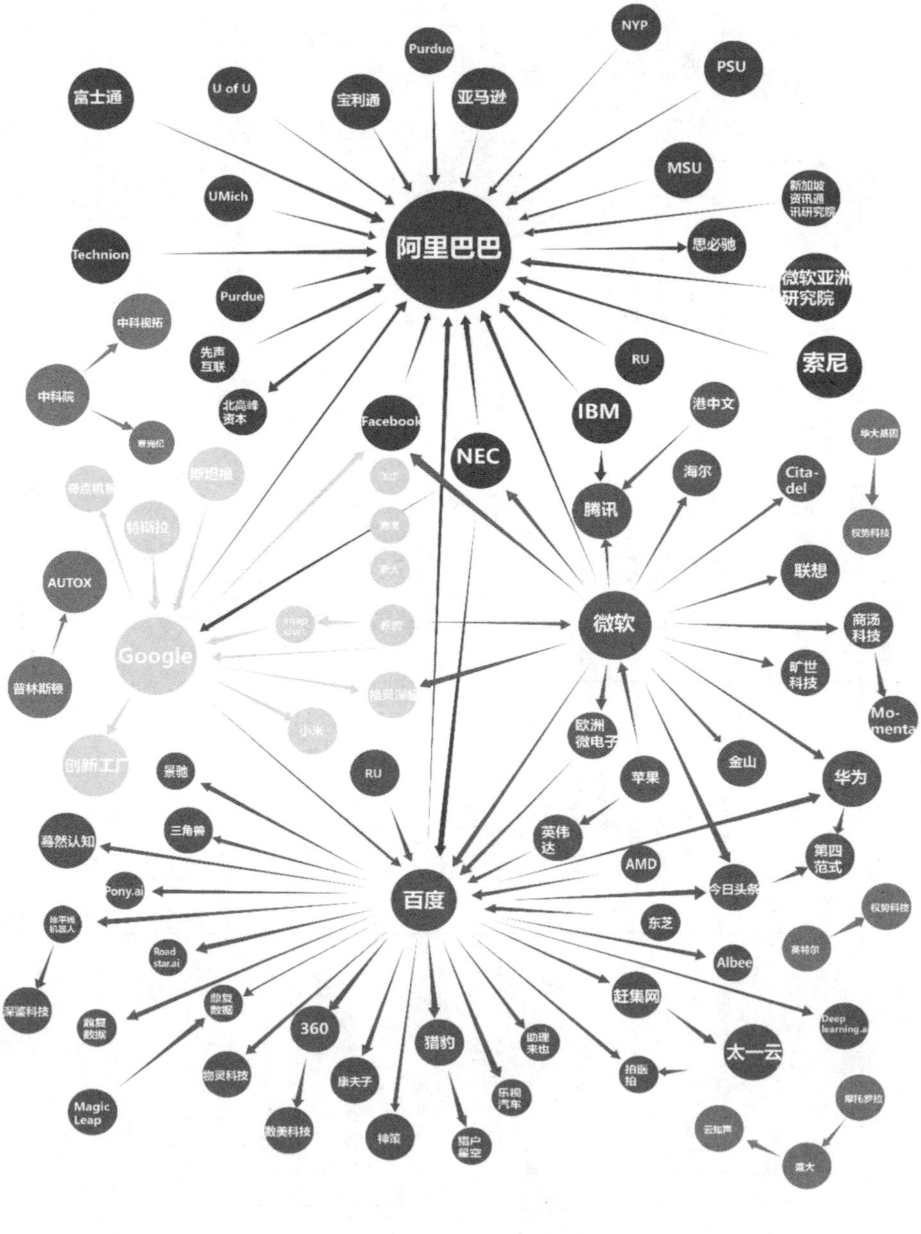

图 7-6　世界 AI 人才流向图

方面是探索前沿技术和基础研究，另一方面则为阿里集团诸多业务提供技术支撑。从 2018 年收购中天微半导体，到"平头哥"的横空出世，再到自动驾驶物流车"小蛮驴"诞生，在成立的短短三年时间内，已经有两家科技公司从达摩院中孵化出来，吹响了阿里向芯片、自动驾驶汽车、机器人等新兴产业领域进军的号角。达摩院在帮助阿里开拓新兴产业领域的同时，也在用技术改变传统产业。在2020 年的新冠疫情中，达摩院是全球最早利用 AI 来甄别新冠肺炎的科研机构之一，原本一张新冠肺炎 CT 影像医生要花 10 到 15 分钟来判断，但使用 AI 诊断只要不到 2 秒。这是达摩院 AI 医疗团队研究成果的一次重要检验，也是"AI＋医疗"商业化的一次重要试炼。

三、大院大所的引进共建之道

大院大所作为高端"创新源"，是社会研发投入的骨干力量，是汇聚优质创新资源的第一平台，是高端人才引进及输送的蓄水池。吸引大院大所设立分支机构或建设新型创新研发载体，是提升地方人才集聚度、构建区域创新"强磁场"最直接有效的手段。它们承担了大部分的基础科研职责，引导企业与其开展联合攻关、项目合作等多种产学研合作，可以显著提升区域产业创新能力。纵观全国，早在 2000 年，以苏州、天津、上海等为代表的国内众多城市，早已开启大院大所"猎才行动"。2003 年浙江省开始实施"引进大院名校"战略，在宁波、杭州等城市与中科院、清华、上海交大、哈工大等国内众多知名高校院所合作建立了一批研究院。在浙江活跃的市场经济带动下，大院大所突破体制机制的藩篱，将科研成果推向市场，为浙江经济的创新动能培育作出了重大贡献。

（一）大院大所的引进共建为浙江产学研合作的持续推进奠定了坚实基础

1. 浙江各地紧紧把握时代机遇，大力引进大院大所合作共建分支机构或研究平台

1999 年中共中央、国务院发布《关于加强技术创新，发展高科技，实现产业化的决定》，要求全面优化科技力量布局和科技资源配置，从根本上形成有利于科技成果转化的体制和机制，解除科技研究与经济建设"两张皮"的桎梏。是时正值科技体制改革要求科研院所深化改革、调整思路，在全国优化科研机构布局转型，时任中科院院长路甬祥也提出，中国科学院要改变过去"关起门来搞科研"的做法，对全国研究所进行重新布局调整，实施"开门办科研"战略。科研院所走出象牙塔、走向市场已经成为不可抵挡的趋势，一时之间院（校）地合作以共建研究院（所）、技术转移中心、应用技术研发转化中心和科技园等形式迅速在各地崛起。浙江省正是在这样的背景下开始实施"引进大院名校"战略，引进的清华长三角研究院、中科院宁波材料所、浙江中科院应用技术研究院等一批大院大所，

聚焦基础科学研究和技术创新研发,在促进科技成果转化、带动本地产业培育,支持地方经济转型升级等方面发挥了重要作用。

2.科技成果转化的内在需求,造就了宁波、杭州等为代表的发达城市在大院大所引进中的优势地位

一般来说,科研院所的研究成果在转化的过程中需要较高端的人才、较密集的生产要素和资本市场配合,因此,科研院所在进行院(校)地合作时更倾向社会经济比较发达、科技资源基础厚重、高端人才比较富集、市场经济较为完备的地区,这些地区较为雄厚的科技基础及社会对技术的强大需求能激发科研院所现有创新资源的最大化利用。如省会杭州、二线城市宁波,在科教资源、人才资源、工作与生活配套方面具有比较优势,加上活跃的社会资本也进一步激发着本地产学研活力。杭州、宁波两市实施引进名校、名院、名所的"三名工程",到目前为止引进落地的大院大所数量超过了全省的2/3,包括国科大杭州高等研究院、北大信息技术高等研究院、新西兰奥克兰大学中国创新研究院、北京航空航天大学宁波创新研究院等一批高水平院校,围绕着数字经济、高端装备制造等战略性新兴产业和人工智能、量子通信等未来产业产出一大批创新成果。

3.与中心城市常常采用直接引进不同,县域政府与大院大所的合作共建更多倾向于柔性引进

对于能级较小城市,如东部地区地级以下城市、中西部欠发达城市,其本身原始创新能力薄弱,对于高学历、高层次人才的吸引力不强,在招引研发机构时需克服的障碍也会大于一、二线城市。梳理中科院在全国的合作机构发现,国内院(校)地合作的不同形式承担着不同的创新功能:技术转移中心作为一类中介机构,能够对接科研院所和地方产业之间的技术供需;研发中心承担着科研院所和地方企业共同攻克产业技术难题,共同实施研发、中试和产业化的功能;科技园成为成果转化的孵化平台;研究院(所)则可以基于地方发展战略,持续向地方产业输出创新力量支持。不同院(所)地合作机构的创建对地方创新能力和环境的要求不同,技术转移中心、研发中心的要求相对低一些,而研究院(所)、科技园的要求则相对高。对于创新能力较薄弱的地区,以技术转移中心、研发中心的形式与大院大所展开产学研合作,虽然一些产学研创新活动受到限制,但总体来说是能较快建立院(校)地联系、提升地方产业创新发展力的方法。同时也可以采用项目合作、课题研究、技术攻关等柔性引进方式,吸引高水平科研人才加入到小城市的产学研创新活动中来。

（二）中科院宁波材料技术与工程研究所：大院大所自身体制机制突破与改革创新

1. 中科院宁波材料所成立，带来新材料产业发展的种子

中科院是我国自然科学领域最高学术机构，一直以来在国家重大科技研发任务中承担着重要使命。1998 年，中科院开始实施"知识创新工程"，旨在通过科技布局和组织结构调整，形成能够支撑我国走向第三步发展战略目标、适应 21 世纪科技发展趋势的科技新布局。而当时的浙江省内优质科研资源缺乏，随着经济的发展，浙江省对科技的需求日益强烈。正是在这样的背景下，中科院历史上首次考虑在浙江由院地双方共同出资建设一个新型研究机构。

2004 年 4 月，中科院与浙江省人民政府、宁波市人民政府三方签署协议，共建中科院宁波材料技术与工程研究所（以下简称宁波材料所）。宁波材料所是中科院与地方共建的第一家国立研究机构，以材料产业的发展需求为导向，建设集前瞻性研究、技术集成创新与成果转化于一体的综合性研究所。宁波材料所所地合作与技术转移办公室被国家科技部评为国家技术转移示范机构，被认定为浙江省第一批重点科技中介服务机构。

科技创新本身充满不确定性和冒险性，从前端研发到终端应用客户，材料产业链很长，在产业化道路上创业团队往往面临着低成功率、高风险、长周期、高试错成本的局面。宁波材料所在与企业的接触中认识到，民营企业普遍科技承接能力不强，对新产业项目的高投资与高风险性也充满了犹疑，于是主动承担起孵化科技成果的重任。2015 年，在宁波材料所斜对面的一家钢管厂因经营不善而倒闭，宁波材料所马上对接当地政府，拿下这块即将废弃的厂房，将其改造成一个 3 万平方米的新材料初创产业园。这个初创园成为材料领域的科研人员带着技术成果走出象牙塔、试水商业化的孵化器。2016 年，初创园正式开张，由宁波材料所研究员江南的技术团队与企业联合创办的晨鑫维克成为第一家入驻企业。如何为初创企业赋能，是摆在初创园运营团队面前的一个全新的课题。初创园从零开始学习，从上海请来专业的投资人，从团队、财务、运营、管理、营销等全方位深度介入，为晨鑫维克提供全套孵化服务。由"宁波材料所提供技术和人才、产业界提供资金和市场"的晨鑫维克模式成为宁波材料所科研技术与产业结合的典型案例。

截至 2019 年底，宁波材料所承担了各类科研项目 4021 项，获得竞争性科研经费 35 亿元。累计申请专利 3740 件，授权专利 1579 件；培育 8 家创业企业，另控股 2 家、参股 18 家企业，授予 17 家企业相关专利许可；与 700 多家企业开展合作，产生 45 项重大成果转移转化项目，累计转让金额超过 10 亿元，企业年新增销售额超过 280 亿元。2018 年宁波市新材料产业规模首次突破 2000 亿元，

占全市工业总产值的 12.1％,同比增速 13.5％,新材料产业位居全市战略性新兴产业第一,在稀土磁性材料、金属新材料、先进高分子材料、先进膜材料和石墨烯材料研发与应用等领域都取得了较快发展。而从宁波材料所走出去的一项项重大成果,就像一颗颗火种,燃起了宁波乃至浙江新材料产业发展的热潮。

2. 中科院宁波材料所作为新型研发机构,在人才、制度等方面推陈出新

在引进人才和布局研发方向上,以应用前景为准则。选人招人是为用人。为此,宁波材料所建立了科技界、政府相关部门、企业专家组成的"三方会诊"制度,保证引进人才未来的科研既顶天又立地。项目没有应用前景就没有转化为生产力的可能,对此宁波材料所通过引入企业理事,参考相关行业企业家的建议,在立项的时候就对项目进行一定的选择与判断,以确保科研方向与产业应用的贯通性。

在研究过程中,以打通产业化通道为准则。一个全新材料要想成功产业化,仅靠材料的单一创新是远远不够的,上游必须要开发相配套的规模生产装备技术,下游必须开发出新材料在各种应用上的中间产品或终端产品。为实现这一目的,2009 年在宁波材料所的基础上建立宁波工业技术研究院,学科领域由材料扩展到先进制造和新能源;在 2014 年又拓展到生物医用材料及器械,为打通产业链提供了必要的保障。①

在成果转移转化后,以商业化成功为准则。只有科技成果取得了商业化的成功才算是将科技真正转化为了生产力。考虑到企业对技术的承接能力有限,因此宁波材料所在科研成果转移到企业后,会选派负责关键技术的相关科技人员到企业工作一段时间,直到该技术的产业化完全成功,实行"连人带成果"一起转入企业,即"扶上马,送一程"的服务理念,目的就是为了帮助企业消化吸收技术,进而提高成果商业化成功的效率。

在组织管理形式上,以高效便捷为准则。为了加强科技成果转移转化效率,宁波材料所专门成立技术转移与知识产权部,负责技术成果的横向对接与无形资产的商业化管理,承担搭建科研团队与企业之间桥梁的作用。在"科技转变为生产力"最困难的项目实施阶段,研究人员的"天马行空"与企业的"效率、成本、速度"总是很难协调。对此,技术转移部制定了一套项目管理办法,通过满意度调查、实地走访调研、项目例会制度与节点跟踪,积极推进研究团队与企业的紧密合作,推动项目成功。同时,技术转移部还通过与政府、行业协会的紧密联系,搭建对接平台和微信公众平台,成为发布技术成果的快速渠道。通过挂职交流,

---

① 探索产学研合作渠道构建应用型创新载体——中国科学院宁波材料技术与工程研究院[J].中国科技产业,2014(11):41-43.

已先后举办对接会 50 余场,与企业签订合作项目 40 项,协助企业申报各类项目百余项,合同金额达 6000 万元。[①]

(三)清华长三角研究院:顶层设计下区域新型研发机构发展样板

1. 浙江与清华大学打破传统高校研究院模式,创立长三角研究院

21 世纪初浙江科技资源,尤其是高校资源匮乏,缺少大院名校,而省内企业迫切需要科技成果助力发展。省政府积极寻求省外科技资源,时任浙江省省委书记习近平回母校寻求校友资源,与清华签订合作协议进行科技成果转化,以提升浙江自主创新能力,促成了清华长三角研究院的建立。

清华长三角研究院是浙江省政府与清华大学共建的实行企业化管理的新型创新载体,是浙江省"引进大院名校,共建创新载体"战略引领者。清华是国内外一流大学,可以输出极优秀的人才与科技资源,浙江省与嘉兴市政府则提供无偿财政拨款、土地配置与人才引进配套等政策资源,通过顶层设计将外部稀缺的科技资源与政府及市场资源组合,完成行政对接,打破传统高校研究院模式的制度限制,为深度融合提供先天优势。清华长三角研究院是从零开始的跨行政区域飞地合作,其发展历程经过校地融合、链路融合、主体融合、跨区域网络融合四个时期(见表 7-3)。

2. 清华长三角研究院改革传统科研体制,服务于地方经济发展

清华长三角研究院以"虚所实中心"特色改革科研体制,形成了以学术带头人为核心、以科研团队为主体的科技管理体系,以项目为依托、以产权为纽带的技术股权激励机制以及能上能下的聘任机制。在研究院无形资产管理办法和评估体系中,鼓励科研人员以自主科技成果入股成立项目产业化公司,推进科研成果产业化,充分激发创新人才的活力和动力。截至目前,在已有生物医药、生态环境、先进制造、信息技术、现代农业和分析测试等领域确立的"5 所 1 中心"的核心科研平台基础上,建立了 6 个国家级、省级重点创新平台以及近 30 个工程化和智库型研发中心,涵盖智能制造、生命科学、高端装备等众多新兴领域。此外,还建立了线上线下相结合的科技服务体系,打造了"科学家在线""水木茶社""知识产权服务中心"等基于大数据"互联网+"的创新服务平台。

---

① 探索产学研合作渠道 构建应用型创新载体——中国科学院宁波材料技术与工程研究院[J].中国科技产业,2014,(11):41-43.

表 7-3　浙江清华长三角研究院产学研合作发展历程①

发展阶段	时间	事件
校地融合期（2003—2005）	2003	12 月，举行正式共建长三院签约仪式
	2004—2005	正式组建 3 个研究室；开展培训招生工作；组建 2 个高科技公司
		总部大楼等基础设施和办公场地开始奠基
链路融合期（2006—2009）	2006	1 月，院属生物技术与医药研究所、生态环境研究所成立
	2008	6 月，与杭州签约共建萧山生物工程中心 与清华合建 7 个研发机构，与企业共建 9 个研发中心；引进、孵化 30 余个高科技企业 促成清华重大产业化项目落户嘉兴
	2009	6 月，宁波鄞州创新中心挂牌 8 月，长三角科学仪器产业技术创新战略联盟成立，省应用酶学重点实验室通过审批 11 月，获"首届中国产学研合作促进奖"
主体融合期（2010—2013）	2010	1 月，发起成立浙江红土创投基金公司 6 月，硅谷创新基地（2014 年更名为国际合作部）挂牌，举办首届"海外清华学子浙江行" 8 月，设立国家级博士后工作站 12 月，省科学仪器设备创新服务平台成立
	2011	3 月，浙江省与清华续签合作协议，基本确立"政产学研金介用"七位一体发展模式
	2013	TD 终端测试公共实验室填补了长三角地区 TD 产业链终端测试服务空白

---

① 张羽飞，原长弘，王涛，张树满.产学研深度融合演化路径分析——基于浙江清华长三角研究院的纵向案例研究[J].中国科技论坛，2017(7):87-98.

续表

发展阶段	时间	事件
跨区域网络融合期（2014年至今）	2014	5月,习总书记就成立10周年做出重要批示 8月,杭州分院成立
	2015	6月,院创投紫旃母基金正式设立
	2016	3月,浙江省与清华签署新一轮合作协议 6月,全国首家专业科技保险公司"太平科技保险"落户 8月,宁波分院成立,嘉兴总部完成三期工程设计 9月,台州创新中心成立 1—12月,新成立9个院属研发中心
	2017	8个离岸孵化器投入使用,首创提出G60科创走廊战略 1—12月,新成立5个院属研发中心
	2018	1月,浙江未来技术研究院启动 7月,设立国家海外人才离岸创新创业基地 10月,浙江省与清华签订深化省校合作备忘录 11月,金华石墨烯应用研究产业园开园 1—12月,新成立14个院属研发中心

清华长三角研究院成立后,积极推动了地方的科技研究和科研成果转化工作。在科研方面,先后主持承担国家和省、市重大科技项目600余项,自主研制成功我国首批酶学类国家一级标准物质,填补了国内生物学活性标准物质的空白。在科技成果转移转化方面,成功推动了具有国际先进水平的柔性电子技术产业化项目落户嘉兴,并成立清华柔性电子技术研究院和浙江智柔科技有限公司,累计孵化企业600余家,注册资本超100亿元,年贡献税收超10亿元,其中总部院区在孵企业300余家,注册资本12亿元,为嘉兴年贡献税收3亿元(含总部及南湖区企业)。经长三角研究院牵线搭桥,总投资50亿元(其中一期投资9.8亿元)的浙江信汇合成新材料有限公司落户嘉兴港区;嘉兴市首个新能源整车项目——浙江合众新能源汽车已在桐乡顺利投产,项目估值已破百亿元。长三角研究院与嘉兴市麒盛科技股份有限公司合作成立健康睡眠中心,致力于睡眠智能技术和大数据的研发,提高了产品的附加值,智能床已成功打入欧美等高端消费市场。此外,组建水木茶社、越商学堂、杭商学堂、星火传承行动计划、台州民营经济学院等企业孵育载体,每年为浙江省3000余名企业家提供专业培训和智力服务。

四、县域经济体产学研融合的破题之策

20世纪80年代,产学研相结合的"德清模式"为企业解决技术、人才紧缺这一重大难题创出了一条具有中国特色的成功之路。德清模式也给浙江省内资源禀赋有限、人才基础薄弱、区位优势不显的县域经济体指明了一条突破创新要素制约,"资源不足科技补、区位不足服务补、动力不足改革补"的县域经济创新发展道路。

(一)县域经济的产学研突围稳固了浙江经济发展的基本盘

县域经济是浙江经济的建设根基和突出亮点,对全省经济转型升级至关重要。但相比大城市在科技人才、资本、区位交通等方面的优势,县域无论是在科技创新要素的资源配置能力还是科技创新平台的支撑能力方面都处于劣势,因此,如何抓住县域科技创新短板,培育县域转型发展新动能一直以来都是浙江县域发展关注的重点。深化产学研合作、推动协同创新是区域推动科技创新的重要途径之一。浙江从改革开放初期就开始在县域范围内进行产学研合作的探索,经过长期因地制宜的探索实践,也造就出一批像德清、新昌、长兴等"小县大科技"的县域产学研合作典型,有力助推了科技支撑引领经济社会转型升级。

浙江省早期的县域产学研引导手段较为单一,主要通过用税收和土地优惠政策、财政资金补贴措施等手段吸引科技企业、科研机构前来,因而仅仅简单地向区域进行政策上和资金上的倾斜,而未能识别影响地区创新水平的内在因素,没有将工作重心放到提升当地本身的科技创新能力上。例如,用财政补贴的方式促进企业与省内外高校开展产学研合作。以政策优惠和资金补贴为引导促进手段,也有效促成了一批以项目、人员交流为纽带的产学研合作,企业和科研机构之间的技术攻关、成果输送、技术人员培训等活动在一段时间内提升了县域经济产业的发展。但这种流于技术层面的合作模式,对本地的科技创新能力水平本质上的提升效果并不佳,同时也导致了后来地区经济发展遭遇转型升级的瓶颈。

随着实践经验的积累和实际发展需要的改变,浙江区县政府愈来愈重视创新本身对县域社会经济发展的重大贡献,县域产学研的促进方向也转向了识别提升县域科技创新能力的关键因素,包括创新人才、创新政策制度、创新公共平台、创新资金等。在破解引进人才难的问题上,发挥欠发达地区"好山好水好空气"的资源优势,建立企业研究院在大中城市、技术攻坚在高校院所、生产基地和市场需求在县域的柔性引进方式。在制度保护方面,建立了知识产权保护制度,形成创新主体稳定的创新预期,切实保护首创精神,为人才的创新创造热情提供制度上的保障。在科技资金的分配上,改变新技术"买得少用不好"的现状,加快

企业化网上技术市场建设,解决技术创新体制与市场配置体制"两张皮"的问题,建立做强主导产业的课题清单制度,建立精准支持创新的制度,实行科技行为合同责任管理、科技成果让客户评价的机制,解决政府科技资金花不到刀口上的问题。通过一系列全方位的支持方式,积极调动企业、高校、科研单位等产学研各方主体的积极性和协同性,切实提高县域科技创新能力。

同时,由于原始创新和核心技术创新分别在地区创新、产业发展竞争中处于核心地位,因而在面对县域原始创新、核心技术创新的能力不足的现状时,县域的产学研工作将目光投向邻近大城市的科技资源,积极加强对外创新联结,借助高维度地区的创新资源,以异地园区合作、校企合作等各创新主体之间的纽带关系,对内输送核心技术能力,进而为县域创新和产业发展竞争提供强力的驱动力量。如新昌、衢州在杭州探索建立"飞地型"研发基地——新昌杭州紫金科创港和衢州海创园,可实现杭州的人才资源、科创资源向新昌、衢州两地反向输送。

(二)德清模式:从"科技生产联合体"到产学研融合的进阶之路

1. 产学研合作"德清模式"诞生于浙江小县城

1977 年,江南小城——德清砖瓦厂因能源和生产原料严重短缺,到了难以为继的地步。砖瓦厂领导决定转型生产高技术产品,派出几路人马到全国各地找项目。最终,在上海硅酸盐研究所找到了"LN 晶体生长成果",并达成合作意向。当年下半年,上海硅酸盐研究所就开始无偿向德清砖瓦厂进行技术推广,在砖瓦厂的基础上建立了德清电子器材厂。为此,部分上海科研院所的优秀人才,利用周末等时间来德清提供技术服务,诞生了"星期天工程师"。

上海硅酸盐研究所转让的科研成果相继取得了显著的经济效益,到 1983 年年末,德清县电子器材厂的铌酸锂单晶销售量已占全国 1/3,随后电子器材厂更是实现了生产经营业绩连续 5 年翻番的奇迹。德清县、厂方、所方考虑进一步加强合作连结。1983 年 10 月 20 日值得被载入我国科技创新的史册。中科院上海硅酸盐所、浙江德清县电子器材厂科研生产联合体举行挂牌仪式,这在全国开科技成果转化先河。根据联合体协议,研究所负责晶体及器件的新品种、新工艺、新技术的科学研究,把科研成果及时推广给厂方;而厂方负责晶体及器件的生产、经营管理及产品销售;共同分享联合体的经济效益。

1984 年,中科院党组书记严东生到德清电子器材厂调研,他认为这种在全国首创的产、学、研相结合的方式,使科技成果及时地转化为生产力,推动了企业与科研院所的共同发展,是我国科技战线上的一项重大改革,并将之称为"德清模式"。当年 9 月,来自全国各地的 124 名中青年经济学者参加了"莫干山会议","德清模式"从莫干山走向全国,并深刻影响了此后 30 年来的经济发展。

2. "德清模式"向"政产学研金介用"一体化进阶

随着创新驱动发展战略的实施、经济转型升级的需要,"德清模式"逐渐从创立初期单一的产学研合作模式,演变为政府引导、金融支撑的"政产学研金介用"相融合的区域创新体系。

2004 年以来,县委、县政府先后出台了《德清县人民政府关于加强与高校科研院所科技合作的若干意见》《加快提高自主创新能力,建设科技强县的实施意见》《德清县人民政府关于引进和培养高层次人才的若干意见》等文件,全面深化"德清模式"。2005 年以来,德清县委、县政府组织举行了德清百家企业接轨高校活动、德清接轨上海活动周、德清县与浙大硕博专家联镇联企活动,形成县校经常性交流机制。2008 年市县联动实施"南太湖精英计划",县委、县政府每年安排 500 万元专项资金用于领军人才和创新团队引进。同年,在全市率先评选表彰"特聘专家",鼓励以柔性方式引进人才参与企业发展。

2003 年,德清县成立了浙江省第一家科技担保公司——德清县科技担保有限公司,按照科技合作企业类型,分别给予最高 800 万元的贷款信用担保额度。2007 年,德清县成立了科技创业投资有限公司,对杭化科技、拓普药业等拟上市企业实行重点投融资扶持。建立中小企业金融服务中心,全面实施"科技型企业成长线路图工程",及时掌握科技型中小企业项目资金需求,多次组织本地及杭州银企交流对接活动。实施科技企业创业投资(担保)风险基金管理办法,由县、乡镇两级财政共同出资建立科技创业投资风险基金,向支持科技成果转化与技术创新的风投公司和担保机构提供支撑,实现科技与金融资源的良性互动。

2012 年,德清成为浙江首个省科技成果转化实验区,形成较为完善的区域创新综合服务体系。2017 年 9 月,德清升级为国家科技成果转移转化示范县。在德清,580 多家企业与 160 多家科研院所、高校建立了合作关系,企业法人申请专利占比达到 90%。企业依托高校、科研院所强大的科技、人才支撑,有效解决了企业在发展中遇到的科技、人才紧缺的问题,使企业实现了"借梯登高",有力地增强了自主创新能力;高校、科研院所也根据企业在生产、市场销售等方面的信息,及时确定科研开发重点,调整科技创新各类计划项目,并使各项科技成果及时地转化为现实生产力。

(三)新昌模式:"企业出题、院校答题、政府助题"的深度融合模式

新昌是浙江东部典型的山区县,其地百里岩疆,"八山半水分半田",没有航运,不通铁路,是典型的资源小县。交通不便、资源匮乏,无论是从资源上还是条件上都毫无优势可言。新昌用 10 年时间实现从全省环境保护重点监管区到国家级生态县跨越,用 11 年时间实现从全省次贫县到全国百强县跨越,走出一条科技强、产业好、生态优的高质量发展之路。截至 2020 年 6 月,全县集聚了 10

家上市公司、188 家国家高新技术企业,包括一批全球细分市场的单打冠军;企业研发投入占主营业务收入的比重高达 3.52%,全社会研发经费占 GDP 比重连续 5 年保持在 4%以上,数值早已超过浙江省均值。每年挖掘并凝练企业技术需求和攻关课题超过 100 项,技术交易额从 2014 年的 1.01 亿元已增至 2019 年的 4.28 亿元。

1. 企业主导

产业创新的内涵极为丰富,既需要研发新材料、新装备,又需要研发新工艺、新技术;生产一个新产品,既需要机械设备、模具、工夹具的研发,还需要产品检验检测技术与工艺的研发;既需要产品的设计开发,又需要产品小试、中试、规模化生产的验证;既需要物理成型技术的创新,还需要数字技术、人工智能制造技术的创新;既需要核心与关键技术的自主创新,还需要与其他各项技术进行集成创新。而这一切的创新又必须符合企业生产和市场需求的实际。新昌企业智慧地创新了产学研课题招标形式,以众创共享科创云平台、企业高校对接会等多种渠道,形成企业需求和高校科研院所科研成果的"双向发布"机制。

新昌企业对创新的投入力度也十分大。自 2014 年以来,新昌研发经费投入占 GDP 的比重始终保持在 4%以上,2018 年达 4.29%,其中 90%的研发经费由企业提供。研究团队缺实验设备,当地一家企业(新和成)投入 1 亿多元创建一流的实验室,另一家企业(三花集团)在杭州建立重点企业研究院,花重金建设了全国一流的制冷低温技术实验室;研究成果需要小试、中试,企业就提供小试、中试生产作业团队与车间;为给研究团队解除生活上的后顾之忧,新昌的企业为他们单独建设了研究人员的酒店式公寓,为聘用人员提供专门的家政服务,并给研究生发放生活补贴,成为吸引科研人才的重要砝码。

如果说"创新成果共享"是企业与高校产学研合作的前提,那么对创新失败的包容则是持久合作的保障。新昌企业信守创新合作项目合同,只要是研发团队尽心尽力按合同的要求去做了,即使没有实现创新的目标,企业该付的费用依然会支付,而且不会简单地责怪他们,分析总结之后还会支持他们把课题研究继续做下去。对创新失败的包容与坚守,形成了高校、大型研究机构的研究生团队愿意与新昌企业持续合作创新的"秘诀"。

2. 高校攻关

在新昌的产学研合作中,始终务实地把高校与科研院所中的博士生、硕士生导师带领的研究生团队作为合作对象。与这些研究团队以"课题制"方式开展的研发合作,既发挥了他们的长处,又满足了高校与大型研究机构中研究团队还要承担教学及其他任务的需要。通过长期的努力,平时在新昌企业搞研发的研究生团队达 20 多个,多的时候高达 80 多个。2018—2019 年间,仅浙江大学研究生团队承担新昌企业的课题就达 20 多个,研发经费超过 1 亿元。高校与大型研究机构的研究生团队成了助推新昌企业研发创新的生力军。

同时,高校也积极探索产学研合作的新型方式。2017 年 9 月,新昌县人民政府与浙江理工大学达成协议,共建"浙江理工大学新昌研究生联合培养基地",将专业学位研究生培养直接前置到企业和基层,探索专业学位研究生培养的新模式。同时依托联合培养基地,构建持续稳定的产学研生态环境,以专业学位研究生和导师团队为重要技术攻关力量,提升企业的自主创新能力。

3. 政府服务

新昌县大胆推进了科技创新的领导制度改革、引进人才用好人才的制度创新、财政科技投入体制改革、政府科技管理制度与奖励制度的改革,完善了知识产权的保护体制机制、公共科技服务模式与管理体制的创新,加强了科技创新领域信用制度建设,出台了一系列政策举措。

新昌成立的新昌科技大市场,搭建了科技展示厅、科技成果交易网和新昌科技成果转化公共信息服务平台,不仅是助推科技创新的有效平台,也是统筹科技创新资源的有力平台,通过政府搭台、中介联姻、企业唱戏的模式,促进科技成果转化,致力于打造立足新昌、面向全球的科技资源集聚中心和科技创新服务平台,企业需要什么新技术,都可以去科技大市场"淘宝"。到 2017 年底,新昌科技大市场共发布技术难题 505 项,发布科技成果 20411 项,签约项目 286 项,成交金额 31800 万元;举办培训、对接活动 30 场/次;其中科技展厅接待考察团 386 批共计 3856 人次,与全国 60 多家高校联系合作,超过 180 多位专家实时在线,和企业进行了精准对接。

新昌搭建的众创共享科创云平台上线,功能包含产学研课题发布、创新资源智能匹配、产学研合同管理等。平台根据新昌的产业链布局创新链创建了 7 个数据库,找到了符合新昌产业特色的 3000 多位专家、40 多家服务机构入驻。企业发布一条技术需求,科创云平台就会通过大数据分析,为企业推送相关的专家信息,吸引了浙江大学、清华大学、宁波大学、杭州电子科技大学等国内各大高校的重量级专家教授为创新课题"揭榜",让双方实现无缝对接。该平台创造性地开发了合作创新的信用评价制度、创新业绩大数据评价计量体系、合同纠纷调解服务等一系列服务,为保障创新者的合法权益提供了支持。

新昌还积极探索建立"飞地型"研发基地,2017 年新昌县在杭州的浙大紫金众创小镇设立 1570 平方米的新昌杭州紫金科创港,通过专业运营机构——杭州翱鹏投资管理有限公司负责日常运营管理,旨在吸引杭州成熟项目在新昌落地,以及雏形期的新兴产业项目和优质企业入驻、孵化,鼓励企业赴新昌创办生产基地,促进科技成果在新昌实现产业化。此举可破解区位制约,方便引进高层次人才。

第八章　市场化运营的创孵空间

　　"改革开放 40 年,作为领跑者,浙江的秘密就像哈耶克与杜润生所描绘的如下画卷:释放民间力量的精灵,由小及大,由近及远,由弱及强,并最终汇聚而成如同浩荡钱塘大潮一般的自发扩展的秩序。"这是有着"追踪研究浙江改革开放第一人"之誉的著名财经作家胡宏伟撰写的"改革开放 40 年·浙江启示"中的论述。探根寻迹,一脉相通,浙江双创事业从无到有、从弱到强的过程中,活跃的民营经济、宽松的制度环境、包容的社会氛围无不为其创造了生长机会空间。

　　作为中国民营经济的领跑者,浙商敢于闯、敢于试,浙江人具有与生俱来的创业激情与创新意识。改革开放后更是涌现出一大批创业者和著名企业家,譬如 25 岁就开出国内第一条私人承包航线的苍南县农民供销员王均瑶,在美创办了中国第一个农业跨国公司的"辞官务农"第一人温州官员叶康松,从白手起家到中国民企造车第一人的"汽车疯子"李书福,从一名普通教师逆袭创办了世界互联网巨头阿里巴巴的马云,新一代创业者的血液里不仅流淌着老一代的"草根精神",更是在追求"双创"的大路上一路领跑。正是这种根植于骨子里的"敢于创新、勇于开拓"的精神,才有了今天浙江双创事业的蓬勃发展。深耕细作的孵化器、众创空间、双创示范基地等多元化创孵空间,为浙江双创的发展夯实了基础。

一、浙江"双创"发展历程与成效

(一)回顾浙江创业孵化 30 年

　　追溯浙江创业孵化发展的历程,自 1990 年第一家科技企业孵化器在杭州诞生以来,科技企业孵化器从杭州逐步遍及全省各地,到 2020 年恰好走过了整整 30 个年头。从无到有,从有到优,一路成长,一路探索,一路蜕变,目前浙江形成了以孵化器为先导、众创空间为引领、"双创"示范基地为重点,多层次、多类型的创新创业空间体系，为浙江区域创新体系建设、技术转移、科技成果转化、优质企业培育及高新技术产业发展提供了最有效的途径和载体支撑。整个双创发展历程大致可划分为三个阶段。

起步积累期（1990—2003年）：以政府为主导创建的孵化器、科创中心、大学科技园遍地开花。1990年杭州高新区科技创业服务中心成立标志着整个浙江创业孵化事业开始起步发展，随后，以杭州、宁波、温州、嘉兴等为代表的市区县开始纷纷建设落地科技创业服务中心、科技促进中心、留学生创业园、大学科技园、软件创业园等，到2003年全省已有科技企业孵化器38家，孵化场地面积达50多万平方米，其中大部分的孵化器是以政府资金为主投入建设的，也有相当数量是由当地科技部门投资创办。这一阶段，政府的积极作为及相关政策的扶持引导，在推进科技企业孵化器建设中发挥了关键的引领作用。

突破发展期（2004—2014年）：民营孵化器崛起，进入主体多元、民营特色、蓬勃发展的新阶段。作为民营经济大省，2000年以来浙江就开始涌现出一批由企业或其他民间组织出资建立的民营孵化器。2006年之后，赛博科技孵化器、万轮科技创业中心、乐富·智汇园、银江孵化器等一大批背靠集团产业和实业支撑的民营企业孵化器相继破土而出，民营孵化器凭借运营机制多样化、市场运作灵活性、组织体系网络化、孵化服务专业化等优势崭露头角。截至2013年底，浙江经各地级市认定的市级科技企业孵化器有154家，国家级科技企业孵化器39家，省级科技企业孵化器70家，其中民营资本投资建设的孵化器占了相当的比例。民营孵化器作为创新孵化的探索者，对促进浙江创业孵化体系建设，完善孵化器孵化服务能力，培育新兴产业源头企业，营造科技创新创业良好环境以及引导孵化器从政府主导过渡为企业主导上具有重要作用和意义。

飞跃升级期（2015年至今）：以众创空间为代表的各类新型孵化器竞相涌现，成为推动和加速创业孵化的重要平台，浙江成为全国双创发展的先行者、引领者。自2014年9月国务院总理李克强提出"大众创业、万众创新"以来，全国迅速掀起双创热潮。作为全国双创的排头兵，浙江一直都是改革创新的主力，出台一系列双创政策不断推动双创升级发展（见表8-1）。2015年7月，浙江出台《关于加快发展众创空间促进创新创业的实施意见》，大力支持新型孵化器建设。2019年3月，浙江省政府印发《关于推动创新创业高质量发展打造"双创"升级版的实施意见》，从生态、主体、带动就业能力、动能、平台、投融资服务六个方面推动浙江"双创"升级，提出"要推进国家、省级双创示范基地建设，大力发展孵化器和众创空间，强化创新创业载体支撑"。当前，一大批支持草根创业如西湖创客汇、福云创咖、六和桥、贝壳社、润湾创客中心等运营模式多样化、建设主体多元化的创新创业服务载体，在浙江大地上呈现出百花齐放、百家争鸣的发展态势。

表 8-1　浙江省出台支持创新创业的主要政策文件

序号	年份	政策名称	文号
1	2015	《关于大力推进大众创业万众创新的实施意见》	浙政发〔2015〕37 号
2	2017	《关于进一步推广应用创新券 推动大众创业万众创新的若干意见》	浙科发条〔2017〕70 号
3	2018	《关于强化实施创新驱动发展战略深入推进大众创业万众创新的实施意见》	浙政发〔2018〕31 号
4	2019	《关于推动创新创业高质量发展打造"双创"升级版的实施意见》	浙政发〔2019〕9 号

（二）纵览浙江双创发展成效

近年来,浙江大力实施创新驱动发展战略,积极推进创新强省建设,在创新创业的发展过程中成效显著,成绩亮眼,杭州更是成为全国"双创"第一城。

双创载体建设量质齐飞,经济发展动能持续汇聚。根据《2019 中国创业孵化发展报告浙江篇》数据显示,截至 2018 年底,浙江省共有创业孵化机构 943 家。其中,孵化器数量为 321 家,省级科技企业孵化器 167 家,国家级科技企业孵化器 68 家,科技企业孵化器在孵企业数 15709 个,科技企业孵化器累计毕业企业数 11335 个;众创空间总数 622 家,省级以上众创空间 369 家,在国家备案的众创空间 120 家。随着双创载体平台的进一步升级,截至 2021 年 1 月,浙江共有国家级双创示范基地 13 家,省级双创示范基地 65 家,数量居全国前列。浙江在双创载体整体建设上,数量和增速均位居全国前列,实现了从数量到质量的飞跃。

知识产权建设成果不断,科技创新能力显著提升。截至 2018 年底,浙江省创业孵化机构内,在孵企业拥有有效知识产权数量达 54033 件,较 2017 年增长了近两倍。其中,众创空间内在孵企业拥有有效知识产权数达 26700 件,同比增长 3 倍多[1],充分显示了浙江的众创活力。根据科技部发布的《2019 中国区域创新能力评价报告》显示:浙江省区域创新能力居全国第 5 位,综合科技进步水平居全国第 6 位,企业技术创新能力居全国第 3 位,知识产权和专利综合实力均居全国第 4 位,被列为全国首批技术创新工程建设试点省、全国首批创新型试点省、国家科技成果转移转化示范区。

---

[1]　科技部发布最新报告:浙江在孵企业已吸纳 28 万余人就业[EB/OL].[2019-6-13].http://js.zjol.com.cn/ycxw_zxtf/201906/t20190613_10332896.shtml.

市场主体活力竞相迸发,创新带动就业成效显著。近年来浙江以"小微企业三年成长计划"、科技企业"双倍增"以及"雄鹰行动"、"凤凰行动"等行动计划为抓手,积累形成了一批"双创"主体。2018 年,全省共有科技型中小企业 50898家、高新技术企业 11931 家。[①] 与此同时,杭州、宁波等城市不断推出人才新政,形成了以高校系、阿里系、海归系和浙商系为代表的创业"新四军"。2018 年,浙江省创业孵化机构内在孵企业共吸纳就业约 24 万人次,较 2017 年增长超过 30%。

（三）浙江双创的经验与启示

浙江双创的成功,是紧跟国家战略并因地制宜实践的结果,是发挥民营经济优势并因势利导的结果,是发挥市场作用并创新体制机制的结果,是强化双创载体建设并全力集聚双创要素的结果。2019 年 4 月浙江省政府印发《关于推动创新创业高质量发展打造"双创"升级版的实施意见》,提出要从生态、主体、带动就业能力、动能、平台、投融资服务六个方面推动浙江"双创"升级。2020 年 3 月省发改委印发《2020 年浙江省推进大众创业万众创新工作要点》,再次提出按照创新链、产业链、资金链、人才链、服务链"五链融合"的要求,推动双创载体、双创动能、双创主体、创业带动就业、双创投融资、双创生态"六大升级",构建"产学研用金、才政介美云"十联动的双创生态系统,充分释放全社会创新创业创造动能。各类双创载体平台,尤其是创孵空间,既是双创主体和双创要素的集聚地,也是双创生态系统的重要承载体,更是实现"五链融合"要求不可或缺的组成部分。从某种程度上可以说,不断建成的双创载体平台,尤其是深耕细作的创孵空间成就了浙江双创的发展热潮。

从孵化器到众创空间再到双创示范基地,不同等级、规模、主题、模式的创孵空间,不仅成为浙江县区经济发展的重要推动力,更是为各地市乃至全省经济转型升级开辟了新路径。以杭州硅谷孵化器、良仓众创空间、润湾创客中心等为代表的一大批优质品牌双创载体,以全域实施大孵化器战略的杭州余杭区为代表的先进双创县区,以首批列入国家 28 个双创示范基地名单的杭州未来科技城和阿里巴巴为代表的双创示范基地,都是浙江双创版图中的典型代表。总结梳理这些样板载体和示范区域的双创经验并有效推广利用,可以帮助更多地区通过"借力双创"实现自身经济转型升级。

如果说学习借鉴先进区域和样板项目的实践示范,是更好吸收成功经验的必要路径,那么深刻了解这些经验做法的形成逻辑,则是确保学以致用的重要一环。简单地说,浙江双创得益于民营经济的活跃、双创生态环境的完善以及双创

---

① 葛燕.推进"双创"迈上新台阶[J].浙江经济,2019(12):63.

新政的加持,复杂地说,是双创主体、要素、载体、政策、环境等多方因素有效协作的结果。

第一,依托发达的民营经济,鼓励民企创新。在过去改革开放以来的 40 多年里,民营经济迅速崛起并成为浙江经济发展的发动机。早在 2005 年,科技部就发文称"民企投资已成为浙江省科技企业孵化器的投资主体",在浙江创业孵化的 30 年里民营企业贡献了卓越力量,民营企业已成为浙江双创发展的主力军。从老一辈浙江民营企业家,到新一代投入创业大潮的年轻企业家,正是这种"勤奋务实、敢为人先、善于创新"的浙商基因传承,为浙江双创事业发展根植了深厚力量。这既是浙江双创的特色,也是浙江双创不同于全国其他地方的独有优势。

第二,加强顶层设计支持,重视政策先行先试。近年来,浙江高度重视大众创业、万众创新,扎实推进双创发展落地,不断优化完善创新创业政策,为产学研用、大中小微等各类创新主体松绑减负、清障搭台。一个是发布区域支持双创发展的政策措施,从顶层设计的高度上推动双创发展;同时,政府主动作为,各市、区县进一步精准化施策,形成一个从省级层面到市区县的既有顶层规划又脚踏实地的政策系统。

第三,充分发挥市场作用,力破体制机制藩篱。浙江市场经济的发育主要依靠的是来自底层的星火燎原般的内生性力量,从倡导"店小二"精神、推行"四张清单一张网"到承诺"最多跑一次",作为构建小政府大市场最为成功的省份,让民众及其身后市场的力量在资源配置中起决定作用的理念,已深深植根于这片大地。① 民营市场化的机制,使得专业化、产业链、资本运作、运营模式创新案例不断涌现。据统计,2017 年浙江所有众创空间中,民营主导的占比为 77.0%②,且运行效率大大高于国企主导型和政府主导型,这是浙江长期以来推动市场机制带来的成效。

第四,内建载体、外链资源,开拓双创版图。当下的区域双创能力竞争,早已演化为双创生态的竞争。浙江深谙此理,以双创载体平台建设为抓手,构建"产学研用金、才政介美云"十联动的双创生态系统。不断推动双创平台优化升级,以市场化为导向,持续优化管理和运行机制,主动适应产业转型升级和市场需求,一方面深挖区域双创潜力,完善创孵链条,推动传统孵化器转型升级,鼓励市场化、专业化、集成化、网络化的众创空间建设和双创示范基地的打造;另一方面

① 胡宏伟.改革开放 40 年·浙江启示①|把发展权还给民众[EB/OL].[2018-11-12].https://www.sohu.com/a/274714869_260616.

② 魏建良,蒋芬,纪浩等.浙江省众创空间运行效率评价与发展策略研究[J].今日科技,2019(10):47-50.

进行跨境孵化的大胆探索,通过链接美国硅谷等世界知名科创高地,推动浙江双创走出国门、融入全球。

二、历久弥新的浙江科技企业孵化器

科技企业孵化器是以促进科技成果转化、培育高新技术企业和企业家为宗旨的公共科技创业服务平台,是区域科技创新体系的重要内容。① 1987 年武汉东湖创业服务中心的成立拉开了我国科技企业孵化器的发展序幕。时至今日,浙江业已形成了一大批具有浙江特色的优秀孵化器,奠定了浙江双创事业的"基本盘"。"创业导师＋创业投资＋专业孵化"的双加孵化模式,"孵化器＋加速器＋产业园"的双加发展模式,"专业化＋产业链＋战略投资"的双加运营模式,代表了浙江孵化器的主流模式。②

在呈现形式、主体性质、孵化范围上,从单个孵化器到全域孵化器、从国营主导到民营发力、从对内深耕到对外走出去,浙江科技企业孵化器在孵化机制、运作模式、服务生态等层面实现全面突破,向着企业化、产业化、专业化、国际化的方向不断迈进。其中,杭州余杭区带头实施全域大孵化器战略、杭州高新区科技创业服务中心打造"创业苗圃—孵化器—加速器"接力式孵化链条、杭州硅谷孵化器首创全国"海外创业投资孵化＋跨境对接服务"招才引智模式,这些创新实践不仅展现了浙江孵化器的发展新气象,也引领和推动着浙江孵化器的升级前行。

(一)全域双创范式:余杭大孵化器战略

余杭提出实施全域大孵化器战略,是浙江省内首例以区域整体孵化思路推动双创高质量发展的重要创新战略举措,也是浙江省在区级层面上因地制宜推动孵化载体建设的重要探索实践和先行先试典范。大孵化器建设直接关联创新链、产业链、人才链、资金链、政策链"五链集成"创新创业生态系统,直接关联"数字杭州、双创天堂"的城市品牌打造。③ 余杭大孵化器战略是全面推进"全域创新策源地"建设和弥补创新格局"西强东弱"短板的重要举措,旨在通过"强化物理空间保障、强化示范引领作用、精准对接优质资源、分类推进载体建设、完善创新服务体系",从顶层设计出发,推动机制创新、模式创新和服务创新,推动余杭

---

① 中华人民共和国科学技术部.关于印发《科技企业孵化器认定和管理办法》的通知[EB/OL].[2010-11-29]. http://www.gov.cn/gongbao/content/2011/content_1836365.htm.

② 浙江省科技企业孵化器协会.浙江科技企业孵化器发展的"双加模式"和"区域特色".杭州科技,2013(3).

③ 余杭实施大孵化器战略取得阶段性成效[EB/OL].余杭晨报.[2020-5-27]. https://zj.zjol.com.cn/news.html? id=1455279.

科技型企业的加快培育、特色产业链条的打造形成及创新创业生态体系的升级完善。

1. 区域整体推进孵化,政策发力保驾护航

基于原有政策体系复杂且口径不统一,难以形成驱动创新的政策合力。2019 年 7 月 1 日,余杭发布《关于加快全域创新策源地建设推动经济高质量可持续快发展的若干政策意见》(余政发〔2019〕17 号),把原 100 个产业扶持类政策文件整合到 1 个"政策总纲"中,形成了覆盖创新空间、科技创新、产业发展、企业培育、对外开放、人才创新 6 大领域系统完整的政策体系,政策条目精简至 66 条,其中第一个大的方面就是提出关于实施大孵化器战略的 19 条意见(见图 8-1)。

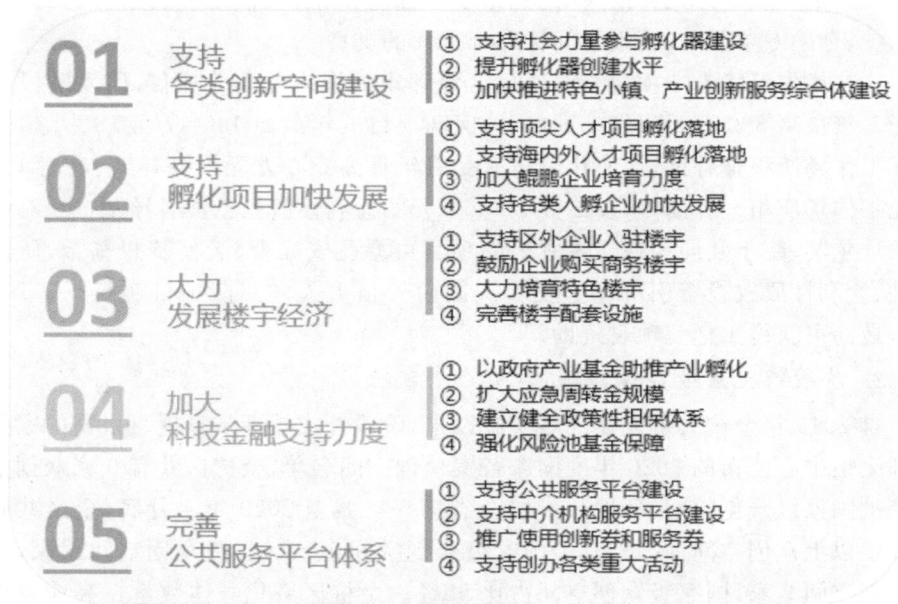

图 8-1　余杭大孵化器战实施意见 19 条

资料来源:2019 年余杭区《关于加快全域创新策源地建设推动经济高质量可持续快发展的若干政策意见》简称"全域创新 66 条政策"——实施大孵化器战略.

新整合的 19 条针对全域创新空间的支持政策,围绕"实施大孵化器战略",从空间、项目、资金和服务等关键要素上给予孵化器和孵化企业最大支持,全面降低营商成本;在全域创新主体的扶持上,进一步强化企业创新主体地位,提高对企业科技创新活动、研发投入、知识产权保护申请的支持力度。

为切实提高政策意见的"含金量",提升创新主体的"获得感",进而形成推动全域创新建设的"正能量",余杭大孵化器政策具体实施意见中,从对入孵企业、

孵化项目、创新空间实打实的资金支持到科技金融扶持及公共服务平台建设完善，覆盖范围全面，扶持力度空前。与此同时，政府还鼓励社会各界力量，参与孵化体系建设，共同推动双创事业高质量发展。

从政策具体内容解读来看，有三大亮点：一是新增了支持各类社会力量参与孵化器建设。特别是加强了对孵化器运营商的奖励，主要是增加了对孵化器创建主体每年给予最高 500 万元的补助和区引导基金最高 1 亿元的投资，将孵化载体创建成效直接与补助挂钩。

二是加大了对"鲲鹏"企业的支持力度。对于市场估值认定的鲲鹏企业、准鲲鹏企业及鲲鹏计划培育企业，根据其研发投入，分别给予三年累计最高 1 亿元、3000 万元、600 万元补助，并优先给予产品应用推广、活动经费支持、知识产权保护、金融专项服务、要素空间保障等方面的支持。

三是优先保障人才项目。对通过区级评审的海内外人才项目，研发阶段可享受三年最高 600 万元研发补助（生物医药项目五年最高 1000 万元）、最高 150 万元工作场所租金补助，产业化阶段享受三年最高 500 万元设备补助、最高 150 万元工作场所租金补助，以及最高 2000 万元的让利性股权投资引导基金。对引进诺贝尔奖、院士及同等待遇者领衔的项目可享受安家费、天使梦想基金、研发补助、让利性股权投资引导基金支持。国内外顶尖人才团队项目实行"一事一议"，最高可获得 1 亿元项目资助。

2. 阶段孵化成效显现，厚植双创成长沃土

自 2019 年余杭大孵化器战略实施以来，阶段性成效逐步显现。根据国家科技部火炬中心公布的 2020 年度国家备案众创空间名单，余杭区共有 9 家众创空间获批国家级众创空间，新增数量居全省第一。截至 2020 年 4 月底，全区共有市级及以上众创空间 33 家，其中国家级众创空间 19 家，省级众创空间 5 家，市级众创空间 9 家，国家级众创空间占比 58%。余杭区孵化载体数量在高速发展的同时，孵化质量和服务水平也进一步提升。截至 2020 年 4 月底，余杭区国高企数量较 2018 年新增超过 2 倍，孵化载体新增数较 2018 年增长 6.2 倍，物理空间面积较 2018 年增长 3.2 倍。这一系列的数据正是余杭实施大孵化器战略建设成果的最新体现和成效证明。（见图 8-2）

创新空间为产业高质量发展赋能，区域孵化载体数量和面积迅速扩充的同时，助推了区域特色产业的进一步集聚发展。目前，余杭围绕生物医药、智能制造、数字时尚等产业，规划建设特色产业孵化载体 26 个，新建创新服务平台 12 个。

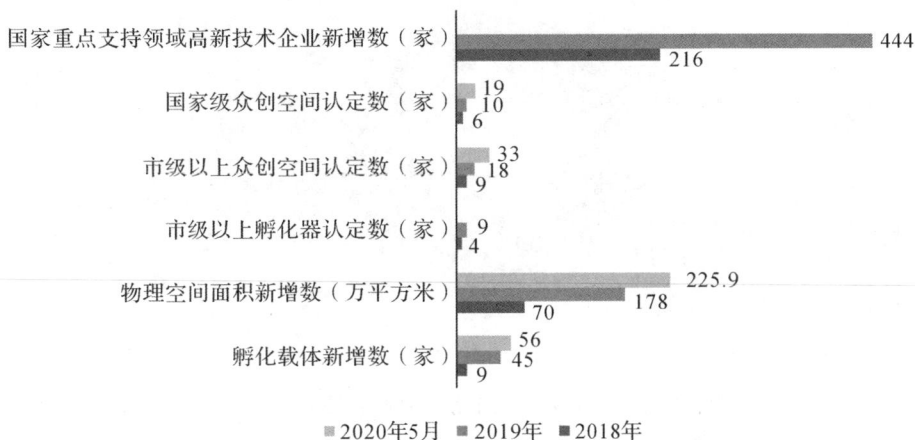

图 8-2　余杭区 2018 年、2019 年、2020 年 5 月相关孵化成效数据对比

数据来源：创新余杭公众号.改革在身边——探索大孵化器改革，给初创企业一个温暖的家［2019-
12-5］.

为加快推进"全域创新策源地"打造，深入推动大孵化器建设，切实扛起"东
部崛起"重任，余杭经济技术开发区迅速响应，启动出台《杭州余杭经济技术开发
区大孵化器建设三年行动计划》。2019 年，余杭开发区新增创新空间 51.3 万平
方米，新引进科技型中小微企业 228 家，新认定省级以上园区 11 家，市级园区 1
家①；"茧.space""In park"两大园区作为重点打造的园区也已投入试运营使用。

3. 聚焦重点产业平台，完善双创服务体系

余杭区大孵化器战略以余杭经济技术开发区、杭州未来科技城、临平新城、
良渚新城、钱江经济开发区五大产业平台为主阵地，结合产业平台实际，因地施
策，逐步推进（见图 8-3）。整体上"重点产业平台＋特色小镇＋孵化器"构成了
余杭产业发展平台"矩阵"，在空间上形成了"西科创＋东制造"的发展格局，区域
一盘棋将有利于打通未来科技城数字经济企业到余杭经开区进行产品产业化的
通道，推进余杭东西部联动协调发展。

在具体推进过程中，每个平台"量体裁衣"。其中，杭州未来科技城围绕南湖
小镇、5G 创新园、鲲鹏产业园等一批重点项目建设国家双创示范基地；余杭经济
技术开发区是一个相对传统的老工业区，重点推进区域内工业厂房提升改造和
工业厂房、楼宇建设，如生物医药加速器、启迪万华科技园、中国数码港等的提升

---

① 浙江余杭经开区：大孵化器澎湃"双创"动力［EB/OL］.［2020-07-13］. https://difang.gmw.cn/
zj/2020－07/13/content_33990058.htm.

图 8-3　余杭五大产业平台重点孵化载体推进项目

改造;临平新城重点推迎宾路沿线和东湖公园周边区块、九乔国际数字商贸城、南星区块产业空间建设;良渚新城则是改造和新建孵化载体同步进行,在改造方面重点区块有勾庄、大陆、安溪工业园等,新的孵化平台以良渚国际生命科技小镇、万科未来之光及良渚智谷等;钱江经济开发区重点推进区域内创新空间的整合提升,加快推动仁和智能制造加速器的建设。

"把物理空间建起来才是硬道理"是余杭在推进大孵化器战略中坚持的理念,具体实施过程中以旧园改造、盘活存量与新园建设、扩大总量相结合,整体上扩容、提升区域物理孵化空间。2019 年,临平新城的亨石孵化器、钱江经济开发区的智能制造创新创业产业园被认定为市级科技企业孵化器,成功实现辖区内市级以上孵化器零突破,自此余杭区五大平台全部拥有了市级以上孵化器。

(二)浙江首家国家级科技企业孵化器——杭州高新区科技创业服务中心

30 年前,作为国家级高新区的"标配",杭州高新区科技创业服务中心(以下简称"创业中心")伴随着杭州高新区的成立应运而生。创业中心是浙江省成立最早的第一家国家级科技企业孵化器和首家"创业苗圃—孵化器—加速器"科技创业孵化链条示范单位,隶属于杭州国家高新技术产业开发区管委会。(见图 8-4)

杭州高新区科技创业服务中心成立以来,以"培育科技型初创企业和企业家,集聚创新创业资源"为核心目标,目前已经成为杭州高新区创新体系的重要组成部分和科技成果转化的重要基地。截至 2017 年底,创业中心累计培育科技型企业 1179 家,培育高新技术企业 227 家(其中国家高企 126 家),杭州市"雏鹰计划"企业 137 家;在孵企业 268 家,在孵项目 380 多项,成功孵化了一批高成长型的明星企业。其中,毕业企业杭州泰格医药科技股份有限公司等 6 家企业已

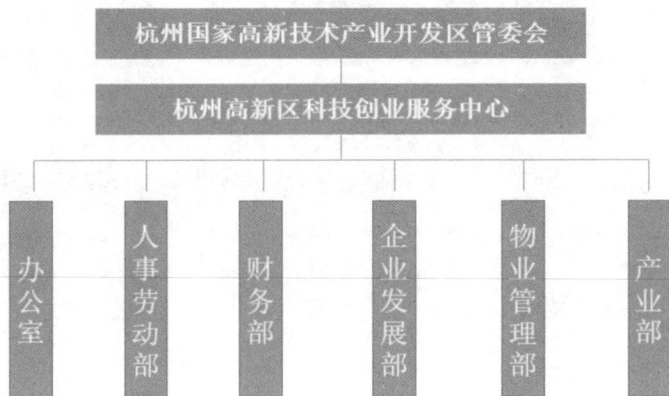

图 8-4　杭州高新区科创中心组织架构

于创业板上市,浙江鼎炬电子科技股份有限公司等 5 家企业已成功登陆新三板。[①]

　　截至目前,创业中心先后被授予"国家先进高新技术创业服务中心""优秀国家高新技术创业服务中心""国家科技计划(火炬计划)实施 20 周年先进服务机构""浙江省青年创业创新示范基地""浙江省优秀孵化器"等荣誉称号。此外,创业中心还当选为浙江省科技企业孵化器协会的理事长和秘书长单位。

　　1. 接力式孵化链条:"创业苗圃—孵化器—加速器"

　　2014 年 12 月,杭州高新区科技创业服务中心被科技部火炬中心认定为全国第二批"苗圃—孵化器—加速器"科技创业孵化链条建设示范单位。自认定以来,创业服务中心紧抓孵化链条这一主线,通过创业苗圃,培育出大量科技创新"幼苗",然后这些"幼苗"可以进入孵化器逐渐成长到"葱葱绿树",最后再进入加速器阶段,长成"参天大树"。(见图 8-5)

　　在苗圃建设方面,杭州高新区科技创业服务中心通过与浙江大学本科生院合作,建成"高新创业苗圃",面积达 300 平方米,工位 30 个;通过与阿里巴巴战略合作,建成"阿里百川创业基地",面积达 1500 平方米,工位 176 个;通过旧楼宇改造,引进 36 氪、中美创客社区、智谷孵化器等共建文三路 199 号众创空间集聚区,面积达 3000 平方米,工位 350 个。[②]

---

　　① 数据来源:杭州高新区科技创业服务中心官网,http://www.hhpc-new.com/view.action? categoryId=8.
　　② 杭州高新区科技创业服务中心."我们所做的一切都是为了您的成功[EB/OL].[2017-12-20].科学技术部火炬高技术产业开发中心网站.http://www.chinatorch.gov.cn/zgkjqyfhq/index.shtml.

苗圃建设	孵化器建设	加速器建设
• 高新创业苗圃 • 阿里百川创业基地 • 文三路199号众创空间	• 科创中心总部 • 天堂软件园孵化分基地 • 海创园孵化分基地 • 高新软件园孵化分基地 • 和瑞科技园孵化分基总部基地	• 天堂软件园加速基地 • 海创园加速基地

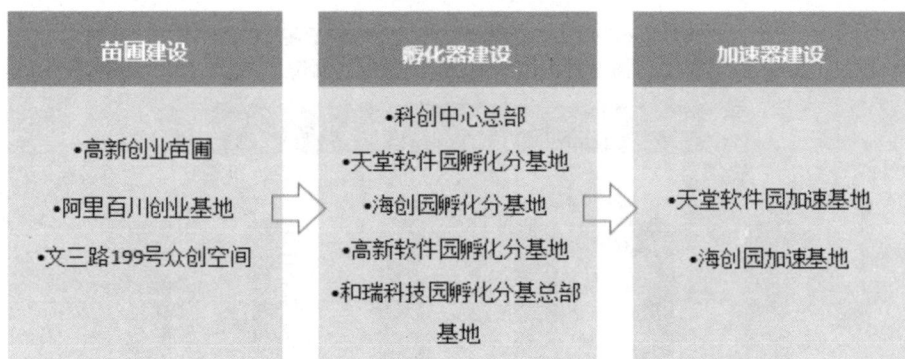

图 8-5　杭州高新区科技创业服务中心孵化载体情况

在孵化器建设方面,通过挖掘各方楼宇资源,目前除总部基地之外,还设有多个分基地,如天堂软件园、海创园、高新软件园及和瑞科技园孵化分基地,整体场地面积超 7 万平方米,其中分基地之一和瑞科技园在 2016 年被认定为国家级科技企业孵化器。

在加速器建设方面,利用杭州高新区国有物业资源,在江北区块的天堂软件园和江南区块的海外高层次人才创新创业基地分别开辟 4 万平方米的加速器场地,进行深层次的孵化。海创基地内,有一个"5050 计划"加速器,这个场地对于所有携带项目的人才团队都可以免费拎包入驻。高新区还和专业机构合作,在海创基地内引入了中科高新产业园、贝壳社等专业孵化器。

2. 全方位的创业孵化服务生态体系

创业中心着手搭建了政策咨询、投融资中介、人才技术支撑、信息交流、管理培训、创业导师等全方位的服务平台。目前已建成"杭州软件专业孵化器网络管理平台""创业中心公共创新服务平台""投融资服务平台"等,帮助企业降低创业成本、提高创业成功率。创业中心尤其注重对初创企业在投融资方面的服务,一方面借力高新区自有的杭州高新区科技金融服务中心,为科技型中小企业提供从项目孵化期银行融资、初创期天使投资、成长期风险投资直至上市前后资金供给的全生命周期、可持续的科技金融服务;另一方面积极与天使湾创投、浙江银杏谷投资有限公司等外部投融资机构对接合作,搭建科技与资本结合的平台,为孵化企业提供各种资金服务。

此外,创业中心还通过"一次新办孵化企业座谈会"、"一名企业联络员"、"一份服务需求调查表"、"一本服务手册"以及"一批诚信服务的社会中介服务机构"等贴心服务,及时了解企业实际需求与所需要解决的问题,为初创企业排忧解难。

　　针对初创企业普遍遇到的政策、管理、技术、资金、市场等问题，结合企业需求，创业中心定期举办"HHPC创业讲堂"，通过微信群、QQ群等多种渠道为企业提供各类相关信息，同时举办各类沙龙及资本对接活动，坚持"联络员＋辅导员＋创业导师"服务模式，为每家企业配备企业联络员，全面了解和帮助解决企业在发展过程中遇到的问题，高效地为企业提供优质服务。

　　（三）跨境孵化的成功实践：杭州硅谷孵化器——跨境孵化、域外引才

　　基于传统海外创业项目和人才引进中存在信息不对称、市场化程度低、效率低下等问题，杭州市政府积极发挥市场引才、柔性引才作用，在全国首创"海外创业投资孵化＋跨境对接服务"招才引智模式，在美国硅谷设立海外科技孵化器——杭州硅谷孵化器，初步探索出了一条跨境市场引才的"杭州路径"。

　　1. 发展成效：从不知名到"声名大噪"

　　2014年9月，杭州市政府授权杭州市科委出资成立杭州市高科技投资有限公司，在海外正式成立跨境孵化平台——杭州硅谷孵化器，这是在美国硅谷成立的全国首个地方城市孵化器，注册资本22亿元。自成立以来，杭州硅谷孵化器经历了从无到有、从有到优的发展阶段，在海外高层次人才和项目的引进上成效明显。

　　根据浙江省科技厅发布的相关数据显示，截至2018年3月，在海外成功投资孵化各类高科技领域创新企业38家，合作风险投资基金11家，推动31个海外优质项目在杭成功落地、60名海外高层次人才在杭创新创业；与美国当地超过50家著名基金、孵化器、大学机构建立了交流及合作网络；在美国及杭州举办海外推介、跨境交流、国际互访等具有较大影响力的跨境交流活动超过30场。①

　　2015年，才云科技（Caicloud）在杭州硅谷孵化器搭桥牵线下成功落地杭州，目前已获由火山石资本领投，老股东经纬中国、华创资本参与跟投B＋轮融资。2017年4月，由杭州硅谷孵化器从种子轮进行直接投资的Apostle使徒公司，成功入选美国2018生命科学新锐企业20强。在引入项目与投资孵化项目的同时，杭州硅谷孵化器还吸引了一批国际化优秀创投、天使基金管理机构及人才来杭州创业并设立创投基金，已推动TEEC、丰元创投、峰瑞资本、VR/AR基金等多个海外优秀创投机构来杭落户。

　　2. 运作机制："政府搭台＋资本唱戏"

　　硅谷孵化器作为市场化引才的探索，在运营架构、管理模式及激励机制上都

---

　　① 杭州硅谷协同创新中心即将在美开业 海外创投孵化＋跨境对接服务[EB/OL].[2018-3-19].浙江省科技厅. http://www.cssn.cn/xtcxzx/201803/t20180319_3879514.shtml.

进行了极为大胆的实践创新。

采用"三位一体"的运营架构。杭州市科委下属杭州市高科技投资有限公司作为杭州硅谷孵化器的出资方和管理主体,委托专业投资机构(浙江赛伯乐)在硅谷本土创建团队成立运营公司,在此基础上还引入美国硅谷银行成立天使投资母基金公司,由此形成了"孵化器公司+孵化器运营公司+天使投资母基金公司"这样一个"三位一体"的架构。

实行"1+2"的管理模式。"1"是指高科技投资公司,作为硅谷孵化器出资主体,并负责整体管理和运行。"2"是指"海外团队+外派团队",采用赛伯乐海外团队、浙江赛伯乐公司和杭州外派团队相结合的管理模式。其中杭州外派团队主要负责与杭州本土风险投资、产业投资机构以及各区市县的人才项目对接,参与日常管理运营并负责海外资产运作安全;海外专业团队负责美国孵化器的日常运营管理、人才项目培育、合作伙伴选择等工作。赛伯乐公司在负责运营管理的同时,对于入孵项目还会以10%的比例进行配套投资。

探索"4+4+1+1"的激励机制。杭州硅谷孵化器整体采取股权激励方式,市财政资金通过天使投资的方式在创业企业中形成股权,由孵化器公司持有。然后根据各方贡献确定奖励比例,基本原则是:其中不高于40%用于奖励管理团队,40%奖励来杭落户的创业企业,10%奖励顾问团队,10%奖励配套投资的浙江赛伯乐公司。[①]

3. 孵化机制:从0到1再到N

杭州硅谷孵化器在具体孵化机制上充分借鉴硅谷创投推动创新创业的成功经验,以跨境创业投资融入硅谷的创业生态系统。具体操作上,通过"2+2"的孵化模式即以"天使投资+母基金投资"相结合,通过设立"海创驿站"和"海投联盟"两大资源对接服务平台,最大化地将中美两地创新资源连接起来,引导推动更多的高层次人才项目向杭州集聚发展。

(1)海内外创投联动

在创投运作过程中,一方面采用天使投资的方式,以市场化的视角挖掘具有潜力的产业项目,对入孵企业一般给予5万~20万美元的投资额度并进行跟踪引进。另一方面,通过母基金投资方式,筛选投资国际上特别是硅谷的优质创投基金,与国际资本形成紧密合作关系,借助母基金的引导放大作用,极大地拓宽了高层次人才项目的接触渠道和范围。杭州硅谷孵化器设立初期,总投资费用为1600万美元,其中天使投资基金750万美元,天使投资母基金600万美元,其余作为运营费用。2016年,杭州市政府发布《关于深化改革 加强科技创新 加快

---

① 杭州市委组织部.硅谷跨境孵化器:杭州市场引才新路径[J].中国人才,2016(19):46-47.

创新活力之城建设的若干意见》(市委〔2016〕16号文),设立市跨境风险投资引导基金(第一期5000万美元)①。

(2)海内外服务互动

为了更好地对接国际创新资源,深化国内外资本对接服务,2017年,"海外跨境投资联盟"(简称"海投联盟")正式成立,首批成员名单有吉利集团、银江集团、迪安诊断、万马集团、华立集团、华睿投资等近40家上市公司及知名创投机构,联盟的服务内容主要是帮助成员提供海外前沿资讯推送、投融资项目推介、跨境投资服务、跨境对接交流定制等服务。作为全国首个跨境投资综合服务平台,通过充当杭州资本与世界经济缔结良缘的红线,推动跨境资源有效深度对接。与此同时,设立"海创驿站"——为海外创新项目人才提供落地前的环境介绍、政策咨询和落地后的项目申报、注册登记等一站式落地服务。目前,已为包括赛伯乐、吉利集团、万马集团、如山创投等超过76家企业、投资机构推荐对接海外优秀项目逾200多家次。

(3)全方位孵化生态机制

如果说杭州硅谷孵化器(见图8-6)是帮助杭州对接海外高层次人才和项目实现从0到1的转变,那全新亮相的杭州硅谷跨境创新加速器,则是帮助完成了从1到N的裂变。2018年1月,Westlake Accelerator(跨境创新加速器)正式发

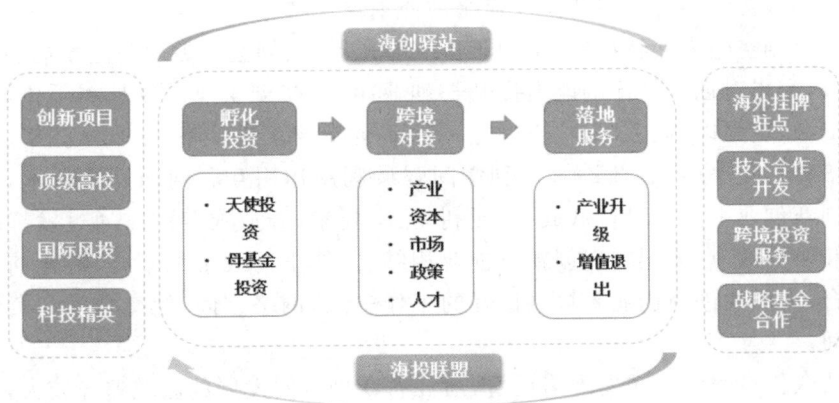

图8-6　杭州硅谷孵化器生态机制②

---

① 杭州硅谷孵化器:已促成21家优秀高科技企业落户杭州[EB/OL].[2017-07-25].http://biz.zjol.com.cn/zjjjbd/cjxw/201707/t20170725_4628605.shtml.

② 杭州硅谷跨境创新加速器全新亮相:从1到N的新裂变[EB/OL].[2018-1-22].杭州投融联盟公众号.http://www.vcc.com.cn/index.php/article/index/id/503.html.

布,在原有孵化服务体系基础上,进一步深化服务,打造"创业启动—孵化培育—创新加速"的创孵生态,构建"项目培育投资＋深度跨境服务＋领袖企业同盟"的立体式跨境创新加速平台,致力于为杭州对接全球科技前沿创新资源、人才、项目,提供海外挂牌驻点、技术合作开发、跨境投资服务和战略基金合作等全方位服务。

三、剑指"创新 2.0"的浙江众创空间

"众创空间"是科技部在调研民间的创客空间、孵化器基地等创业服务机构的基础上,总结各地为创业者服务的经验之后提炼出来的。[①] 2015 年 3 月,国务院办公厅发布《关于发展众创空间推进大众创新创业的指导意见》,提出要构建一批低成本、便利化、全要素、开放式的众创空间,"众创空间"的概念由此正式诞生。创新 2.0 时代的用户参与、开放创新、生态系统化的创新创业要求使得原有的创新创业孵化机构不能满足现有创业服务需求,孵化器面临着升级和完善,以"众创空间"为代表的新型创新创业服务机构应运而生。自国家众创空间政策发布以来,浙江开始积极响应建设,到目前已经显现出良好成效,众创空间已成为带动就业促进创业的重要平台,与科技企业孵化器一道,构成了新时代浙江创孵的核心载体。

(一)顺应网络时代创新趋势而生的众创空间

从众创空间内涵特征看,不同于传统孵化器,众创空间更加关注大众创新创业需求,突出对创客个体的能力提升与创业团队、初创企业的成长和孵化,不仅提供资源,更是以"服务"为核心功能[②],注重创新要素集聚率、创客入驻率、创新项目培育孵化率(见表 8-2)。众创空间强调利用运用互联网和开源技术,构建开放创新创业平台,突出"低成本、便利化、全要素、开放式"特征,通过发挥政策集成和协同效应,力图实现创新与创业相结合、线上与线下相结合、孵化与投资相结合,为广大创新创业者提供良好的工作空间、网络空间、社交空间和资源共享空间。

从众创空间的区域发展格局看,浙江省众创空间发展的区域差异较大,呈现出以杭州市辖区、宁波市辖区、温州市辖区为核心的市辖区集中分布,这三地遥遥领先于其他县域。2018 年,杭州、宁波、温州三个市辖区的众创空间数量占整个浙江总量的 50% 以上。其中,在宁波市众创空间从无到有的过程中,在政策扶持、服务手段、发展特点等方面形成了区域特有的发展模式。(见表 8-3)

---

① 李泽众."众创空间"发展的浙江路径[J].浙江经济,2015(16):25-26.
② 邢喻.众创空间生态系统的构建与生态赋能机制研究[D].杭州:浙江工业大学,2020.

表 8-2　众创空间与传统孵化器概念比较

比较分类	传统孵化器	众创空间
表现形式	科技企业孵化器、科技园区、创新创业服务中心	创业咖啡馆、联合办公空间、大企业开放平台
培育主体	科技型中小企业	创新型小微企业草根创业团队
入驻门槛	高	低
功能侧重	场地与资金	资源与服务
培育目标	科技成果转化,提高科技型中小企业存活率	孵化创新产品,培养创业企业,实现大众创业、万众创新
总体定位	小规模创业服务载体	综合性双创服务平台

表 8-3　不同年份浙江省新增众创空间的主要县域分布[①]　　单位:家

地区	2015 年		2016 年		2017 年		2018 年		辖区总计	占全省比例(%)
	国家级	省级	国家级	省级	国家级	省级	国家级	省级		
杭州市	14	0	21	32	20	54	54	2	156	32.43
宁波市	0	0	17	22	3	6	20	5	54	11.23
温州市	0	0	6	8	7	14	13	13	49	10.19
绍兴市	0	0	1	1	0	7	1	11	22	4.57
嘉兴市	0	0	4	4	2	6	6	3	19	3.95
湖州市	0	0	3	5	1	5	4	2	17	3.63

备注:同时拥有国家级、省级称号的按 1 家计算,表中辖区总计已减掉重合部分

　　从众创空间的发展模式看,浙江目前形成了以企业平台型、院所依托型、综合服务型、创投促进型、垂直产业型、共享办公型等为代表的多元化双创平台载体,每个类型特点不一,由此衍生出了众多的众创空间典型代表(详情见表 8-4)。其中企业平台型的典型代表润湾创客中心和综合服务型代表良仓众创空间是浙江较早一批入选国家级众创空间的代表,在发展成效方面较为突出,具体运作和孵化机制上也可圈可点,广受推崇。

　　① 刘程军,王周元晔,杨增境,等.浙江省众创空间时空演变及其经济增长效应[J].华东经济管理,2020,34(6):19-26.

表 8-4　浙江重点众创空间类型、特点及典型代表

类型	特点	典型代表
企业平台型	基于企业现有先进技术资源,通过技术扶持,衬以企业庞大的产业资源为创业者提供高效便捷的创新创业服务	润湾创客中心(华立集团) 腾讯创业基地(杭州) 阿里云创业创新基地(创业小二) 中国电信创新创业基地(杭州)
高校依托型	依托大学、科研院所的技术、科技条件优势,为在孵企业提供技术咨询服务,为初创型企业发展过程中的技术进行攻关,加速科技成果转化	宁波中科院创客空间 浙江大学 e-works 创业实验室 温州大学众创空间 嘉禾地带(中国计量大学)
综合服务型	提供综合型创业服务体系,包括办公场地以及金融服务、团队建设、培训辅导、法务财务、政府支持等一系列服务	良仓众创空间 湾西加速器 极速创业营
创投促进型	针对初创企业最急需解决的融资问题,借助专业投资机构的社会资源,积极为创业者提供融资支持服务	六和桥 金融客吧
垂直产业型	针对某一产业吸纳特定创业团队或项目,围绕该产业建设专业化人才团队、打造专业化服务平台、对接专业化投资机构、提供专业化创业资源,打造健康良好的产业生态圈	贝壳社 创客邦垂直众创空间 地信梦工厂

(二)区域模式代表:众创空间的宁波实践

立足浙江看全省众创空间发展态势,从数量来说,杭州占据了绝对优势,但从政策力度、发展质量、模式特色上来看,宁波作为后起之秀无疑是众多地市中的"模范生"。

1. 政策扶持力度不断增强,发展规模居全省前列

宁波是在浙江省域范围内较早一批出台支持双创政策的地区,2015 年宁波市出台《关于培育发展"众创空间"促进大众创新创业的实施意见(试行)》,提出

到 2020 年要建成 100 家众创空间和创客服务中心,随后相继出台了《宁波市科技创新券推广应用实施办法(试行)》《宁波市创新型初创企业培育专项资金转移支付管理暂行办法》等配套政策来营造良好的双创环境,促进众创空间发展。

在市级层面,出台实施宁波人才发展新政策,在全国首次将创客人才作为全市人才分类目录的重要组成部分,制定面向创客人才的专项扶持政策,如对纳入市级众创空间的创客人才项目给予最高 5 万元的资金扶持;对创客创办企业单笔 30 万元以下的不良贷款,可由科技信贷风险池给予全额代偿;对创客人才给予购房补贴,为创客提供创业导师服务等。

科技部门也专门出台众创空间扶持政策,明确众创空间和创业人才的建设培育目标,并对众创空间和创客服务中心进行建设补助,支持专业技术人员在职和离岗创业成为创客。在县(市)区层面,高新区、北仑、镇海等地都在谋划或已经出台众创空间发展支持政策,完善政策配套,实施有针对性、突破性的扶持举措。

截至 2019 年 12 月底,全市已累计备案市级众创空间近百家,其中专业化众创空间近 20 家,可提供创业工位 2 万多个,入驻创客团队超过 3000 个,初创企业 3500 余家,创业导师队伍达 1800 余名[①],创新创业服务能力持续提升,创新创业生态不断优化。

在科技部公布的 2020 年度国家备案众创空间名单中,宁波市凤麓新材料众创空间、宁波麟沣医疗科技产业园、8 号公园、宁波工业物联网众创空间、汇聚·创业里众创空间、启迪之星众创空间等 6 家众创空间入选。截至 2020 年 5 月,宁波市已累计拥有国家级众创空间 29 家,省级众创空间 63 家,规模和数量位居全省前列,仅次于杭州。(见图 8-7)

2. 三大核心创业圈形成,鄞州区"数质"全市领先

不同于大部分地区众创空间以"点"分布的状况,宁波众创空间在集聚化方面较为突出。从空间分布上来看,已经基本形成了中官路、鄞州南部和高新区三大创业圈。鄞州汇聚·创业里众创空间、启迪之星(宁波)众创空间最新上榜,截至 2020 年 7 月,鄞州区累计拥有国家级众创空间 9 家,总量居全市第一。

近年来,鄞州区积极构建"众创空间+孵化器+加速器+产业园"孵化产业链条,率先出台完整的"科技众创空间—科技企业孵化器—科技企业加速器"一体化科技创新孵化政策体系,此举为全国首创。不断完善政策服务体系,推动创新创业要素聚合裂变,让更多人才"种子"扎根鄞州。鄞州区持续放大"万有鄞力"人才工作品牌,不断加码"镇街招才引智动起来""宁波城南智创大走廊"建设

---

① 数据来源:宁波市科技局.

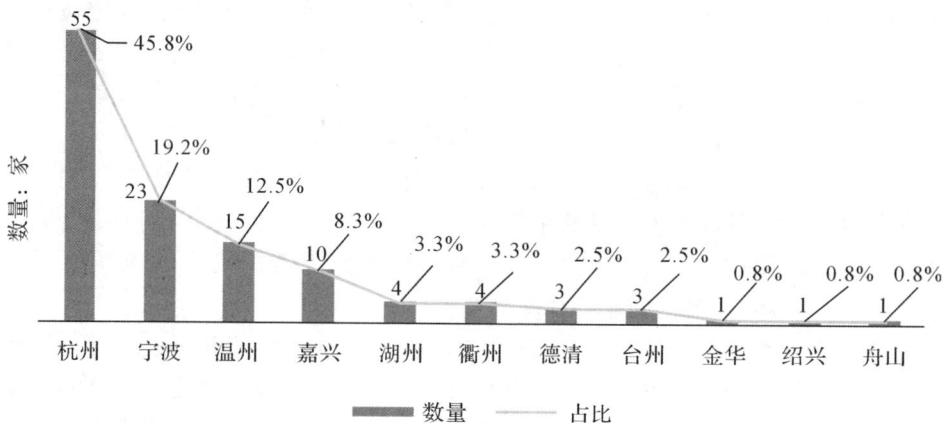

图 8-7　2019 年浙江省国家级备案众创空间分布情况

数据来源：国家科技部火炬中心官网.

等举措,形成完善以人才新政 22 条为核心的"1+10"人才政策体系。截至目前,鄞州区人才总量达 41.3 万,仅 2020 年上半年就新接受高校毕业生 10976 人,同比增长 16.88％。[①]

全力做好众创空间建设服务精准化,为区内众创空间提供科技咨询、人才招聘、科技金融、市场推广、创业导师等"妈妈式""一条龙"服务。同时,做强做实政产学研战略联盟合作平台,每年组织专家进行一对一平台"技术问诊",切实提高平台内双创科技含金量。为防止孵育成果流失,加快加大孵化器和加速器建设,2018 年,鄞州区科技局对创业孵化政策进行修改调整,将全链式平均化的扶持政策修改为向孵化器和加速器倾斜的全链条后倾式政策体系。

3. 空间定位与产业强关联,推动传统工业转型升级

宁波迄今众创空间的实践,主要呈现出三种重要形式。第一种是最早出现的以"创咖"为代表,主要为创客提供共享交流、集聚洽谈的公共空间场所,如"nexmaker""无中生有"等创业咖啡品牌。

第二种形式是依托科研或传统科技及产业机构空间,引导和培育创客入驻。一方面,宁波市一些传统的科研机构利用自身优势率先作为,开辟了几个较有影响力的创客空间。例如宁波国家高新区的宁波研发园和新材料科技城,在宁波率先建立宁波中科创客空间、宁波新材料创客中心;另一方面,依托国内知名院所与宁波合作共建的创新机构平台,积极成立众创空间平台,如西安电子科技大

[①] 鄞州"六链联动"构建全域创新生态圈[EB/OL].[2020-7-27].https://nb8185.cnnb.com.cn/html/292/104/1397/2020/0727/1084519.html#.

学宁波信息技术研究院与宁波西电产业园合作支持共建的西电筋斗云众创空间、复旦大学与宁波市政府共同创建的区域性科技研发平台、复旦大学宁波研究院支持创建的复旦大学宁波创客服务中心。

第三种是依托本地高校创建的众创空间。宁波拥有十余所本科、职业类高等院校,学科门类、实验平台和实验设备齐全,以浙江大学宁波理工学院、浙江万里学院、宁波工程学院、大红鹰学院等为代表的高等院校,均已成立众创空间。除了科技爱好者、IT 发烧友、企业员工等创客群体,大学生已经成为创客运动中最大胆的尝试者,也是目前宁波创客运动的主力军。科技部火炬中心公布的宁波 29 家国家级备案众创空间里有 8 家是依托高校、科研院所而建。

宁波众创空间实践的上述三种形式互相支撑、协同发展,已经初步形成了综合性众创空间与专业型创客服务中心互补的发展格局,并取得了一些实质性的进展和成果。值得关注的是,宁波众创空间定位与当地产业关联性较强。从省内其他地市来看,互联网、文创和金融等相关产业的众创空间占据了绝大多数。而宁波基于自身产业结构,随着"中国制造 2025"工作的推进,围绕新材料、智能装备、工业设计等众创空间发展势头迅猛,成为不同于其他地市的一大特点[①],形成了创新特色化的发展模式。这些众创空间自身定位比较明确,孵化方向较为精准,如宁波市新材料众创空间要求入驻团队必须从事新材料相关项目,宁波中科院创客空间要求入驻人员以智能硬件项目研发为主。众创空间作为一种创新型产业孵化承载平台,与传统工业园区的转型升级紧密结合,在推进传统工业向智能制造转型升级上也发挥着重要作用。如奉化在原东郊工业园建立的"创客＋投资＋孵化＋产业化"的众创园模式、宁海创业服务中心的"专业孵化＋创业导师＋天使投资"模式等等。

（三）新型孵化载体优质民营代表:良仓众创空间[②]

1. 孵化发展成效:明星项目、独角兽项目频出

五年前,梦想小镇在杭州城西古镇仓前的一片稻田上"呱呱坠地","良禽择木而栖,筑梦天下良仓",良仓孵化器(前身为 B12 创客空间)开始在小镇里落地生根。自 2015 年成立以来,良仓一直致力于为入驻企业提供优质的孵化服务,目前已在全国孵化、服务了超过 2000 家企业,项目总融资额近 59.5 亿元,孵化企业总估值约 771 亿元,共孵化了独角兽 1 家,准独角兽 8 家,数澜科技、开始

---

① 陆克巍.宁波众创空间发展现状研究——基于国家级众创空间[J].统计科学与实践,2018,(9):32-35.

② 本文"良仓众创空间"是指由良仓旗下成立新建或演化发展而来的一系列创新孵化载体空间,不单独指某一个旗下的空间场地.

吧、E修鸽、奇点云等都是具有代表性的明星项目（见表8-5）。

秉持"让创业不再孤单，让创业更加简单，让创业变得好玩"的使命，从2015年入驻梦想小镇以来，良仓孵化器屡获殊荣：2015年杭州市首批众创空间、2015年杭州市十大孵化器、2016年浙江省优秀众创空间、2016年国家级众创空间、2017年度阿里巴巴创新中心年度TOP10空间合作伙伴等。

图8-8为良仓孵化器发展历程。

表8-5　良仓孵化的独角兽企业

企业名称	类别	成立时间	核心业务	目前估值
百应	准独角兽	2016年9月	人工智能创新企业，核心产品为企业级AI中台（BOT-LAB）和数智化客户关系管理（AICRM）云平台	30亿元人民币
车点点		2014年	汽车产业互联网平台，让车主生活更方便快捷	——
开始吧		2015年3月	生活风格型消费平台	14亿元人民币
小电		2016年	共享充电服务平台	——
机蜜		2015年3月	一款生活APP——集租赁、维修和回收于一体的智能设备综合服务平台	10亿元人民币，人数200＋
奇点云		2016年12月	专注为企业提供"两云一端"（数据中台、业务中台、智能门店）的产品和服务	10亿元人民币，人数180＋
数澜科技		2016年6月	数据应用基础设施供应商	10亿元人民币，公司规模322＋
e修鸽		2015年	集老房翻新、室内设计、安装维修和服务为一体的家装智能协同平台	超1亿美元
鲸灵集团	独角兽	2017年底	社交电商平台；旗下品牌包括甩甩宝宝、好衣库、芝麻云仓等	10亿美元

来源：根据湖畔良仓官网及网络公开资料综合整理而成.

十方良仓众创空间
平湖良仓孵化器
上虞e游良仓孵化器正式开仓
阿里云创新中心·杭州萧山

B12良仓太炎众创
空间成立

良仓(棣溪)科技
创新中心

2015　2016　2017　2018　2019　2020

入驻梦想小镇改名为良仓
孵化器(B12创客空间)

全景良仓加速器
求橙众创空间

阿里巴巴创新中心(温州瓯海)
阿里巴巴创新中心(杭州下沙)

神鲸空间·杭州滨江

图 8-8　良仓孵化器发展历程

发展至今已拥有 13 个孵化器场地,总运营面积达 18 万平方米。其中,国家级众创空间 2 个,省级众创空间 3 个,市级众创空间及孵化器 8 个。

2. 孵化生态机制:"场地租赁＋培训辅导＋资本对接＋孵化服务"

"服务第一位,坚持不做二房东",这是良仓孵化器自成立以来就秉持的初心。在孵化机制(见图 8-9)上,良仓依托自身优势以及阿里系、浙大系、海归系等圈子,对入驻企业,给予空间、技术、人才、资源、市场、企业培训等全方位综合孵化服务,并重点突破以往标准化众创空间发展瓶颈,不断完善创业投融资＋深度特色服务的体系建设,将孵化创业服务向纵深维度推进,形成了一个更具竞争优势的专业化、甚至国际化示范性众创空间。良仓不仅仅是一个物理上的有限孵化空间载体,更是一个创新创业的无限空间生态。

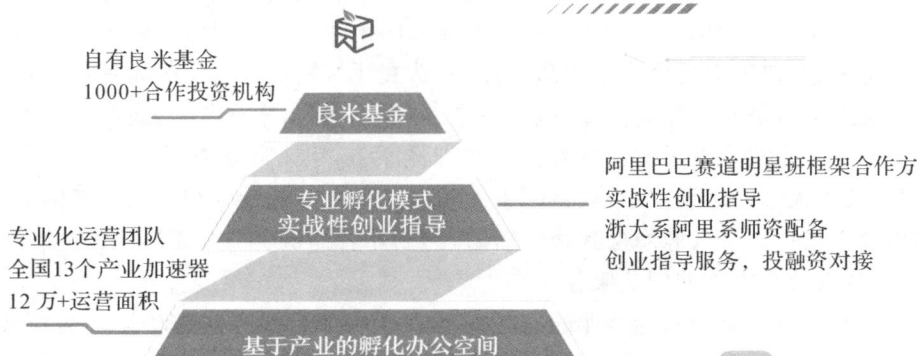

自有良米基金
1000+合作投资机构

良米基金

阿里巴巴赛道明星班框架合作方
实战性创业指导
浙大系阿里系师资配备
创业指导服务,投融资对接

专业孵化模式
实战性创业指导

专业化运营团队
全国13个产业加速器
12万+运营面积

基于产业的孵化办公空间

图 8-9　良仓孵化生态机制

资料来源:湖畔良仓官网.

定期举办特色活动：每周举办良仓CEO小饭桌；每周三下午有良仓三人行；每月一次良仓公开课；每季度到半年内举办一次大型的DEMODAY；从2015年开始每年一度的阿里巴巴全球诸神之战创客大赛，不定期举办良仓小型路演等活动。通过特色活动筛选有潜力的初创科技企业，同时为初创企业最大化链接资源、资金、人脉，帮助企业解决发展过程中的痛点、难点。

良仓目前已与盈动资本、顺融资本、元璟资本、IDG等国内知名投资机构合作，与全国100＋创投机构深度合作，独立种子基金（良米基金），为入驻企业提供专业高效的投融资对接服务。在辅导培训方面，专门成立了求橙商学院，开创"CEO私教＋实战落地"服务模式，浙大教授、阿里高管、行业大咖作为授课导师，帮助企业突破管理瓶颈。为初创企业对接政府、投资机构、创业导师等资源时所收取的咨询服务费用是良仓的主要收入来源。

3. 核心成功要素：政策环境＋资源圈子＋高效服务

(1)高配置完善的创业环境

良仓的第一个孵化器正位于梦想小镇核心区，得益于政府强有力的资金投入和支持，梦想小镇集聚了一批专业孵化运营商，小镇内配套设施齐全，拥有会议室、太空舱休息室、咖啡馆、乒乓球桌等配套，提供云服务器、云储存、第三方推送等互联网基础资源；配备人才公寓，方便住宿；上下两层食堂品种繁多，价格实惠；地下地面几百个停车位。成熟且完善的创业孵化生态环境为良仓的发展壮大提供了优良的生长土壤。

(2)高质量优质资源生态圈

阿里系、浙大系优质社会资源和良仓同学会优质社群资源为入驻良仓的创业者们提供了强大的资源保障。良仓有阿里集团前中高管、阿里产品大学负责人、集团技术协会技术社区负责人、盈动资本的创始人、资深媒体运营人等，为创业团队提供强大的创业导师团＋投资人导师团＋专业技术团队＋媒体品牌指导和贴身服务，协助组建合作人团队、打造团队文化氛围及全方位的品牌塑造和宣传。良仓拥有孵化器专属基金，盈动资本、阿米巴基金、米仓基金、线性资本等众多著名的基金都是背后的支持者。在培训体系上，引入阿里系百阿、百淘、产品大学、技术大学的培训体系，获得阿里无线开放平台百川计划和离职员工俱乐部前橙会的支持。从人脉圈层到资本后盾，为创业者提供一个无形的"宝藏库"。

(3)高效全方位的创业服务

良仓十分注重对初创企业的有效服务。从一开始就专注移动互联网领域，重点扶持技术创新型、模式创新型等互联网创新创业项目，为创业者提供优惠政策、创业服务、特色活动、投融资等专业化多元服务，为企业加速。免租即时入驻，为优秀入驻企业提供3～6个月的孵化办公空间，技术、产品、运营等互联网基础资源免费对接。同时,可以提供 50 万～200 万元启动基金,帮助创业团队找钱、找人、打磨产品技术。配备贴身的创业培训、海量的媒体资源、专业的 FA 财务顾问和最友好的投资条款,为初创企业消除后顾之忧。

(四)依托于本土龙头企业的优秀众创空间:润湾创客中心

润湾创客中心创立于 2015 年,由华立集团和上海灵众联手打造。其中,华立集团是传统企业向互联网变革的杰出代表,上海灵众是全球首个提出第五代孵化器概念的公司,是国内领先的创新创业解决方案提供商。润湾(RUN-WAY)是在传统产业面临升级的背景下诞生,创客中心致力于为垂直产业生态发展服务,这是一种由传统企业基于转型需求在内部搭建"创新特区"并逐步迭代开放的"转型企业创新驱动倍增器"模式。

在华立集团的大背景下,润湾打掉"围墙"、开放"道路",成立五年多来,已为包括中国移动、国家电网、中粮集团等央企国企以及华立集团、娃哈哈集团、传化集团、吉利集团等领军民企在内的 30 余家转型企业提供创新驱动解决方案,由润湾提供孵化辅导及融资咨询服务的创业公司近 50 余家,获得外部投资项目数近 20 个,累计获得投资额超过 1 亿元。其中,锣卜科技、视氪科技等项目成长迅速。由锣卜科技团队研发设计的"萝卜车"在 2015 年 7 月以 2366 万元的成交额刷新了淘宝众筹历史最高纪录,于 2016 年 5 月以 2.5 亿元估值获得 pre-A 轮 2500 万元融资,并迅速推出"无人驾驶"概念车型"鸡蛋车";视氪科技的盲人辅助眼镜取得了 2016 年"i 创中国"年度总决赛冠军,并在浙商界引发追捧热潮。

1. 构建"产业＋服务"双生态圈

与传统孵化器不同,润湾是先构建好产业生态圈,再对接创业团队和项目。就创业团队而言,润湾不仅提供创业的服务生态圈,还提供可落地的产业生态圈。

一方面,依托华立集团强大的产业生态圈背景,围绕"大健康、社区商业、创业孵化"三大产业生态圈发展战略目标,设立了智能汽车产业孵化基地、机器人产业孵化基地、智能硬件新材料协同孵化基地,打造了产学研创多位一体的创客中心。除为孵化项目提供场地资源外,还以产业资源为核心,提供工业设计、检测检验、模型加工、知识产权、专利标准、中试生产、产品推广等研发、制造、供应链、销售一体的服务。与此同时,发展利用产业外部合作企业,通过一系列的内外部产业生态资源帮助入孵企业实现产业链资源开发共享和高效配置。

另一方面,整合外部各种专业服务资源,为创新创业者提供价值增值服务,形成全方位的服务生态圈。润湾为创业者提供不同阶段所需的项目申报、人力资源培训、信贷支付等多种专业化服务,并以华想天使投资基金、华畅创业风险投资基金等 50 多家投资机构为支撑,紧密联合正和磁系、浙商创投等其他各类基金和独立投资人,构建了由种子投资、天使投资、产业生态发展基金以及产业并购基金四大模块组成的投融资生态链(见图 8-10),为创客提供了全方位保障。同时为创客提供项目孵化辅导、天使投资融资咨询、产业资本对接等各类服务,加快创业孵化速度。在润湾,创业孵化周期大概为 6~12 个月,即可从进入发展到次轮融资阶段。

图 8-10　润湾投融资生态链

2. 打造开放式孵化创新平台

借鉴美国极度盛行的硅谷社会创新模式,润湾强调以创新型人才为中心,构筑开放的多要素功能网络空间,构建企业级 SAAS 服务平台——线上众创空间 FreeChuang,这个系统能帮助企业快速创建一个由内部员工、客户、合作伙伴等聚集起来的开放式创新平台,从而获得集体的创新智慧。(见图 8-11)

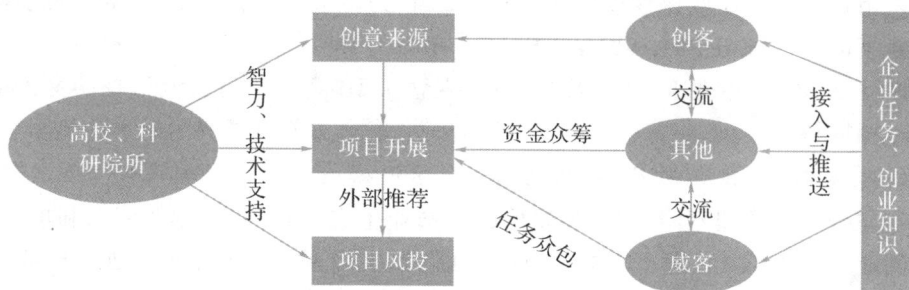

图 8-11　润湾线上网络空间的功能及运行①

企业先将内部问题对外发布挑战项目,创客认领挑战项目后在创客空间内组建小组,紧接着线上众创空间和投资大厅让员工参与众智和众筹,公司则以众智和众筹情况作为投资评估决策的依据。这相当于让企业一键进入众创时代,充分激活企业内部人才创新活力。除此之外,同步在线下紧扣低成本、便利化、全要素、全流程的原则建立由项目选拔到创业辅导再到项目融资的完整孵化链条,不仅为创业团队提供创业服务生态圈,更提供可落地的产业生态圈,实现"双生态"驱动创新发展模式。

---

① 向永胜,古家军.基于创业生态系统的新型众创空间构筑研究[J].科技进步与对策,2017,34(22):20-24.

3. 独创润湾"U-startup 创业五步法"

润湾将创业阶段划分为筹备期、孵化期和加速期,在进入润湾孵化体系后,智能硬件产品及商业模式会经历问题验证、产品验证、市场验证、运营验证和扩张验证这五个阶段,这是一个线下的教育辅导体系,通过行动学习的形式,让创业者在做中学,培养系统的思维习惯,及时在验证中发现问题,及时转向与纠偏,再辅以产业与服务双生态资源的支撑,将会有效降低创业初期的盲目性。(见图 8-12)

问题验证
1.选择登陆市场
2.客户痛点和期望分析
3.聚焦关键问题

市场验证
1.聚集早期市场
2.形成主流市场
3.形成销售模式

扩张验证
1.扩张形势分析
2.制定扩张战略
3.绘制扩张路线图

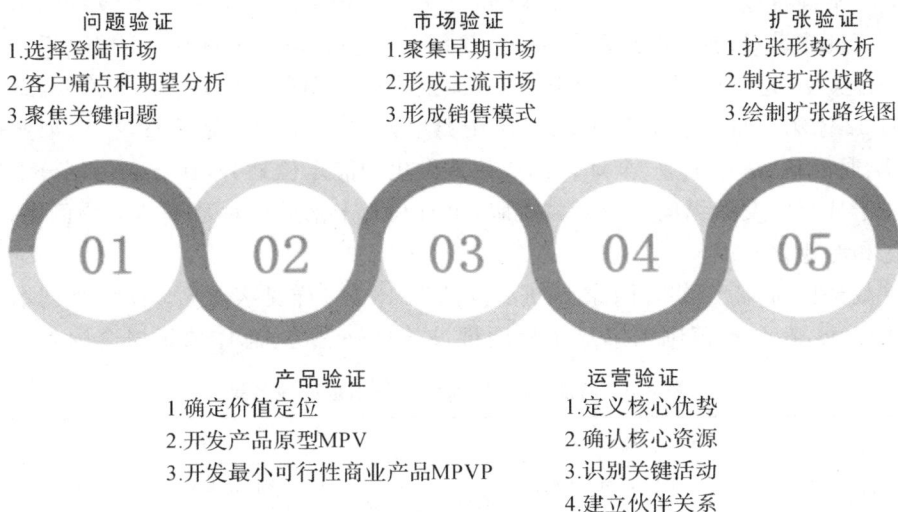

产品验证
1.确定价值定位
2.开发产品原型MPV
3.开发最小可行性商业产品MPVP

运营验证
1.定义核心优势
2.确认核心资源
3.识别关键活动
4.建立伙伴关系

图 8-12　润湾"U-startup 创业五步法"

与此同时,润湾还打造自有品牌"心享势成"、"智汇社"、"产业融合"及"中国创业教练"等为代表的活动体系,主办、承办及协办了首届全球创客大会、i 创中国创新创业大赛等各种类型活动。此外,润湾还发起成立"浙江省创新创业智库",汇集大批创业导师和精英教练为入孵企业提供服务。

四、能级更高的国家双创示范基地

"双创示范基地"最早是在 2015 年 6 月国务院印发的《关于大力推进大众创业万众创新若干政策措施的意见》(以下简称《推进意见》)中被提及。《推进意见》提出,加快实施新兴产业"双创"三年行动计划,建立一批新兴产业"双创"示范基地,引导社会资金支持大众创业。2016 年 5 月,国务院办公厅正式印发《关于建设大众创业万众创新示范基地的实施意见》(国办发〔2016〕35 号)(以下简称《实施意见》),明确了首批 28 个双创示范基地,并提出到 2018 年底前建设一批高水平的双创示范基地,为培育发展新动能提供支撑。① 从本质上来讲,双创示范基地是在基于孵化器、众创空间发展之上,一种更大空间载体范围的支持双创发展的平台承载形式。无论是孵化器、众创空间还是双创示范基地,目标都是一致的,推动双创蓬勃发展,实现新旧动能转换、结构优化,促进经济提质增效升级。

(一)从全面发力走向纵深发展的双创示范基地

每家示范基地的资源禀赋、区位优势、产业布局、发展路径各不相同,都有它独具一格的特色。② 2016 年和 2017 年全国范围内共有 120 家国家级双创示范基地获批建设,根据《实施意见》要求,双创示范基地被分为区域、高校院所和企业三种类型,这一阶段主要从创建的主体性质进行划分。2020 年 12 月底,新公布的 92 家第三批国家双创示范基地在类型方向上有了明显调整,按照创业就业、融通创新、精益创业、全球化创业等差异化功能定位划分,在方向的划分上更倾向于从双创发展纵向细分领域着眼,更有利于未来双创示范基地的特色化、功能化和专业化发展。

截至目前,浙江共有国家双创示范基地 13 家(详见表 8-6)、省级双创示范基地65家,在全省范围内形成了梯度推进的良好态势,总体数量居全国各省市

表 8-6   浙江 13 家国家级双创示范基地名录

批次	类型/方向	名称
首批 (2016 年)	区域示范基地	杭州未来科技城
	企业示范基地	阿里巴巴集团
第二批 (2017 年)	区域示范基地	浙江省杭州经济技术开发区 (杭州钱塘新区)
		浙江省宁波市鄞州区
		浙江省嘉兴南湖高新技术产业园区
	高校和科研院所示范基地	浙江大学
		中国科学院宁波材料技术与 工程研究所
	企业示范基地	万向集团

① 张振,熊紫含.双创示范基地:办出了特色积累了经验[J].中国经贸导刊,2017(1):27-28.
② 赵宇,邓元慧.国家双创示范基地类型特征浅析[J].今日科苑,2020(9).

续表

批次	类型/方向	名称
第三批 （2020年）	融通创新方向	湖州莫干山高新技术产业开发区
		宁波市北仑区
	精益创业方向	杭州高新技术产业开发区
		宁波高新技术产业开发区
	全球化创业方向	嘉兴市嘉善县

前列。杭州钱塘新区、宁波鄞州区、嘉兴南湖高新技术产业园区、杭州未来科技城等4家国家双创示范基地更是先后获国务院督查激励。

（二）未来科技城双创示范基地建设亮点

杭州未来科技城，作为浙江首个国家级双创示范基地、全国四大未来科技城之一，自2016年入选国家双创示范基地以来，坚定实施创新驱动发展战略，全方位加快推进双创示范基地建设的各项工作，走出了一条引人才、促创新、带项目、育产业的发展道路，尤其是在平台建设、载体搭建、精准服务、生态构建、氛围营造等几个方面建设亮点尤为突出。

1. 全力打造双创载体，培育双创企业群体

未来科技城围绕空间布局和发展定位，以创新创业为主要支撑，梯次布局"孵化器＋众创空间＋科创园区＋特色小镇"的产业发展平台"矩阵"，进一步扩大创业孵化平台的空间质量，推动形成双创活力迸发、企业集聚辐射、产业优势明显、特色错位发展的创新载体体系。

不同产业导向的产业园区和特色小镇正在未来科技城相继崛起：孵化互联网创业企业的梦想小镇，截至2021年2月，已累计集聚创业项目2544个、创业人才21200名，230个项目获得百万元以上融资，融资总额达131.71亿元，成功入选国家发改委"第一轮全国特色小镇典型经验"（全省仅3个）；中国（杭州）人工智能小镇已吸引近400家人工智能领域企业、研究机构入驻；中国杭州5G创新园在2019年5月启用就吸引了32个进驻项目，覆盖了5G上下游产业链，包括规划设计、设备器件、市场应用等，初步形成一个5G产业集群；恒生科技园、利尔达物联网科技园作为企业孵化平台代表在各自专业领域汇集了大量高端创业创新资源，打造了各具特色的创业创新孵化新模式；数字健康小镇、南湖达摩小镇正加紧建设中。

企业创新离不开创新孵化载体的支撑，未来科技城不断落实余杭"大孵化器战略"，抓抢孵化载体培育工作，积极推动众创空间、孵化器向专业化、精细化升

级。截至 2020 年底,未来科技城有市级以上孵化器 15 家,其中国家级 5 家,省级 3 家,市级 7 家;国家级众创空间 19 家,市级以上众创空间 33 家。立足发展,着眼未来,未来科技城提出将进一步打造专业化载体空间、提升孵化载体层次,并推动楼宇经济+虚拟孵化器建设。

2. 搭建协同创新平台,放大创新载体效应

注重源头创新,持续推进创新平台建设。通过建设阿里达摩院、之江实验室、浙大超重力实验室等一大批重大平台项目,为持续升级创新生态提供坚实的技术支撑,为企业的科技研发及创新发展赋能。同时,引进和设立美国浙江创新中心、中乌人工智能产业中心、比利时鲁汶大学医疗技术创新中心等知名研究机构、技术转移机构、创新服务机构、金融服务机构,进一步拓展全球合作领域,推动园区企业和项目在全球范围内配置科技资源。

关注企业痛点,建设开放共享支撑平台。针对生物医药产业在创业过程中投入大、新药新器材审核周期长等"痛点",未来科技城打造"健康谷"生物医药孵化平台。目前,"健康谷"已入驻创新药物成药性评价公共服务平台、浙江省医疗器械检验研究院、浙江省医疗器械审评中心、浙江省智能诊疗设备制造业创新中心等四大省级公共技术服务平台。同时,引进了乐邦医疗"医企帮""贝壳社""医智捷""省安科院""沃隆环境"等多个第三方专业产业服务平台,为生物医药企业提供人才、资本、安全方面的专业"共享"服务。另外,未来科技城正在积极推进与浙江大学医学中心的全面合作,届时动物实验中心、药物临床试验平台、健康医疗大数据与医学人工智能平台等大型共享型公共技术平台将齐聚未来科技城,通过公共平台服务,降低企业研发成本,提高企业自主研发能力。

开展校企合作,推动名校名院名所落地。积极促进西湖大学、中法航空大学等新型高等学校的落地。西湖大学自 2018 年获批以来,生命科学领域科研成果不断,作为国内目前唯一一所社会力量兴办的研究型大学,西湖大学专门设立成果转化办公室,从技术保护、政策咨询、法务服务、融资建议、团队搭建等方面为企业深度赋能提供全程支持,加速推动技术的产业化。

3. 精准推行双创政策,招引培育人才梯队

从 2017 年"余杭人才新政十条"到 2019 年"全域创新"66 条,未来科技城充分发挥区域政策优势,在全球招才引智,形成了以阿里系、浙大系、海归系、浙商系"新四军"为主的创新创业团队。截至 2020 年底,已累计引进培育海外高层次人才 4095 名;其中,"两院"院士 25 名、海外院士 9 名;国家级海外高层次人才 160 名,省级海外高层次人才 240 名,市"521"人才 85 名;浙江省领军型创新创业团队 15 支。

人才是企业发展最重要的资源,也是一个区域创新发展的原动力。作为"双

创"热土,未来科技城在招才引智的过程中,不仅关注这些"追梦人"飞得高不高,还关心落得稳不稳,让人才、企业"引得进、留得住、长得大"成为大家的共识。一方面,出台各类优惠政策帮助初创企业抵御风险,在方式方法上先行先试,2019年,未来科技城与中国人保、太平洋保险合作,在全省率先试点"人才创业险"。另一方面,充当企业人才的"贴心管家",未来科技城海创园会为初来乍到的人才提供工作人员上门对接服务,帮助他们申请研发项目补助、办公用房租赁补贴、研发人员生活补助、高新技术成果奖励等,为创业者提供从工作到生活的全方位保障;启动"鲲鹏计划",入选"鲲鹏计划"的企业均可得到管委会处级以上领导一对一联系负责服务、定时上门有问题限时解决、优先推荐项目申报、参与制定产业政策等多项个性化的量身定制服务,通过政府与企业"双精准"对接,帮助培育企业共同成长。

国际引才"一站式",加快引进国际化人才。设立未来科技城国际引才直通车项目。国际引才直通车是杭州未来科技城全力打造的"一站式"招才引智云平台,共设置纵览未来、招聘大厅、人才项目入驻申请、政策一览四大板块。其中,"招聘大厅"和"人才项目入驻"是两大核心部分,"招聘大厅"以发布未来科技城中高端岗位为特色,通过运用在线应聘、视频面试等线上功能,吸引海外高层次人才的加盟;在"项目入驻申请"板块,全球高层次人才创新创业项目都可以进行项目云申请、云评审,入驻未来科技城。据统计,自上线以来,"引才直通车"累计吸引之江实验室、阿里巴巴、浙大医学中心、中移(杭州)信息技术有限公司等2200余家优质企业、平台,上线3.6万余个中高端人才岗位,累计岗位浏览量82.5万次,候选人投递简历6.2万次。①

4. 注入金融源头活水,激发双创活力动能

近年来,以城西科创大走廊发展为契机,未来科技城管委会以梦想小镇为抓手创新区域内金融集聚形态,持续优化创新创业的金融生态环境,引导区域内的科技金融服务体系从无到有、不断完善,业已形成了相当规模的科技金融集聚区和相对完备的科技金融体系。截至2020年底,未来科技城累计引进金融机构1455家,管理资本3158亿元,设立5000万元天使梦想基金、1亿元天使引导基金、2亿元创业引导基金、2亿元创业贷风险池、20亿元信息产业基金。

未来科技城范围内金融机构主要集聚在梦想小镇天使村和西溪湿地艺术家集合村。其中,天使村积极培育和集聚天使基金等风险投资机构,重点发展互联网金融、股权投资(管理)机构等;西溪湿地艺术家集合村主要安排省内上市公司

---

① 未来科技城招聘直通车上线[EB/OL].[2020-9-11].http://www.866ds.com/news/detail/13385.

投融资中心或下设 30 亿元以上规模的基金、股权投资(管理)机构落户办公。截至 2017 年底,区域内风险投资机构总数累计达 1090 家,是 2012 年的大约 64 倍;区域内资本管理规模累计达 2466 亿元,是 2012 年的接近 160 倍(见表 8-7)。其中新昌资本(500 亿元)、复星资本(100 亿元)、物产曒澜(100 亿元)、滨江集团(100 亿元)、携程共赢基金(50 亿元)、赛伯乐、天堂硅谷、华睿投资等知名股权投资机构已经落户。[①]

表 8-7　杭州未来科技城风险投资机构统计数据

指标名称	2012 年	2013 年	2014 年	2015 年	2016 年	2017 年
股权投资机构(家)	30	43	54	161	478	1090
基金及管理资本规模(亿元)	75.63	89.89	100	335	1280	2466
入驻企业获股权投资规模(亿元)	16.63	19.48	20.65	25.55	48.7	49.3

未来科技城将金融服务作为打造最优创新创业生态体系的关键环节,在建立完善创业投资引导机制的同时,通过建立创新发展专项基金、创新资智对接模式,不断优化区域金融与投融资环境。省市区三级联动支持杭州未来科技城(海创园)中小企业发展,重点支持引进研发机构,最高给予 3000 万元资助。建立省股交中心海创板,坚持每月一场资智对接会,自 2018 年 5 月推出"智投·未来"投融资对接活动以来,未来科技城通过分类专场路演的形式,精心筛选 130 余个优质项目参加路演,对接近 300 家投资机构参会,数个项目对接成功。

5. 构建一流双创生态,营造浓厚双创氛围

一片有"双创"吸引力的土地,不仅要有舒适的物理空间保障、制度创新和金融支持等层面的全方位服务,更需要一流的双创生态系统支撑。

推进服务型政府建设,打造优良双创生态。未来科技城不断深化"最多跑一次"改革,打造一站式线上服务云平台,推行"店小二"式服务模式。针对区域内初创企业占比高,区域内互联网创业企业以及科技型中小企业众多这一实际,未来科技城打造专业知识产权运营公共服务平台,平台采用"政府搭台、市场引导、企业唱戏"的体制机制,以企业需求为导向,以"数据+运营+服务"的市场化运营模式,聚焦知识产权管理(保护)服务、知识产权交易服务、知识产权金融服务、"知识产权+"一站式服务、知识产权运营服务大数据、知识产权公益服务等七大板块,构建知识产权创造、运用、保护、管理等全价值链服务体系,为创新企业发

---

① 孙雪芬.政府引导型区域科技金融体系构建——基于杭州未来科技城实践的研究[J].中共浙江省委党校学报,2018,34(4):59-66.

展保驾护航。

设立人才"一站式"办事大厅,建设专业人才服务平台。未来科技城设立"一站式"人才办事大厅,开放五大类窗口,即"杭州人才码"服务专窗、外籍人才服务专窗、人才综合服务窗口、人才金融服务专窗、高层次人才创业中介服务专窗。其中,在"杭州人才码"服务专窗,未来科技城辖区的人才凭借"杭州人才码"即可享受购租房补贴兑现等专享服务,人才创业还可获取知识产权、金融、财务、法务等双创服务。2019年,浙江人才大厦在未来科技城区域内正式落地启用,这不仅是未来科技城招引、服务人才的平台,更是全省"创新共同体"的重大载体,在发挥未来科技城作为全省人才高地作用的同时,进一步辐射全省,带动全省的创新创业。

举办高质量双创活动,营造浓厚双创氛围。为构建"人才＋项目＋资本"的双创生态体系,未来科技城坚持"小镇月月办大赛、辖区季季有活动",如2018阿里巴巴诸神之战全球创客大赛、中国青年互联网创业大赛、全球人工智能高峰论坛等活动,截至2019年底,已相继举办各类大赛、论坛、活动1654场,参与人数达22万人次。① 同时,借力浙大、阿里等资源,搭建平台整合人才、项目、资本、孵化器、中介机构等各类要素,使其成为创业生态中的"阳光雨露"。

① 浙江又一家双创示范基地获国务院督查激励! 杭州未来科技城了解一下～[EB/OL].[2020-5-25]. https://mp.weixin.qq.com/s? src＝11&timestamp＝1598605822&ver＝2550&signature＝18qrDcyZcZpgo5nqjNy7XQSU3wOJZYOQgvtJL5KoC-RTzkSBy8187cP9r＊GAzZ4VLw3UUzQb0b80iohDwjb2txAHlw138WGP8F8cSz63NoPgR4iAC-pIgJPhyV5AGzux&new＝1.

第九章　引导金融赋能产业创新

一、在改革创新中不断完善的浙江产业金融服务体系

(一)根植于实体经济发展,我国产业金融生态逐渐成型

金融体制是经济生活中通过交易来动员和配置金融资源的规则体系,其核心功能是将资金从盈余部门转移到短缺部门,实现储蓄向投资的转化。基于金融体制功能上的差异,一般把以满足生产者的融资需求为主要功能的金融体制称为"产业金融"(industry-based finance),把以满足储蓄者的投资效用为主要功能的金融体制称为"商业金融"(commerciality-based finance)。[①] 产业金融是依托并着重服务于实体经济发展的金融活动的总称,它依托并服务于特定产业的发展;与之相对应的是以财富增值和风险管理服务为重点的商业金融活动。

改革开放以来,产业金融在我国经历了 40 余年的发展,从"政府主导"走向了"市场主导、政府监管",逐渐形成了开放型、多层次、国际化、科技化、多元化的产业金融发展格局。我国产业金融体系中主要有四大参与主体,分别是资金方(银行、投资机构、政府引导基金、公募基金公司、私募基金公司、融资租赁公司、小额贷款公司、典当公司、天使投资人等),需求方(各类企业及融资项目),中介服务方(融资担保机构、保险机构、征信机构、财务顾问、证券公司、第三方评估机构、互联网金融平台等),以及监管方(主要有央行、银监会、证监会、保监会和地方金融监管部门)。四大参与主体之间通过产业金融活动紧密互动,相互链接,共同形成了产业金融服务的生态圈。(见图 9-1)

---

① 张捷.东亚产业金融体制的结构、功能与局限性[J].当代亚太,2000(7):34-39.

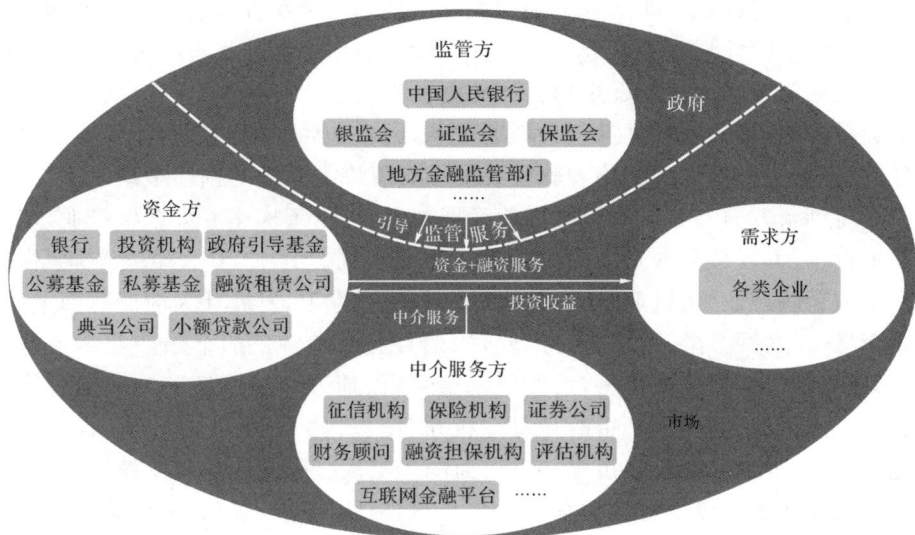

图 9-1　我国产业金融体系中各参与主体间的关系

在产业金融服务生态中,资金方为需求企业提供信贷、票据、债券、股权投资、天使投资、创业投资等各类金融产品及融资服务,通过产业金融活动赚取投资收益。中介服务方在产业金融体系中牵线搭桥,以对接投融资双方的需求为目的,帮助企业完成融资,同时为投资方的资金找到合适的去处。而政府部门主要担任"监管方"的角色,通过制定政策或提供财政补贴,引导资源的合理配置和有效运用;通过健全各项业务的规章制度和管理办法、建立科学的指标考核体系,对市场主体的产业金融活动进行监督管理、保障各类市场主体的合法权益;通过设立政策性金融机构、加强社会信用体系建设以及优化产业金融发展环境等措施,为市场主体提供支持服务。

除了承担引导、监管、服务的"监管方"职能外,政府还会直接或间接地对市场化产业金融服务体系的缺陷进行补充,作为资金方或中介服务方参与产业金融活动,比如设立政府引导基金、设立融资担保机构、提供财政资金补贴等。其中,通过设立产业引导基金对企业进行投资,与需求方和中介服务方互动,是政府作为"资金方"最直接且长期有效地参与投融资活动的方式,也是产业金融价值链上的重要环节。政府对特定产业进行投资,可以撬动社会资本对相关产业的投入,是培育新兴产业、促进经济增长的重要手段。

(二)产业金融政策持续加码,制度创新释放浙江活力

近年来,浙江省高度重视产业金融工作,将金融业列入重点发展的八大万亿

产业,相继出台实施了《浙江省金融产业发展规划》《浙江省推进企业上市和并购重组"凤凰行动"计划》《关于进一步发挥保险功能作用促进我省经济社会发展的意见》《钱塘江金融港湾发展规划》《浙江省新兴金融中心建设行动方案》《浙江省地方金融条例》等一系列推进金融产业改革、创新金融服务助力实体经济的政策文件,在产业金融的发展战略和管理制度上有着许多亮眼的创新举措。

战略创新方面,《浙江省金融产业发展规划》提出了构建五大金融产业、四大金融平台、三大区域金融布局的"大金融"产业格局。其中"五大金融产业"指的是在主力金融产业(银行业、证券业、保险业)的支撑下,发展壮大浙商总部金融、私募金融、互联网金融、草根金融产业,构建具有浙江特色的金融产业体系;"四大金融平台"包括直接融资平台、产业基金平台、地方交易市场平台和金融控股平台;"三大区域金融布局"指的是打造杭州、宁波两大金融核心区域,若干金融特色城市,一批金融特色小镇等三个层面的多层次金融产业空间支撑体系。《浙江省新兴金融中心建设行动方案》提出"一湾、一城、一省、多区"为框架的新兴金融中心建设格局,以钱塘江金融港湾、杭州国际金融科技之城、移动支付之省、多个区域金融改革试验区为框架,将浙江打造成为集金融科技、网络金融安全、网络金融产业、移动支付等于一体的新兴金融中心。

制度创新方面,一是建立了省市县联动、政银企协同的工作机制,将通过定期会商交流,及时收集企业融资需求,更加有效地解决民营企业的融资问题、更加精准地化解企业流动性风险;二是出台了《浙江省地方金融条例》等监管细则,将浙江省多年来地方金融管理的实践成果上升到立法层面,建立了地方金融组织监督管理、金融风险防范与处置、金融服务实体经济等方面的规章制度;三是建设了数字化的风险监测体系,全国首创"互联网大数据+网格化系统数据"模式下的金融风险"天罗地网"监测防控系统,完善安全防线和风险监测预警机制。

(三)区域金融改革不断深化,建成多个创新试验示范区

首先,金融改革创新试验区重点工作稳步进行。《深化温州金融改革服务民营经济实施方案》印发实施,提出十大创新亮点项目,2.0版的温州金改正式起航;台州小微金融改革不断深化,全面铺开普惠金融政策,以立法形式激励企业走诚信经营的发展之路;丽水积极申报金融支持乡村振兴示范区,创新推出多个生态主题的金融产品,推进农村金融改革再出发;《义乌国际贸易综合改革试验区条例》正式实施,义乌国际贸易金融专项改革在促进跨境贸易、投融资结算便利化等方面取得积极成效;湖州、衢州绿色金融改革纵深推进,2019年末两地绿色信贷余额合计852.2亿元,较试验区获批前增长一倍,"两高一剩"行业贷款比重下降近一半。

其次,浙江自贸区金融改革创新亮点纷呈。成立三周年以来,浙江自贸区金

融改革创新成效显著,持续探索产业金融业务创新,推动金融业态提质增效。2019 年在全国率先开展油品贸易跨境人民币便利化政策试点,成功落地首单全国自贸区油品企业便利化支付业务,实现自贸区资本项目业务改革的新突破;创新"仓单通"产品,完成国内自贸区首单大宗商品仓单质押融资业务。

第三,不断创建新的金融改革新试点城市。2019 年宁波获批创建国家普惠金融改革试验区、国家文化与金融合作示范区,将实现融资服务、数字支付、风险防控和金融知识教育四个全覆盖,努力建成全国普惠金融改革先行区、服务优质区、运行安全区,努力建成全国普惠金融改革先行区、服务优质区、运行安全区。温州市、台州市和宁海县获批成为全国首批深化民营和小微企业金融服务综合改革试点城市①,浙江民营和小微企业金融服务获得了国家级的支持,未来将不断完善民营和小微企业金融服务体系,优化金融服务环境,激发小微企业活力,助力全省经济高质量发展。

(四)金融产业逐步集聚发展,初步形成了一批明星载体

杭州打造国际金融科技中心成果颇丰。早在 2017 年,杭州就提出了建设国际金融科技中心的目标;2019 年 5 月,《杭州国际金融科技中心建设专项规划》发布,提出将杭州打造成为"中国金融科技引领城市"和"全球金融科技应用与创新中心";2019 年 10 月,由中国互金协会和世界银行共同支持建设的"全球数字金融中心"在杭州正式成立;2020 年 4 月,杭州获央行批准,成为金融科技监管沙盒试点城市之一。杭州金融科技总部经济建设已初具规模,不仅拥有世界级金融科技巨头蚂蚁集团在内的 10 余家高融资未上市金融科技企业,还吸引了一大批国内外著名金融机构在杭设立金融科技事业部、技术部、研发中心等,金融科技产业联动的共进格局已经初步形成。②

钱塘江金融港湾加速建设。浙江省政府于 2016 年年底发布了《钱塘江金融港湾发展规划及配套政策》,规划面积覆盖了钱塘江约 200 公里流域所经过的县市,旨在构建财富管理产业链和新金融生态圈,打造财富管理和新金融创新中心。目前,钱塘江金融港湾核心区已经成为省内总部金融机构最集聚区域,钱江新城设立金融产业链招商专班,已招引省级以上持牌金融机构 61 家;钱塘江金融科技实验室、长三角金融人才高校联盟已经落地,浙商产融总部、浙商银行总部等项目正在建设之中;港湾内 5 个金融特色小镇已集聚各类金融服务机构5000 余家,管理资产规模近 2 万亿元。

---

① 货币政策分析小组.浙江省金融运行报告(2020)[R].杭州:中国人民银行杭州中心支行,2020.
② 杭州杂志.全球金融科技城市第一梯队,杭州何以成为后起之秀?[EB/OL].[2020-10-16].ht-tps://www.sohu.com/a/425198265_100020953.

金融特色小镇高质量发展。截至 2020 年,浙江省共有省级金融特色小镇 11 个(含命名名单、创建名单和培育名单),其中杭州玉皇山南基金小镇作为钱塘江金融港湾的特色小镇龙头一枝独秀,截至 2020 年 9 月累计入驻金融机构 2430 家,总资产管理规模 11655 亿元,吸引 5000 余名国内外高端金融人才入驻;后起之秀鄞州四明金融小镇在三年内迅速崛起,成为继玉皇山南基金小镇之后唯一一个获得省级命名的金融特色小镇;嘉兴市南湖基金小镇、义乌市丝路金融小镇、拱墅运河财富小镇、西湖西溪谷互联网金融小镇、海曙月湖金汇小镇、梅山海洋金融小镇等其他金融特色小镇也各有千秋,不断涌现着独具浙江特色的金融创新。

(五)信用体系与金融科技日渐成熟,金融业内部变革加速

征信体系建设不断完善。一是金融信用信息基础数据库的作用充分发挥,截至 2019 年末,浙江省共有 3947.6 万自然人、163.7 万户企业及其他经济组织的信用信息纳入金融信用信息基础数据库,2019 年金融机构月均查询量 808.6 万次;二是担保风险防范机制深化,人民银行杭州中心支行创新搭建保证贷款登记系统,切实防范了企业担保链风险;三是市场机制更加趋于完善,截至 2019 年末,共有备案的企业征信机构 6 家、信用评级机构 13 家,全年共对外提供企业征信服务 1.97 亿次,完成信用评级评分 5000 余笔,通过有效缓解信息不对称问题促进民营和小微企业融资的发展。

小微企业信用体系建设专项工程初具成效。浙江省金融改革创新试验区为核心,以省企业信用信息服务平台和农户信用信息管理系统为抓手,以信用建档、信用评价、成果应用为主线,推进专项工程建设,深化"信用县"创建,优化小微企业金融生态环境。截至 2019 年末,应收账款融资服务平台累计帮助浙江小微企业融资 2502.2 亿元,2019 年新增 755.8 亿元。

"移动支付之省"建设深化普惠金融科技应用。浙江在商贸旅游、交通医疗、市政公用、政务服务等领域全面推进"移动支付"的普及和应用,促进城乡金融服务一体化发展;积极向长三角地区输出移动支付应用的经验和模式,增强城市交通等公共设施互联互通;依托新金融服务龙头企业,浙江将建设跨境电子商务金融结算平台,扩大金融服务跨境合作;积极向海外输出技术和商业模式,支持构建全球化的移动支付体系。移动支付在全省覆盖增加了金融的可获得性,进一步优化了产业金融的发展环境。

金融监管和风险防范进一步强化。"十三五"以来,浙江省制定实施了"1+5+X"攻坚战行动方案,旨在打好企业金融风险防控的攻坚战;搭建了金融风险"天罗地网"监测防控系统,并率先在宁波上线,将金融风险排查纳入基层日常社会管理服务体系,逐渐构建涉众金融风险短期整治与长期预防相结合的防火墙;

2020年8月起《浙江省地方金融条例》正式实施,地方金融监管加强,有效防范化解区域金融风险。

二、政企协同共创浙江特色产业金融服务模式

（一）聚焦小微企业融资痛点,建立多样化小微金融服务浙江范式

小微企业金融服务是我国金融服务的薄弱环节,也是浙江省金融改革创新的重要领域,各市县、各金融机构不断探索解决小微企业融资难、融资贵问题的途径,得到了许多行之有效、可复制、可推广的宝贵经验。2019年末,浙江省小微企业贷款户数437万户,新增93万户,全省小微企业贷款新增4682亿元,贷款余额居全国首位,各市针对小微企业金融服务的改革创新层出不穷。

"专注实体、深耕小微、精准供给、稳健运行"的台州小微企业金融服务改革创新。2012年12月,浙江省政府批复同意台州建设省级小微金改试验区;2015年12月,国务院批准建设台州市小微企业金融服务改革创新试验区。境内首个小微企业信用保证基金在台州设立,为企业提供低费率的融资性担保服务,截至2020年基金累计服务企业23265家,承保43593笔、414.15亿元,平均担保费率仅0.68%[①],有效破解了小微企业"担保难、担保贵"的问题。搭建了企业信用信息共享平台,整合各政府部门、各公共事业单位的企业信用信息,已汇集30多个部门约4亿条信用信息,对全市68万多家市场主体进行信用建档,免费提供给金融机构,助力破解银企信息不对称问题。设立了全国第一家地方商标专用权质权登记申请受理点,开通了国家商标局与台州受理点的数据专线,盘活企业无形资产,累计已办理商标权质押登记2185件,融资金额150.66亿元,居全国第一,极大地缓解了小微企业"抵押难"的问题……台州小微企业金融的种种创新举措受到了国家发改委、国务院等中央部门的点赞,特色鲜明、行之有效的小微金融服务"台州模式",为全国提供了一个可推广、可借鉴的样板。

推进民间融资阳光化、规范化,向全国输送可复制改革项目的温州金融综合改革。2012年3月28日,国务院常务会议批准设立浙江省温州市金融综合改革试验区,八年以来,温州直面民营企业痛点,结合当地实际问题,打开改革的思路,在实践和探索中取得了丰硕的成果。温州金改推出了多个先行先试措施,主要包括:2012年3月设立全国首个地方金融管理局;2012年9月率先试点"增信式""分段式""年审制"等小微企业流动资金贷款还款方式创新,并于2018年升级为无还本续贷;2013年1月推出了温州民间融资综合利率指数(简称"温州指数")并按日发布;2013年7月率先试点联合授信管理机制;2016年9月率先打

① 朱玲巧.小微金融"台州模式"2.0启航[N].台州日报,2020-10-28.

造全国首个集金融信息、政府信息、民间信息"三位一体"的信用信息查询平台；2019 年 3 月率先推行利率市场化定价机制等。[①] 在金融改革取得成效后，温州还将"温州智慧"推而广之，面向全国及全省推出了 16 个可复制的改革实践项目。

实现小微金融线上化的浙江省金融综合服务平台。浙江省金融综合服务平台是由省以银保监局、省发改委和省大数据局共同建设的政府数字化转型项目，旨在健全优化银企信息对接机制，打造金融服务实体经济（特别是小微企业）的应用场景生态体系，践行金融领域"最多跑一次"。平台通过数据服务模式，和市场监督、法院、税务、公安、环保等 54 个省级部门建立了数据共享对接的搭建和运用，实现政府部门共享数据，银行在线智能审批授信。企业可通过平台发布融资需求，并自主选择信贷产品提交贷款申请；客户经理第一时间通过平台了解到企业需求，并根据企业实际情况提供精准金融服务。浙江省金融综合服务平台打破了银行和企业"不敢贷、不能贷、不愿贷"的信息不对称僵局，用线上化的金融服务替代线下人员流动，在疫情防控期间也发挥了无可替代的作用。

助力杭州市打造国际一流营商环境的"杭州 e 融"。"杭州 e 融"是由杭州金融办牵头、杭州市金融投资集团建设运营的服务于杭州市中小微企业的金融服务平台，通过整合银企融资供需信息、政务数据信息、商业数据信息，"杭州 e 融"为银企提供融资撮合功能，搭建起市场主体信用体系和金融服务产品超市，帮助民营企业、小微企业拓宽融资渠道。平台上线 Web 端、APP 端、微信端等多个入口，汇集各种类型面向中小微企业的各类融资产品 270 余款，供企业选择合适的贷款产品。企业可以在线完成注册、认证、征信授权、贷款申请等流程；同时，引入"公开融资，银行抢单"的模式，"变线下多次跑"为"线上一键申请，变"企业找银行"为"银行找企业"，平台还通过接入工商、税务、公积金、不动产等 40 余项数据，使企业信用报告成为银行办理贷款业务时的重要参考依据。

助推中小企业跨越式发展的杭州高新区科技金融服务中心。杭州高新区科技金融服务中心以"银行融资、创业投资、创业辅导、上市服务"为核心功能定位，为科技型中小企业提供从孵化期的天使投资到初创期的风险投资、成长期的银行融资乃至成熟期的上市辅导等全生命周期的金融生态链条服务成为高新区科技型中小企业跨越式发展的助推器和加速器。2016 年各类入驻科技金融服务中心的银行对科技型中小企业贷款 7.37 亿元，贷款企业 77 家；担保公司对科技型中小企业贷款担保 3.03 亿元，担保企业 68 家；各类投资机构累计投资项目

---

① 中国经济新闻网.温州八年金改硕果累累[EB/OL].[2020-12-17].http://www.cet.com.cn/xwsd/2734355.shtml.

142 个,累计投资金额约 28.17 亿元。在创业项目集聚高新区后,这种政策引导和资金活水,成为企业发展最有效的推手。

(二)瞄准科技企业发展需求,着力打造科技金融服务浙江范本

科技的进步不断地推动"新金融"走向迭代发展,浙江正逐步实现从金融支撑科技创新,到"新金融"与"新科技"相辅相成、共融共生的状态,科技与金融共同创造新经济业态,浙江正从区域科技金融创新走向全域科技金融创新。

全国地市级科技金融改革创新样板,全省科技金融建设高地"嘉兴"。2014年,嘉兴市率先在浙江省开展科技金融改革创新实验区创建工作,围绕支持科技企业创新为核心要求,构建和完善了科技金融政策扶持体系、科技金融信贷支持体系、科技金融资本市场体系和科技金融服务体系"四大体系"。[①] 不仅成立了一批服务于小微科技企业的科技金融专营机构,还创新性地设立了科技专营机构"CCEI"(业务专注度、服务便利度、人员有效性、考核独立性)四个维度的评估体系;人民银行嘉兴市中心支行联合市科技局、市财政、市银保监分局等部门共同打造了"嘉兴科技金融支持企业管理服务系统",实现了库内银企线上实时对接;金融机构将有形资产和无形资产结合打包,为科技型中小企业提供"天使贷—创业贷—信用贷—专利贷—抵押贷款"等符合科技企业生命周期的"一条龙"服务。截至 2020 年 11 月,嘉兴市科技型企业贷款余额 998.94 亿元,比年初增加 101.77 亿元,全市科技专营机构增加至 30 家,实现了县(区)的全覆盖。

县域特色科技金融发展典范,我国科技成果转化史上的生动样本"德清"。作为浙江省科技与金融结合示范区,德清县充分发挥政府引导、企业主体和金融助推"三大作用",形成了多元化、多层次、多渠道的科技投融资体系,开创了一条具有县域特色的科技金融结合之路。不仅建立了"政府+银行+担保+社会融资机构"的合作模式,量身定制"全链条"金融扶持机制,还设立了 3000 万元种子资金、2 亿元科技信贷引导基金、5000 万元科技成果转化引导基金和 3000 万元风险补偿基金,使科技型企业从实验研究、中试到生产的全过程都能得到科技创新基金的支持。截至 2020 年 10 月,德清共培育省级科技型企业 883 家,2020年全年科技创新专项资金兑现 5186 万元。2019 年,德清与浙江省股权交易中心、中国银河证券共同打造了"德清高新板",重点支持本地新兴产业市场主体,目前已有 10 家企业成功挂牌,通过股权融资、私募可转债等方式打通了企业的融资渠道。

立足于国家级示范区,引导民间资本发挥丰沛优势的"温州"科技金融改革

---

① 中国经济新闻网.温州八年金改硕果累累[EB/OL].[2020-12-17]. http://www.cet.com.cn/xwsd/2734355.shtml.

创新。温州市作为全国首个金融综合改革试验区,在科技金融改革创新上也本着探索的精神先试先行,2019年10月印发了《温州国家自主创新示范区科技金融改革创新实施方案》,旨在推动"国家自主创新示范区"和"国家金融综合改革试验区"两大国家试点改革深度融合互补。温州市以温州科技金融中心为抓手,融合创业投资、银行信贷、多层次资本市场、科技保险等多元化金融资源,助力科技型企业突破融资瓶颈,着力构建全链条科技金融服务体系。截至2020年,温州科技金融中心共引进股权投资基金41家,资产管理规模达42.3亿元,对市内企业股权投资33例,金额超5亿元。通过搭建"一站式"融资服务平台、构建金融信息数据库,精准匹配企业需求与金融供给;通过引导基金带动、贴息政策扶持和融资风险分担等举措,推动企业融资门槛和成本"双降",截至2020年,已累计为76家科技型企业提供3.32亿元科技信贷[①],科技金融已经成为助推温州经济高质量发展的"利器"。

科技与金融、文化与金融融合发展的先行者"宁波"。2016年,宁波市成为全国第二批科技金融试点城市,相继出台了《宁波市促进科技和金融结合试点方案》《关于加大政策力度深化科技金融融合和文化融合合作的意见》《关于科技金融助推企业科创板上市的指导意见(试行)》等政策文件,组建了科技金融协同服务、天使投融资公共服务联盟、创新联盟孵化、互联网金融服务等四大科技金融服务平台,开展了科技保险、科技银行等相关试点工作,建立了科技信贷风险池和风险分担机制。近年来,宁波通过设立文化金融服务专营机构、文创小贷公司和文化产业发展基金等举措,完善了文化金融服务体系;2019年12月,宁波获批创建国家文化与金融合作示范区,此后将进一步推动文化与金融深度合作,助力文旅产业高质量发展。截至2020年9月,宁波市文化贷款余额达750.3亿元,比2018年初增加了90.7亿元,增长近14%;8000多家文化企业和100多个文化重点项目建设均得到了个性化融资、财务咨询以及资产管理等综合金融服务。[②]

(三)扩大财政资金杠杆效应,产业基金为实体经济"通络活血"

近年来,浙江省各地按照"政府引导,市场运作"的原则,积极推进政府产业基金设立及投资运作,在发挥杠杆效应、整合联动发展、服务实体经济和集聚高端要素等方面取得了较好的成效。

---

① 温州改革.探路者|浙南科技城创新打造科技金融中心,打通科技型企业对接金融资本便捷通道 [EB/OL].[2020-07-03].https://mp.weixin.qq.com/s/SKkD9vZ_hwZFeln3wirKog.

② 甬上财经.53.4亿!65项!宁波力促文化金融深度合作[EB/OL].[2020-12-25].https://www.sohu.com/a/440435701_120610419.

充分发挥杠杆放大效应,撬动社会资本。截至 2018 年年底,浙江全省政府产业基金规模已达 1496 亿元,到位资金 866 亿元,与社会资本合作设立子基金 590 支,总规模 4060 亿元;全省各级政府产业基金与社会资本合作设立的子基金累计投资实体项目 5231 个,撬动社会资本 11767 亿元;政府资金一级放大超过 4 倍,二级放大超过 8 倍,有效改善了社会资本的配置,充分发挥了政府引导基金的杠杆放大作用。市级层面,杭州市、宁波市和嘉兴市起步较早,分别在 2008 年、2012 年和 2009 年设立了创业投资引导基金,运作活跃,为省内其他城市树立了发展样本;金华市、台州市、温州市、绍兴市等也紧随其后,有效利用产业基金发挥示范、引领和激励的作用,引导本地社会资本投向实体经济,有力驱动了地方传统产业的转型升级和战略性新兴产业的培育发展。

整合组建省级产业基金,精准聚焦重点领域。2019 年,浙江省通过整合存量基金和新增预算安排,设立了总规模 351 亿元的省产业基金。由省转型升级产业基金整合省创新强省基金、省科技成果转化基金,组建新的省转型升级产业基金,总规模扩大至 251 亿元;聚焦数字经济、特色小镇、金融稳定、凤凰行动、军民融合、创新引领、文化产业等重点领域,组建总规模 100 亿~150 亿元的数字经济产业投资基金、总规模 100 亿元的特色小镇产融联动基金、总规模 100 亿元的金融稳定投资基金、总规模 50 亿元的凤凰行动投资基金、总规模 100 亿元的军民融合发展基金、首期规模 20 亿元的文化投资基金以及总规模 20 亿元的创新引领基金,采取省市县联动方式,撬动社会资本组建定向资金支持浙江省重点领域重大产业项目落地见效。[①]

集聚产业发展高端要素,服务实体经济。浙江各级政府产业基金有效发挥了示范效应,引导社会资本促进实体经济发展,集聚了资金、人才和优质项目等产业发展高端要素。截至 2018 年年底,全省政府产业基金及合作的子基金投资八大万亿产业项目 5079 个,投资金额 9132 亿元;其中投资高端装备制造项目 602 个,投资金额 2357 亿元。与国家级产业基金合作,分别出资 5 亿元、10 亿元参与组建国家新兴产业创投引导基金、先进制造业投资基金,组织出资 150 亿元参与国家集成电路投资基金二期;借助国家级基金管理团队的资源优势,助力浙江战略性新兴产业的崛起,创新生物、明峰医疗、万丰科技、慈兴集团、虹软科技、菲仕电机、均胜电子、浙江信汇等浙江企业获先进制造业投资基金投资 34.7 亿元,投资额比实际出资额放大 4.5 倍。

---

① 王林尧,罗荆.推进浙江政府产业基金运作管理的实践[J].财政科学,2019(8):146-149+154.

三、由点及面稳步推进,创新运作管理方式的浙江省产业基金实践

在"市场主导,政府监管"的产业金融服务体系中,政府可以通过设立引导基金的方式成为"资金方",从其传统的"监管方"角色中跳出,以"政府引导基金"的身份,直接参与到投融资活动当中,为产业发展注入源头活水。政府引导基金不仅使产业金融活动和产业金融服务体系的内容更加丰富,还是政府对市场化产业金融体系存在的缺陷进行调整和补充的重要手段,对于产业发展尤其是新兴产业的培育起着难以替代的作用。

我国目前正处于经济结构调整、传统产业升级的重要发展阶段,浙江作为我国民营经济大省,又是我国政府引导基金起步最早、运作最好的省份之一,其政府产业基金的实践经验对于其他省市政府设立和运作产业基金具有一定的可借鉴性。通过政府引导基金参与产业金融活动,有利于地方政府在不打扰产业金融市场规则的前提下,实现对社会资金配置的改善、对新兴产业和科技型企业的培育,从而达到加快经济转型、优化产业结构和促进经济增长的目的。

(一)先试先行,发展快速:浙江省产业基金体系不断优化

自 2009 年设立省级创业风险投资引导基金以来,浙江省政府产业基金在杭州市先行先试的基础上,从省级到市县、由点及面地稳步推进基金的设立和运营,相继设立了系列政府产业基金,涵盖了多个领域,基金规模也快速扩容。目前,浙江省已经形成了投资规模大、行业覆盖宽、区域覆盖全的政府产业基金体系,其发展历程大致可以划分为以下三个阶段。

1. 2009—2015 年快速发展期

2009 年,浙江省政府设立了省级创业风险投资引导基金,规模为 7.5 亿元,成为全国首家投入运营的省级政府引导基金。该基金以阶段参股形式促进早期项目投资,解决市场失灵问题,参股基金 11 支,总规模达 38 亿元。[①] 2012—2015 年,浙江省每年都设立相关政府产业基金,包括 10 亿元的省海洋产业基金、6 亿元的省创新强省产业基金、20 亿元的省信息经济基金,分别用于定向支持浙江海洋经济发展、创新强省建设和信息经济发展。政府产业基金的工作进入了快车道,其进度之快、力度之大,都走在全国前列,带动了浙江省股权投资基金行业的快速发展。

市级层面,杭州市和宁波市政府成立产业基金较早,是探索县市政府产业基金工作的领头羊。杭州早在 2008 年就设立了创业引导基金,后又设立了产业发

---

① 浙江省政府产业基金的实践与探索[A].中国财政省会:中国财政学会 2017 年年会暨第 21 次全国财政理论研讨会论文集[C].2017.

展投资基金、信息经济投资基金、蒲公英天使基金,政府出资规模达到了 43 亿元。宁波市在 2012 年至 2015 年间设立了规模 10 亿元的创业投资引导基金、规模 2 亿元的天使投资引导基金,以及规模 100 亿元的产业发展基金,形成了三类市本级的政府产业基金。

2. 2015—2018 年规模运作期

2015 年,浙江省政府出台《浙江省人民政府关于创新财政支持经济发展方式加快设立产业基金的意见》,旨在撬动金融资本和社会资本,放大政府投入效应,推动产业转型升级,各地按照"政府引导,市场运作"的原则推进政府产业基金设立及投资运作,浙江省产业基金进入规模化运作期。在整合信息经济创业投资基金的基础上,浙江省设立了总规模为 200 亿元的政府产业基金,重点支持信息经济、环保、健康、旅游、时尚、金融、高端装备制造等七大产业的发展。

截至 2018 年 12 月底,浙江省政府产业基金规模已达 1496 亿元,到位资金 866 亿元,全省各级政府产业基金与社会资本合作设立的子基金累计投资实体项目 5231 个,撬动社会资本 11767 亿元。财政资金杠杆作用充分发挥,国内外优质资本、项目、技术、人才等高端要素不断向浙江聚集,政府引导与市场化运作在产业基金上实现了有效结合。

3. 2018 年至今聚力调整期

2018 年下半年,浙江省按照"财为政服务、集中财力办大事、突出基金功能定位"的思路提出了政府产业基金 2.0 版,并于 2019 年初重新制定了《浙江省转型升级产业基金管理办法》,对原有的产业基金进行了整合。政府产业基金从 1.0 版本到 2.0 版本提出了"五个转变""五个强化"的要求:从"注重杠杆撬动"转变为"注重政策引导",从"投资分散"转变为"聚焦聚力",从"偏重市场化项目"转变为"政府关注领域项目",从"抓基础建规则"到"抓提升优服务",从"协作不足"转变为"通力合作"。

2.0 版的政府产业基金运作在"聚焦发展"上体现得尤为明显,浙江省为此组建了数字经济产业投资基金、特色小镇产融联动基金、金融稳定投资基金、凤凰行动投资基金和创新引领基金 5 支主题基金,以项目论英雄,探索构建"主题＋定向"的基金模式。在产业方向上聚焦数字经济,在企业状态上聚焦创新创业、企业上市和并购重组,在空间形态上关注特色小镇,以"聚焦投资领域、调整投资方式"的改变进入聚力调整期。

(二)科学运作,强化管理:高效合理的机制使基金流畅运行

浙江在省政府产业基金工作领导小组之下设立基金管委会,按照所有权、管理权和运营权分离的原则,搭建了"基金管理委员会—投资决策委员会—基金法人机构—基金运营机构"的四级组织管理架构(见图 9-2)。

```
            ┌─────────────────────────┐
            │   省政府专业基金工作领导小组   │
            └────────────┬────────────┘
                         │
            ┌────────────┴────┐      ┌──────────────┐
            │   基金管理委员会   │ ◄──── │  投资决策委员会  │
            └────────────┬────┘      └──────────────┘
                         │
    ┌────────────────────┴──┐  代行出资人职责  ┌──────────────┐
    │      基金法人机构        │ ─────────────── │  省金融控股公司  │
    └────────────────────┬──┘                └──────────────┘
                         │
    ┌────────────────────┴──┐  负责基金运营  ┌──────────────────┐
    │      基金运营机构        │ ───────────── │ 浙江金控投资管理公司  │
    └──┬────┬────┬────┬────┬─┘              └──────────────────┘
       │    │    │    │    │
  ┌────┴─┐┌─┴──┐┌┴───┐┌┴───┐┌┴────┐
  │一般子基││区域基金││天使基金││定向基金││直接投资│
  └──────┘└────┘└────┘└────┘└─────┘
```

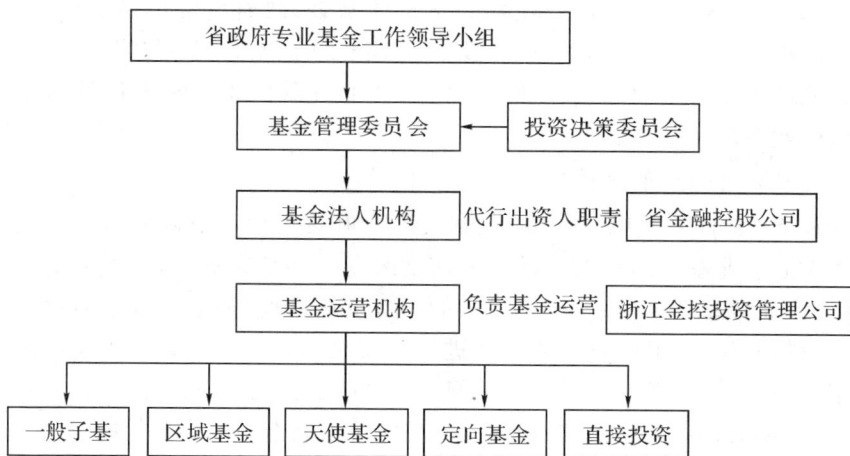

图 9-2 浙江省政府产业基金管理框架体系

基金管委会的成员单位包括省委宣传部、省发展改革委、省财政厅、省经济和信息化厅、省科技厅、省商务厅和省地方金融监管局等部门,通过投资决策会实施基金重大事项的决策、政策指导和统筹协调,基金管委会主任由常务副省长担任,副主任由省政府分管副秘书长和省财政厅厅长担任。投资决策委员会由基金管委会成员单位和相关专家组成,负责根据不同的项目性质和投资模式组织相关委员对投资项目进行决策。浙江省金融控股有限公司作为基金法人机构代行出资人职责,负责组建基金公司,聘用基金管理公司以及对基金管理公司进行监管和指导。浙江省金融控股有限公司的全资子公司浙江金控投资管理有限公司负责基金的对外投资管理,包括对立项项目开展尽职调查、提出投资建议、入股谈判、签订章程或合伙协议、投后管理、基金退出等具体投资事宜,是政府母基金的管理运作平台。

2.0 版的浙江省转型升级基金采取"定向基金"为主,"非定向基金""直接投资"为辅的投资模式(见图 9-3)。省转型升级基金可与市县政府产业基金、社会资本以私募方式共同组建定向基金或非定向基金,并委托专业投资机构进行运作管理,亦可对全省性重大项目进行直接投资。定向基金和非定向基金采取省市县联动的方式运行,定向基金以省内特定重大产业项目为投资标的,规模原则上不低于 10 亿元,省市县政府产业基金合计出资比例不超过基金规模的 40%,与产业项目方非关联的独立第三方社会资本出资比例原则上不低于基金规模的20%;非定向基金则以投向非特定对象的股权投资基金为标的,省市县政府产业基金合计出资比例不超过非定向基金规模的 30%,与执行事务合伙人及基金管理人非关联的独立第三方社会出资比例原则上不低于基金规模的20%。直接投资全省性重大项目的,省转型升级基金在项目中占股比例一般不超过20%,且不为第一大股东。

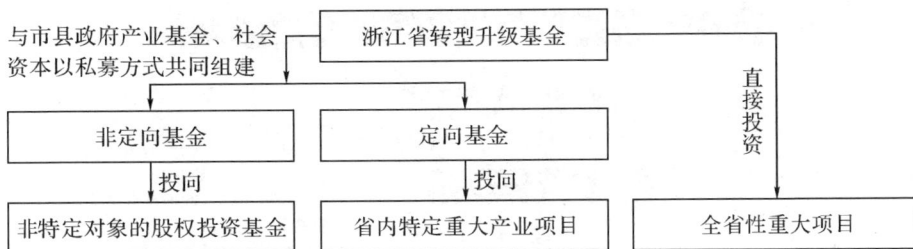

图 9-3　浙江省转型升级产业基金投资模式

　　管理体系建设和运营风险防控是浙江省产业基金的两大抓手,通过搭建科学合理的"三权分离"基金管理体系,产业基金的决策方、管理方和运营方各司其职,实现了专业的分工与协作;通过健全投资管理制度、风险管理制度和外部监察制度,浙江省产业基金建立了严格的风控合规体系和内部防控体系,并严格执行项目投资的"募投管退"全流程管理,确保引导基金的安全使用,更好地发挥示范和杠杆作用。

延伸阅读:浙江省产业基金投资决策程序案例

　　浙江省政府引导基金的投资决策一般程序包括项目提出(征集)、项目初审、项目立项、尽职调查、投决会评审、公示和组织实施七大步骤(见图9-4)。由项目所在地的县市政府或项目单位向省级行业主管部门提出申请,省级行业主管部门向管委会办公室提出具体项目投资方案。管委会办公室对省级行业主管部门所提的项目投资方案进行初审,审核内容主要包括四点:1.具体项目或合作投资机构是否确定,项目可行性报告是否已具备;2.市、县(区)政府产业基金出资额度是否到位,市、县(区)政府的政策支持情况;3.社会资本的出资募集情况;4.项目落地的政策引导目标是否明确,可量化,可考核。通过上述审核的项目予以立项,并交给基金管理公司负责,展开尽职调查,形成投资建议书,对项目的投资模式、投资期限、投资金额、收益分配、让利措施、退出方式等提出具体建议。管委会将投资建议书提交投资决策会进行审议决策;或由管委会办公室会同省级相关部门提出审核意见后,报管委会

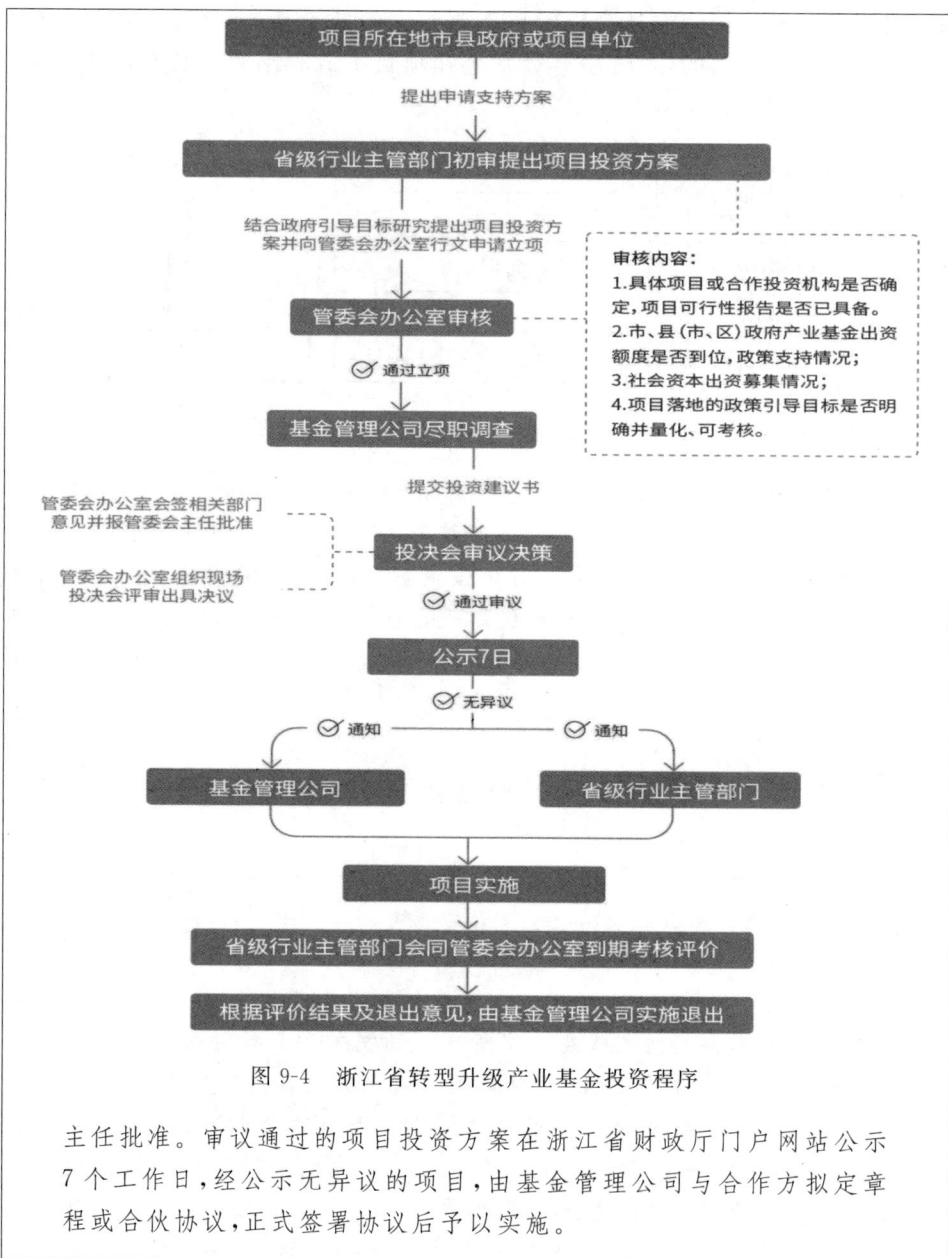

图 9-4　浙江省转型升级产业基金投资程序

主任批准。审议通过的项目投资方案在浙江省财政厅门户网站公示
7 个工作日,经公示无异议的项目,由基金管理公司与合作方拟定章
程或合伙协议,正式签署协议后予以实施。

四、全国"双创"示范城——杭州市的创投引导基金实践

杭州既是我国创新创业的高地,又是浙江省内最早设立政府产业基金的城

市之一,杭州市政府在整合创新创业优质资源要素、探索政府产业基金运作模式方面经验丰富。在杭州市的各类政府产业基金中,创业投资引导基金优势显著、表现突出,在培育科技型企业、加快科技成果转化、畅通企业融资渠道等方面发挥了有效作用,受到了多方的赞誉和借鉴。

（一）科技金融服务链接创业投资的"杭州模式"

杭州市创业投资引导基金成立于 2008 年,由政府引导、社会资金共同参与创投过程,成立 10 多年来,引导基金集政府和市场合力,逐渐构建起了"无偿资助—政策担保—科技贷款—还贷周转—天使基金—引导基金—上市培育"科技金融服务链,形成了独具特色的"杭州模式"。截至 2019 年,创投引导基金累计投资 500 多家企业,全部为民营企业,其中杭州初创企业占 44%;财政资金通过引导基金放大了 7 倍,参股机构所投企业中,有 29 家企业成功上市,创投引导基金有效发挥了财政资金的杠杆作用,引导社会资本流向杭州市重点发展的产业。（见图 9-5、图 9-6）

图 9-5　杭州创业投资引导基金 10 年成绩单

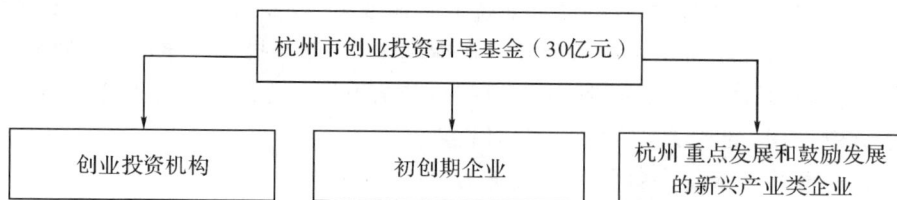

图 9-6　杭州市创业投资引导基金投资去向

　　杭州市创业投资引导基金采用决策、评审、日常管理相分离的管理体制,由杭州市创业投资引导基金管理委员会负责决策;下设基金管委会办公室,负责日常管理工作;杭州市高科技投资有限公司或其他符合条件的专业化管理机构为基金的受托管理机构,按照委托管理协议履行日常职责,完善内部管理制度和风险防范机制。

　　2019 年,杭州市出台了新版《杭州市创业投资引导基金管理办法》,与 2010年的旧版政策对比,创业投资引导基金的规模由原来 10 亿元增加到 30 亿元,基金规模更大;将初创企业门槛放低,并新增销售额 1 亿元以下的国家级高新技术企业,支持对象更广;不再指定引导基金受托管理机构,基金可引入符合条件的专业化管理机构,运作和投资管理的方式更加市场化;更注重引导基金的放大效应,有利于创投机构募集更多的民间资本;基金参股期限由 5 年以内延长到 7 年以内,更有利于对重点产业的长期扶持。(见表 9-1)

表 9-1　《杭州市创业投资引导基金管理办法》新旧版要点对比

	2010 年版	2019 年版
基金规模	10 亿元	30 亿元
重点领域	电子信息、生物医药、新能源、新材料、环保节能、知识型服务业、高效农业等符合杭州市高新技术产业发展规划的领域	——
支持对象	创业投资机构(创业投资企业、创业投资管理企业),初创期企业	创业投资机构(创业投资企业、创业投资管理企业),初创期企业、杭州市重点发展的产业和鼓励发展的其他新兴产业类企业
初创期企业界定	职工人数在 300 人以下,年销售额在 3000 万元以下,成立 5 年以内	职工人数在 500 人以下,年销售额在 5000 万元以下

续表

	2010 年版	2019 年版
基金管理机构	杭州市高科技投资有限公司	原引导基金管理机构,或按照市场化原则引入符合条件的专业化管理机构
创投机构参投原则	企业资金规模在 2 亿元以下的,投资杭州市范围内企业的资金不低于 70%;企业资金规模在 2 亿元(含)以上的,投资杭州市范围内企业的资金不低于 65%	投资杭州市范围内企业的资金不低于引导基金实际出资额的 2 倍,投资初创期企业的资金不低于引导基金实际出资额的 1.5 倍
退出原则	一般在 5 年内退出	一般在 7 年内退出

(二)科技支行使杭州创投基金如虎添翼

为了配合创投引导基金的工作,杭州市依托杭州银行成立了以政府创业投资引导基金为核心、与创投机构紧密合作、专门服务于杭州科技型中小企业的科技支行。杭州银行科技支行在管理机制、运营模式、产品和服务四方面有着卓越的创新成效,包括实施单独的客户准入标准、信贷审批授权、信贷风险容忍政策、业务协同政策和专项拨备政策等管营分离的"五个单独"体系;与政府部门、创投机构、担保公司、产业园区形成"五方联动"的运营模式;开发了知识产权质押贷款、期权业务、订单融资、合同能源管理融资等科技金融产品;构建了覆盖企业全生命周期的科技金融服务平台,为科技型中小企业提供金融服务和创业服务。

"五个单独"的管理机制。杭州银行对科技支行实行单独的客户准入机制、单独的信贷审批机制、单独的风险容忍政策、单独的拨备政策和单独的业务协同政策等"五个单独"管理体系。客户准入方面,科技支行将目标客户锁定为拥有自主知识产权或商业模式创新的科技型中小企业,引入了专家联合评审制度,组织业务培训,对相关行业进行研究;信贷审批方面,采取"风险管理前移"政策,并成立了专家咨询委员会,实施联合信贷评审;风险容忍政策上,科技支行拥有更高的不良贷款指标,设定的不良贷款率为全行平均指标的两倍;拨备政策上,设立"科技型中小企业专项拨备"项,将财政的风险补助资金、对科技型中小企业的期权股权收益资金纳入其中;业务协同政策上,鼓励行内其他机构推荐科技型中小企业业务,推介成功的给予"双边奖励"。① 在不断优化完善"五个单独"管理机制的基础上,科技支行还进一步创新了单独人力资源管理、单独的信贷基础管理两项新机制,逐步形成内部差异化管理机制"5+2"体系。②

"五方联动""四位一体"的运营模式。"五方联动"即杭州银行科技支行与政府部门、创业风险投资机构、担保公司和工业园区的联动,构建了银政合作平台、银投合作平台、银保合作平台和银园合作平台"四位一体"的运营模式。与政府合作,不仅在财政贴息、风险补偿、客户推荐等方面获得支持,还共同推出了信贷风险补偿基金模式惠及更多企业;与风险投资机构合作,在资金募集、优质项目互荐、基金专业托管等方面为中小企业提供服务;与担保公司合作,不但促进了政策性担保公司为企业提供贷款担保,还共同推出了期权担保业务,双方合作扶持企业并分享企业股权增值收益;与产业园区合作,依托园区进行渠道建设,推广订单贷等中小企业贷产品,促进科技型中小企业进园区。③ 通过"五方联动"的紧密合作,科技支行在短时间内聚集了杭州市级和区(县)级科技部门、40余家国内外知名创投机构、近20家创业园区、10余家担保公司、数十家各类证券公司,以及会计事务所、律师事务所、行业协会、行业研究机构等中介服务机构,打造了科技金融综合服务平台。合作平台资源的整合有效提升了科技支行的综合服务能力,使之能够快速准确地对接杭州地区的科技型中小企业,为科技支行提供了80%以上的信贷客户来源。

持续创新的科技金融产品体系。科技支行的产品创新能力极强④,并根据科技型中小企业的发展特点量身定制,先后推出了知识产权质押贷款、股权质押贷款、合同能源管理融资、风险池贷款、期权贷款、订单贷、收入贷、基金宝、跟进保证贷款、财务顾问、管理顾问等一系列创新金融产品。以知识产权质押贷款为例,该产品针对的是自有资金短缺,但技术先进、持有专利资产的企业,科技支行引入了专业评估机构以降低贷款风险,同时利用杭州银行在北京设立的网点办理知识产权质押登记,以降低企业的融资成本。近三年(2018—2020年)来,知识产权质押贷款的累计发放金额已经达到了20.1亿元。

覆盖企业全生命周期的金融服务。科技支行提供与科技型中小企业成长曲

① 贾康,孟艳,封北麟等.财政支持科技支行的杭州经验及启示:杭州银行科技支行调研报告[J].经济研究参考,2014(25):15-23.

② 杭州银行.杭州银行股份有限公司2019年半年度报告[R].杭州:杭州银行股份有限公司,2019.

③ 朱志刚.科技金融专营机构解决科技型中小企业融资难的实践与探索——以杭州银行科技支行为例[J].杭州科技,2015(1):41-45.

④ 朱翀.商业银行科技金融创新方向探索——基于杭州科技银行与硅谷银行发展模式比较[J].浙江金融,2016(3):31-36.

线一致,贯穿企业从种子期到成熟期的金融服务。针对种子期企业,主要提供管理、营销、财务、金融、政策等方面的创业知识和经验指导;针对初创期企业,不仅提供市场定位、管理团队整合、商业计划精细化等创业指导,还提供一定的融资服务;针对成长期企业,会加大信贷支持,开发订单贷款、应收账款质押贷款、知识产权质押贷款、合同能源管理贷款、银投联合贷款等金融产品,满足企业的日常经营资金需求;针对成熟期企业,主要提供来自投资银行和资本市场的股权融资服务。

在杭州银行科技支行的助力下,杭州创业投资引导基金对创业企业的支持作用得以更好的发挥。截至 2019 年 6 月 30 日,科技支行为超过 1300 家科技型中小企业提供了融资服务,其中大部分为民营企业,70％以上的企业集中在新一代信息技术、高端装备制造、新材料、生物医药、节能环保等战略性新兴产业。累计培育了贝达药业、英飞特电子、歌礼生物、迪普科技、长川科技等 IPO 企业 11家;安恒信息、虹软科技、鸿泉物联已经登陆科创板。

（三）高科技担保公司为创业投资筑高风险防火墙

在杭州创业投资引导基金和杭州银行科技支行的发展过程中,科技型担保公司起到了至关重要的作用。创业企业普遍在融资方面存在"无抵押、无担保、无银行流水"等痛点,科技型担保公司能够有针对性地为其提供担保服务,充分利用担保资金的"杠杆作用",打通企业的融资渠道。2006 年杭州政府机构尝试"改拨为投",财政支持形式从给予创业企业和中小企业资金补助转变为以股权投资为主,针对科技型中小企业的融资问题中面临的担保需求,杭州市政府专门成立了杭州市高科技担保有限公司(后更名为"杭州高科技融资担保有限公司",以下简称"高科技担保公司"),由杭州市高科技投资有限公司和杭州市融资担保有限公司以 64∶36 的注资比例,专业为杭州市内的科技型中小企业提供融资担保服务。高科技担保公司主要在以下三个方面发挥作用。

第一,为杭州市科技型中小企业提供低门槛、低费率的融资担保服务。高科技担保公司为杭州市内的科技型企业提供贷款担保,担保费率仅为 1％,且不收取保证金。与市场上动辄 3％～5％的融资担保费率和不菲的常规保证金相比,高科技担保公司提供的服务大幅降低了初创企业的融资成本。针对不同规模的企业,高科技担保公司还推出了差异化的产品和服务:对于有高价值的企业,推出"期权担保";对已有投资机构投资但仍亟需资金的企业,推出"跟进保证担保";对国家级高新技术企业,推出产品化的"高企保";对初创期的小微企业,推出"孵化保"批量融资担保业务。[①] 高科技担保公司的业务不仅覆盖新一代信息

---

① 阳作军.杭州硅谷孵化器运行及创新模式解读[J].杭州(党政刊 A),2017(9):32-33

技术、新能源等新兴产业,还为机械、装备制造等传统产业提供服务,用投资的眼光去审视中小微企业的真正内在价值,降低了中小企业获得融资担保的门槛。

截至 2020 年,高科技担保公司已经走访了上万家企业,每年支持中小微企业 250 户左右,目前累计支持企业超过 3200 家,累计为企业融资担保约 120 亿元,累计为企业节约资金成本在 3 亿元以上。高科技担保公司有效弥补了市场上金融中介机构欠缺、中小企业融资担保服务获取困难的问题,但受到其帮助的企业数量有限,于几十万中小微企业来说杯水车薪,广大中小微企业群体的融资担保问题,仍然需要市场上金融中介机构服务的不断完善来解决。

第二,创立"贷款风险池"以分担银行风险,撬动大规模信贷资金。高科技担保公司自 2009 年起陆续与区县科技局、科技园区、企业服务平台合作,在全国首创"贷款风险池",利用担保资金的"杠杆作用",放大 10 倍支持中小微企业。以高科技担保公司与杭州市西湖区政府、杭州银行科技支行联合建立的西湖区"联合天使担保"风险池基金为例,高科技担保公司、政府与银行按照 4∶4∶2 比例向联合风险池基金注入资金,基金以区财政资金 10 倍规模放大,杭州银行科技支行配套总规模 2 亿元的定向信贷资金,扶持符合西湖区产业发展导向的科技型中小企业。风险池贷款以高科技担保有限公司提供担保,杭州银行科技支行发放流动资金贷款的模式进行,当出现不良贷款时,不超出风险池基金总额的损失,由高科技担保公司、政府与银行以 4∶4∶2 的比例分担;超出风险池基金的部分,由高科技担保公司、杭州银行科技支行按照 8∶2 的比例分担。此模式下,一方面不良贷款的主要损失由高科技担保公司承担,大大降低了银行给中小微企业提供贷款的风险,另一方面利用风险池"四两拨千斤",撬动了 10 倍金额的科技型中小企业定向信贷资金。

第三,创新融资担保产品和信贷模式,帮助科技型中小企业渡过难关。高科技担保公司不断丰富完善担保业务品种,不仅开发了联合天使担保、投保联动、高企保和孵化保等创新产品;2020 年进入后疫情时代以来,还与杭州银行科技支行合作,推出了支持企业复工复产的专项科技金融计划。一方面,对符合条件的企业实施延期担保和担保费用减免,提供不高于当期 LPR 利率(4.05%)的银行贷款;另一方面新设了杭信贷、应急保和可转债增信等"抗疫产品",全国首创的"杭信贷"模式由浙江信保提供出口信用保险保障、高科技担保公司提供担保、合作银行快速放贷。截至 2020 年 8 月底,"杭信贷"已授信企业 3.3 亿元,发放贷款 1.5 亿元,"政策性出口信用保险+政策性担保+银行授信"的融资闭环模式为疫情冲击下的中小企业提供了快速便捷的融资帮扶,受到了国务院的褒奖。

五、以智本撬动资本，以服务助力创新的余杭区产业基金实践

2015 年杭州市余杭区设立了以政府资本为基础的政策性产业引导基金，初始规模为 20 亿元，通过间接扶持办法，重点支持信息、生物医药、先进装备制造等重点产业以及新能源、新材料、电子商务、文化创意、现代都市农业等重点产业的发展。截至 2018 年年底，余杭区政府产业基金总规模已达 63.5 亿元，与社会资本合作设立的"子基金"规模达 249.8 亿元，"子基金"已完成对 230 多个项目的投资，有效引导了社会资本推动余杭区的创新创业。

（一）因地制宜、灵活多样的产业基金运作模式

余杭区成立了"产业发展引导基金管理委员会"，负责区产业基金重大事项的决策和协调，管委会在区财政局设立了基金管委会办公室，负责管委会的日常工作。产业基金以基金池方式进行运作，基金池设在杭州余杭财务开发有限公司；杭州余杭财务开发有限公司代行出资人职责，出资组建杭州余杭产业发展投资有限公司，具体履行对外股权投资职责。杭州余杭金融控股集团有限公司（以下简称"余杭金控集团"）是基金的管理公司，负责产业基金的日常经营管理、具体投资和运作。

余杭区产业发展引导基金以让利性股权投资、子基金模式、直接投资模式和投贷联动模式等方式进行运作，基金的投资模式多样化，并随着本地产业发展需求的变化不断改革创新（见图 9-7）。

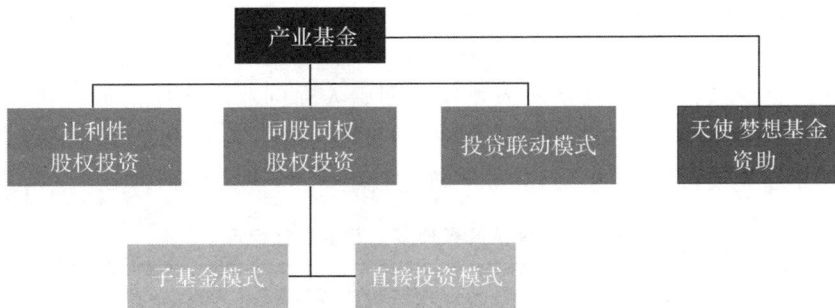

图 9-7　余杭区产业发展引导基金的运作模式

（1）让利性股权投资以优先股方式进行投资，采取政府决策和市场化运营相结合，由各行业主管部门制定相关政策明确投资对象、额度、期限、约定股息率等，投资期限一般不超过 3 年，约定股息率最高不超过同期银行基准贷款利率的 85%。

（2）同股同权股权投资有"子基金"模式和"直接投资"模式，"子基金"模式指

由余杭区产业发展引导基金作为"母基金",与上下级财政资金、社会资本合作设立,或增资参与现有基金等设立"天使基金""VC基金""PE基金""并购基金"等各种"子基金";"直接投资"模式针对特别优秀的企业,根据不同类别的产业资金和投资对象,采取注入资本金、直接参股、参与定向增发、跟进投资等不同的股权投资管理形式。

(3)"投贷联动"模式为已获得产业基金扶持的项目引入配套贷款,引导合作银行为被投项目提供原则上不低于1∶1的配套额度贷款;银行贷款实行优惠利率的,由财政调配政府性存款保障银行收益。"投贷联动"模式旨在引导银行及其他金融机构加大对产业项目的资金投放力度,进一步发挥产业基金的放大作用。

(二)人才带项目、资本促双创的天使梦想基金模式

为了推动区内创新创业高质量发展、满足梦想小镇等双创载体的服务需求,余杭区还在浙江省天使梦想基金的基础上,加码设立了"余杭区天使梦想基金",专门资助创新创业项目。2017年下半年,"天使梦想基金"由余杭区产业发展引导基金管理委员会牵头成立,从2018年起每年安排不少于5000万元资金,重点扶持注册设立在未来科技城、临平新城、余杭经济技术开发区、良渚新城、仁和先进制造业基地等余杭五大重点产业平台的、成立时间在5年以内的高层次人才创业创新项目,旨在引导和带动金融资本、社会资本、创新项目、优质人才集聚融合,形成创新示范效应。截至2019年12月,天使梦想基金累计完成尽职调查项目162个,累计出资项目57个,扶持落地了多个面向数字化、生物医药、信息技术领域的优质项目,扶持金额共计4900万元。

天使梦想基金重点扶持在余杭区注册设立,成立期限一般在5年以内的高层次人才创业项目,其中高层次人才作为创始人在创业团队中的股权占比不低于15%。根据人才评定等级,可分别给予30万元、80万元和150万元的资助,顶尖人才创业项目按"一事一议"原则确定资助标准(见表9-2)。

表9-2 余杭区天使梦想基金扶持标准

人才类别	项目类别	资助标准
余杭区A类高层次人才	顶尖人才项目	一事一议,最高1000万元
余杭区B类、C类高层次人才	国家、省级领军型人才项目	150万元
余杭区D类、E类高层次人才	市、区级领军型人才项目	80万元
省内全日制本科在校生,毕业不超过10年的全日制本科生,硕博人才	创新型人才项目	30万元

　　基金采取"资助＋期权＋激励"的运作模式,构建"创业苗圃＋孵化器＋加速器"的创业全程孵化链条,根据项目培育阶段的不同分步实施。首先采取"资助"方式对人才创业项目进行投资,在该项目首次引进社会股权融资时,基金按该轮估值行权,行权后参股比例最高不超过企业注册资本的5％,高于5％部分资金留待项目下一轮融资时行权。天使梦想基金行权完毕后,在项目引进新一轮股权融资时,天使梦想基金根据新一轮股权融资的估值情况,通过股东回购、协议转让等方式退出所持股权,股权溢价税后收益的30％部分一次性奖励给创业团队,剩余70％部分和股本金转入天使梦想基金循环使用。以新能源企业杭州德海艾科能源科技有限公司为例,2019年4月,该企业获得了余杭天使梦想基金"市、区级领军型人才项目"80万元的资助;2019年12月,天使梦想基金与杭州德海艾科能源科技有限公司签署了增资扩股协议,德海艾科成为了余杭天使梦想基金的第一个行权项目。

延伸阅读:余杭天使梦想基金的运行流程

　　天使梦想基金的运行流程主要包括项目征集与初审、项目评审、尽职调查、资助方案确定、项目出资、项目行权、投后培育和项目退出八个步骤:

　　(1)项目征集与初审。平台或部门每年定期组织高层次人才创业项目的公开征集工作,平台、部门会同区委人才办、区人社局对申报项目人才层次及项目内容进行初审后,将推荐项目名单及相关资料报送区产业发展引导基金管理委员会办公室。

　　(2)项目评审。由基金管委会牵头组织项目评审工作,具体根据项目属地或产业类别委托平台或部门组织实施。

　　(3)尽职调查。由基金管委会委托中介机构进行尽职调查,出具尽职调查报告。

　　(4)资助方案确定。基金管委会与各平台管委会对项目评审结果和尽职调查报告进行审查,并汇总形成资助方案,在区级主要媒体上进行公示。

　　(5)项目出资。公示无异议的,报经区政府同意后拨付资金,同时由金控集团拟定资助协议,约定资助款的转股行权时间、行权条件、附带限制性条款等内容,由基金公司正式签署后实施具体投资运作。

　　(6)项目行权。创业项目在引进首次社会股权融资时,根据资助协议,由金控集团根据此次估值行权,经基金管委会审批后,将资助资金转为对创业项目企业的投资,并办理股权登记手续。

(7)投后培育。金控集团可视具体情况,进一步为行权项目提供股权基金、项目平台、金融服务等支持,并为创业企业的成长导入相匹配的资本、人才、技术和管理,支持创业企业做大做强。

(8)项目退出。基金行权完毕、行权项目经一段时间培育后,在项目团队引进新一轮股权融资时,金控集团根据创业项目企业新一轮股权融资的估值情况,通过股东回购、协议转让等方式退出所持股权。

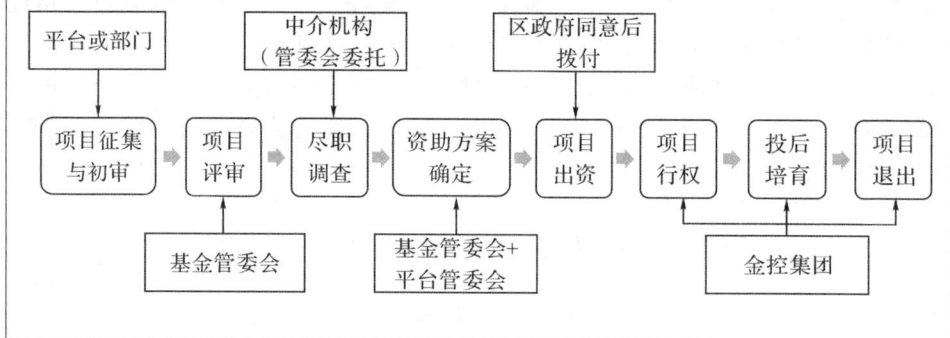

```
平台或部门      中介机构           区政府同意后
              (管委会委托)          拨付

项目征集  →  项目  →  尽职  →  资助方案  →  项目  →  项目  →  投后  →  项目
与初审       评审     调查     确定         出资      行权     培育     退出

           基金管委会        基金管委会+              金控集团
                           平台管委会
```

(三)引导基金赋能产业引培模式踊跃创新

余杭产业基金的管理方余杭金控集团在产业基金的模式创新上有着诸多创举,2019年,余杭金控集团牵头成立了混合所有制企业杭州产融创业咨询服务有限公司,为创业企业提供投融资对接、资源整合方案、知识产权服务、政策申报指导和代办、法务税务培训、技术疑难智库解答、物理空间运营等一站式产业服务。[①] 而杭州产融创业咨询服务有限公司又与碳材料领军企业杭州超探新材料科技公司联合发起成立了"云墨智谷",作为"基地+项目+基金"产业引培新模式的探索基地。在"基地+项目+基金"模式中,"云墨·智谷"基地是空间载体:是以创新材料研发与应用为产业定位的"先进碳材料+"产业创新服务综合体、"新材料+"军民融合产业化基地。基金是桥梁纽带:在金控集团的组织下,云墨智谷不定期地举办项目、技术与资本的对接会议,推动创新链、产业链、资金链三链融合;云墨智谷还与中信建投资本、新材智资本、启赋资本、科鑫资本以及中军军投等专业投资机构建立了密切的合作伙伴关系,为园区内的企业提供创业投资、债券融资、金融中介等金融服务。项目是创新种子:园区通过"新材料+"专业孵化平台,实现技术研发创业项目的产业化,每年推出5至10款新材料进行"中试";截至2021年年初,云墨智谷可产业化项目已有40余个,预计到年底可

---

① "基地+基金"产业引培新模式引发各界关注[N].余杭晨报,2020-01-18(第24版:两会专题).

累计培育孵化新材料产业化项目 50 个。

　　在产业基金的模式创新探索中,余杭区不仅成立了产业服务公司为企业赋能,还试水了"基地＋项目＋基金"模式,围绕"全域创新"的大目标,以产业基金为优势,以资本为纽带,发挥无形之手的力量,促进了战略性新兴产业的引进培育以及传统产业的转型升级。

第十章　建设高水平开放园区

回首改革开放四十余载,浙江实现了从"外贸大省"到"开放大省",再到"开放强省"的华丽蜕变,浙江人以浙江智慧书写了别样精彩的浙江开放篇章,凝成了卓有成效的浙江经验。从 1979 年 6 月国务院批准宁波港正式对外开放,到如今宁波舟山港货物吞吐量连续 11 年位居全球第一;从 1980 年成立浙江首家中外合资企业——西湖藤器有限公司,到今天超 62000 家外商投资企业;从 1981 年 11 月在香港注册成立浙江首家境外贸易机构——亚利公司,到现在浙江海外并购风起云涌,涌现出以阿里巴巴、吉利集团为代表的一批全球知名跨国公司;从 1983 年 7 月首次在香港举办"浙江省出口商品展销会",到如今出口份额占据全国一成。浙江的开放已从曾经的势孤力薄、蹒跚学步,步入了今天的扬帆激浪、一往无前。以自贸试验区为龙头,保税区、综试区、经开区为中坚,国际产业合作园、海外创新孵化中心等为亮点的对外开放平台体系,为浙江参与国际分工和全球资源配置,构筑"走出去、引进来"的开放型经济奠定了基础。开放的空间决定着发展的空间,开放的水平决定着发展的水平,总结梳理浙江产业园区的对外开放实践经验,对国内其他地区建设高层次的对外开放园区,构建"双循环"新发展格局,以高水平开放促进高质量发展具有重要借鉴意义。

一、走向国际化的产业园区

走在开放经济前沿的浙江,为推动实现国际产能对接、加快融入全球经济圈,紧抓扩大开放的历史机遇,率先提出在全省范围内启动创建一批国际产业合作园,同时在全国范围内首创提出建设境外并购产业合作园,有效推动了国外优质产业的"引进来"和国内优质企业的"走出去",为建设更高层次开放型经济蹚出了一条新路子。

（一）国际产业合作园

从 2014 年开始，浙江就开始以园中园的形式，在部分开发区中试点培育建设国际合作产业园。2015 年初，浙江省政府工作报告中明确提出建设国际产业合作园，并将其列为当年政府工作的一类目标。2019 年 1 月，浙江省商务厅印发《关于加快国际产业合作园发展的指导意见》，对高水平建设国际产业合作园提出具体要求，并明确每个国家级开发区都应有标杆性的国际产业合作园，未来3～5 年全省要高水平建设 20～30 家国际产业合作园。

近年来，浙江国际产业合作园迅速发展壮大。截至目前，全省共创建了以中意宁波生态园、新加坡杭州科技园、中荷（嘉善）产业合作园等为代表的 20 家国际产业合作园，成功引进合作国家项目超过 900 个、投资总额超过 100 亿美元。不仅是杭州、宁波、嘉兴等沿海发达城市，通过建设国际产业合作园，成功集聚了一批包括蒂森克虏伯、日本电产、荷兰锂能沃克斯等重大外资产业项目，还引进了一大批小而精、特而强的隐形冠军项目，而且像衢州这样的浙江内陆欠发达城市，虽然区位条件较差、外资基础偏弱，也通过在衢州经济开发区建设中韩（衢州）产业合作园的方式，成功引进了韩国晓星、LG 等外资项目，实现了外资工作的大翻身。

在合作方式上，各园区因地制宜、大胆创新，积极探索与合作国家经济、产业、商贸互惠共赢的合作方式。比如，中意宁波生态园通过跨国并购和完善产业孵化、中试、投放链条，以系统的产业发展模式成功吸引了一批海外优秀企业落户园区；新加坡杭州科技园则是在中新两国合作框架下，学习复制苏州工业园的经验，由新加坡凯德集团和杭州经济技术开发区联合开发打造，在合作模式、运作方式上成为国际合作园的发展典范。从单纯的优质项目、优质企业引进，到合作国家的优秀人才和先进技术等资源要素的全方位引进，国际合作的领域变得更加广阔，合作成效愈发显著，国际产业合作园俨然成为引领浙江开放型经济高质量发展、聚集高质量外资的重要载体和主动参与推动全球化进程的重要平台。

（二）中意宁波生态园

中意宁波生态园是中意两国政府共同打造的高端现代化示范园区，是经商务部认定的国家级国际合作生态产业园。得益于区位优势明显、政策扶持有力、服务保障到位，中意宁波生态园在产业发展、企业集聚、外资引进上持续突破，成为宁波经济发展的"先行者"。

1. 向海而生，宁波经济发展的"先行者"

2014 年 6 月和 10 月，在中意两国总理两次见证下，中意宁波生态园正式落户宁波余姚。2015 年 12 月 11 日，中意宁波生态园正式挂牌成立，成为浙江省唯一，也是全国仅有的 8 个国家级国际合作生态园之一。中意宁波生态园管委会成立后,主动把生态园作为余姚、宁波乃至浙江省新一轮发展的战略支点,坚持世界眼光,打破区域壁垒,立足意大利,面向全欧美,致力于打造世界一流、国内顶级的生态型产业示范园区。

经过 5 年的发展,园区已形成了"4＋1＋1"的发展格局,即新材料及新能源汽车、节能环保、生命健康、通用航空 4 大产业基地,中意启迪科技城和本地企业转型升级示范区。园区工业总产值由 2015 年的 80 亿元提高到 2020 年的 198 亿元,年均增幅接近 20%;规上工业增加值由 2015 年的 9 亿元提高到 2020 年的 37 亿元,年均增幅超过 30%,尤其是吉利领克、甬矽电子等新入园龙头企业产值年均增幅高达 540%以上。园区投产企业数由 2015 年的 28 家增加至 96 家,增长了 2.4 倍;其中规模以上企业增加至 37 家,增长了 2.5 倍。

作为宁波融入"一带一路"建设的重要支点性平台,中意宁波生态园充分发挥国际合作优势,深挖意大利乃至全球优质项目与资源,推进跨国产业项目合作。截至目前,园区累计签约项目超过 110 个,总投资超过 530 亿元。其中,中意启迪科技城、吉利 30 万辆新能源汽车、甬矽电子高端集成电路 IC 封装测试一期等 55 个项目开工建设或投产。园区累计引进外资项目 19 个,总投资 54.71 亿元,其中世界 500 强企业 5 家;累计实际利用外资达 5.08 亿美元,2020 年上半年在疫情影响之下,实际利用外资实绩数(1372 万美元)位居余姚第一。① 园区已经成为余姚开放发展的强大引擎和宁波前湾新区的重要组成部分。

2. 中意混血,打造世界一流生态型产业示范园区

(1)规划布局

生态园总规划面积约 40 平方公里,其中近期 26 平方公里,远期向北围海拓展 2 公里约 14 平方公里。坚持"政府引导、中介桥梁、企业主导、市场运作、互利共赢"的原则,生态园总体功能布局为"两湖五大片区",分别为南湖城市生活区、北湖生态居住区以及中央复合岛、节能环保产业园区、研发创新园区、生命健康产业园区和高端装备制造园区。(见图 10-1)

2019 年 12 月底,宁波市政府近日印发《宁波前湾新区发展规划》,明确提出,前湾新区将打造滨海创新发展核、南部产城服务核"两核",东部先进智造区、西部新兴产业区"两区"以及若干城镇节点区。其中西部新兴产业区,以中意宁波生态园为主体,布局发展新材料、新能源汽车、节能环保、汽车零部件等产业。(见图 10-2)

站位国家级生态园"C 位",生态园坚持产业与生态统筹、建区与造城统筹,

---

① 数据来源:宁波余姚市政府官网. http://www. yy. gov. cn/art/2020/6/24/art_1229137399_49130989. html.

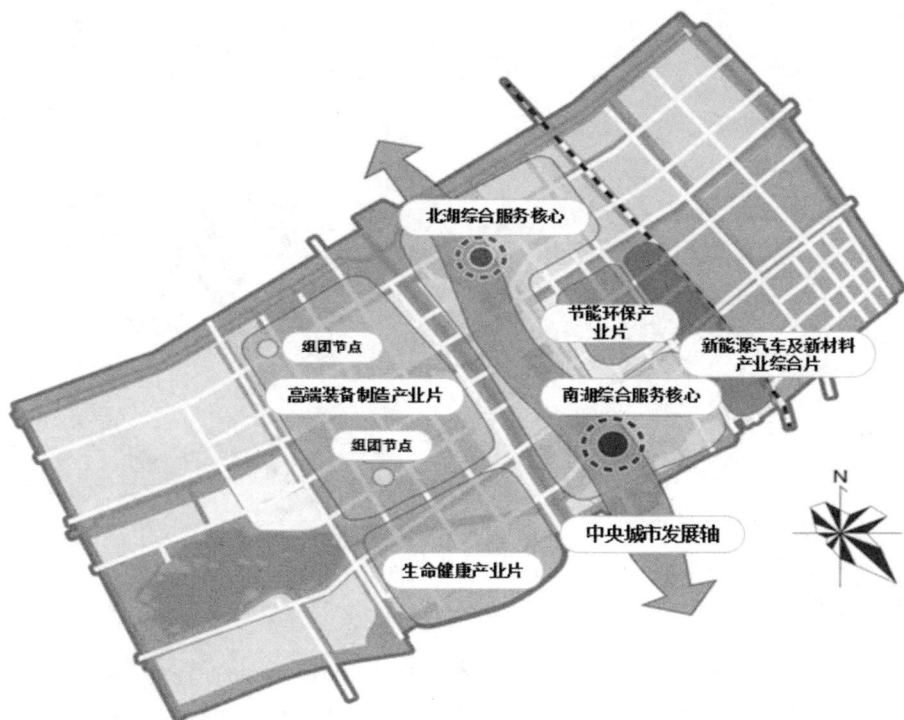

图 10-1 中意宁波生态园空间布局规划

依托滨海环境优势,融入意大利城市规划设计理念,专门成立了生态促进局,推进生态创新举措。比如,园区通过城市森林公园等标志性绿化工程带动见缝插绿等特色绿化项目,新建绿化面积超 23.3 万平方米,园区道路绿化率达到100%;大量使用下沉式绿地、开放水域、雨水湿地、植草沟、透水铺装、生态公厕、人行绿道系统的滨海大道一期路侧景观绿化工程;全方位覆盖光伏发电、垂直绿化、屋顶绿化、雨水回收利用、热回收系统、自动浇灌系统、光导系统等的生产性综合服务中心生态楼等一批标志性生态项目。

(2)开发建设

生态园在开发建设模式上注重运用公司化、市场化手段,创新多种开发模式,推动生态园区持续、快速开发建设。一种是借鉴德国等国家先进工业园区做法,实施"产业链龙头企业主导"的开发模式,如吉利领克新能源汽车、甬矽电子、瑞华康源医疗物联网、国兴汽车内饰件等项目,都是这一模式的典型代表。另一种是推行"市场开发主体主导"发展模式,采取股份合作方式,吸引国内外专业的产业园区建设运营商、产业地产商等参与生态园的开发建设。譬如,生态园与启

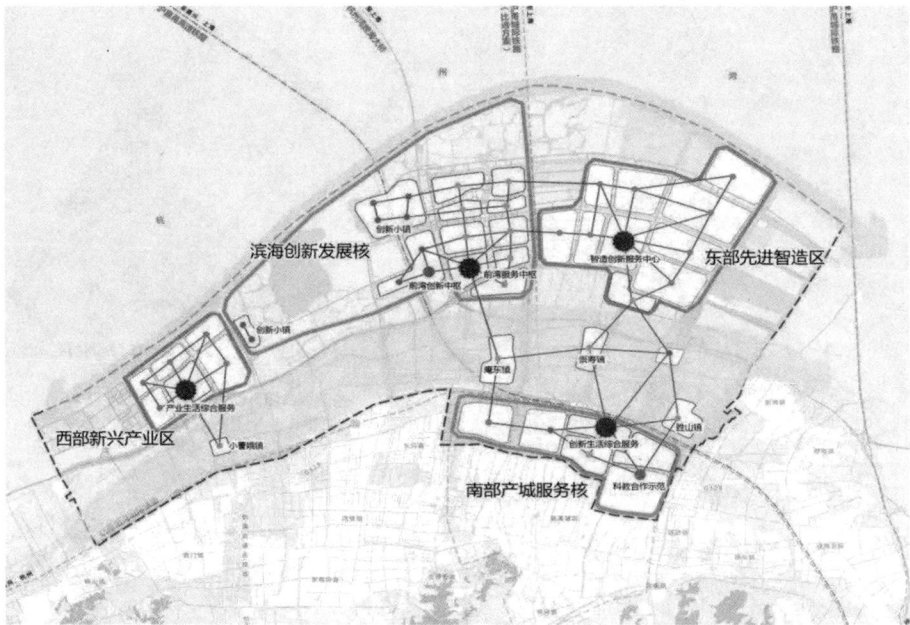

图 10-2　宁波市前湾新区空间规划(2019—2035 年)

资料来源:宁波市自然资源规划局. http://zgj. ningbo. gov. cn/art/2020/11/24/art _
1229269355_3679050. html.

迪控股合资建设的中意启迪科技城。目前,启迪科技城一期工程已有 17 栋厂房
竣工交付,35 家企业入驻,其中海外企业 5 家。启迪科技城聚焦战略性新兴产
业,重点发展智能制造、新材料及新能源汽车、节能环保、时尚科技、生命健康、智
能农机等六大产业,为生态园发展智能经济注入强劲动能。(见表 10-1)

表 10-1　部分落地在建或建成项目

项目名称	总投资	项目概况、规模
吉利汽车年产 30 万辆新能源及传统汽车项目	115 亿元	项目拟用地 1200 亩,年产 30 万辆新能源汽车及传统汽车项目,预计总投资 115 亿元,研发投入约 60 亿元
甬矽电子微电子高端集成电路 IC 封装测试项目	116.9 亿元	一期开工建设的高端集成 IC 封装测试项目占地面积 126 亩,总投资 16.9 亿元;二期项目总投资 100 亿元,占地 500 亩,主要用于高端 IC 封装测试研发、生产及销售

续表

项目名称	总投资	项目概况、规模
启迪时尚科技城	12亿元	拟开发面积5000亩,一期启动区块面积约700亩,主要开展科技项目的建设、投资、开发、管理和服务、投资管理咨询等业务
精进电动新能源汽车储能项目	10亿元	项目用地120亩,其中一期厂房面积40万平方米,主要生产电池包及电池管理系统
德国玛汀瑞亚宏泽铝制配件(余姚)有限公司汽车副车架总成生产项目	6000万美元	占地约30亩,建筑面积10000平方米,其中一期项目年产21.6万件铝合金副车架
美国JAC汽车行李架和踏板生产项目	3000万美元	主要生产高端汽车行李架和踏板,年销售预计10亿元,达产后可年产116万套汽车行李架
余姚市综合废弃物综合处理项目(意大利赫拉环保)	10亿元	总规划面积400亩,建设周期30个月,预计固定资产总投资10亿元,其中一期投资6亿元,公司注册资本金1.2亿元

(3)运行机制

中意宁波生态园是宁波市人民政府的派出机构,由宁波市人民政府授权,成立中意宁波生态园管理委员会,下设综合服务中心、综合服务局、财政局、生态促进局等部门,负责中意宁波生态园开发、建设和管理工作,行使规定权限范围内的经济社会管理职能。(见图10-3)

中意宁波生态园的投资建设主体为国有平台控股的中意宁波生态园控股集团有限公司,成立于2016年3月,注册资本20亿元,中意宁波管委会和宁波金江股权投资基金有限公司共同实缴出资18亿元,其中中意宁波生态园管理委员会(实际控制人)持股比例85%,宁波金江持股15%。目前园区对外投资设立企业或购买股权企业达20家,其中100%控股企业有7家,其余为部分控股投资。(见图10-4)

3. 创新探索,全力打造前湾新区前沿阵地

(1)精准招商,打造前湾"硅谷"品牌

围绕招商引资核心,生态园积极引入高科技、高附加值、高成长性项目,做大做强中意启迪科技城,积极打造前湾"硅谷"品牌。

一是以启迪科技城为核心,充分发挥启迪控股在全球的创业创新资源上的优势,聚焦科技研发机构、华侨华人高层次人才、海外专业人士和侨商组织、各类

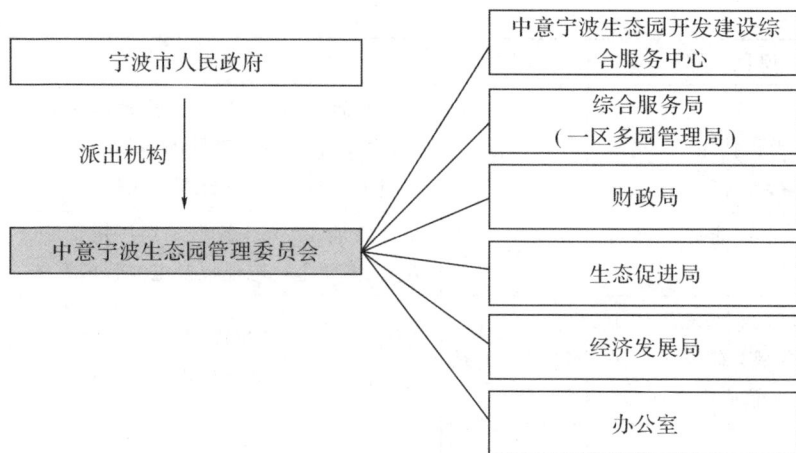

图 10-3　中意宁波生态园职能架构

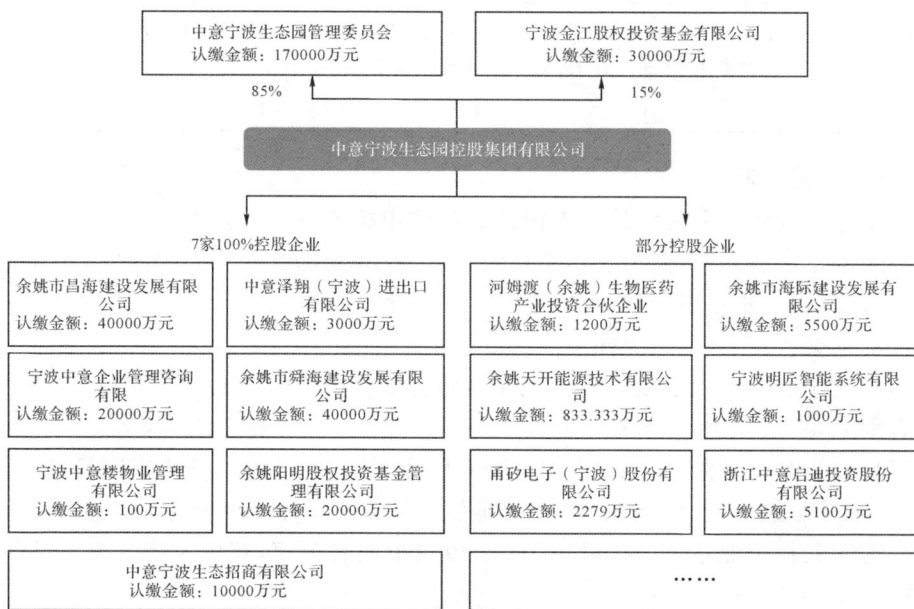

图 10-4　中意宁波生态园股权情况

科技服务等要素,招引龙头优质项目。

二是充分发挥上海虹桥中意楼、中意复旦(张江)科创中心等"飞地科创"平台优势,积极融入长三角一体化战略,与长三角地区高校、科研机构开展合作,招才引智,形成从高端人才引进、科研机构设置、研发孵化项目到落地生产制造"一站式"的产业体系。

三是出台专项政策保障。生态园专门制定出台了"前湾硅谷"政策,对符合"前湾硅谷"条件的项目,给予外购设备、科技研发投入、税收扶持、创新中心项目培育、股权投资奖励等5个500万元的政策补助,并对落户生态园的优质项目给予最高2000万元的股权投资。力争到2030年,形成研发和创新主体集聚、创新服务平台数量丰富、科技产业综合竞争力全面提升、产业质量明显提高的高科技产业体系。

(2)借"意"发力,打响国际合作品牌

抢抓"一带一路"建设契机,积极引入整合意大利优势资源,不断深化中意合作与交流,以丰富的意大利元素为园区发展增"色"。园区依托意大利办事处、领事馆等渠道,与意大利企业发展署等建立常态化对接机制,广泛接触在意企业和项目、高层次人才,累计引进宁波欧峰睿创科技有限公司、宁波河汉辰星文化发展有限公司等意大利企业5家,涉及意大利工业设计、节能环保、文创会展等优势产业。为加速项目落地,园区通过定制厂房、技术合作等方式,已成功引进赫拉环保、百得利电器等意大利项目入驻,总投资超12亿元。

在发挥中意产业合作的基础之上,园区抓抢东欧"17+1"经贸合作示范区核心区建设的东风,在宁波前湾新区余姚片区成功创建中东欧国际产业合作园,由此翻开了中意宁波生态园走向国际化的崭新一页。园区以"平台＋企业"模式,联合市场化主体,搭建科技研发、技术孵化、人才集聚、金融创新、经贸文化等领域"双向双赢"平台,园区相继成立意中(米兰)国际创新中心、中东欧(布达佩斯)创新基地、中以(特拉维夫)国际创新中心等国际化创新中心,积极构建全球化的产业、科技、人才合作大格局。首批15个入园项目已签约,总投资70.7亿元。

(3)精心筑巢,打造产业"创新高地"

随着国际合作、招商活动、企业入驻不断推进,园区不断提升服务水平,优化创新创业生态环境。生态园按照"适度超前、整体配套、滚动开发"的原则,积极推进园区生活、商业配套设施和特色小镇建设,全面推动商业、金融、文化等现代服务业和生活、生产、生态融合。目前中意文化交流中心项目已开工建设,中意宁波生态园实验学校已于2020年11月正式建成启用。此外,管委会下属中意控股有限公司已基本完成市场化转型,积极导入社会资本和开展经营性资产并购,为园区开发建设和企业发展提供更加有力的金融保障。积极协调基金公司、银行、租赁公司等,采取成立产业基金、开展融资租赁、参与股权投资等举措,帮助企业解决前期建设资金短缺难题,为大项目、大企业顺利推进创造条件。

(三)新加坡杭州科技园

新加坡杭州科技园是浙江—新加坡经贸理事会框架下,新加坡政府与浙江省的首个战略合作项目,是继苏州工业园后又一个中新合作的科技园区,也是中新两国经济交流的重要成果。园区由凯德集团和杭州经济技术开发区联合打造,先后被省政府、省商务厅认定为"浙江省开发区特色品牌园区""浙江省服务外包示范园区"等。2015年,省政府下发文件,命名了11家浙江省首批国际产业园,其中,新加坡杭州科技园以先进的合作模式、运作方式、管理经验,成为首批11家国际产业园的典范。

1. 基本概况:杭州对外经济交流最为活跃的区域之一

园区地处杭州经济技术开发区的中心地带,位于全国双创示范基地——大创小镇的核心区域,毗邻浙江省最大的高教园区下沙大学城,规划占地面积42.9公顷,规划总建筑面积100万平方米,总投资约40亿元。园区是新加坡腾飞集团和杭州经济技术开发区资产经营集团有限公司联手打造的国际化综合科技园区。

园区充分利用钱塘新区的区位和政策优势、大创小镇的科技和人才优势,发挥自身的平台优势和体制机制优势,已经成为杭州对外经济交流最为活跃的区域之一。截至2019年6月,园区吸引入驻天翼阅读、壹网壹创、杰莱雅、奕真科技、向上投资、觅瑞生物科技、德邦货运、术创机器人等各类企业700余家,产业类型涵盖信息技术服务、软件工程外包、生物医药研发、电子商务等诸多领域,集聚各类高端人才7500余人。其中,科技园一、二期30万平方米的平台已建成投用,总体出租率高于95%。[①] 2019年,科技园招引落地重大外资项目达18个。

2. 规划先行:新加坡经验在地化打造活力园区

园区导入新加坡在科技园建设方面的规划设计理念和运营管理经验,因地制宜打造一个环境生态化、生活城市化、产业现代化的高品质理想办公场所,自2009年正式开园运营以来,新加坡杭州科技园已发展成为浙江省内首屈一指的商务休闲"个性凸显"的现代化园区。

(1)规划设计

"结构决定功能",规划先行。新加坡杭州科技园引入新加坡在科技园方面的先进规划设计理念,倡导"产城融合、三生协调、特色发展",重视公共空间的布局规划,强调"生产区"与"生活圈"的内部融合,注重"融于自然"。

科技园整体城市设计在功能结构上遵循"混合用地及配备多元化设施"的标准,分为新兴产业区、企业办公区、中央绿谷、酒店商业综合体及居民生活区,致力于打造一个集工作、娱乐、居住于一体的多元化的活力社区。(见图10-5)

---

① 杭州与新加坡签约合作项目[EB/OL]. 每日商报. [2019-06-26]. https://news. hexun. com/2019-06-26/197649587.html.

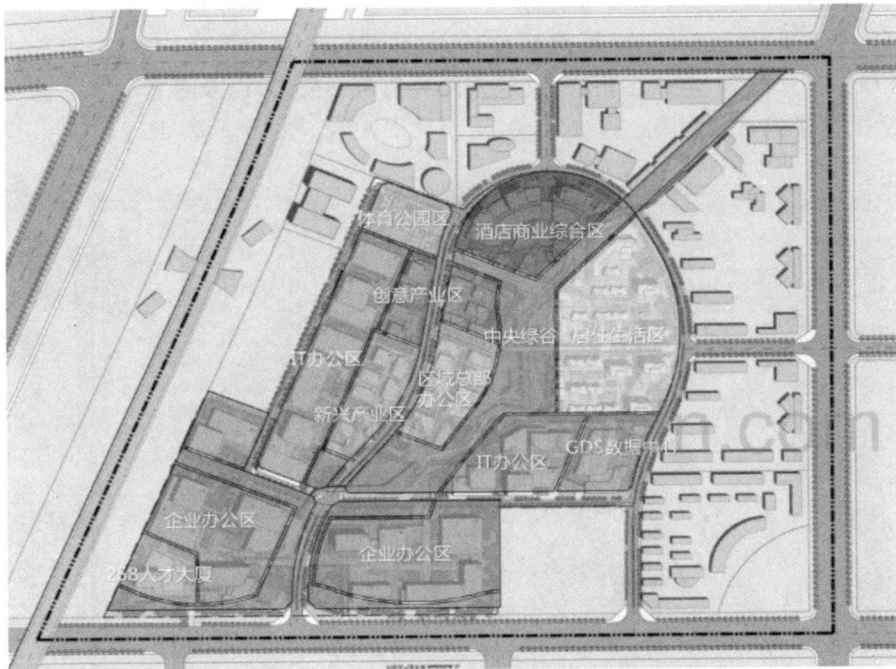

图 10-5 新加坡杭州科技园功能分区

来源:新加坡杭州科技园城市设计成果[EB/OL].豆丁建筑.[2011-1-27].http://jz.docin.com/p-673884543.html.

在园区主要经济技术指标中,绿地率达到 40%。道路系统规划中,以园区内部自然河道以及人工河道结合绿地形成景观步行生态带,串接园区旅游观光、内部交流、休憩等活动。绿地系统规划涵盖公共生态绿地、组团绿地及沿河岸郊野绿地,让绿地自然生长在整个空间里。

同时,新加坡杭州科技园是一个多功能、高品质、生态化的现代新型科技园,整体办公环境商务休闲个性十分凸显,园区的"生产车间"更像高档写字楼,有游泳池、健身房、剧院。区内四成空地将栽种绿色植物,整个园区就是一座建筑面积 68.64 万平方公里的生态花园。

(2)开发建设

园区采取滚动开发的模式,到 2020 年底,新加坡杭州科技园已开发至三期。其中,一期项目共 6 栋大楼,总建筑面积约 13.5 万平方米,总投资约为人民币 5 亿元,于 2009 年建成投用。一期项目于 2011 年获评"国家优质工程银质奖",一期 B 项目获得美国绿色建筑委员会(USGBC)的绿色建筑 LEED 认证奖(目前国际上最高的绿色奖项),这对提升园区的硬件环境也起到了关键性的作用。二期项目总投资 7 亿元,建筑面积约 17 万平方米,包括 5 幢高层楼和 5 幢独栋,已于 2016 年 4 月投用。三期项目于 2019 年 1 月开工,总投资 14.88 亿元,总建筑面积超 23 万平米,包括多租户大楼、花园式独户办公楼,以及零售、餐饮、健身等生活配套设施,预计将于 2021 年竣工。(见图 10-6、图 10-7、表 10-2)

图 10-6　新加坡杭州科技园城市设计总平面图

表 10-2　新加坡杭州科技园开发阶段情况

	一期	二期	三期
建成投用时间	2009 年	2016 年	预计 2021 年
总建筑面积	13.5 万平方米	17 万平方米	＞23 万平方米
总投资额	5 亿元	7 亿元	14.88 亿元
开发商	腾飞集团	腾飞集团	星桥腾飞与三菱地所合作开发
产品形态	5 幢高层写字楼、一个中心花园咖啡厅和一个定制项目——麦当劳餐厅	含 5 栋独栋和 5 幢高层写字楼	多租户大楼、花园式独户办公楼,以及零售、餐饮、健身等生活配套设施

一二期主要是由腾飞集团负责开发建设。三期由星桥腾飞集团和三菱地所

图 10-7 新加坡杭州科技园部分景观效果图

合作开发,双方将在运营管理和国际招商等领域展开深入合作。新加坡杭州科技园全部建成投产后,预计将累计实现固定资产投入 53 亿元,完成招商引资 10 亿美元,建成后实现年营业收入 120 亿元,税收 7 亿元,累计引进科技型企业540 家、从业人员 35000 人。

(3)运行机制

新加坡杭州科技园在杭州市政府与新加坡国际企业发展局的指导下,由新加坡腾飞集团、杭州经济技术开发区资产经营集团有限公司共同开发建设。2007 年腾飞集团斥资 35 亿以占 80％股权的方式收购杭州科技园。在此之前,园区由杭州经开区全资国有企业杭州杭新投资管理有限公司负责开发建设。杭州经开区与腾飞集团正式"联姻"后,腾飞通过境外子公司与杭州经济技术开发区管委会(现为钱塘新区)成立合资公司即杭州裕廊腾飞科技有限公司,作为项目的运营和管理方。2019 年 1 月,凯德集团以 110 亿元收购淡马锡旗下星桥腾飞,成为新加坡杭州科技园新的运营管理主体。(见图 10-8)

3. 创新探索:致力于成为中国的"班加罗尔"

新加坡(杭州)科技园在推动核心产业发展、数字化管理服务升级、引导国际产业合作上,对其他同类园区发展起到了引领和标杆作用。

(1)推行优惠政策,打造服务外包产业基地

作为中新合作结晶的新加坡杭州科技园尝试引领全球服务外包。2006 年

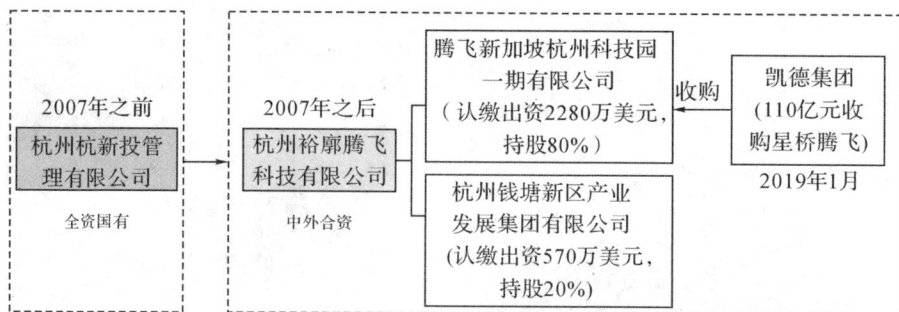

图 10-8　新加坡杭州科技园的股权架构情况

12 月 25 日,杭州市被三部委授予"全国服务外包基地城市"的称号,杭州经济技术开发区为基地城市示范区。新加坡科技园在此背景之下应运而生,成为开发区产业调整和产业提升的有利引擎。科技园以软件研发、工业设计、生物制药、研发中心、孵化创业、咨询服务等为主导产业,重点发展服务外包产业,致力于成为环杭州湾区域重要的服务外包产业基地(见表 10-3)。

表 10-3　园区总体产业发展定位

核心产业方向	重点细分领域	总体发展目标
软件研发	着重业务外包和媒体创意,包括 ITO 信息技术外包与 BPO 业务流程外包,主推软件开发、数据处理中心、金融服务、动漫产业等	力争通过 5～8 年的努力,使科技园发展为杭州湾乃至全国一流的软件研发、生物制药研发和工业设计产业基地和创新中心
生物制药	包括生物科技、中药、医疗配备等	
工业设计	包括集成电路设计,纺织品、时装、珠宝饰物设计、工业产品设计等	

　　杭州经济技术开发区管委会规划科专门出台了《新加坡杭州科技园发展扶持政策》,从资金、税收、人才、知识产权等方面给予入园企业全力支持。2013 年 5 月,开发区紧接着出台了《新加坡(杭州)科技园开发建设实施方案》,政府的大力扶持,加上园区国际化的专业管理,令科技园无疑迎来了发展历程中的又一轮冲刺。

　　(2)数字化管理运营,描绘未来智慧版图

　　借鉴新加坡在智慧城市、数字经济上的创新实践探索,新加坡杭州科技园着力于构建数字化智慧版图,积极运用互联网＋、人工智能等现代技术来构建办公空间,大大提高了园区整体的管理效率和企业员工工作舒适度。

2018年6月,园区正式上线"腾飞智能运营中心"智慧园区云平台,通过收集物业APP和各子系统数据,对物业工单、能耗、停车场、楼宇自控、园区环境及洗手间人流量等功能进行集中展示,并通过分站平台进行详细的展示和分析,从智能化管理角度,为客户提供更快捷、更准确的物业管理服务。全面推进数字化管理和个性化服务,进一步提升了科技园区服务的精准性、导向性、时效性。

(3)引导国际产业合作,推进创新能力开放合作

2020年8月,新加坡杭州科技园在浙江省商务厅组织的"2019年度浙江省国际产业合作园"的考核中以总分96分的优秀成绩位列第一,这一成绩的取得很大程度上得益于园区在国际合作、利用外资上的不懈努力。

作为开发区的重点功能园区和创业创新平台,科技园一直注重"筑巢引凤",招引创新项目,特别是在国际化科技合作平台、国际创新人才项目引进上,亮点纷呈。目前,奥克兰大学中国创新研究院、礼来亚洲基金创新中心(奕真生物)、术创机器人、SMART中国创新中心、觅瑞生物科技、搜狗(杭州)研究院、帝工先进技术研究院等多个高新技术研发类项目已入驻新加坡杭州科技园。

其中,SMART(新加坡麻省理工技术研究联盟)是由美国麻省理工学院及新加坡国家研究基金会共同创建,是麻省理工全球第一个也是最大的国际科研合作机构,拥有超过160个涵盖信息技术、生物医药、新能源、新材料等产业的研发项目。SMART中国创新中心自2015年落地杭州以来,已带动十几个SMART平台或直接由麻省理工学院许可的项目"迁居"开发区,为园区乃至区域产业创新发展注入了强大动能。

(四)境外并购产业合作园

跳出浙江发展浙江,浙江在实行更高水平开放、打造新优势的道路上不断创新提速,海外并购成为浙江裂变发展新动能。通过国际直接投资、跨国并购来加快从高增长向高质量发展的转变,是浙江企业转型升级、国际化水平提高非常重要的渠道,也是浙江产业转型升级的重要支撑。境外并购产业合作园的建设是一种新的国际产业合作模式,绍兴、义乌、台州境外并购产业合作园作为全省首批境外并购产业合作园在运作模式、项目招引等方面开展了诸多有益探索与实践。

1. 省上出台政策鼓励地方先行先试

2018年5月8日,《浙江省人民政府关于促进外资增长的若干意见》中明确提出要"支持有条件的地方建设境外并购回归产业园,推进高质量境外并购项目回归发展"。2018年5月9日,浙江在时隔14年后再开全省对外开放大会,提出推进开放强省,以"一带一路"为统领,构建全面开放新格局,对外开放十大新举措之一就是"要以更大创新力度建设高质量外资集聚先行区和境外并购回归

产业园",支持绍兴、台州等境外并购活跃的地区先行建设境外并购回归产业园。

主动融入国家和省级开放大战略,绍兴市、台州市、义乌市人民政府快速做出响应,请示设立境外并购产业合作园。2019年2月25日,浙江省人民政府办公厅正式下发《关于同意设立浙江(新昌)境外并购产业合作园等3家产业合作园的复函》,这是全省首批境外并购产业合作园。

实际上,早在几年前,新昌、义乌、台州就开始谋划设立跨国并购产业园,各地方政府级商务部门也一直致力于推动企业跨国并购工作,出台一系列优惠扶持政策。以新昌县为例,每年摸排企业投资动向,不仅建立项目信息库,还在全省最早出台扶持政策。从2009年起县政府出台专项鼓励政策,境外投资每50万美元奖励1万元人民币,并购项目每100万美元再奖励1万元人民币,有力地推动了企业开展境外并购。统计数据显示,截至2019年3月,新昌企业境外并购项目有20起,投资额超11亿美元,在全市领先。

2. 首批三大试点园区边建设边探索

随着经济全球化的加速演进,浙江近年来很多块状经济企业不满足于区域性的产业集群,而是用全球视野,通过并购重组等方式实现全球产业链整合。新昌、台州、义乌在跨国并购合作中,不断摸索、探索,走出了一条双向互动式并购模式。

海外并购的初衷是获取国际高端产业要素,围绕产业链并购特征明显。海外并购重组是共享共赢,推进境外并购产业合作园发展,有利于浙江全方位融入国际产业链,与全球产业链同频共振。近年来,绍兴、义乌、台州三地加快推进境外并购产业合作园建设,合计引进1亿美元以上项目124个,高技术产业实际外资占比达到29.9%。①

浙江(新昌)境外并购产业合作园位于新昌经济开发区内,园区在开发建设上从零起步、破旧立新,按照"一园两区"规划布局,"三年成形、五年成园"的要求,以科技创新为动力,以智能制造为方向,聚焦"中国制造2025",加快数字化、智能化改造,重点发展高端制造、通用航空、生命健康、信息经济和新能源、新材料等新兴产业,致力建设生产研发、新型服务、生态居住、企业总部等功能于一体的境外并购产业合作园。通过龙头企业加快"走出去、引进来"步伐,吸引跨国并购企业回归发展,引导其将高端制造环节回归新昌,目前已集聚万丰奥特、三花智控、京新药业、美力科技等龙头企业。如万丰奥特收购加拿大DFC航校(钻石飞行中心)和捷克3个飞机项目,正式进入通用航空领域,打造的航空小镇已经

---

① 陈潇奕.2019年度浙江省推进"一带一路"建设十大标志性工程建设成果[EB/OL].浙江日报.[2020-3-20]. http://zjrb.zjol.com.cn/html/2020-03/20/content_3315878.htm? div=-1.

开园起航。全球轴承行业领导者 SKF 集团也在新昌境外并购产业合作园拿下地块,投资超 1.2 亿美元的球轴承生产基地和研发中心项目正在抓紧建设之中。

浙江(台州)境外并购产业合作园立足台州在海外并购上多年积累的成功经验和亮眼成效,通过在台州本土建设境外并购回归产业园,推进高质量境外并购项目回归发展。园区积极探索"并购一企,带回一批,带动一片"的发展模式,依托一批民营企业,一边通过并购重组的方式"走出去",打通海外市场,布局全球价值链。同时,"引进来"回归反哺,将核心技术带回台州落地生根,打造台州制造的世界品牌,进而带动亿级产业集群发展,影响一大片。"一出一进"之间,实现了"质"的历史性飞跃,走出了国际化的开放裂变之路。海外并购已经成为台州企业应对国际贸易摩擦、提升自身辐射力的有效举措。

浙江(义乌)境外并购产业合作园已有 20 多个省市重特大产业项目正在抓紧培育建设。据悉,近年来,义乌高新区成功实施了华灿光电并购美国美新半导体、木林森并购德国欧司朗照明业务、汉鑫半导体并购台湾兆鑫光电等三个并购产业项目,通过海外并购加技术创新,联通了内外循环之路,更联通了技术和人才,快速推动了本地传统产业的转型升级。以此为基础,义乌高新区于三年前就开始积极开展境外并购产业合作园的相关工作,同时还精心编制了《义乌境外并购回归产业园创建方案》。未来,浙江(义乌)境外并购产业合作园将进一步发挥义乌在全省全面开放新格局中的积极作用。

二、走向全球化的双创平台

近年来,浙江大力推进国际化双创平台建设,大力吸引海外高层次创新创业人才、跨国研发机构等创新资源要素,着力构建链接全球的双创发展格局。2019年 4 月,浙江省人民政府发布《关于推动创新创业高质量发展打造"双创"升级版的实施意见》,提出要推动双创主体升级,强调要"建设国际合作平台,深度参与'一带一路'建设科技合作,探索建立二十国集团(G20)国际技术转移中心。加强国际产业科技合作基地①建设,鼓励建设海外创新孵化中心、创业投资孵化机构等载体。到 2022 年,力争建成 40 家国际科技合作创新载体、100 家海外研发中心和海外创新孵化中心"。截至 2020 年 11 月 30 日,浙江省共有经认定的国际科技合作基地超过 150 家、海外创新孵化中心 30 家,这些双创载体在实现国

---

① "国家国际科技合作基地"是指由科学技术部及其职能机构认定,在承担国家国际科技合作任务中取得显著成绩、具有进一步发展潜力和引导示范作用的国内科技园区、科研院所、高等学校、创新型企业和科技中介组织等机构载体、包括国际创新园、国际联合研究中心、国际技术转移中心和示范型国际科技合作基地等不同类型。

际创新资源共享,促进成果转化与产业化,推动产业转型升级方面起到重要作用。

（一）嘉兴科技城——从一片荒地到东方硅谷

嘉兴科技城地处上海经济圈、环太湖经济圈、杭州湾经济圈的交汇点,是全省仅有被认定的两家国家级国际创新园之一。嘉兴科技城锚定"更高质量打造生产、生活、生态'三生'融合的国家一流科技创新产业新城目标",充分发挥区位、科技、产业基础优势,借助"一带一路"、长三角一体化战略、接轨上海、世界互联网大会等重大机遇,聚焦顶尖科研和有爆发力的"未来产业",通过搭建高端创新平台、面向全球招才引智、设立域外孵化器等方式,不断抢占"智高点",使得全球"高新精尖"产业项目扎堆嘉兴,产业国际化水平得到迅速提升,逐步成长为G60科创走廊上的创新策源地、走廊上的一颗璀璨明珠,甚至被誉为"东方硅谷"。从2003年底成立至今,嘉兴科技城在模式创新、产业发展、人才引进、域外孵化等方面成效显著、经验突出,"万亩千亿"微电子新产业平台、国家双创示范基地、国家互联网产业国际创新园、国家检验检测高技术服务业集聚区等一批重量级平台在科技城内落地。2014年5月和2015年4月更是相继获得习近平总书记和刘延东副总理的批示肯定。

1. 创新驱动敢于"无中生有"

作为全省最早规划建设的科技城,嘉兴科技城以"敢为人先"的闯劲,始终站在创新的风口,始终瞄准科技最前沿,始终坚持高站位国际化,不断推动制度、机制、科技等各方面的创新,深度参与国际竞争,以创新驱动前行。

省校（院地）合作模式全国领先。与清华大学、中科院、上海大学、浙江大学、航天五院（中国空间技术研究院）等国内知名科研院所和高校合作,在全国率先开创省校（院地）合作模式。目前,浙江清华长三角研究院拥有6个国家级、省级重点创新平台,引进集聚高层次人才200余人;浙江中科院应用技术研究院共引进24家中科院研究所,院地合作成效显著。

"一院一园一基金"模式创新先行。2017年嘉兴科技城提出"一院一园一基金"的新模式,并最先运用在柔性电子产业。成立浙江清华柔性电子技术研究院,同时创建浙江柔性电子技术产业园,创立柔性电子技术产业基金,通过基金投资引入产业搬迁至产业园内,打造柔性电子技术产业集群。这一模式可以解决科研、产业化和投资之间脱节的问题,推动人才集聚、项目集聚、产业集聚。

"放管服"改革实现"无差别"服务。嘉兴科技城管理委员会是主管嘉兴科技城开发建设和管理的市政府派出机构,与南湖区委、区政府实行"两块牌子、一套班子"。南湖区设立行政审批局,围绕创新创业活动的开展,嘉兴科技城全面升级"最多跑一次"政务服务新模式,以全集中、全入驻、无差别、无前台"两全两无"

为核心,在全国率先实现全科"无差别"受理。通过整体入驻、事项入驻和信息入驻等三种模式将原先分散在 28 个部门的 946 个事项统一集中到行政服务中心,形成了一套"线上办为主、实体办为辅"的办理路径,实现区域内双创企业所办事项全覆盖和高效办的目标。[①] "无差别"集成审批服务,开创了"智慧审批＋政务服务"的新模式,优化了投资软环境和创业营商环境,加速集聚了高质量发展所需的高端要素。

2.产业平台奏出"国际乐章"

依托浙江清华长三角研究院、中科院嘉兴应用技术与研究转化两大创新平台与软件园、通信园、芯片园、材料园、生物园、孵化园六大产业平台,嘉兴科技城以高质量平台吸引全球创新资源要素、国际龙头企业、产业项目不断集聚,与世界经济脉搏同频共振。(见表 10-4)

表 10-4 嘉兴科技城六大产业平台的国际化合作成效[②]

平台	成果
软件园	华点软件学院携手 IBM、微软、美国卡内基梅隆大学等国内外著名企业和大学,于 2008 年启动了中国第一个 IBM 软件产品实训项目
通信园	闻泰手机产业化基地 2007 年、2008 年连续两年稳居国内手机第三方供应商出货量第一。还引进了德晨电子等一批产业链上下游关联企业,是目前国内最完善的实验室之一
芯片园	嘉兴斯达半导体有限公司的 IGBT 功率芯片和模块设计开发项目打破欧美的技术封锁和垄断,填补国内空白,成为国内唯一能够实现规模生产的厂商
材料园	以国际合作为主要特色,通过与乌克兰国家科学院、俄罗斯科学院西伯利亚分院、远东分院、莫斯科中俄友谊科技园等国家科研机构在新材料领域进行合作
生物园	引进世界一流大学建立生物医学及遗传工程开放实验平台,吸引著名生物医学科研机构入驻,共建生物高技术企业并推动产业化,培育具有核心竞争力的骨干生物企业
孵化园	为科研团队和留学归国人员的创业项目和人才培训项目提供相关配套条件和服务

国际科技合作成果丰硕。嘉兴科技城与俄罗斯、乌克兰、韩国、美国、德国等多个国家院校、科研机构展开国际科技合作,相继建立乌克兰国家科学院国际技

---

① 嘉兴科技城管委会.嘉兴科技城:高质量推进创新创业的新样本[J].浙江经济,2018(17):30-31.

② 柏中建.引才聚智 托起"东方硅谷"之梦——瞭望嘉兴科技城[J].今日海南,2013(1)

术转移中国(嘉兴)中心暨研发与产业化基地、中俄科技转化中心、浙江(嘉兴)中德现代物流研究院等国际技术转移机构。引进多项欧美韩日先进技术应用和产业化项目,建立国际科技成果项目库,在库科技成果 800 多项,孵化国际科技成果产业化公司 10 余家。

推动产业高质量发展。"集成电路、智能装备制造、生物医药"三大主导产业迅速发展,成功培育了闻泰通讯、德景电子等一批国际技术合作、市场合作的龙头企业,引进富士康等全球知名企业,并与苹果、小米、联想、华为等知名手机品牌商建立了长期合作关系。2019 年,嘉兴科技城全年实现规上工业产值首次突破 500 亿元大关,达到 528.6 亿元,同比增长 17.2%。2011 年以来,嘉兴科技城已连续多年实现建成区年亩均产出超 1000 万元、亩均税收超 50 万元,相当于北京中关村水平,并涌现出一批填补国内空白或业内领先的新锐企业。

3. 人才引进触碰"世界高度"

创新驱动实质是人才驱动,谁拥有一流的创新人才,谁就拥有了科技创新的优势和主导权。嘉兴科技城一开始就将目光瞄准高层次人才,紧扣"引进一名人才、带来一个项目、催生一个产业"理念,以科研平台建设为载体,通过紧密参与、主办各类活动,发出招才揽智最强音,放眼全球,将眼光锁定站在国际科技前沿的顶尖人才。截至 2020 年 6 月,嘉兴科技城累计引进图灵奖获得者 Whitfield Diffie、诺贝尔奖获得者中村修二,引进海内外院士等顶尖人才 23 人、省级以上高层次人才 117 人、硕士以上高层次人才 2000 余人。

创新人才引育机制,围绕"人才+项目",出台了一系列优惠政策,挂牌了浙江外国高端人才创新集聚区,成功落地了长三角全球科创路演中心,着力打造人无我有、人有我优、人优我特的人才生态。创新建立项目快速评审机制,对人才项目实现"全年受理、快速评审"。吸引多家银行加盟,为人才企业缓解资金难题。创建嘉兴科技城展示馆·智立方,为人才提供创新创业"一站式"综合服务。此外,还专门建设了嘉兴科技城人才公园,并创建为省级优质综合公园,获得了众多"海归们"的一致赞誉。

4. 域外孵化实现"带土移植"

科技城高度重视创新要素的引进和培育,不断完善区域创新体系。在区域内高标准布局了一批科技创新集聚区、研发服务机构和"泛孵化器",大力培育创新企业群。同时,还在全国率先探索布局域外孵化器,推动高端创新要素的"带土移植"。

"孵化在海外,转化在嘉兴",引进"大院名校"研究机构共建"域外孵化器"。硅谷海纳孵化器和秀洲慧谷 L.A. 海外孵化器是其中的先行者,前者以浙江清华长三角研究院作为运营主体,后者则是以上海交大嘉兴科技园作为运营主体,都取得了显著成效。硅谷海纳孵化器于 2015 年 6 月在美国旧金山成立,浙江清华长三角研究院作为运营主体专门外派驻地负责人员,收集、遴选、孵化与嘉兴产业关联度高、技术领先且有市场前景的项目,成功入孵的企业予以享受免费场地、创业指导、投资对接等全方位的服务。截至 2017 年 9 月,海纳孵化器累计引进生物医药、电子信息、智能制造等战略性新兴产业项目 95 个,正在或即将落户嘉兴各园区的项目达到 19 个。[①]

域外孵化器建设对嘉兴科技城产业转型升级、高端人才培育、科技资源引进意义重大。一方面,通过吸引留学人员回国创业,培养一批创新型企业家,为区域经济发展储备人才,形成人才集聚的高地。另一方面,作为"泛孵化器"的延伸,通过在创新要素丰裕的国内外城市建立孵化基地,能够筛选嘉兴产业转型升级急需的科技资源,如嘉兴·圣地亚哥·海纳孵化器(秀洲)支持浙江蓝特光学、麒盛科技等企业建立海外研发中心,助力企业转型升级,推动产业强链、补链。

(二)海外创新孵化中心

1. 政府加快推进海外孵化器建设

为进一步深化国际科技合作,集聚全球创新资源,构建境内外协同互动的创新创业模式,支持培育经济发展新动能,千方百计吸引项目和人才落地浙江,2017 年 9 月,浙江省科技厅、省财政厅、省委人才办等六个部门联合发起在浙江建设发展一批海外创新孵化中心。2018 年 2 月,浙江省公布第一批海外创新孵化中心名单(见表 10-5),浙江美国硅谷雷德伍德海外创新孵化中心等 3 家海外创新载体列入创建名单,浙江美国硅谷贝尔蒙特海外创新孵化中心等 4 家海外创新载体列入培育名单。海外创新孵化中心作为"走出去"带动"引进来"的重要载体,为浙江创新项目、人才、技术引进,促进经济转型和产业升级发挥着重要作用。

表 10-5　浙江省第一批海外创新孵化中心创建和培育名单

创建名单	培育名单
浙江美国硅谷雷德伍德海外创新孵化中心	浙江美国硅谷贝尔蒙特海外创新孵化中心
浙江美国洛杉矶海外创新孵化中心	浙江以色列特拉维夫海外创新孵化中心
浙江美国波士顿海外创新孵化中心	浙江美国硅谷圣克拉拉海外创新孵化中心
	浙江澳大利亚悉尼海外创新孵化中心

① 张兴泉,虞锡君.域外孵化器助推嘉兴产业转型升级的案例分析[J].科技资讯,2018,16(7):1-2. DOI:10.16661/j.cnki.1672-3791.2018.07.001.

2018 年 3 月,浙江省正式印发《浙江省海外创新孵化中心建设与管理办法(试行)》的通知。办法对于海外创新孵化中心给出了具体的定义,即:"设立在全球创新资源集聚的国家和地区,以海外科技成果转化、人才引进、技术转移、创新团队及企业孵化、国内外资源对接为目标的公共性开放创新服务平台,集聚全球创新资源、构筑境内外协同互动的创新创业模式、支撑培育发展经济新动能的重要创新力量。"

2018 年 12 月,浙江省发布的《浙江省人民政府关于全面加快科技创新推动高质量发展的若干意见》提出,将在 5 年内建设 100 家海外研发中心和海外创新孵化中心。目前已通过清华长三角研究院、赛伯乐、银江股份等科研院所、创投机构和创新产业服务商自身海外资源优势,成功创建一批海外创新孵化中心,充分发挥海外高端人才和项目引进与服务、高精尖技术转移和落地、本土企业链接全球资源的作用。

2. 浙江跨境孵化网络在全球铺开

近年来,在孵化器国际化方面浙江一直坚持两条腿走路,一方面注重"引进来",积极对接引入国际知名孵化器品牌入浙。譬如,杭州滨江区的 MyCraft 众创空间、秘珞克中德众创空间、Forte 孵化器等一批具备国际化显著特征的孵化器、众创空间,杭州未来科技城的硅谷知名孵化与投资机构 Plug&Play、500startups,落户云栖小镇的英特尔创客空间,落户上城区的硅谷幼发拉底孵化器(中国)总部等,极大地丰富了浙江众创孵化发展理念和发展模式。另一方面注重"走出去",加快推进浙江海外创新载体建设发展,在全球创新资源集聚的国家和地区积极布局建设海外创新孵化中心。目前,已经涌现浙江美国硅谷雷德伍德海外创新孵化中心、浙江美国波士顿海纳孵化器、赛伯乐洛杉矶离岸人才科技孵化器、中以银创孵化中心等一批优秀代表,在全球铺开了一张浙江跨境孵化网络。

在不断走出去的过程中,浙江海外创新中心呈现出几个显著特点。一是模式多样化,从孵化功能来看,目前浙江海外创新孵化中心集聚了金融投资、空间孵化、生态平台、活动组织等主要功能(见图 10-9),典型的运营模式有投资孵化模式、生态平台模式和联合空间模式。二是主体多元化,既有以杭高投、未来科技城为代表的国有主导,也出现了像银江科技、贝壳社、六和桥等以民营主导合作创建的国际孵化平台。三是运营本地化,不仅仅服务于华裔创业群体,同时也服务于在地的主流创业团队,注重与本土圈子的融合。四是服务务实化,相较于北京中关村、深圳等地的海外创新中心,浙江海外创新孵化中心更强调"轻空间、重服务"。

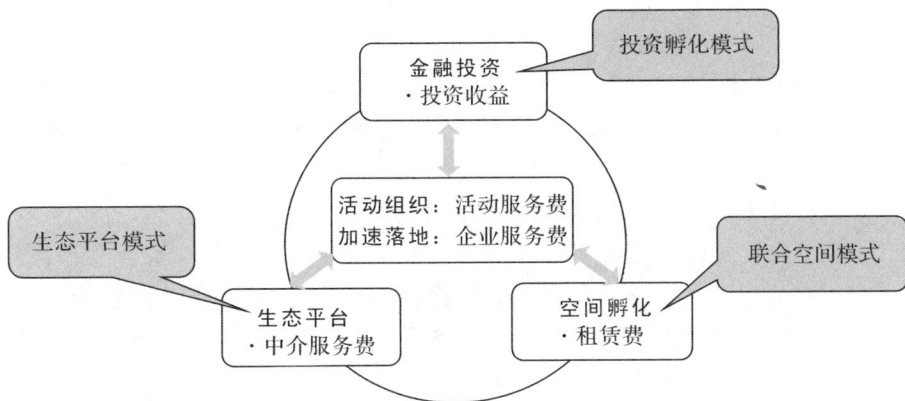

图 10-9　海外创新孵化中心功能①

3. 落地孵化成效和影响力持续扩大

海外创新孵化中心在创新项目、人才、技术引进，以及促进经济转型和产业升级方面取得了显著成效。目前，经组织申报、评审、公示和联席会议审议，从2017年到2020年11月，浙江省科技厅分四批审批公示了30家海外创新孵化中心，其中创建名单16家、培育名单14家。

据不完全统计，截至2019年6月，浙江海外创新孵化中心共集聚海外孵化项目1014个、人才557人，与超过200家海外相关机构建立紧密合作关系。累计引进落地浙江项目276个（其中注册公司228家）、人才334人，涵盖数字经济、生命科学、能源环境、材料科学等高科技领域。② 其中，六和桥的海外双子星孵化器和贝壳社浙江澳大利亚墨尔本海外创新孵化中心作为民营企业主导走出去的孵化载体，在孵化模式和发展成效上较为突出。（见专栏1、专栏2）

专栏1　六和桥：海外双子星孵化器

六和桥成立于2003年，是从事技术转移经纪和孵化器建设管理及早期投资的专业咨询创新创业服务机构，通过"投资＋孵化＋服务"相结合的模式，形成以技术转移为基础、以全链条孵化为支撑、以特色活动为抓手的六和桥模式。截至2019年底，在孵企业总数116家，共培育了国家高新技术企业21家、杭州市级高新技术企业31家、新三板

---

① 陈勇，王坚，曾肖芃，等. 开启全球化创新：建设海外创新孵化中心[J]. 浙江经济，2018(8)：11-13.

② 浙江省科技厅. 创建浙江省海外创新孵化中心[EB/OL]. [2019-6-24]. http://zld. zjzwfw. gov. cn/art/2019/6/24/art_1229023562_42815298.html.

挂牌企业 3 家、瞪羚企业 3 家、独角兽 1 家、准独角兽企业 6 家、科技型企业 67 家。

双向孵化模式：通过"走出去"和"引进来"模式，秉承"政府指导、市场化运作"的原则，以创业服务、产业链对接服务、投融资，促进中国、加拿大两国资源互补，提高落地项目成功率，加快科技成果转化，为创业者提供持续良好的创新创业环境。六和桥在海外建立双子星孵化器，分别在杭州滨江和国外设立两个孵化器主体，为两国创业团队提供落地的物理空间和技术转移、产业链对接等一系列服务。

孵化成效显著：2018 年，双子星孵化器共获得国际项目推荐 43 个，落地 11 个。2018 年 12 月，六和桥国际孵化集群下的杭州加拿大渥太华海外创新孵化中心被确定为 2018 年度浙江省海外创新孵化中心培育单位。项目方面，通过把杭州培育的优秀项目和优秀企业推荐"走出去"，国际合作项目主要有中加双子星国际孵化器 2 个、中美国际合作 3 项、中意双子星国际众创空间 4 个、中英双子星国际孵化集群 5 个、中瑞和中德国际双子星孵化空间也已在对接阶段。成功将 PingPong 等企业从海外引入滨江，当前 PingPong 最新估值已超过 10 亿美元。

专栏 2　贝壳社：浙江澳大利亚墨尔本海外创新孵化中心

作为国内领先的医健创新创业服务平台，贝壳社自 2014 年成立之日起，就致力于提供全球生命健康人才项目引进、转化孵化和产业化等全产业链协同创新和赋能服务，是科技部首批纳入国家级孵化器管理体系的众创空间和科技部火炬高技术产业开发中心纳入科技管理体系的国家技术转移示范机构。

孵化模式：2016 年 8 月澳洲贝壳社正式在墨尔本启动，着手打造中澳医健加速器，为医健创新创业者提供创业场地、产业交流、创业培训和天使投资。在澳洲联邦政府、澳贸委 Austrade、维州政府、南澳州政府支持下，澳洲贝壳社与联邦科学与工业研究组织、悉尼大学、新南威尔士大学、Biomed City 等建立紧密战略合作。

孵化成效：作为世界领先的医学研究和商业中心之一，澳洲贝壳社成立至今，已与中澳医学交流促进会、澳洲 iRiccorgpharm Pty Ltd

公司、澳中科学家创业协会、澳洲华人生物医学协会、MTPConnect、XMA Capital（熙定资本）、Ausbiotech 协会、ASX 上市企业 Immutep 等签订合作协议，并受到澳大利亚维多利亚亚洲医疗制药部和医疗创新合作部等多次访问。

2019 年 5 月中澳生物医药产业科技园在杭州高新区正式开园，结合科技部和杭州高新区对园区发展规划，启动部署墨尔本火炬海外创新中心，委托贝壳社独家运营，承担对接中澳产业园和中澳健康产业创新桥梁职责，解决海外技术研究与全球最大健康产业市场之间的鸿沟，实现海内外双向转化。

三、走向深改区的开放平台

发展开放型经济是经济全球化和区域经济一体化的必然要求，作为我国最早的沿海开放省份之一，全面参与国际分工和资源全球化配置，争当开放型经济强国建设的排头兵，是浙江发展的战略使命。近年来，浙江全方位推进浙江企业与"一带一路"沿线国家的开放合作，推动省内境外联动发展的全球新布局。目前，浙江基本形成 1 个自贸试验区、1 条开放大通道、79 个省级以上开发区和 8 个海关特殊监管区组成的"1＋1＋79＋8"开放平台新格局。以自贸试验区、跨境电商综试区为代表的开放大平台，在浙江全面深化改革和扩大开放的进程中，探索新途径、积累新经验。

（一）浙江自贸试验区——"三年蝶变"

自贸试验区是中国全面深化改革和扩大开放的"试验田"和"排头兵"，浙江自贸试验区是浙江落实和服务国家战略扩大对外开放、实现产业发展的重要平台。[①] 自 2017 年 4 月挂牌成立以来，浙江自贸试验区深入贯彻落实习近平总书记关于自贸试验区建设的重要指示精神，以产业优势为根基，围绕以油品为核心的大宗商品领域，开展制度创新、政策创新、多元发展、体制突破等方面的先行先试，"为国家试制度"效果突出。同时，浙江自贸试验区对标国际、突出特色，谋划发展石化工业、航空制造、大宗商品贸易等产业，弥补了浙江产业发展的短板，为浙江开放型经济发展注入巨大动力，闯出了一条独具特色的浙江开放发展新路子。

---

① 吴向鹏.浙江自贸试验区建设的重大意义与战略思路[J].港口经济,2017(8):5-8.

1. 制度创新:28项举措被国家层面复制推广

"自贸试验区核心任务是制度创新,可复制可推广是基本要求。"三年来,浙江自贸试验区坚持走首创性、差异化改革探索之路,特别在推进以油气全产业链为核心的大宗商品投资便利化贸易自由化方面不断进行大胆探索实践。据统计,在三年的时间内自贸区已探索形成123项含金量较高的制度创新成果,有58个是具有重大战略意义的"全国首创"制度,占比超过47%。其中,28项制度创新举措被国家层面复制推广,走在第三批自贸试验区前列;特别是在聚焦油气全产业链发展方面开展了60余项制度创新,较好体现了差异化探索。

制度创新成果丰硕,具体来看主要体现在投资开放性、贸易便利化、金融要素流动性、功能集成化四大维度(见表10-6),形成了集成性强的制度创新科学路径,多项改革举措在全国复制推广,填补了国内的制度空白。在发展效益上,解决了企业发展问题,带动了产业迅猛发展,去年加注量达到410万吨,全国第一,全球第八。据统计,浙江自贸试验区对外贸易年均增长93%,利用外资年均增长99%,聚焦油气全产业链建设,已成为全国油气企业最集聚的地区。

表10-6 浙江自贸区制度创新集中领域

领域	制度创新点
投资开放性	浙江自贸区是全国唯一一个承接保税加注经营资质审批事权的地区,在原有的全国5家全国牌照企业基础上,引进并赋能了9家企业,大大增加了市场主体和市场活力
贸易便利化	浙江自贸区开展了一船多供、多船一供、跨关区跨港区直供、先供后报、综合海事服务等制度创新
金融要素流动性	浙江自贸区开展了贸易外汇收支便利化试点、境外船供油跨境人民币结算试点、供应链备货融资服务等改革创新,大大简化了手续、降低了成本
功能集成化	秉持"最多跑一次"改革理念,建设运行保税燃料油加注"一口受理"平台,制定了具有示范性的业务操作规范和计量技术规范等

2. 多元发展:以超强综合实力在全国率先扩区

三年来,浙江自贸区对外贸易年均增长93%,利用外资年均增长99%,引进了43个世界500强投资和贸易企业。在疫情全球蔓延、国内外经济受到巨大冲击的背景下,浙江自贸试验区坚持"疫情防控"和"创新发展"两手抓,2020年上半年浙江自贸区实现外贸进出口总额617.9亿元,同比增长116%,外贸增速名列全国18个自贸区首位。在2020年8月,顺利推动了赋权落地,成功实现了扩区。

(1)从 1.0 到 2.0 成功扩区

2017 年,浙江自贸区在舟山呱呱坠地;2018 年,浙江从顶层设计谋划推进自贸区 2.0 版;2019 年,浙江打造建设自贸区联动创新区;2020 年 8 月,国务院批准浙江自贸试验区扩展区域,在原先位于舟山 119.95 平方公里(见图 10-10)的基础上,增加扩展区域实施范围 119.5 平方公里,涵盖宁波、杭州、金义三个片区。

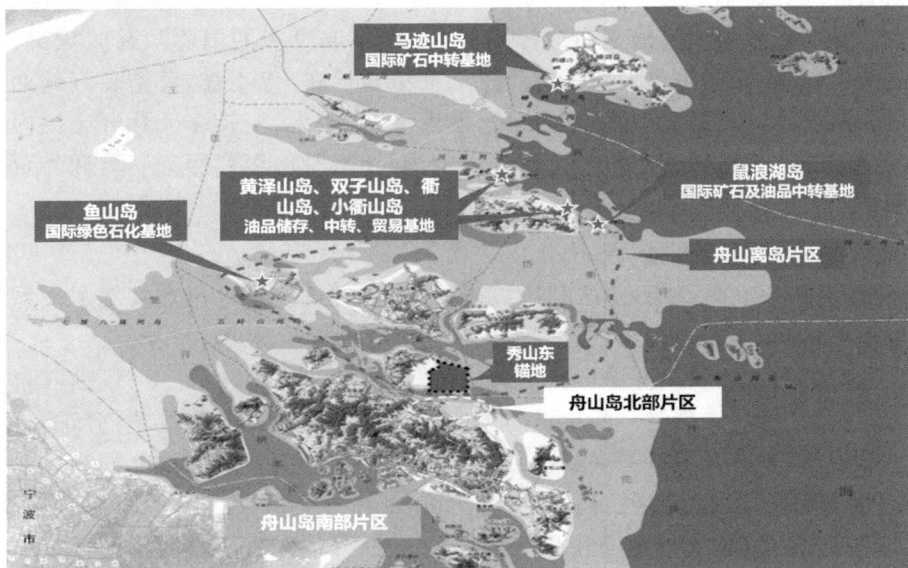

图 10-10 中国(浙江)自由贸易试验区 1.0 版本的区域范围
来源:浙江自贸试验区管委会. http://china-zsftz. zhoushan. gov. cn/.

过去,浙江自贸试验区虽然承载着重要国家战略,但其聚焦的油气全产业链建设,与浙江支柱产业关联度不高,对全省经济带动能力作用不够明显。三年来,浙江省委省政府高度重视自贸试验区赋权扩区工作,促使浙江在全国众多自贸试验区中一跃而起,以"弯道超车"的速度在全国率先实现扩区"跳级"。

扩区后,浙江自贸试验区建设进入 2.0 版,与原来自贸试验区全域位于单个地市的发展布局相比,实施区域更广、改革创新任务更重,功能定位也从聚焦油气全产业链建设,向数字经济、先进制造业、国际航运物流、新型国际贸易等五大功能定位拓展。此次扩区在一定程度上是对自贸区产业发展的补充,也是一个资源整合、优势互补的调整,有利于实现各片区优势互补协同发展,打造区域经济增长极。

(2)打造"高阶"营商环境

从1.0到2.0，成绩的背后离不开浙江自贸区在监管集成改革、营商环境优化、精准服务提供等方面的持续改革创新。一是以口岸通关监管集成改革为突破，通过三个"一"的建设提升跨境贸易领域营商环境。"数字口岸"一张网，船舶进出境实现最多跑一次且全流程无纸化；通关监管一链条，监管查验执法推行一次联合登临，时间压缩到1小时以内；精准服务一站式，可在单一锚位对一艘国际航行船舶提供整套海事服务，"通关＋作业"时间由原来的3天缩短到25.5小时。二是试点开展油气产业链领域改革创新，争取更多的国际贸易政策突破。例如通过创新"一船多供""跨关区直供""商务直通车"等工作，营造良好的油品国际贸易环境。三是积极培育新经济、新业务、新平台，坚持多元化开拓国内外市场。通过线上培训、政策扶持、举办网上交易会、跨境电商服务平台和外贸公共服务平台的招引等形式，助力指导外贸企业积极开拓国内外市场。

3. 政策助力：加快浙江自贸试验区2.0版建设

自2020年9月24日扩区挂牌以来，浙江自贸试验区已落地实施了一系列重大改革试点、重大项目、创新性政策，扩区红利已逐步显现。

联动创新区建设翻开浙江自贸试验区发展新篇章。2019年8月，浙江自贸试验区推动出台《关于进一步推进中国（浙江）自由贸易试验区改革创新的若干意见》，提出"打造自贸试验区联动创新区"，同年12月，省政府批复同意设立杭州、宁波、温州、嘉兴、金华、台州等6个中国（浙江）自由贸易试验区联动创新区。2020年2月25日，杭州等6个中国（浙江）自由贸易试验区联动创新区总体方案印发实施，标志着浙江自贸试验区联动创新区进入实质性建设阶段。各联动创新区将重点依托本区域的各类经济功能区，围绕数字经济、智能制造、民营经济国际化、跨区域一体化、小商品贸易、民营智造等开展特色化改革探索，复制推广全国自贸试验区改革创新经验，探索开展差异化自主创新，推动在全省范围内形成"自贸试验区＋联动创新区＋辐射带动区"的新格局。自贸试验区联动创新区的建设进一步加速了浙江自贸试验区的深化改革创新，有利于推动形成"自贸区＋全省开放平台"整体发展格局。

扶持政策持续加码升级，力推自贸试验区建设再上新台阶。为加强既有区域和扩展区域联动发展、融合发展，加快把自贸试验区建设成为"新时代改革开放的新高地"和"重要窗口"的示范区，2020年12月，浙江省人民政府相继印发出台《中国（浙江）自由贸易试验区深化改革开放实施方案》（以下简称《实施方案》）和《关于支持中国（浙江）自由贸易试验区高质量发展的若干意见》（以下简称《若干意见》）两个自贸试验区建设重要政策文件，加快推动浙江自贸试验区2.0版建设。

《实施方案》中有两大亮点。一是持续推进制度创新,强调对标新加坡等国际先进,上海、广东、海南等国内先进,优先考虑与国际通行规则相衔接,尽可能符合国际经贸规则发展方向。如加快建设数字自贸区,以市场化方式推进eWTP的全球布局;以国际一流营商环境评价标准为基础,深化"放管服"改革实践,建设国际投资"单一窗口"。二是大力推进产业发展,强调要在贸易、投资、金融、数字经济等领域先行先试,为稳外贸稳外资作出贡献,如建设数字贸易先行示范区,打造全球数字贸易博览会等。

《若干意见》围绕赋权、人才、投资、财税、土地等5个方面,制定20条操作性强、含金量高的举措,充分体现"人无我有""人有我优"的特点。比如在人才支持上提出"对紧缺急需、专业性强的事业单位职位招聘,进一步探索更大力度的激励措施,可适当提高专业技术中、高级岗位结构比例";"鼓励在中国高校获得本科及以上学历的优秀外国留学生在自贸试验区创新创业"。在财政支持上提出"对标海南自贸港、上海临港新片区的特殊产业和人才政策,加大省市县财政扶持力度,支持自贸试验区产业发展、创新创业、基础设施和公共设施建设等"。在土地保障上提出"探索土地地下空间综合开发利用创新举措,推进建设用地地上、地表、地下分别设立使用权,探索利用地下空间建设油气仓储设施"。

（二）中国（杭州）跨境电子商务综合试验区

中国（杭州）跨境电子商务综合试验区是国务院批复同意设立的全国第一个跨境电商综合试验区,也是国家"互联网+"战略首个落地项目。自2015年3月12日获批以来,综合试验区积极推进制度创新、管理创新、服务创新、产业发展及生态搭建,在跨境电子商务各环节的技术标准、业务流程、监管模式和信息化建设等方面先行先试,已成为全国105个跨境电商综试区城市的标杆,为推动全国跨境电商健康发展提供可复制、可推广的经验。

同时,作为承担国家加快培育贸易新业态新模式战略举措的重大平台载体,中国（杭州）跨境电子商务综合试验区在加快传统产业数字化、数字化监管、数字政务、数据流动、数字贸易等数字经济领域国际规则、标准研究制定上,不断探索创新数字产业发展模式,通过自下而上先行先试,加快构建数字经济杭州样本、浙江实践和全球规则,成为全国复制跨境电商创新模式的母版。

1. 制度创新:开创跨境电子商务多项制度创新的先河

杭州综试区创新构建了"六体系两平台"（见图10-11）,以线上综合平台为基础,建立起了信息共享、金融服务、电商信用、风险风控等六大体系,并赋能线下平台产业园区的发展,这一顶层设计的架构也在全国复制开来。2019年6月13日,李克强总理调研杭州综试区时给予高度肯定,指示杭州"打造跨境电商全国第一城、全球第一流"。

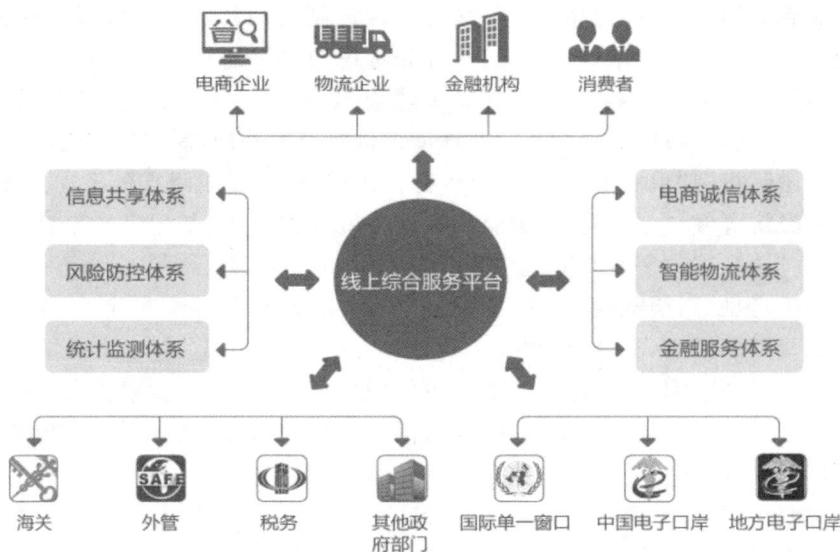

图 10-11　中国(杭州)跨境电子商务综合试验区"六体系两平台"

资料来源:中国(杭州)跨境电子商务综合试验区官网,http://www.china-hzgec. gov.cn/areaintroduction/summary.shtml.

在制度创新方面,杭州是全国最早开展跨境电子商务小包出口,直邮进口、网购保税进口、跨境 B2B 出口、特殊监管区出口等业务的试点城市,创立了一套全新的融合海关、国检、税务、外汇、商务、工商、物流、信用等符合跨境电子商务发展需求的监管服务体制,建仓和运营成本得以大大的降低。

管理创新方面,杭州综合试验区打造了全球首个跨境电商数字口岸,跨境电商企业通过综合服务平台率先实现一键申报、全国通关、一次申报、一次查验、一次放行。通过搭建"单一窗口"大数据的便利化监管服务实现数字口岸,跨境电商查验率从 4% 降到 2%,企业出口货物申报时间从原先的 4 小时缩短到平均 1 分钟。

服务集成创新方面,大力发展外贸综合服务企业和第三方交易、支付、物流等综合服务平台,目前已入驻多个进出口电商平台、支付企业、物流企业等(见图 10-12),上线了创新项目服务平台(EBOX),为企业开展在线化、数字化、精准化的服务。目前杭州拥有制定规则的实力,推进网上丝绸之路,通过跨境电商,抢占国际话语权,真正做到了从唯一到第一。

2.产业发展:跨境电商推动产业发展能级不断提升

杭州跨境电商发展走在全国前列,不仅在制度创新上引领发展,产业能级上更是不断提升,跨境电商改变了传统商品交易的组织方式,成为跨境贸易领域中

图 10-12　中国(杭州)跨境电子商务综合试验区已入驻的平台及企业

最具竞争力的新业态、新模式、新引擎。

传统外贸制造企业加速转型,数字贸易、数字经济引领发展。越来越多传统外贸制造企业从上线触网开始,通过提交线上交易能力和数据赋能开始尝试个性化、柔性化的生产制造和营销推广,突破了传统外贸的价格垄断、渠道垄断、品牌垄断,加快实现数字化转型。在杭州包括服装、纺织、家居、卫浴、户外休闲一大批行业企业,应用跨境电商平台成长为年销售额超过千万美元,甚至是过亿美元的行业大卖家,他们或拥有自建工厂、或对接上游供应商,带动一大批实体转型。其中在浙江执御、子不语等一批龙头企业带动下,杭州纺织服装跨境电商的规模已经超过了 100 亿元,带动了众多服装制造企业的转型发展。

新业态、新模式加速涌现,创新举措开拓外贸新格局。鼓励支持移动电商、社交电商等新型业态发展。如杭州云集、浙江执御、贝贝网、连连支付、Ping Pong 等一批跨境电子商务独角兽和准独角兽企业已经成为推动跨境电子商务创业创新的新兴力量。2020 年 7 月 21 日,天猫国际联合杭州综试区正式启动"保税区工厂"项目,全国首创"保税进口＋零售加工"大进口新模式,进一步丰富了跨境电商新业态。新模式新业态的培育和应用加快了杭州跨境电商线上线下、境内境外的融合发展。在杭州,以阿里巴巴国际站、中国化工网等为代表的杭州跨境电商 B2B 平台中国卖家达 16 万以上,年带动全国 3000 亿美元以上的 B2B 出口;以全球速卖通、嘉云数据等为代表的杭州跨境电商 B2C 平台,全球用户数达 6 亿以上,年实现 220 亿美元以上的跨境电商 B2C 出口。

3. 生态搭建:线下园区小生态＋全球跨境大生态

13 个线下园区杭州全覆盖。根据杭州市政府 2016 年出台的关于《中国(杭州)跨境电子商务综合试验区发展规划》中的空间布局规划,立足全杭州市域布局线下综合园区,目前围绕"一核一圈一带"(见表10-7)规划建设了13个产业园区遍布各区县市,产业园区规划总面积达到159万平方米。错位发展、各挥所长,各个园区载体平台广泛集聚了跨境电商企业、人才、资金等要素,为跨境电商企业提供完善服务体系。与此同时,一批国际知名电商平台和服务商纷纷来杭发展,例如亚马逊全球跨境电商产业园落户杭州、谷歌与杭州综试区联手启动杭州品牌扬帆出海计划等,平台集聚带动企业的快速入驻,进一步丰富了跨境电商产业链和生态圈。

表 10-7　中国(杭州)跨境电子商务综合试验区"一核一圈一带"布局

"一核"	发挥上城区、下城区、江干区、拱墅区、西湖区、滨江区等六大城区的产业基础、区位条件、综合配套等优势,打造综试区跨境电子商务产业发展核心区
"一圈"	发挥萧山、余杭、富阳、大江东产业集聚区、杭州经济技术开发区等五区制造业、外贸基础优势,打造综试区跨境电子商务产业应用经济圈
"一带"	发挥临安、桐庐、建德等区县(市)工业基础扎实、块状经济特色、综合成本相对较低等比较优势,以及淳安旅游资源禀赋优势,打造综试区杭州西部跨境电子商务产业发展带

来源:杭州市人民政府办公厅关于印发中国(杭州)跨境电子商务综合试验区发展规划的通知.杭政办函[2016]8号.http://www.hangzhou.gov.cn/art/2016/1/22/art_1256295_7050685.html.

95个服务网络点遍布海外。不断扩大海外布局,杭州综试区积极打造全球最优跨境电商生态圈。2020年在疫情影响下,境外末端派送物流服务机构减少、时效下降,"境外最后一公里"成为制约跨境电商发展的关键。为充分利用国内国外两种资源,更好地为中国企业拓展海外市场提供全方位的本土化服务,杭州综试区构建海外合作园、服务中心、服务站点和海外仓"四位一体"的跨境电商海外服务网络。截至目前,杭州综试办认定首批中国(杭州)跨境电子商务综合试验区海外服务网络试点企业95家,其中跨境电商海外合作园区5个、跨境电商海外合作中心7个、跨境电商海外合作站点13个、跨境电商海外仓70个,主要活跃在美国、英国、德国、法国、澳大利亚等国家。此次入围的海外服务网络试点企业主要提供三方面服务:一是提供品牌培育与知识产权服务;二是做好增值税与合规监管服务;三是解决物流仓储、退换货与支付便利等问题。

启动全球首个eWTP实验区建设。作为"网上丝绸之路",既充分发挥电子商务和基础设施双重便利优势,加大"走出去"力度,也全面提升与"一带一路"沿线国家地区的经贸往来水平。① 2016 年的 G20 杭州峰会上,阿里巴巴等企业牵头提出了建设世界电子贸易平台(eWTP),启动全球首个 eWTP 实验区建设,实施《世界电子贸易平台(eWTP)杭州实验区建设方案》,不断探索国家贸易标准规则。近几年来,杭州综试区依托阿里巴巴、亚马逊、eBay、wish 等知名平台推出数字新外贸行动,比如跨境电商品牌出海"巨鲸"计划、"百城千校"人才培养计划、亚马逊全球开店"101·时代青年计划"、eBayE 青春计划、Shopee 人才孵化"双帆计划"等,不断加快 eWTP 杭州实验区建设。

---

① 李贤祥.跨境电商产业助推"一带一路":经验、困境与启示——以杭州市综试区实践为例[J].中共杭州市委党校学报,2018(4):47-52.

图书在版编目（CIP）数据

融合与智治：产业创新空间建设运营的浙江经验 /
李飞,张福军,杨掌法著. —杭州：浙江大学出版社，
2021.9
ISBN 978-7-308-21712-5

Ⅰ. ①融… Ⅱ. ①李… ②张… ③杨… Ⅲ. ①区域经
济发展－产业发展－研究－浙江 Ⅳ. ①F127.55

中国版本图书馆 CIP 数据核字（2021）第 175890 号

融合与智治——产业创新空间建设运营的浙江经验

李　飞　张福军　杨掌法　著

责任编辑	李海燕
责任校对	孙秀丽
封面设计	雷建军
出版发行	浙江大学出版社
	（杭州市天目山路 148 号　邮政编码 310007）
	（网址：http://www.zjupress.com）
排　　版	杭州好友排版工作室
印　　刷	浙江海虹彩色印务有限公司
开　　本	710mm×1000mm　1/16
印　　张	24.25
字　　数	462 千
版 印 次	2021 年 9 月第 1 版　2021 年 9 月第 1 次印刷
书　　号	ISBN 978-7-308-21712-5
定　　价	78.00 元